MostUsedWords.com presenta

Diccionario de Frecuencia -Inglés-

Vocabulario Experto

7.501-10.000 palabras mas comunes del ingles

Libro 4

Primera impresión, 2018

Jolie Laide LTD
12/F, 67 Percival Street, Hong Kong

www.MostUsedWords.com

Contenido

¿Por qué este libro?

Hola, querido lector.

Muchas gracias por comprar este libro. Esperamos que te sea de mucha utilidad en tu viaje de aprendizaje del idioma.

No todas las palabras son iguales. El propósito de este diccionario de frecuencia es enumerar las más utilizandas en orden descendente, por lo que podrás aprender el idioma de la forma más eficiente posible.

En primer lugar, quisiéramos destacar el valor de un diccionario de frecuencia. Como ejemplo, hemos combinado la frecuencia de datos de diferentes idiomas (principalmente lenguas romance, eslavas y germánicas) y las hemos incorporado en la misma gráfica.

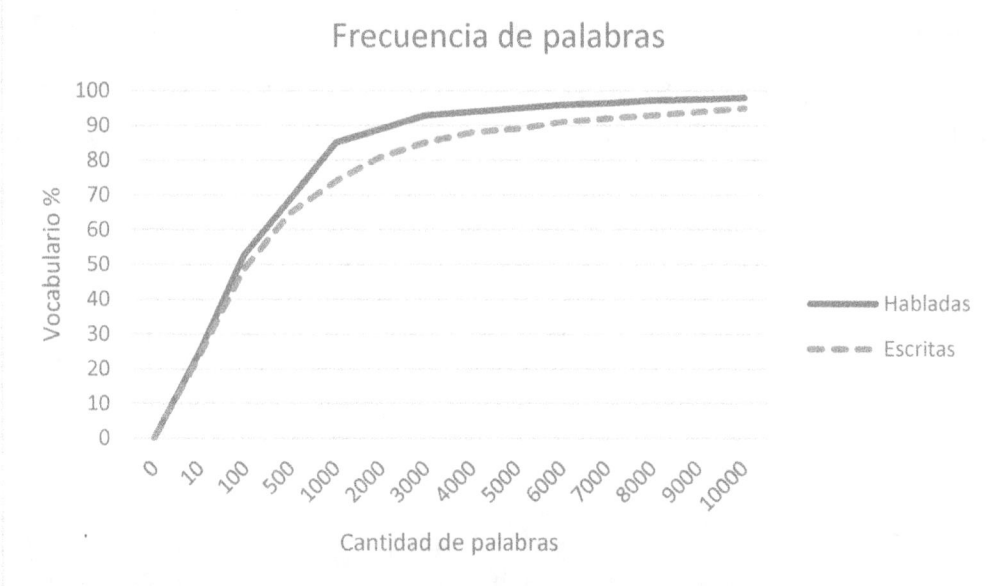

Los puntos más importantes, de acuerdo con los datos, parecen ser:

Cantidad de palabras	Habladas	Escritas
• 100	53%	49%
• 1.000	85%	74%
• 2.500	92%	82%
• 5.000	95%	89%
• 7.500	97%	93%
• 10.000	98%	95%

Los datos de arriba corresponden a la ley de Pareto.

La ley de Pareto, también conocida como la regla 80/20, establece que para muchos eventos, aproximadamente 80% de los efectos vienen del 20% de las causas.

En el aprendizaje de idiomas, este principio parece haber consumido esteroides. Parece que solamente 20% del 20% (95/5) de las palabras más utilizadas en el idioma constituyen casi todo el vocabulario que se necesita.

Para poner esto en perspectiva: el Diccionario de Ingles Oxford Hachette (Concise Oxford English Dictionary) enumera más de 240.000 palabras que están en uso actual, aunque que solamente necesitas conocer 2,1% (5.000 palabras) para alcanzar el 95% y 89% de fluidez en conversación y escritura. Conocer las 10.000 palabras más comunes, es decir 4,2%, te dará un 98% de fluidez en el idioma hablado y 95% de fluidez en los textos escritos.

Teniendo esto en mente, el valor de los diccionarios de frecuencia es enorme. El estudio de las palabras más frecuentes ayuda a aumentar el vocabulario y progresar de forma natural. Suena lógico, ¿cierto?

¿Cuántas palabras necesitas saber para los diferentes niveles de fluidez?

Mientras que es importante considerar que es casi imposible establecer exactamente estos números y estadísticas con una precisión del 100%, estos son promedios globales que han sido establecidos a partir de múltiples fuentes.

De acuerdo con las investigaciones, esta es la cantidad de vocabulario que se necesita para los diferentes niveles de fluidez.

1. 250 palabras: el centro esencial de un idioma. Sin estas palabras no podrás construir ninguna oración.
2. 750 palabras: son las utilizadas diariamente por una persona que habla ese idioma.
3. 2.500 palabras: que te permiten expresas cualquier cosa que quieras decir, siempre y cuando utilices un poco de creatividad.
4. 5.000 palabras: el vocabulario activo de cualquier hablante nativo sin educación superior.
5. 10.000 palabras: el vocabulario activo de hablantes nativos con educación superior.
6. 20.000 palabras: que necesitas reconocer de forma pasiva para leer, comprender y disfrutar un trabajo literario, como lo puede ser una novela de un autor destacado.

Advertencias y limitaciones.

Una lista de frecuencia nunca es "La lista de frecuencia definitiva".

Dependiendo de la fuente de material que se haya consultado, puede que recibas diferentes listas. Un corpus de palabras habladas difiere a los textos que están basados en el lenguaje escrito.

Es por esto que hemos seleccionado subtítulos como fuente, ya que, de acuerdo a la ciencia, estos cubren lo mejor de ambos mundos: tanto el inglés escrito como el hablado.

La lista de frecuencia se basa en el análisis de aproximadamente 20 gigabytes de subtítulos en inglés.

Imagina un libro con casi 16 millones de páginas, o 80.000 libros de 200 páginas cada uno, para tener una idea de la cantidad de palabras que han sido analizadas para la creación de este libro. Una base de texto amplia es esencial para desarrollar una certera lista de frecuencia.

Los datos brutos incluyen más de un millón de entradas. Los datos brutos pasaron por un proceso de lematización; las palabras están dadas en su forma raíz.

Algunas palabras en las listas te parecerán extrañas, en sus respectivos rangos de frecuencia. Nosotros también nos sorprendimos un par de veces. Ten en cuenta que este libro está basado en una gran cantidad de subtítulos, por lo que puede incluir palabras que no necesitarás utilizar.

Puede que encuentres también vocabulario de otros idiomas en este diccionario. Hemos decidido incluirlo debido a que si está siendo utilizado en los subtítulos podemos asumir que la palabra está integrada al vocabulario general del inglés.

Tratamos al máximo de mantener nuestros nombres comunes, como "Jack, Ryan, Alice", al igual que "Roma, Washington" o "el Louvre, el Capitolio".

Algunas palabras tienen múltiples significados. Las explicaciones son ofrecidas en inglés.

"Jack" es un nombre muy común, pero también es un sustantivo (un gato para levantar un vehículo, "a jack to lift up a vehicle) y un verbo (robar algo). Lo mismo ocurre con la palabra "can". Es una conjugación del verbo "poder" y también es un sustantivo (una lata).

Esto puede sesgar ligeramente la posición en la lista de frecuencia. Con la tecnología actual, desafortunadamente no es posible identificar la ubicación correcta de acuerdo con su significado. Por suerte, estas palabras son muy escasas, y por lo tanto no tendrán un efecto importante sobre todo el resultado.

Si encuentras una palabra que no necesitarás en tu vocabulario, entonces simplemente sáltala. La lista de frecuencia incluye 25 palabras extra para compensar cualquier irregularidad que puedas encontrar.

El gran secreto para aprender un idioma es el siguiente: aumenta tu vocabulario, aprende los principios básicos de gramática y salir a conversar. Equivócate, ríete y aprende de tus errores.

Esperamos que encuentres en este diccionario de frecuencia una útil herramienta. Si te gusta este diccionario, por favor comunícaselo a las demás personas, para que también puedan disfrutarlo. O deja una reseña o comentario en línea, p.e. en las redes sociales, blogs o foros.

Cómo utilizar este diccionario

abreviaciones	*abr*
adjetivos	*adj*
adverbios	*adv*
artículos	*art*
verbos auxiliares	*av*
conjunciones	*con*
interyecciones	*int*
sustantivos	*ss*
números	*num*
partículas gramaticales	*part*
frases	*phr*
prefijos	*pfj*
preposiciones	*prp*
pronombres	*prn*
sufijos	*sfj*
verbos	*vb*
singular	*sg*
plural	*pl*

Traducciones

Decidimos compartir las traducciones más comunes de una palabra, al igual que las partes más comunes del discurso. No obstante, es importante aclarar que estas son no son las únicas posibles traducciones o partes del discurso en las que se pueden utilizar cada una de las palabras.

Alfabeto Fonético Internacional (IPA)

La pronunciación de un vocabulario extranjero puede ser difícil. Para ayudarte a hacerlo bien, hemos agregado la información IPA para cada vocablo. Si ya tienes una comprensión básica de la pronunciación, encontrarás directamente la pronunciación IPA. Para más información, por favor visita www.internationalphoneticalphabet.org

Diccionario de frecuencia inglés - español

7501 mango — el mango
ss
['mæŋgoʊ]
I want to eat a mango.
-Busco comer un mango.

7502 pasture — pastar| pacer; el pasto
vb; ss
['pæstʃər]
That pasture is ten acres.
-El pasto cubría diez acres.

7503 slum — el barrio bajo; visitar los barrios bajos
ss; vb
[slʌm]
Every slum is a huge market... of purchases and sales.
-Toda favela es un mercado poderoso... de mucha cosa comprada y vendida.

7504 cowardice — la cobardía
ss
['kaʊərdəs]
His cowardice led to mass desertion.
-Su cobardía condujo a una deserción en masa.

7505 satin — el satín; satinado; satinar
ss; adj; vb
['sætən]
She loves lace and rosy-pink satin.
-Le encantan los encajes y el satén rosa.

7506 jackal — el chacal; secuaz
ss; adj
['dʒækəl]
I cannot roar like a lion. I'm a jackal.
-No puedo rugir como un león. Soy un chacal.

7507 dealing — la relación comercial
ss
['dilɪŋ]
Effectively dealing with competition is an important part of life.
-Manejar eficazmente a la competencia es una parte importante de la vida.

7508 tortoise — la tortuga
ss
['tɔrtəs]
The giant tortoise Lonesome George has died on the Galapagos Islands.
-La tortuga gigante El Solitario George, murió en las Islas Galápagos.

7509 masseur — masajista
ss
[masseur]
Chance, your masseur, will be with you shortly.
-Chance, su masajista, estará con usted en breve.

7510 icon — el icono
ss
['aɪkɑn]
The picture has become an icon.
-La imagen se ha convertido en un icono.

7511 hedge — la cobertura; cercar
ss; vb
[hɛdʒ]
The cat crept under the hedge.
-El gato se deslizó sigilosamente debajo del seto.

7512 hijack — secuestrar; el secuestro
vb; ss
['haɪˌdʒæk]
Someone's trying to hijack the robot.
-Alguien está tratando de secuestrar el robot. Tráiganmelo.

7513 hoof — el casco; ir a pie
ss; vb
[huf]
The murder weapon is hoof shaped.
-El arma del crimen tiene forma de pezuña.

7514 attain — alcanzar| lograr
vb
[əˈteɪn]
Policy diversity can help countries attain their development priorities and objectives.
-La diversidad de políticas puede ayudar a los países a alcanzar sus prioridades y objetivos de desarrollo.

7515	**shabby**	**lamentable**
	adj	Daugherty is nothing but a shabby little huckster.
	[ˈʃæbi]	-Daugherty no es nada más que un lamentable y pequeño mercachifle.
7516	**partridge**	**la perdiz**
	ss	Talarines (flat cakes with mushrooms and hare or partridge).
	[ˈpɑrtrədʒ]	-Talarines (tortas de masa con setas y liebre o perdiz).
7517	**springtime**	**la primavera**
	ss	He still has springtime on the brain.
	[ˈsprɪŋˌtaɪm]	-Él todavía tiene la primavera en la cabeza.
7518	**cylinder**	**el cilindro**
	ss	The cylinder head of the car is broken.
	[ˈsɪləndər]	-Se me ha roto la culata del coche.
7519	**spiral**	**la espiral; en espiral**
	ss; adj	Galaxies billions of light-years distant evolve a spiral form.
	[ˈspaɪrəl]	-Galaxias a miles de millones de años luz, desarrollan una forma espiral.
7520	**snowball**	**la bola de nieve; aumentar progresivamente**
	ss; vb	Scientists thought comets were white like a snowball.
	[ˈsnoʊˌbɔl]	-Los científicos pensaban que los cometas eran blancos como una bola de nieve.
7521	**clover**	**el trébol**
	ss	For a minute I thought I found a four-leaf clover.
	[ˈkloʊvər]	-Por un momento pensé que había visto un trébol de cuatro hojas.
7522	**separates**	**la coordinados**
	ss	Hyperlinking separates data from its structure.
	[ˈsɛpəˌreɪts]	-El hipervínculo separa los datos de su estructura.
7523	**wacky**	**chiflado**
	adj	It's just been a really wacky weekend.
	[ˈwæki]	-Sólo ha sido un fin de semana realmente loco.
7524	**misty**	**brumoso**
	adj	It was misty, nasty and dark...
	[ˈmɪsti]	-Era brumoso, oscuro y desagradable...
7525	**murderous**	**asesino**
	adj	That murderous blood runs in her...
	[ˈmɜrdərəs]	-Que por sus venas corre sangre de asesino.
7526	**lug**	**arrastrar; la oreja**
	vb; ss	You don't want to lug around a lot of hardware.
	[lʌg]	-Usted no quiere cargar con un montón de hardware.
7527	**graphic**	**gráfico; el gráfico**
	adj; ss	There were some graphic novels mixed into the pile of specialty books on the desk.
	[ˈgræfɪk]	-Había algunos libros de historietas mezclados con la pila de libros especializados del escritorio.
7528	**frank**	**franco| puro; franquear; el limpio**
	adj; vb; ss	The report itself was commendably frank and informative.
	[fræŋk]	-El informe es franco e informativo, lo que es de encomiar.
7529	**tilt**	**la inclinación; inclinar**

ss; vb
[tɪlt]

As with zooming, there are multiple ways to tilt the view.
-Al igual que ocurre con el acercamiento, hay distintas formas de inclinar la vista.

7530 unkind

adj
[ənˈkaɪnd]

cruel | poco amable

So people think I'm being unkind to this kid.
-Así que la gente piensa que estoy siendo cruel con este chico.

7531 rocker

ss
[ˈrɑkər]

el balancín

That guy is off his rocker!
-¡El tío está como una cabra!

7532 dreary

adj
[ˈdrɪri]

triste

Not the tabloids and not some dreary little constituency chairman.
-No la prensa amarilla, ni ningún triste Presidente de ninguna circunscripción.

7533 reduction

ss
[rəˈdʌkʃən]

la reducción

Demand reduction measures concerning tobacco dependence and cessation.
-Medidas de reducción de la demanda concernientes a la dependencia y cese del tabaco.

7534 closure

ss; vb
[ˈkloʊʒər]

el cierre; finalizar

This shall also constitute closure of the accounts.
-Ello constituirá asimismo el cierre de las cuentas de gestión.

7535 workout

ss
[ˈwɜrˌkaʊt]

el entrenamiento

Make an entry wall for the first morning workout.
-Hacer un muro de entrada para el entrenamiento de la mañana en primer lugar.

7536 blindfold

ss; adj; adv; vb
[ˈblaɪndˌfoʊld]

la venda; con los ojos vendados; con los ojos vendados; vendar los ojos

I'll tighten your blindfold, baby.
-Voy a apretar la venda, baby.

7537 rigid

adj
[ˈrɪdʒəd]

rígido

From 1944 to 1990, Albania followed a rigid Stalinist form of Communism.
-De 1944 a 1990, Albania aplicó un tipo rígido de comunismo estalinista.

7538 comfortably

adv
[ˈkʌmfərtəbli]

cómodamente

His higher salary allows him to live comfortably.
-Su elevado salario le permite vivir cómodamente.

7539 manufacturing

ss; adj
[ˌmænjəˈfæktʃərɪŋ]

la fabricación; fabril

Those who work in chemicals manufacturing will be particularly severely affected.
-Las personas que trabajan en la fabricación de sustancias químicas se van a ver afectadas con especial intensidad.

7540 illustrious

adj
[ɪˈlʌstriəs]

ilustre

Not to mention the illustrious Samantha Sanders.
-No hay que olvidarse de la ilustre Samantha Sanders.

7541 pavilion

ss
[pəˈvɪljən]

el pabellón

This pavilion will be accessible during regular conference hours.
-Podrá accederse a este pabellón durante el horario oficial de la Conferencia.

7542 financing

la financiación

	ss	Community-led infrastructure financing facilities are another option.
	[fəˈnænsɪŋ]	-Otra opción son los servicios de financiación de la infraestructura dirigidos por la comunidad.
7543	**complexion**	**la tez**
	ss	Jim has a dark complexion.
	[kəmˈpɛkʃən]	-Jim tiene la tez oscura.
7544	**electrician**	**electricista**
	ss	Next week the electrician is coming to fix the wires.
	[ɪlɛkˈtrɪʃən]	-El electricista viene la semana siguiente a arreglar los cables.
7545	**wonderland**	**los mundo maravilloso**
	ss	Zak created this- this magical wonderland.
	[ˈwʌndərˌlænd]	-Zak creó un país de las maravillas mágico.
7546	**boon**	**la bendición; alegre**
	ss; adj	Then Lord Rama gave them a boon.
	[bun]	-Y entonces el Señor Rama les dio una bendición.
7547	**oasis**	**el oasis**
	ss	The three-star Hotel Aberôtel Montparnasse is an oasis of relaxation.
	[oʊˈeɪsɪs]	-El hotel de 3 estrellas Aberôtel Montparnasse es un oasis del descanso.
7548	**iceberg**	**el iceberg**
	ss	The passengers were asleep in their cabins when the ship hit a huge iceberg.
	[ˈaɪsbərg]	-Los pasajeros estaban durmiendo en sus camarotes cuando el barco chocó contra un iceberg.
7549	**mentality**	**la mentalidad**
	ss	The same mentality operates today in an increasingly privatized funding environment.
	[mɛnˈtæləti]	-La misma mentalidad opera hoy en día en un ambiente cada vez más orientado al financiamiento privado.
7550	**speechless**	**mudo**
	adj	Jim was so surprised he was speechless.
	[ˈspitʃləs]	-Jim estaba tan sorprendido que no tenía palabras.
7551	**nostalgia**	**la nostalgia**
	ss	She spreads anxiety and regret and nostalgia everywhere.
	[nɔˈstældʒə]	-Ella esparce ansiedad y pesar y nostalgia por todas partes.
7552	**compassionate**	**compasivo**
	adj	You are therefore inventing the compassionate capitalism Commission.
	[kəmˈpæʃənət]	-Está usted inventando, pues, la Comisión del capitalismo compasivo.
7553	**perpetual**	**perpetuo| continuo**
	adj	It's you you the fallen angel. The perpetual falling over death. The endless falling from death to death. Bewitch the universe with your voice. Anchor yourselft to your voice bewitcher of the world. Singing like a blind man lost in eternity.
	[pərˈpɛtʃuəl]	-Eres tú tú el ángel caído. La caída eterna sobre la muerte. La caída sin fin de muerte en muerte. Embruja el universo con tu voz. Aférrate a tu voz embrujador del mundo. Cantando como un ciego perdido en la eternidad.
7554	**deprive**	**privar**

	vb	And deprive the brain of oxygen!
	[dɪˈpraɪv]	-Va a privar al cerebro de oxígeno.
7555	**heart broken**	**el desolado**
	ss	Every con man gets his heart broken once.
	[hɑrt ˈbroʊkən]	-Todo estafador termina con el corazón roto, al menos una vez.
7556	**freeman**	**el hombre libre**
	ss	This is not a venture for the common freeman.
	[ˈfrimən]	-Esto no es una empresa para el hombre libre común.
7557	**concerto**	**el concierto**
	ss	It's very hard to play Vivaldi's bassoon concerto on the saxophone.
	[kənˈtʃɛrtoʊ]	-Es muy difícil tocar el concierto para fagot de Vivaldi en un saxofón.
7558	**confederate**	**confederado; el confederado; confederar**
	adj; ss; vb	I'll provide your horse and the confederate uniform.
	[kənˈfɛdərət]	-Yo le traeré el caballo y el uniforme confederado.
7559	**teamwork**	**el trabajo en equipo| la colaboración**
	ss	I miss the teamwork of combat flying.
	[ˈtimˌwɜrk]	-He perdido el trabajo en equipo del combate aéreo.
7560	**broth**	**el caldo**
	ss	Add antibiotic stock solutions as for SMSA broth.
	[brɔθ]	-Añadir soluciones estándar de antibióticos como para el caldo SMSA.
7561	**unanimous**	**unánime**
	adj	Such a unanimous acceptance thus obtained is final.
	[juˈnænəməs]	-Tal aceptación unánime, una vez obtenida, será definitiva.
7562	**tiresome**	**cansado; el fregado**
	adj; ss	Really it's becoming quite tiresome.
	[ˈtaɪərsəm]	-En verdad esto se está volviendo bastante aburrido.
7563	**jamming**	**la interferencia**
	ss	Are immune to emps and electronic jamming.
	[ˈdʒæmɪŋ]	-Son inmunes a las EMP y de interferencia electrónica.
7564	**intrigue**	**la intriga; intrigar**
	ss; vb	This is a story full of intrigue, love, betrayal and secrets.
	[ɪnˈtrig]	-Esta es una historia llena de intrigas, amores, traiciones y secretos.
7565	**controller**	**el controlador**
	ss	Alderman Hidell was the head controller, sir.
	[kənˈtroʊlər]	-El Concejal Hidell era el controlador en jefe, señor.
7566	**ozone**	**el ozono**
	ss	Even if we do this, it will be another sixty years before the Antarctic ozone hole is repaired.
	[ˈoʊˌzoʊn]	-Aunque hagamos esto, serán otros sesenta años antes de que se repare el agujero de ozono antártico.
7567	**seaside**	**la playa; costero**
	ss; adj	We enjoyed ourselves at the seaside.
	[ˈsiˌsaɪd]	-Nos lo pasamos muy bien en la playa.
7568	**diagnose**	**diagnosticar**
	vb	Genetic testing can diagnose this disease.
	[ˌdaɪəgˈnoʊs]	-Con una prueba genética se puede diagnosticar esta enfermedad.
7569	**frown**	**fruncir el ceño; el ceño**

vb; ss
[fraʊn]
And her stern, intense frown.
-Y su intenso y austero ceño.

7570 adjustment — **el ajuste| la regulación**

ss
[əˈdʒʌstmənt]
Eurozone membership precludes inflation and devaluation as adjustment mechanisms.
-La pertenencia a la zona del euro excluye la inflación y la devaluación como mecanismos de ajuste.

7571 cerebral — **cerebral**

adj
[ˈsɛrəbrəl]
Conscious cerebral activity drops to almost nothing.
-La actividad cerebral consciente se reduce casi a nada.

7572 domination — **la dominación**

ss
[ˌdɑməˈneɪʃən]
The German domination didn't last very long.
-La dominación alemana no duró mucho tiempo.

7573 blackjack — **las veintiuna; aporrear**

ss; vb
[ˈblækˌdʒæk]
That's a lot of blackjack, Joran.
-Hay un montón de Black Jack (21), Joran.

7574 jack — **el gato| el enchufe; levantar**

ss; vb
[dʒæk]
Jack collects stamps.
-Jack colecciona sellos.

7575 frantic — **frenético; el frenético**

adj; ss
[ˈfræntɪk]
My cat became frantic as soon as the car began to move.
-Mi gato enloqueció en cuanto el carro se empezó a mover.

7576 clockwork — **el aparato de relojería; del aparato de relojería**

ss; adj
[ˈklɑˌkwɜrk]
All this information can be deduced from today's opportunities to examine the incredible clockwork that is space.
-Todos estos datos pueden deducirse de las oportunidades actuales para estudiar ese mecanismo increíble que es el espacio.

7577 casually — **por casualidad**

adv
[ˈkæʒəwəli]
Jim casually shrugged.
-Jim casualmente se encogió de hombros.

7578 exhaustion — **el agotamiento**

ss
[ɪgˈzɑstʃən]
From heroic victory, however, exhaustion invariably follows.
-Sin embargo, a la victoria heroica le sigue invariablemente el agotamiento.

7579 meddling — **la intromisión; entrometido**

ss; adj
[ˈmɛdəlɪŋ]
Your meddling could have destroyed this village.
-Su intromisión podría destruir este pueblo.

7580 jell — **cuajar**

vb
[dʒɛl]
I have read of a place where humans do battle in a ring of Jell - O.
-Sé de un sitio donde los humanos luchan en un ring con gelatina.

7581 penal — **penal**

adj
[ˈpinəl]
Everyone charged with a penal offence has the right to be presumed innocent until proved guilty according to law in a public trial at which he has had all the guarantees necessary for his defence.
-Toda persona acusada de delito tiene derecho a que se presuma su inocencia mientras no se pruebe su culpabilidad, conforme a la ley y en juicio público en el que se le hayan asegurado todas las garantías necesarias para su defensa.

7582	**afterlife**	**la vida futura**
	ss	He wasn't concerned with his afterlife.
	[ˈæftərˌlaɪf]	-Él no se preocupaba por su felicidad espiritual.
7583	**humanitarian**	**humanitario; los humanitario**
	adj; ss	Protecting civilians remains fundamental to effective humanitarian
	[ˌhjuˌmænəˈtɛriən]	action.
		-Proteger a los civiles sigue siendo fundamental para que la acción
		humanitaria sea eficaz.
7584	**engrave**	**grabar**
	vb	So as to engrave Dharma in the hearts of men.
	[ɪnˈgreɪv]	-Para grabar el Dharma en los corazones.
7585	**primarily**	**ante todo**
	adv	Fish choose their mates based primarily on color gradations.
	[praɪˈmɛrəli]	-Los peces escogen a sus compañeros basados principalmente en las
		gradaciones del color.
7586	**leech**	**la sanguijuela**
	ss	That leech takes advantage of everyone.
	[litʃ]	-Esa sanguijuela se aprovecha de todo el mundo.
7587	**mow**	**cortar; la mueca**
	vb; ss	My mother told me to mow the lawn.
	[moʊ]	-Mi mamá me dijo que podara el césped.
7588	**compatible**	**compatible**
	adj	The donor is usually a sibling with compatible tissue.
	[kəmˈpætəbəl]	-El donante es, por lo general, un hermano con tejido compatible.
7589	**speck**	**la mota**
	ss	Well, here's a speck.
	[spɛk]	-Bueno, aquí está una mota.
7590	**array**	**la formación| la colección; formar**
	ss; vb	You were adjusting the deflector array to improve shield harmonics.
	[əˈreɪ]	-Usted estaba ajustando la matriz del deflector... para mejorar las
		armónicas de los escudos.
7591	**foxy**	**astuto**
	adj	And they got some foxy ladies here.
	[ˈfɑksi]	-Y hay muchas mujeres sexy aquí.
7592	**farmhouse**	**el cortijo**
	ss	Charming 16th century farmhouse set in tranquil grounds.
	[ˈfɑrmˌhaʊs]	-Encantadora granja del siglo XVI ubicada en un área tranquila.
7593	**Spaniard**	**el español**
	ss	He's a real Spaniard.
	[ˈspænjərd]	-Es un español castizo.
7594	**locket**	**el medallón**
	ss	Watch the locket swinging backwards and forwards.
	[ˈlɑkɪt]	-Observa cómo el medallón se balancea, atrás y adelante.
7595	**inter**	**enterrar**
	vb	Through it, the village provides inter and intra communication.
	[ɪnˈtɜr]	-A través suya, la villa establece la comunicación inter e intramunicipal.
7596	**antibiotic**	**antibiótico; el antibiótico**

	adj; ss	Orbifloxacin is an antibiotic that belongs to the group fluoroquinolones.
	[ˌæntibiˈɑtɪk]	-La orbifloxacina es un antibiótico que pertenece al grupo de las fluoroquinolonas.
7597	**conceited**	**presumido**
	adj	For being... stubborn and angry, conceited...
	[kənˈsitəd]	-Por ser... caprichoso y gritón, engreído...
7598	**cider**	**la sidra**
	ss	And the cider jar became visible.
	[ˈsaɪdər]	-Y la jarra de sidra se hace visible.
7599	**triad**	**la tríada**
	ss	And this curriculum starts with this triad that I described earlier of values, systems and skills.
	[ˈtraɪˌæd]	-Y este currículo comienza con esta tríada de valores, sistemas y habilidades que les describí anteriormente.
7600	**floss**	**la seda floja**
	ss	Do you have some dental floss?
	[flɑs]	-¿Tienes hilo dental?
7601	**administrative**	**administrativo**
	adj	The new government is expected to bring about a good number of administrative reforms.
	[ədˈmɪnəˌstreɪtɪv]	-Se espera que el nuevo Gobierno lleve a cabo un buen número de reformas administrativas.
7602	**intentionally**	**intencionalmente**
	adv	OnStar intentionally developed this functionality so that our advisors cannot override it.
	[ɪnˈtɛnʃənəli]	-OnStar ha desarrollado intencionalmente esta funcionalidad de tal manera que nuestros asesores no puedan suprimirla.
7603	**divert**	**desviar**
	vb	Prepare to divert power on my signal.
	[daɪˈvɜrt]	-Prepárese a desviar la potencia al dar la señal.
7604	**ending**	**el final| la terminación; de fin**
	ss; adj	It seemed never-ending.
	[ˈɛndɪŋ]	-Parecía interminable.
7605	**orient**	**orientar; oriental**
	vb; adj	How can economic policy orient the regulation of financial markets through productive investments?
	[ˈɔriənt]	-¿Cómo puede la política económica orientar la regulación de los mercados financieros mediante inversiones productivas?
7606	**frenzy**	**el frenesí**
	ss	The rioters were like animals in the grip of a primitive frenzy.
	[ˈfrɛnzi]	-Los alborotadores eran como animales dominados por un frenesí primitivo.
7607	**grizzly**	**el oso pardo; gris**
	ss; adj	I'd say black bear. not grizzly.
	[ˈgrɪzli]	-Yo diría que oso negro, no grizzly.
7608	**cluck**	**el cloqueo; cloquear**
	ss; vb	Don't tell a chicken when to cluck.
	[klʌk]	-No le digas a una gallina cuando cacarear.

7609	**chandelier**	**la araña**
	ss	The chandelier fell and almost killed us.
	[ʃændəˈlɪr]	-Se ha caído el candelabro y casi nos mata.
7610	**fanatic**	**fanático; el fanático**
	adj; ss	He's a science fiction fanatic.
	[fəˈnætɪk]	-Él es un fanático de la ciencia ficción.
7611	**holdup**	**el atraco**
	ss	Lorimer believes it is not only holdup.
	[ˈhoʊlˌdʌp]	-Lorimer está convencido que due esto no es solo un atraco.
7612	**vocation**	**la vocación**
	ss	Never choose a new vocation just because you are restless.
	[voʊˈkeɪʃən]	-Nunca elijas una nueva vocación sólo porque estás inquieto.
7613	**cranky**	**de maniático**
	adj	The baby is cranky because it's teething.
	[ˈkrænki]	-El bebé está de mal humor porque le están saliendo los dientes.
7614	**hinge**	**la bisagra; girar**
	ss; vb	Do not place unnecessary fingers into hinge mechanism.
	[hɪndʒ]	-No situe de forma innecesaria los dedos dentro del mecanismo de la bisagra.
7615	**recital**	**el recital**
	ss	Her daughter has a dance recital tonight.
	[rəˈsaɪtəl]	-Su hija tiene un recital de danza esta noche.
7616	**indebted**	**endeudado**
	adj	I am deeply indebted to my friends for all their help.
	[ɪnˈdɛtəd]	-Estoy profundamente en deuda con mis amigos por toda su ayuda.
7617	**ratio**	**la proporción**
	ss	The male-female ratio varies by faculty.
	[ˈreɪʃiˌoʊ]	-La relación entre hombres y mujeres varía según la facultad.
7618	**tut**	**los gesto de desaprobación**
	ss	The king Tut exhibit was immensely popular.
	[tʌt]	-La exhibición del Rey Tut fue muy popular.
7619	**projector**	**el proyector**
	ss	They're computer-generated images running on a projector.
	[prəˈdʒɛktər]	-Son imágenes creadas por ordenador que salen de un proyector.
7620	**solicitor**	**el abogado**
	ss	His Paris solicitor has the interesting ones.
	[səˈlɪsətər]	-Su abogado parisino está en posesión de los más interesantes.
7621	**secretive**	**reservado**
	adj	Why are you so secretive?
	[ˈsikrətɪv]	-¿Por qué eres tan misterioso?
7622	**believable**	**creíble**
	adj	His story is strange, but it's believable.
	[bəˈlivəbəl]	-Su historia es extraña, pero es creíble.
7623	**mandatory**	**obligatorio**
	adj	Making electronic safety components subject to mandatory testing.
	[ˈmændəˌtɔri]	-Sujeción a un control obligatorio de los componentes de seguridad electrónicos.

7624	**latter** adj [ˈlætər]	**último**

It is true that Aristotle distinguishes the tyrant from the king by the fact that the former governs in his own interest, and the latter only for the good of his subjects; but it would follow from Aristotle's distinction that, from the very beginning of the world, there has not yet been a single king.

-Es cierto que Aristóteles distingue al tirano del rey en que el primero gobierna para su propia utilidad y el segundo solamente para la de sus súbditos, se deduciría de la distinción de Aristóteles que desde el comienzo del mundo no habría existido ni un solo rey.

7625	**rhythmic** adj [ˈrɪðmɪk]	**rítmico**

Watch the rhythmic movement of my lips as I tell you...
-Mira el rítmico movimiento de mis labios cuando te lo digo...

7626	**detachment** ss [dɪˈtætʃmənt]	**el desapego| el destacamento**

A provost detachment (10 troops).
-Un destacamento de gendarmería (efectivos: 10).

7627	**hateful** adj [ˈheɪtfəl]	**odioso**

He is hateful.
-Es odioso.

7628	**dangerously** adv [ˈdeɪndʒərəsli]	**peligrosamente**

This resolution tries dangerously to usurp powers that do not belong to us.
-Esta resolución intenta usurpar peligrosamente poderes que no nos corresponden.

7629	**needless** adj [ˈnidləs]	**innecesario**

Needless to say, he was late for school as usual.
-Nada que decir, él llegó tarde a la escuela como siempre.

7630	**mandarin** ss [ˈmændərən]	**la mandarina**

She can speak a type of Chinese, but she can't speak Mandarin.
-Puede hablar una variedad del chino, pero no el mandarín.

7631	**obsolete** adj [ˈɑbsəˌlit]	**obsoleto**

It's obsolete.
-Es obsoleto.

7632	**commando** ss [kəˈmænˌdoʊ]	**el comando**

A little top secret commando mission, maybe.
-Una pequeña misión del comando ultra secreto, tal vez.

7633	**textbook** ss [ˈtɛkstˌbʊk]	**los libro de texto**

And open your textbook at page ten.
-Y abrid vuestros libros de texto en la página diez.

7634	**philosophical** adj [ˌfɪləˈsɑfɪkəl]	**filosófico**

Nothing appears more surprising to those, who consider human affairs with a philosophical eye, than the easiness with which the many are governed by the few; and the implicit submission, with which men resign their own sentiments and passions to those of their rulers.

-No hay nada que parezca más sorprendente a aquellos que consideran los asuntos humanos desde un punto de vista filosófico que la facilidad con la que la mayoría es gobernada por la minoría, y la sumisión implícita con la que los hombres resignan sus propios sentimientos y pasiones a aquellos de sus mandatarios.

7635 **wad**
ss; vb
[wɑd]

el taco| el fajo; rellenar
Jim burned a big wad of hundred dollar bills.
-Jim quemó un gran fajo de billetes de cien dólares.

7636 **reconnaissance**
ss
[riˈkɑnəsəns]

el reconocimiento| el sondeo
Russian subversion and reconnaissance groups still regularly penetrate Ukraine.
-Siguen entrando frecuentemente en Ucrania grupos subversivos y de reconocimiento rusos.

7637 **extravagant**
adj
[ɛkˈstrævəgənt]

extravagante| derrochador
This diamond ring is too extravagant for me.
-Este anillo de diamante es muy extravagante para mí.

7638 **cyanide**
ss
[ˈsaɪəˌnaɪd]

el cianuro
Luminol reacts with copper, iron peroxides and cyanide.
-El luminol reacciona con cobre, peróxidos de hierro y cianuro.

7639 **interstate**
adj
[ˌɪntərˈsteɪt]

interestatal
We run a petting zoo by the interstate.
-Nos encargamos de un zoológico de mascotas por la interestatal.

7640 **unwell**
adj
[ʌnˈwɛl]

indispuesto
I pretended to be unwell in order to stay at home.
-Fingí estar enfermo para quedarme en casa.

7641 **astonish**
vb
[əˈstɑnɪʃ]

asombrar| maravillar
You could yet astonish the world.
-Tú aún puedes asombrar al mundo.

7642 **unthinkable**
adj
[ənˈθɪŋkəbəl]

inconcebible
Jim did the unthinkable.
-Jim hizo lo impensable.

7643 **timid**
adj
[ˈtɪmɪd]

tímido
Generally speaking, we Japanese are a little too timid in speaking foreign languages.
-En general, los japoneses somos un poco demasiado tímidos para hablar idiomas extranjeros.

7644 **incorrect**
adj
[ɪnkəˈrɛkt]

incorrecto
This movie is politically incorrect.
-Esta película es políticamente incorrecta.

7645 **shun**
vb
[ʃʌn]

rehuir
In an increasingly smaller village, we must shun conflict and rivalry.
-En una aldea cada vez más pequeña, debemos evitar los conflictos y la rivalidad.

7646 **hybrid**
adj; ss
[ˈhaɪbrəd]

híbrido; el híbrido
Jim encouraged Ana to buy a hybrid car.
-Jim animó a Ana a comprar un coche híbrido.

7647 **fern**
ss
[fɜrn]

el helecho
Cory, it wasn't the fern.
-Cory, no fue el helecho.

7648 **tumble**

la caída| la voltereta; caer

	ss; vb	This German broker in despair watched the Frankfurt market tumble in 2008.
	['tʌmbəl]	-Este corredor de bolsa alemán observa desesperado la caída del mercado de valores de Frankfurt en 2008.
7649	**unfold**	**desplegar| desplegarse**
	vb	The real tragedy has still to unfold.
	[ən'foʊld]	-La tragedia real todavía está por desarrollarse.
7650	**invader**	**el invasor**
	ss	Marking that invader for destruction by my immune system.
	[ɪn'veɪdər]	-Sí, marcando al invasor para destruirlo por mi sistema inmunológico.
7651	**detonate**	**detonar**
	vb	Except the nuke will not detonate at impact.
	['dɛtə,neɪt]	-Excepto que los misiles nucleares no van a detonar con el impacto.
7652	**ante**	**la apuesta inicial**
	ss	That cessation should lead to a restoration of the status quo ante by all concerned.
	['ænti]	-Esa cesación debería conducir al restablecimiento del statu quo ante por todos los interesados.
7653	**merle**	**el mirlo**
	ss	I wouldn't name my dog Merle.
	[mɜrl]	-No habría llamado Merle ni a mi perro.
7654	**tanker**	**el petrolero**
	ss	Your monthly delivery will be by ocean-going tanker.
	['tæŋkər]	-Su entrega mensual irá en un barco petrolero.
7655	**typhoon**	**el tifón**
	ss	The typhoon caused a tree to tumble on my yard.
	[,taɪ'fun]	-El tifón causó la caída de un árbol en mi patio trasero.
7656	**dioxide**	**el dióxido**
	ss	Nitric oxide chemically reacts with oxygen to form nitrogen dioxide.
	[daɪ'ɑk,saɪd]	-7 El óxido nítrico reacciona químicamente con el oxígeno para formar dióxido de nitrógeno.
7657	**commodity**	**la mercancía**
	ss	The Grogg reckon knowledge as a commodity.
	[kə'mɑdəti]	-Los Grogg consideran el conocimiento como una mercancía igual a otras.
7658	**tacky**	**pegajoso| vulgar**
	adj	I thought a Batman-themed Bar Mitzvah was tacky, but this really can't compare.
	['tæki]	-Pensé temático-Batman Bar Mitzvah era hortera, Pero esto realmente no se puede comparar.
7659	**sesame**	**el sésamo**
	ss	Open, Sesame!
	['sɛsəmi]	-¡Ábrete, Sésamo!
7660	**mercenary**	**mercenario; el mercenario**
	adj; ss	A high-ranking mercenary with a group called Optimal Outcomes.
	['mɜrsə,nɛri]	-Un mercenario de alto rango con un grupo llamado Optimal Outcomes.
7661	**corral**	**el corral; acorralar**

ss; vb
[kəˈræl]

Tonight you can clean out the corral.
-Esta noche puedes limpiar el corral.

7662 chronicle

la crónica; describir

ss; vb
[ˈkrɑnɪkəl]

History is but a chronicle of war.
-La historia no es más que una crónica de la guerra.

7663 frightful

espantoso| horrendo

adj
[ˈfraɪtfəl]

I'm afraid someone's made a frightful mistake.
-Me temo que alguien ha cometido un error espantoso.

7664 musketeer

el mosquetero

ss
[ˌmʌskəˈtir]

If I am killed, then at least so by the hand of a musketeer.
-Si he de morir, por lo menos que sea a mano de un mosquetero.

7665 outdoor

al aire libre; la intemperie

adj; ss
[ˈaʊtˌdɔr]

Relax on the outdoor terrace on warm summer days.
-Relájese en la terraza exterior durante los cálidos días de verano.

7666 pouch

la bolsa; embolsar

ss; vb
[paʊtʃ]

Grasp sheath using the plastic peel pouch.
-Sujetar la funda utilizando la bolsa de plástico abierta.

7667 serene

sereno; la serenidad

adj; ss
[səˈrin]

Gentleness of being nothing in the most serene seconds...
-Dulzura de no ser nada en el más sereno e íntimo de los segundos.

7668 untrue

falso

adj
[ənˈtru]

Everything she says is untrue.
-Todo lo que ella dice es falso.

7669 pushy

molesto

adj
[ˈpʊʃi]

At least I didn't turn out pushy and mean like...
-Al menos no salí insistente y cruel como...

7670 linger

persistir| tardar

vb
[ˈlɪŋgər]

No lady did me the honour to linger by my window.
-Ninguna Señora me hizo el honor, de permanecer junto a mi ventana.

7671 gran-dad

el abuelito

ss
[græn-dæd]

The name, Luther, comes from my grandad.
-El nombre, Luther, viene de mi abuelo.

7672 redneck

el campesino blanco

ss
[ˈrɛdˌnɛk]

Jim is a redneck.
-Jim es campesino.

7673 containment

la contención

ss
[kənˈteɪnmənt]

The relatively small leakage remained within the containment building.
-La filtración relativamente pequeña se mantuvo dentro del edificio de contención.

7674 overrate

sobrevalorar

vb
[ˌoʊvərˈreɪt]

My friend, it seems to me that you overrate enormously the way women feel about beauty.
-Sobreestimas, amigo mío, a mi parecer, en mucho el concepto de belleza en las mujeres.

7675 leverage

el apalancamiento

ss
[ˈlɛvərɪdʒ]

Undoubtedly, with the proper leverage.
-Sin duda, si tienes el apalancamiento adecuado.

7676	**heathen**	**pagano; el pagano**
	adj; ss	We cannot afford to merely discredit the heathen.
	[ˈhiðən]	-No podemos darnos el lujo de sólo desacreditar al pagano.
7677	**checkmate**	**el mate; dar mate a**
	ss; vb	Jim looked at me triumphantly and said, "Checkmate."
	[ˈtʃɛkˌmeɪt]	-Jim me miró triunfantemente y dijo: "Jaque mate".
7678	**paramedic**	**paramédico**
	adj	A paramedic pronounced at the scene.
	[ˌpɛrəˈmɛdɪk]	-Un paramédico lo declaró muerto en la escena.
7679	**frail**	**frágil| quebradizo**
	adj	He was too frail to play games outdoors.
	[freɪl]	-Él estaba demasiado débil para jugar al aire libre.
7680	**mockery**	**la mofa| las burlas**
	ss	Christianity has survived persecution, splits, wars of religion, mockery, hatred.
	[ˈmɑkəri]	-El cristianismo ha sobrevivido la persecución, división, guerras religiosas, la burla y el odio.
7681	**espionage**	**el espionaje**
	ss	The suspect committed an act of industrial espionage.
	[ˈɛspiənɑdʒ]	-El sospechoso cometió un acto de espionage industrial.
7682	**mackerel**	**la caballa**
	ss	Fed exclusively on Lollo Rosso and smoked mackerel.
	[ˈmækərəl]	-Exclusivamente con Lollo Rosso (lechuga) y caballa ahumada.
7683	**baloney**	**el camelo**
	ss	People are sick of this baloney.
	[bəˈloʊni]	-La gente está harta de tanta tontería.
7684	**nectar**	**el néctar**
	ss	4 Copas agave nectar is certified organic and Kosher.
	[ˈnɛktər]	-El néctar de agave 4 Copas está certificado orgánico y kosher.
7685	**crumble**	**desmoronarse**
	vb	The boundary of my brain that divides real from fantasy has finally begun to crumble.
	[ˈkrʌmbəl]	-El límite de mi cerebro que divide la realidad de la fantasía finalmente comenzó a desmoronarse.
7686	**earnest**	**serio| fervoroso; la prenda**
	adj; ss	He began courting her in earnest when he found out that she had another suitor.
	[ˈɜrnɪst]	-Empezó a cortejarla en serio cuando se dio cuenta de que ella tenía otro pretendiente.
7687	**interruption**	**la interrupción**
	ss	Discussion resumed after a short interruption.
	[ˌɪntəˈrʌpʃən]	-La discusión fue retomada después una pequeña interrupción.
7688	**boast**	**el alarde; jactarse**
	ss; vb	His boast that he is the best pitcher is true.
	[boʊst]	-Su alardeo de ser el mejor lanzador es cierto.
7689	**catfish**	**el bagre**
	ss	He's looking for a prize catfish.
	[ˈkætˌfɪʃ]	-Está buscando un bagre de primera.

7690	**surfer**	**tablista**
	ss	I know you're a great surfer.
	[ˈsɜrfər]	-Sé que eres una gran surfista.
7691	**perjury**	**el perjurio**
	ss	You risk being accused of perjury.
	[ˈpɜrdʒəri]	-Corre el riesgo de ser acusado de perjurio.
7692	**astronomer**	**el astrónomo**
	ss	I'm an astronomer.
	[əˈstrɑnəmər]	-Soy astrónomo.
7693	**blueprint**	**el cianotipo**
	ss	And Hong Kong's economic blueprint also focuses on accelerating large infrastructure projects whose environmental impact has not been rigorously examined.
	[ˈbluˌprɪnt]	-Y el plan económico de Hong Kong también se enfoca en la aceleración de los grandes proyectos de infraestructura, cuyo impacto ambiental no se ha estudiado rigurosamente.
7694	**coy**	**tímido**
	adj	Don't be so coy, my dear fellow.
	[kɔɪ]	-No seas tan tímido, mi querido compañero.
7695	**newscaster**	**el locutor de telediario**
	ss	Talk to the cabbie down Trafalgar or the... newscaster.
	[ˈnuzˌkæstər]	-Charla con el taxista hasta Trafalgar... o al locutor.
7696	**Dutchman**	**el holandés**
	ss	Had enough of that Dutchman tonight.
	[ˈdʌtʃmən]	-Ya he tenido bastante de ese holandés esta noche.
7697	**outskirts**	**las afueras**
	ss	The al-Maqadmah mosque is situated near the north-west outskirts of Jabaliyah camp, close to Beit Lahia.
	[ˈaʊtˌskɜrts]	-La mezquita de Al-Maqadma está situada al noroeste del campamento de Yabalia, cerca de sus afueras, y próxima a Bayt Lahiya.
7698	**relentless**	**implacable**
	adj	Prison is a relentless, 24-hour experience.
	[rɪˈlɛntlɪs]	-La prisión es una experiencia implacable las 24 horas.
7699	**pickled**	**en vinagre**
	adj	So is our bacon and pickled beef.
	[ˈpɪkəld]	-Lgual que nuestro tocino y buey adobado.
7700	**patriotism**	**el patriotismo**
	ss	We must instill patriotism into the young people of today.
	[ˈpeɪtriəˌtɪzəm]	-Debemos implantar el patriotismo en la gente joven de hoy.
7701	**malice**	**la malicia**
	ss	Never attribute to malice that which is adequately explained by stupidity.
	[ˈmæləs]	-Nunca atribuyas a la maldad lo que puede ser explicado por la estupidez.
7702	**yawn**	**el bostezo; bostezar**
	ss; vb	Put your hand over your mouth when you cough, sneeze or yawn.
	[jɔn]	-Tápese la boca cuando tosa, estornude o bostece.
7703	**latch**	**el pestillo; asegurar**

		ss; vb [lætʃ]	Someone slammed her head against the latch. -Alguien golpeó su cabeza contra el pestillo.
7704	**rotation**	ss [roʊˈteɪʃən]	**la rotación** Crop rotation is necessary to preserve soil fertility. -A fin de mantener la fertilidad de la tierra es preciso realizar una rotación de cultivos.
7705	**jaguar**	ss [ˈdʒæˌgwɑr]	**el jaguar** I say a jaguar ate this monkey. -Yo digo que un jaguar se comió a este mono.
7706	**reservoir**	ss [ˈrɛzəˌvwɑr]	**el depósito** Marmolejo reservoir has a capacity of 13 hm3. -El embalse de Marmolejo tiene una capacidad de 13 Hm3.
7707	**Caucasian**	adj [kɔˈkeɪʒən]	**caucásico** Cranial shape and nasal features suggest Caucasian. -La forma del cráneo y los rasgos nasales indican que es caucásico.
7708	**headphones**	ss [ˈhɛdˌfoʊnz]	**los auriculares** That is what came through my headphones. -Eso es lo que he oído por mis auriculares.
7709	**malicious**	adj [məˈlɪʃəs]	**malicioso** A bug on the Macintosh version of the Flash software allows malicious websites to covertly eavesdrop on visitors using their webcam and microphone. -Una falla en la versión Macintosh del software Flash le permite a sitios web maliciosos husmear a los visitantes usando sus cámaras web y micrófonos.
7710	**whiff**	ss; vb [wɪf]	**el olorcillo; oler** Along with a slightly stale whiff of community service. -Junto con el olor un poco a rancio de servicio a la comunidad.
7711	**spree**	ss [spri]	**la juerga** Just one good spree for myself and the missus. -Me correré una buena juerga con mi parienta.
7712	**receptionist**	ss [rɪˈsɛpʃənɪst]	**recepcionista** My sister is a receptionist. -Mi hermana es recepcionista.
7713	**orientation**	ss [ˌɔriɛnˈteɪʃən]	**la orientación** Regulations regarding public vocational orientation services. -Régimen de los servicios de orientación vocacional implementados por el Estado.
7714	**credible**	adj [ˈkrɛdəbəl]	**creíble** If you want to be credible, tell people only what they believe. -Si quieres ser creíble, dile a la gente sólo lo que creen.
7715	**obsessive**	adj [əbˈsɛsɪv]	**obsesionante** First-time parents are exhausted, terrified, obsessive, overwhelmed... -Padres por primera vez se agotados, aterrorizado, obsesivo, abrumado...
7716	**damaging**		**perjudicial**

	adj	However WikiLeaks' activities have had a damaging impact.
	[ˈdæmɪdʒɪŋ]	-Sin embargo, las actividades de WikiLeaks han tenido un cierto impacto perjudicial. Todos somos seres humanos.
7717	**medallion**	**el medallón**
	ss	The medallion acts as a spiritual amplifier.
	[məˈdæljən]	-El medallón actúa como un amplificador espiritual.
7718	**bedside**	**la cabecera**
	ss	My doctor has an excellent bedside manner.
	[ˈbɛdˌsaɪd]	-Mi médico trata excelentemente a sus pacientes.
7719	**parson**	**el párroco| el cura**
	ss	For a rather prissy parson, John Wesley found a surprising solution.
	[ˈparsən]	-Como pastor meticuloso que era, John Wesley encontró una solución sorprendente.
7720	**scalpel**	**el bisturí**
	ss	Focused through your pupils like a scalpel.
	[ˈskælpəl]	-Me concentré a través de tus pupilas como un bisturí.
7721	**crossword**	**el crucigrama**
	ss	Genius has done the crossword again.
	[ˈkrɔˌswɜrd]	-Genio hizo el crucigrama de nuevo.
7722	**rewind**	**rebobinar**
	vb	Cannot rewind tape. Backup aborted.
	[riˈwaɪnd]	-No se puede rebobinar la cinta. Copia de respaldo interrumpida.
7723	**yogi**	**el yogui**
	ss	The ranger and yogi are coming back out.
	[ˈjoʊgi]	-El ranger y yogui están saliendo.
7724	**nutcase**	**el loco**
	ss	It proves he is a nutcase.
	[nutcase]	-Eso solo prueba que es un loco...
7725	**methane**	**el metano**
	ss	10,000 kilometers beneath all that methane but still intact.
	[ˈmɛˌθeɪn]	-10.000 kilómetros debajo de todo ese metano, pero sigue intacta.
7726	**spanking**	**la azotaina| la tunda; rápido**
	ss; adj	What you need is a spanking.
	[ˈspæŋkɪŋ]	-Lo que necesitáis es una paliza.
7727	**yak**	**el yak**
	ss	Mother Matsenten Gyalmo, accept with pleasure the sacrificial yak.
	[jæk]	-Madre Matsenten Gyalmo, a aceptar con agrado el sacrificio de yak.
7728	**catastrophic**	**catastrófico**
	adj	You need to look at things from a different angle, it's not as catastrophic as you think.
	[ˌkætəˈstrɑfɪk]	-Tienes que mirar a las cosas desde otro punto de vista, no es tan desastroso como piensas.
7729	**nominate**	**nombrar**
	vb	Most Under-Secretaries General choose to nominate representatives to attend MCC meetings.
	[ˈnɑmənət]	-La mayoría de los Secretarios Generales Adjuntos prefirieron designar representantes para que asistieran a las reuniones del MCC.
7730	**goblin**	**el duende**

	ss	That goblin must be my younger sister.
	['gɑblɪn]	-Ese duende... puede que sea mi hermana pequeña.
7731	**aura**	**las aura**
	ss	If you call aura manipulation massage.
	['ɔrə]	-Si llamas masaje a la manipulación del aura.
7732	**automate**	**automatizar**

7731 **aura** — **las aura**
ss ['ɔrə]
If you call aura manipulation massage.
-Si llamas masaje a la manipulación del aura.

7732 **automate** — **automatizar**
vb ['ɔtəˌmeɪt]
The Secretariat has increasingly utilized electronic media to automate its procurement process.
-Cada vez más, la Secretaría hace uso de los medios electrónicos para automatizar el proceso de adquisición.

7733 **bog** — **el pantano| el fangal**
ss [bɑg]
She might have swallowed something in the bog we were in.
-Podría haberse tragado algo en el pantano donde estuvimos.

7734 **watt** — **el vatio**
ss [wɑt]
Ware washing - 40 watt and too half-metre.
-El lavado de la vajilla - 40 vatio y tambiſn los medios metros.

7735 **galactic** — **galáctico**
adj [gəˈlæktɪk]
142 degrees north-east of galactic plane.
-1 42 grados al noreste del plano galáctico.

7736 **artifact** — **el artefacto**
ss ['ɑrtəˌfækt]
Dr Merkmallen found an artifact in his country.
-El Dr. Merkmallen halló un artefacto en su país.

7737 **spokesman** — **el portavoz**
ss ['spoʊksmən]
The post of spokesman is under active recruitment.
-Se está trabajando activamente para cubrir el puesto de portavoz.

7738 **supervise** — **supervisar**
vb ['supərˌvaɪz]
The site moderator should supervise postings.
-El moderador del sitio debe supervisar las publicaciones.

7739 **hearty** — **abundante| cordial; el tipo campechano**
adj; ss ['hɑrti]
They were given a hearty welcome.
-Fueron recibidos con una calurosa bienvenida.

7740 **enclose** — **encerrar| adjuntar**
vb [ɪnˈkloʊz]
Please enclose a document confirming the disappearance.
-Se ruega adjuntar un documento que confirme la desaparición.

7741 **rabies** — **la rabia**
ss ['reɪbiz]
Human rabies cases are very rare.
-Los casos de rabia humana son muy raros.

7742 **relic** — **la reliquia**
ss ['rɛlɪk]
A small relic found incredinly and mysteriously undamaged.
-Una pequeña reliquia fue descubierta, increíble y misteriosamente sin daños.

7743 **unusually** — **extraordinariamente**
adv [ənˈjuʒˌuəli]
Last night was unusually cold.
-La pasada noche fue inusualmente fría.

7744 **fisher** — **el pescador**
ss ['fɪʃər]
Foxtrot Romeo 1-33 entering the fisher.
-Foxtrot Romeo 1-33 de entrar en el pescador.

7745 constitutional
adj; ss
[ˌkɑnstəˈtuʃənəl]

constitucional; el paseo

Zambia was currently undergoing constitutional reform.
-En el momento actual, Zambia está en proceso de reforma constitucional.

7746 booster
ss
[ˈbustər]

el aumentador de presión

A fusion booster element was transported recently.
-Un elemento de refuerzo de fusión fue transportado hace poco.

7747 implant
ss; vb
[ɪmˈplænt]

el implante; implantar

My implant links my brain directly with the flight-control computers.
-Mi implante conecta mi cerebro directamente con las computadoras de control de vuelo.

7748 unicorn
ss
[ˈjunɪˌkɔrn]

el unicornio

I always dreamed of meeting a unicorn that would tell me the secrets of the night.
-Siempre soñé con conocer a un unicornio que me contase los secretos de la noche.

7749 advertisement
ss
[ədˈvɜrtəzmənt]

el anuncio

Read the advertisement section if you're looking for a job.
-Lea la sección de anuncios si busca empleo.

7750 merciless
adj
[ˈmɜrsələs]

despiadado

Death is a mysterious, merciless lady.
-La muerte es una misteriosa y despiadada dama.

7751 harmful
adj
[ˈhɑrmfəl]

perjudicial

This medicine has no harmful side-effects.
-Este medicamento no tiene efectos secundarios adversos.

7752 settler
ss
[ˈsɛtələr]

el colono

Police arrested a settler suspected of having participated in the incident.
-La policía detuvo a un colono sospechoso de haber participado en el incidente.

7753 mingle
vb
[ˈmɪŋgəl]

mezclarse

Well, I think I'll mingle.
-Bueno, creo que me voy a mezclar.

7754 gloom
ss; vb
[glum]

la oscuridad| la tristeza; estar en penumbra

He moves in the gloom like a white flower.
-Se mueve en la penumbra como una flor blanca.

7755 devise
vb; ss
[dɪˈvaɪz]

idear| planear; el legado

Back then, financial-market participants had to devise fantastic schemes and contortions to disguise interest payments.
-En aquel entonces, los participantes de los mercados financieros tenían que elaborar planes fantásticos y contorsiones inauditas para disfrazar los pagos de intereses.

7756 alignment
ss
[əˈlaɪnmənt]

la alineación

Treatment: Very few people have perfect teeth alignment.
-Tratamiento: Muy pocas personas presentan una alineación perfecta de los dientes.

7757 allegedly
adv
[əˈlɛdʒədli]

pretendidamente

She allegedly killed him.
-Ella supuestamente le mató.

7758	**anarchist**	**anarquista; anarquista**
	adj; ss	The anarchist, Prince Kropotkin who wrote this book.
	[ˈænərkəst]	-El príncipe Kropotkin, el anarquista, que escribió este libro.
7759	**refusal**	**la negativa**
	ss	Your refusal to help complicated matters.
	[rəˈfjuzəl]	-Tu negativa a ayudar complicó las cosas.
7760	**sassy**	**descarado**
	adj	Besides, short and sassy for those hot summer months.
	[ˈsæsi]	-Además, corto y atrevido para esos calurosos meses de verano.
7761	**drool**	**babear**
	vb	All he does is lay there and drool.
	[drul]	-Todo lo que hace es babear ahí acostado.
7762	**congressional**	**del congreso**
	adj	These proposals are currently being analysed in the corresponding congressional committees.
	[kənˈgrɛʃənəl]	-Dichas iniciativas se encuentran en proceso de análisis dentro de las respectivas Comisiones del Congreso.
7763	**persecution**	**la persecución**
	ss	In spite of the tyrant's persecution, the hero valiantly carried on the struggle.
	[ˌpɜrsəˈkjuʃən]	-A pesar del acoso del tirano, el héroe prosiguió valientemente la pelea.
7764	**reproduce**	**reproducir**
	vb	Most schools were designed not to transform society, but to reproduce it.
	[ˌriprəˈdus]	-La mayoría de las escuelas no fueron concebidas para transformar la sociedad, sino que para reproducirla.
7765	**levy**	**la exacción; exigir**
	ss; vb	Session musicians will benefit from a permanent 20% levy.
	[ˈlɛvi]	-Los músicos de estudio se beneficiarán de un impuesto permanente del 20 %.
7766	**agricultural**	**agrícola**
	adj	It was an agricultural area.
	[ˌægrəˈkʌltʃərəl]	-Era una zona agrícola.
7767	**advertise**	**anunciar**
	vb	How should you advertise on the Internet?
	[ˈædvərˌtaɪz]	-¿Cómo deberías anunciarte en internet?
7768	**reproach**	**el reproche| el oprobio; reprochar**
	ss; vb	Do not reproach me for describing the facts as they are.
	[riˈproʊtʃ]	-No me reproche que describa los hechos tal y como son.
7769	**sputter**	**el chisporroteo**
	ss	Once the national economies are synchronised, our economic motor will not sputter out.
	[ˈspʌtər]	-Una vez sincronizadas las economías nacionales, nuestro motor económico dejará de petardear.
7770	**carcass**	**el cuerpo**
	ss	The vultures quickly strip the carcass clean.
	[ˈkɑrkəs]	-Los buitres rápidamente despojan al cadáver de su carne.
7771	**planetary**	**planetario**

adj | What effects would planetary alignment have?
['plænəˌtɛri] | -¿Qué efecto tendría ese alineamiento planetario?

7772 uncertainty | **la incertidumbre**
ss | The scariest thing in life is uncertainty.
[ənˈsɜrtənti] | -La cosa más aterradora en la vida es la incertidumbre.

7773 jeopardize | **poner en peligro| comprometer**
vb | Will this stuff jeopardize my health?
[ˈdʒɛpərˌdaɪz] | -Esas cosas, ¿son peligrosas para la salud?

7774 indifference | **la indiferencia**
ss | Nothing is so fatal to religion as indifference.
[ɪnˈdɪfərəns] | -No hay nada peor para la religión que la indiferencia.

7775 glide | **el planeo; deslizarse**
ss; vb | You know I like to glide.
[glaɪd] | -Tu sabes que a mi me gusta deslizar.

7776 gourmet | **el gastrónomo**
ss | Raspberry air freshener, gourmet cat food, plastic doughnuts.
[ˈgʊrˌmeɪ] | -Desodorante de frambuesa, comida para gatos gourmet, salchichas de plástico.

7777 kiddy | **el chiquillo**
ss | You take care on the kiddy slope.
[ˈkɪdi] | -Tengan cuidado en la pendiente para niños.

7778 tic | **el tic**
ss | Psychostimulant medications can facilitate the emergence of a tic
[tɪk] | disorder in susceptible individuals.
| -Los medicamentos psicoestimulantes pueden facilitar la aparición de un trastorno de tic en aquellos individuos proclives.

7779 florist | **florista**
ss | Paulette with a florist... in a van.
[ˈflɑrɪst] | -Paulette con un florista... dentro de una camioneta.

7780 flawless | **perfecto**
adj | After years of failed experiments, I can say I've finally discovered the only
[ˈflɔləs] | and absolutely flawless, instant cure for hiccups!
| -¡Después de años de experimentos fallidos, puedo decir que finalmente descubrí el único, y absolutamente infalible, remedio instantáneo contra el hipo!

7781 oracle | **el oráculo**
ss | Now, these are oracle cards.
[ˈɔrəkəl] | -Ahora, estas son las cartas del oráculo.

7782 typically | **típicamente**
adv | A seven-sided polygon is typically called a heptagon, but is occasionally
[ˈtɪpɪkli] | referred to as a septagon.
| -A un polígono de siete lados se suele llamar un heptágono, pero ocasionalmente se le llama septágono.

7783 headlight | **el faro**
ss | Not unless he fixed his headlight.
[ˈhɛˌdlaɪt] | -No, a menos que haya reparado el faro.

7784 bimbo | **la jai**

	ss	Just go out there and beat this bimbo.
	[ˈbɪmboʊ]	-Sólo sal ahí y acaba con este tonto.
7785	**discourage**	**desalentar| desanimar**
	vb	Most of our pocket wisdom is conceived for the use of mediocre people, to discourage them from ambitious attempts, and generally console them in their mediocrity.
	[dɪˈskərɪdʒ]	-La mayoría de nuestra sabiduría de bolsillo está concebida para su uso por gente mediocre, para disuadirlos de intentos ambiciosos y, en general para consolar su mediocridad.
7786	**mailman**	**el cartero**
	ss	The dog barked at the mailman.
	[ˈmeɪlˌmæn]	-El perro ladró al cartero.
7787	**preoccupy**	**preocupar**
	vb	This is what should preoccupy us, the peoples of the world.
	[priˈɑkjəˌpaɪ]	-Esto es lo que nos debería preocupar, como pueblos del mundo.
7788	**plainly**	**claramente**
	adv	When the dispatcher told him plainly not to.
	[ˈpleɪnli]	-Cuando el despachador le dijo claramente que no lo hiciera.
7789	**gangway**	**la pasarela| el pasillo**
	ss	There's a guard on the gangway.
	[gangway]	-Hay un guardia en el pasillo.
7790	**unhealthy**	**malsano| enfermizo**
	adj	I think it's unhealthy to eat more than 20 oranges a day.
	[ənˈhɛlθi]	-Pienso que es poco saludable comer más de 20 naranjas en un día.
7791	**faithfully**	**fielmente**
	adv	The agenda for this Summit meeting faithfully reflects that intention.
	[ˈfeɪθfəli]	-El programa de esta reunión en la Cumbre recoge fielmente esa intención.
7792	**urgency**	**la urgencia**
	ss	Reduction of private-sector debt commanded particular urgency.
	[ˈɜrdʒənsi]	-Se asignó especial urgencia a la reducción de la deuda del sector privado.
7793	**fleeting**	**fugaz**
	adj	Everything you possessed a mere fleeting illusion.
	[ˈflitɪŋ]	-Todo lo que poseías era una simple ilusión fugaz.
7794	**calorie**	**las caloría**
	ss	Every calorie he burns makes him sicker.
	[ˈkæləri]	-Cada caloría que quema lo pone peor.
7795	**lavender**	**la lavanda**
	ss	Blackberry dumplings with lavender and rosewater ice.
	[ˈlævəndər]	-Albóndigas con Blackberry la lavanda y el hielo de agua de rosas.
7796	**muff**	**el manguito; perder**
	ss; vb	Midway through the opera, her ermine muff began to tremble.
	[mʌf]	-A mitad de la ópera, su manguito de armiño comenzó a temblar.
7797	**reptile**	**reptil; el reptil**
	adj; ss	O'Neill belongs to that evil reptile Billsborough.
	[ˈrɛptaɪl]	-O'Neill pertenece a ese viejo pérfido reptil de Teddy Billsborough.
7798	**potty**	**el orinal**

	ss	I will project the Marseille potty...
	['pɑti]	-Me proyectaré del orinal a Marsella...

7799 spec — **la especulación**

ss
[spɛk]
Not sure about the make and model of your video card or other hardware specs?
-¿No está seguro de la marca y el modelo de la tarjeta de vídeo u otras especificaciones de hardware?

7800 gravitational — **gravitacional**

adj
[ˌgrævɪ'teɪʃənəl]
Conetti, Johnny, then activate gravitational field.
-Nos va a pegar, Johnny, así que activa el campo gravitacional.

7801 extraterrestrial — **extraterrestre**

adj
[ˌɛkstrətə'rɛstriəl]
Evidence of extraterrestrial existence remains as elusive as ever.
-Conseguir pruebas de vida extraterrestre sigue siendo tan difícil como siempre.

7802 cleanse — **limpiar**

vb
[klɛnz]
Now it will be easier to cleanse your soul.
-Ahora ya es más fácil limpiar tu alma.

7803 fertility — **la fertilidad**

ss
[fər'tɪləti]
Social dynamics also influence fertility trends.
-La dinámica social también afecta a las tendencias en materia de fecundidad.

7804 nomination — **la nominación**

ss
[ˌnɑmə'neɪʃən]
Jim accepted the nomination.
-Jim aceptó la nominación.

7805 logo — **el logo**

ss
['loʊgoʊ]
A night shirt... with the corporate logo.
-Una camisa de la noche... con el logotipo de la empresa.

7806 whit — **la pizca**

ss
[wɪt]
Martin, you have not changed a whit.
-Martin, no has cambiado un ápice.

7807 yearbook — **el anuario**

ss
['jɪrˌbʊk]
Source: NSO, Statistic yearbook 2010.
-Fuente: Oficina Nacional de Estadística, Anuario Estadístico, 2010, .

7808 ridicule — **ridículo; ridiculizar; las burlas**

adj; vb; ss
['rɪdəˌkjul]
Religion is too important a matter to its devotees to be a subject of ridicule. If they indulge in absurdities, they are to be pitied rather than ridiculed.
-La religión es un asunto demasiado importante a los ojos de sus devotos para que pueda ser ridiculizada. Si estos se entregaran a cosas absurdas, se los debe compadecer, pero no ridiculizarlos.

7809 paramount — **supremo**

adj
['pɛrəˌmaʊnt]
Further growth remains a paramount objective.
-Sigue siendo un objetivo primordial que se mantenga este crecimiento.

7810 functional — **funcional**

adj
['fʌnkʃənəl]
Application developers decided to use a functional programming language.
-Los desarrolladores de la aplicación decidieron usar un lenguaje de programación funcional.

7811	**bogey**	**el espectro| el fantasma**
	ss	Got an unregistered bogey, sir.
	[ˈboʊgi]	-¿Tienes un bogey no registrado, señor.

7812	**seaweed**	**la alga**
	ss	These results showed an adequate microbilogical quality of seaweed acceptable for human food.
	[ˈsiˌwid]	-Estos resultados indicarían una calidad microbiológica del alga aceptable para la alimentación humana.

7813	**sticker**	**la etiqueta engomada**
	ss	Confident, Vassar sticker on the windshield.
	[ˈstɪkər]	-Con confianza, una pegatina de Vassar en el parabrisas.

7814	**cinematography**	**la cinematografía**
	ss	Other scenes respect the soft-focus effects of the cinematography.
	[ˌsɪnɪməˈtɑgrəfi]	-En otras escenas se respeta los efectos de enfoque suave de la cinematografía.

7815	**healer**	**el curador**
	ss	Then I heard about a miracle healer in Fulda.
	[ˈhilər]	-Luego me enteré de un sanador milagroso en Fulda.

7816	**maternity**	**la maternidad**
	ss	Better maternity benefits also raise birth rates.
	[məˈtɜrnɪti]	-Mejores beneficios de maternidad también aumentan las tasas de natalidad.

7817	**quaint**	**pintoresco| extraño**
	adj	Rentals sea in the quaint fishing village of Scilla Chianalea.
	[kweɪnt]	-Alquiler de mar en el pintoresco pueblo pesquero de Scilla Chianalea.

7818	**haze**	**la calina; hacer novatadas**
	ss; vb	For many, an alcohol-induced purple haze.
	[heɪz]	-Para muchos, una neblina púrpura inducida por el alcohol.

7819	**confinement**	**el confinamiento**
	ss	Retarget scanners to a wide confinement beam.
	[kənˈfaɪnmənt]	-Reconfigure los escáneres para un haz de confinamiento mas amplio.

7820	**costly**	**costoso| rico**
	adj	Why did you get such a costly dictionary?
	[ˈkɑstli]	-¿Para qué has comprado este diccionario tan caro?

7821	**mirage**	**el espejismo**
	ss	The water on the road was just a mirage.
	[məˈrɑʒ]	-El agua en la carretera fue solo un espejismo.

7822	**refill**	**rellenar; el recambio**
	vb; ss	They shall indicate how the operator should refill the reagent tank.
	[ˈrifɪl]	-Asimismo, indicarán el modo en que el operador debe rellenar el depósito de reactivo.

7823	**creativity**	**la creatividad**
	ss	With creativity and craftsmanship, individual tastes can thrive.
	[ˌkrieɪˈtɪvəti]	-Con creatividad y destreza, los gustos individuales pueden prosperar de maravilla.

7824	**cheesy**	**caseoso**
	adj	You're the editor of a cheesy tabloid.
	[ˈtʃizi]	-Eres el editor de un periódico barato.

7825	**babysit**	**cuidar a los niños**
	vb	I'm going upstairs to babysit for a neighbor.
	[ˈbeɪbisɪt]	-Voy a subir a cuidar de un vecino.

7826	**wedge**	**la cuña| el calzo; acuñar**
	ss; vb	More painful than any wedge.
	[wɛdʒ]	-Mas doloroso que cualquier cuña.

7827	**rotate**	**girar| rotar**
	vb	These and other EU members could rotate in the non-permanent seats.
	[ˈroʊˌteɪt]	-Estos y otros miembros de la UE podrían rotar en los asientos no permanentes.

7828	**covenant**	**el pacto| la llegada; escribir un convenio**
	ss; vb	The GoA ratified this covenant in 1983.
	[ˈkʌvənənt]	-El Gobierno del Afganistán ratificó este Pacto en 1983.

7829	**millimeter**	**los milímetro**
	ss	So panic was but a millimeter away.
	[ˈmɪləˌmitər]	-Así pánico no era sino un milímetro de distancia.

7830	**odor**	**el olor**
	ss	The flowers give off a strong odor.
	[ˈoʊdər]	-Las flores exhalan un olor fuerte.

7831	**inevitably**	**inevitablemente**
	adv	Issues involving capital punishment were inevitably contentious.
	[ɪˈnɛvətəbli]	-Las cuestiones vinculadas a la aplicación de la pena capital están inevitablemente expuestas a controversia.

7832	**reconstruction**	**la reconstrucción**
	ss	Transitional justice is essential to post-conflict reconstruction and reconciliation.
	[ˌrikənˈstrʌkʃən]	-La justicia de transición es esencial para la reconstrucción y la reconciliación después de un conflicto.

7833	**fidelity**	**la fidelidad**
	ss	How do you define fidelity?
	[fəˈdɛləti]	-¿Cómo se define la fidelidad?

7834	**novelty**	**la novedad**
	ss	Very low novelty standard, anybody can register anything.
	[ˈnɑvəlti]	-Un estándar de novedad muy bajo, cualquiera puede registrar cualquier cosa.

7835	**curt**	**brusco| corto**
	adj	He gave me a curt answer.
	[kɜrt]	-Me dio una respuesta cortante.

7836	**mound**	**el montículo| el túmulo**
	ss	Enrique, pauses on the mound.
	[maʊnd]	-Enrique, hace una pausa en el montículo.

7837	**glacier**	**el glaciar**
	ss	The glacier is everywhere beneath the stones...
	[ˈgleɪʃər]	-El glaciar está en todas partes por debajo de las piedras...

7838	**mainstream**	**la corriente principal**
	ss	The Government had worked hard to mainstream gender perspectives
	[ˈmeɪnˌstrim]	into development planning.

-El Gobierno ha trabajado denodadamente para incorporar la perspectiva de género en la planificación del desarrollo.

7839	**warhead**		**la cabeza armada**
	ss		Sampling and analysis of warhead materials.
	[ˈwɔrˌhɛd]		-El muestreo y análisis de los materiales de la ojiva.
7840	**pious**		**piadoso**
	adj		The old church was skewing pious.
	[ˈpaɪəs]		-La vieja iglesia se desviaba a lo piadoso.
7841	**purgatory**		**el purgatorio**
	ss		So he's experiencing a form of purgatory instead.
	[ˈpɜrgəˌtɔri]		-Pero en vez, él está experimentando una forma de purgatorio.
7842	**stressful**		**lleno de tensión**
	adj		Most humans find a familiar image less stressful.
	[ˈstrɛsfəl]		-La mayoría de los humanos encuentran una imagen familiar menos estresante.
7843	**gala**		**la gala| la fiesta; de gala**
	ss; adj		Good evening and welcome to the Briarville Halloween gala.
	[ˈgælə]		-Buenas noches y bienvenidos a la gala de Halloween en Briarville.
7844	**barbaric**		**bárbaro**
	adj		But that's barbaric, uncivilized.
	[bɑrˈbærɪk]		-Pero eso no es civilizado, es bárbaro.
7845	**twig**		**la ramita; comprender**
	ss; vb		The bird picked up the twig with its beak and flew to its nest.
	[twɪg]		-El pájaro cogió la ramita con el pico y se fue volando hasta su nido.
7846	**auspicious**		**propicio**
	adj		This will be an auspicious time to gather as a Shambhala Vajrayana community.
	[ɑˈspɪʃəs]		-Será un momento auspicioso para reunirnos como comunidad Shambhala Vajrayana.
7847	**cliche**		**el cliché| el tópico**
	ss		It's a cliche, but it's true.
	[kliˈʃeɪ]		-Es un cliché, pero es verdad.
7848	**persecute**		**perseguir| molestar**
	vb		Restrictive governments have harassed bloggers and used legal penalties to persecute online speech.
	[ˈpɜrsəˌkjut]		-Gobiernos restrictivos han acosado a blogueros y utilizado sanciones legales para perseguir la expresión en línea.
7849	**swiftly**		**rápidamente**
	adv		Swallows fly swiftly.
	[ˈswɪftli]		-Las golondrinas vuelan con mucha rapidez.
7850	**accuracy**		**la precisión**
	ss		Accuracy is important in arithmetic.
	[ˈækjərəsi]		-La precisión es importante en aritmética.
7851	**complicate**		**complicar**
	vb		Don't complicate the matter.
	[ˈkɑmpləˌkeɪt]		-No complique usted la cuestión.
7852	**deposition**		**la declaración**

ss
[ˌdɛpəˈzɪʃən]

They transmitted his deposition to the Palestinian security services.
-Las autoridades israelíes transmitieron su declaración a los servicios de seguridad palestinos.

7853 **hornet**

ss
[ˈhɔrnɪt]

el avispón

It's the poison of a giant hornet.
-Es el veneno de un avispón gigante.

7854 **ethnic**

ss
[ˈɛθnɪk]

el étnico

Ethnic minorities struggle against prejudice, poverty and so on.
-Las minorías étnicas luchan contra la discriminación, la pobreza, etc.

7855 **guerrilla**

ss; adj
[gəˈrɪlə]

la guerrilla; guerrillero

Many guerrilla movements even prefer child soldiers to fully-grown combatants.
-Muchos movimientos de guerrilla prefieren a niños soldados antes que a combatientes adultos.

7856 **plutonium**

ss
[pluˈtoʊniəm]

el plutonio

The substance you inhaled is plutonium.
-La sustancia que inhaló es... PELIGRO... es plutonio.

7857 **freelance**

ss; adj; vb
[ˈfriˌlæns]

independiente; autónomo; trabajar por cuenta propia

He's a freelance journalist.
-Él es un periodista independiente.

7858 **patio**

ss
[ˈpætiˌoʊ]

el patio

Do you have a table on the patio?
-¿Tienes una mesa en el patio?

7859 **under-age**

adj
[ˈʌndəˈreɪdʒ]

menor de edad

We will also make reasonable efforts to clear our databases of personal
-data relating to under age users.
-Desarrollamos esfuerzos razonables para limpiar nuestros ficheros de datos
-correspondientes a menores de edad.

7860 **simulation**

ss
[ˌsɪmjəˈleɪʃən]

la simulación

This is a simulation of Chesapeake Bay.
-Esta es una simulación de la Bahía de Chesapeake.

7861 **fussy**

adj
[ˈfʌsi]

exigente

And if we find a judge who's not fussy.
-Y si encontramos un juez poco quisquilloso.

7862 **desolate**

adj; vb
[ˈdɛsələt]

solitario; asolar

This area of the crust could be some desolate, outlying district, like...
-Esta zona de la corteza podría ser un distrito periférico desolado, como...

7863 **ointment**

ss
[ˈɔɪntmənt]

el ungüento

I need skin burn ointment.
-Necesito crema para las quemaduras.

7864 **outrun**

vb
[aʊˈtrʌn]

correr más que

Which means need to outrun them.
-Lo que significa que necesitamos escapar de ellos.

7865 **wary**

adj
[ˈwɛri]

cauteloso

Since Soviet times, the Kremlin has traditionally been wary about Democratic administrations in the United States.

-Desde la época soviética, el Kremlin se ha mostrado, tradicionalmente, cauteloso con los gobiernos demócratas en los Estados Unidos.

7866	**exposing**	**la exposición**
	ss	We need to ban dangerous substances to avoid exposing our children to needless risks.
	[ɪkˈspoʊzɪŋ]	-Necesitamos prohibir las sustancias peligrosas para impedir la exposición de nuestros niños a riesgos innecesarios.
7867	**detest**	**detestar| aborrecer**
	vb	I detest having to hurry in the morning.
	[dɪˈtɛst]	-Detesto tener que apresurarme en la mañana.
7868	**partially**	**parcialmente**
	adv	Jim admitted that it was partially his fault.
	[ˈpɑrʃəli]	-Jim admitió que parcialmente era su culpa.
7869	**stout**	**la cerveza negra; sólido**
	ss; adj	I've been worse off and I have a stout heart.
	[staʊt]	-He estado peor y tengo el corazón robusto.
7870	**storeroom**	**la despensa**
	ss	It must be a storeroom or something like that.
	[ˈstɔrˌrum]	-Debe ser un almacén o algo así.
7871	**vibration**	**la vibración**
	ss	Motor noise and vibration have been isolated and significantly reduced.
	[vaɪˈbreɪʃən]	-El ruido del motor y la vibración han sido aislados y significativamente reducidos.
7872	**friar**	**el fraile**
	ss	Give me your hand, before this holy friar.
	[ˈfraɪər]	-Dadme la mano y ante este fraile...
7873	**hardcore**	**duro**
	adj	A hardcore opiate used by stage four cancer...
	[ˈhɑrdˈkɔr]	-Una opiáceos del hardcore utilizado por la cuarta etapa cáncer...
7874	**anomaly**	**la anomalía**
	ss	Borg classification 3472, partical density anomaly.
	[əˈnɑməli]	-Clasificación Borg 3 4 7 2, anomalía de densidad de partículas.
7875	**goner**	**el desahuciado**
	ss	Lois, I thought you were a goner.
	[ˈgɑnər]	-Lois, creí que te habíamos perdido.
7876	**lovebird**	**el periquito**
	ss	One lovebird and one love-elephant.
	[lovebird]	-Un tórtolo y un elefante.
7877	**commend**	**elogiar| recomendar**
	vb	I would also like to commend Amendment 68 concerning the recasting procedure.
	[kəˈmɛnd]	-Asimismo quiero elogiar la enmienda 68 referida al procedimiento de refundición.
7878	**navigate**	**navegar por| conducir**
	vb	Use the controls below the pictures to navigate between them.
	[ˈnævəˌgeɪt]	-Puede utilizar los controles que aparecen debajo de las imágenes para navegar entre las fotos.
7879	**hamster**	**el hámster**

	ss	I'm pretty sure that my cat ate my hamster.
	[ˈhæmstər]	-Estoy muy seguro de que mi gato se comió a mi hamster.
7880	**prediction**	**la predicción**
	ss	His prediction might come true.
	[priˈdɪkʃən]	-Su predicción quizás podría ser acertada.
7881	**anew**	**de nuevo| nuevamente**
	adv	If someone can't remember his past, he's doomed to experience it anew.
	[əˈnu]	-Si uno no puede recordar el pasado, está condenado a repetirlo.
7882	**submission**	**la sumisión**
	ss	Please include a self-addressed, stamped envelope with your submission.
	[səbˈmɪʃən]	-Por favor incluya un sobre estampillado a su domicilio con su envio.
7883	**patiently**	**pacientemente**
	adv	But he too waits patiently, gets his food and goes on.
	[ˈpeɪʃəntli]	-Pero él también espera pacientemente, consige su comida y continúa.
7884	**baptism**	**el bautismo**
	ss	I have to go to my cousin's baptism.
	[ˈbæptɪzəm]	-Tengo que ir al bautismo de mi prima.
7885	**bowel**	**el intestino**
	ss	Whole bowel lavage, activated charcoal.
	[ˈbaʊəl]	-Un completo lavado de intestino, con carbón activado.
7886	**manufacturer**	**fabricante**
	ss	The manufacturer guaranteed the new machine for 5 years.
	[ˌmænjəˈfæktʃərər]	-El fabricante garantizó la nueva maquina por 5 años.
7887	**czar**	**el zar**
	ss	The mayor's naming a new recovery czar.
	[zɑr]	-El alcalde está nombrando a un nuevo zar de recuperación.
7888	**soothe**	**calmar| tranquilizar a**
	vb	This medicine will soothe your headache.
	[suð]	-Esta medicina aliviará tu dolor de cabeza.
7889	**theoretical**	**teorético**
	adj	In addition, our experiments are consistent with our theoretical results.
	[ˌθiəˈrɛtɪkəl]	-Además, los experimentos que condujimos son consistentes con nuestros resultados teóricos.
7890	**quadrant**	**el cuadrante**
	ss	Aircraft entering quadrant four, sir.
	[ˈkwɑdrənt]	-Hay un aparato en el cuadrante 4, señor.
7891	**cartel**	**el cartel**
	ss	They were an up-and-coming narcotic cartel in Mexico.
	[kɑrˈtɛl]	-Eran un cartel de narcóticos prometedor con base en México.
7892	**conditioner**	**el acondicionador**
	ss	The air conditioner doesn't work.
	[kənˈdɪʃənər]	-El aire acondicionado no sirve.
7893	**legislation**	**la legislación**
	ss	Saskatchewan has no specific pay equity legislation.
	[ˌlɛdʒəˈsleɪʃən]	-Saskatchewan no tiene una legislación específica en materia de equidad en la remuneración.
7894	**contradict**	**contradecir**

	vb	How dare you contradict your father.
	[ˌkɑntrəˈdɪkt]	-Cómo te atreves a contradecir a tu padre.
7895	**outpost**	**la avanzada**
	ss	Approaching the outpost of Krai, Siberia.
	[ˈaʊtˌpoʊst]	-Cerca del puesto de Kraj. Siberia, Diciembre de 1940.
7896	**impertinent**	**impertinente**
	adj	Loyalty can make a man impertinent.
	[ɪmˈpɜrtənənt]	-La lealtad puede hacer a un hombre impertinente.
7897	**unauthorized**	**no autorizado**
	adj	It's unauthorized.
	[əˈnɔθəˌraɪzd]	-Está prohibido.
7898	**horseman**	**el jinete**
	ss	And the horseman has the ball.
	[ˈhɔrsmən]	-Y el jinete tiene la pelota.
7899	**wasp**	**la avispa**
	ss	I don't think this is a wasp.
	[wɑsp]	-No creo que esto sea una avispa.
7900	**bracelets**	**las esposas**
	ss	For maximum safety, all children must wear anti-kidnapping bracelets.
	[ˈbreɪslɪts]	-Para la seguridad máxima, los niños deben llevar unas pulseras anti-secuestro.
7901	**enable**	**habilitar**
	vb	If men were angels, no government would be necessary. If angels were to govern men, neither external nor internal controls on government would be necessary. In framing a government which is to be administered by men over men, the great difficulty lies in this: you must first enable the government to control the governed; and in the next place oblige it to control itself.
	[ɛˈneɪbəl]	-Si los hombres fueran ángeles, no sería necesario ningún gobierno. Si los ángeles gobernaran a los hombres, no sería necesario ningún control externo ni interno sobre el gobierno. Al formar un gobierno que va a ser administrado por hombres sobre hombres, la gran dificultad reside aquí: debes primero permitir al gobierno controlar a los gobernados y después obligarlo a controlarse a sí mismo.
7902	**compact**	**compacto; comprimir; el pacto**
	adj; vb; ss	She gave me this compact disc.
	[ˈkɑmpækt]	-Me dio este CD.
7903	**rook**	**la torre; estafar**
	ss; vb	Take his rook with your knight.
	[rʊk]	-Toma su torre con tu caballo.
7904	**pinkie**	**el dedo meñique**
	ss	He's washing his food-pushing pinkie.
	[ˈpɪŋki]	-Está lavándose su meñique de empujar la comida.
7905	**hubby**	**el marido**
	ss	My hubby and I used to go mountain climbing together.
	[ˈhʌbi]	-Mi marido y yo solíamos ir a hacer alpinismo juntos.
7906	**cheeseburger**	**la hamburguesa con queso**

	ss	Here, this is your cheeseburger.
	[ˈʧizbərgər]	-Toma. Aquí tienes tu hamburguesa con queso.
7907	**carnal**	**carnal**
	adj	What carnal mistrust had their teacher taught them.
	[ˈkɑrnəl]	-Qué clase de desconfianza carnal les había enseñado su maestro.
7908	**upbringing**	**la educación**
	ss	Children are entitled to a sound upbringing.
	[ˈʌpˌbrɪŋɪŋ]	-Los niños tienen derecho a recibir una educación adecuada.
7909	**judo**	**el judo**
	ss	Teach judo to me.
	[ˈʤuˌdoʊ]	-¡Enséñame yudo!
7910	**alms**	**la limosna**
	ss	In my country, it's usual for pilgrims to beg for alms.
	[ɑlmz]	-En mi país es común que los peregrinos pidan limosna.
7911	**unheard**	**inaudito**
	adj	There is only love and happiness in Scatland. Hatred and resentment? Well that's unheard of. It's unheard of.
	[ənˈhɜrd]	-Sólo existe amor y felicidad en Escocia. ¿El odio y el resentimiento? Bueno, eso es inaudito. Es insólito.
7912	**mutilate**	**mutilar**
	vb	I will show that it was used to mutilate his remains.
	[ˈmjutəˌleɪt]	-Demostraré que fue lo que usaste para mutilar sus restos.
7913	**dreamy**	**soñador| maravilloso**
	adj	Their world, so sweet and dreamy
	[ˈdrimi]	-Su mundo, tan dulce y soñador...
7914	**latitude**	**la latitud**
	ss	The latitude of Annapolis is 38.58º north.
	[ˈlætəˌtud]	-La latitud de Annapolis es 38 grados al norte 58 minutos.
7915	**barrow**	**la carretilla**
	ss	Something as simple as maneuvering a wheel barrow proving difficult for savaii.
	[ˈbæroʊ]	-Algo tan simple como maniobrar una carretilla prueba ser difícil para Savaii.
7916	**fertilizer**	**el fertilizante**
	ss	What's the best fertilizer for tomato plants?
	[ˈfɜrtəˌlaɪzər]	-¿Cuál es el mejor fertilizante para las plantas de tomate?
7917	**eyelid**	**el párpado**
	ss	A stye or chalazion may also become worse and involve the eyelid.
	[ˈaɪˌlɪd]	-Un orzuelo o chalazión también pueden empeorar y comprometer el párpado.
7918	**midway**	**a mitad de camino; la avenida central; situado a medio camino**
	adv; ss; adj	You will see the greatest show on the midway for only 50 cents.
	[ˈmɪˌdweɪ]	-Verán el show más grande de la feria por sólo 50 centavos.
7919	**moisture**	**la humedad**
	ss	Yes, it is. There's a lot of moisture in the air.
	[ˈmɔɪsʧər]	-Sí. Hay mucha humedad en el aire.
7920	**masturbation**	**la masturbación**

	ss	In the English world of the 19th century, it was often said that masturbation would lead to a loss of memory and attention.
	[ˌmæstərˈbeɪʃən]	-En el mundo inglés del siglo XIX, a menudo se decía que la masturbación conducía a pérdida de memoria y de atención.

7921 continually — **continuamente**

adv

[kənˈtɪnjuəli]

Several literary works have appeared in Interlingua, among them a translation of William Shakespeare's Hamlet and several novels by Luigi Pirandello, and the publication rate of literary works in Interlingua is continually on the rise.

-Ya han comenzado a aparecer varias obras literarias en interlingua, entre ellos una traducción de Hamlet de William Shakespeare y varias novelas de Luigi Pirandello, y la publicación de obras literarias en interlingua crece continuamente.

7922 remarry — **volver a casarse**

vb

[riˈmɛri]

I understand that he wants to remarry.

-Es comprensible que quiera volver a casarse.

7923 pretext — **el pretexto; pretextar**

ss; vb

[ˈpriˌtɛkst]

He came to my house on the pretext of seeing me.

-Él vino a casa con el pretexto de verme.

7924 upgrade — **mejorar| modernizar; la modernización**

vb; ss

[əpˈgreɪd]

Roma children teachers attend special seminars to upgrade their skills.

-Los maestros de los niños romaníes asisten a seminarios especiales para mejorar su capacitación.

7925 crock — **la vasija; usar un cacharro**

ss; vb

[krɑk]

You might've buried the jug and swallowed the crock.

-Entonces habrá enterrado el barril y bebido el caldero.

7926 benefactor — **el benefactor**

ss

[ˈbɛnəˌfæktər]

Your benefactor, Mr Alexander King.

-Su benefactor, el sr. Alexander King.

7927 soften — **ablandar**

vb

[ˈsɑfən]

Oil in different scents to soften and moisturize the cuticles, containing small natural dry flowers.

-Aceite para suavizar e hidratar la cutícula en diferentes fragancias que contienen pequeñas flores secas naturales.

7928 drape — **cubrir; la cubierta**

vb; ss

[dreɪp]

Let's start with 50 of etomidate, hang diprivan and prep and drape for escharotomy.

-Comencemos con 50 de etomidato, cuelga diprivan y preparación y cortina para escarotomia.

7929 observatory — **el observatorio**

ss

[əbˈzɜrvəˌtɔri]

The rapporteur therefore proposes overhauling the observatory's operations and missions.

-El ponente propone, por tanto, una reforma del funcionamiento y las misiones de dicho Observatorio.

7930 newcomer — **el recién llegado**

ss

[ˈnuˌkʌmər]

The newcomer responds by scent marking and moving even closer.

-El recién llegado reacciona marcando el terreno y acercándose.

7931 elk — **el alce**

ss	After waiting over three hours I saw this enormous elk.
[ɛlk]	-Llevaba tres horas esperando cuando vi ese enorme alce.

7932 cuisine — **la cocina**

ss	Nothing in Chinese cuisine has impressed me like Pu-Erh tea.
[kwɪˈzin]	-Nada de la cocina china me ha impresionado tanto como el té Pu Erh.

7933 muscular — **muscular**

adj	He would be as muscular as his brother if he had worked out like him.
[ˈmʌskjələr]	-Él sería tan muscular como su hermano si hubiera hecho ejercicio como él.

7934 gobble — **engullir; el gluglú**

vb; ss	I just want to squat and gobble.
[ˈgɑbəl]	-Yo sólo quiero que ponerse en cuclillas y engullir.

7935 mammoth — **el mamut; gigantesco**

ss; adj	You saw the eggs in the mammoth, Atom.
[ˈmæməθ]	-Tú viste los huevos del mamut, Atom.

7936 burrow — **la madriguera; excavar**

ss; vb	The chick stays safely inside the burrow for two months.
[ˈbɜroʊ]	-El pichón permanece a salvo dentro de la madriguera durante dos meses.

7937 omelette — **la tortilla**

ss	Can you cook an omelette?
[omelette]	-¿Puedes cocinar un omelet?

7938 preference — **la preferencia; preferente**

ss; adj	Both revelations underscore China's preference for strategic subterfuge.
[ˈprɛfərəns]	-Ambas revelaciones subrayan la preferencia de China por el subterfugio estratégico.

7939 hither — **aquí; más cercano**

adv; adj	The true philosophical Act is annihilation of self (Selbsttötung); this is the real beginning of all Philosophy; all requisites for being a Disciple of Philosophy point hither. This Act alone corresponds to all the conditions and characteristics of transcendental conduct.
[ˈhɪðər]	-El verdadero acto filosófico es la aniquilación del yo (Selbsttötung); este es el verdadero comienzo de toda filosofía; todos los requisitos para ser un discípulo de Filosofía apuntan acá. Ese solo acto se corresponde con todas las condiciones y características de una conducta trascendental.

7940 smuggler — **contrabandista**

ss	Mahi Chouwdhury organized his flight through a smuggler.
[ˈsmʌglər]	-Mahi Chowdhury organizó su huida por medio de un contrabandista.

7941 abundance — **la abundancia**

ss	I prefer traditional characters. Due to the abundance of reading materials in simplified characters, I can recognize many of them too.
[əˈbʌndəns]	-Yo prefiero la letra tradicional. Debido a la abundancia de material de lectura en letra simplificada, también puedo reconocer muchas de esas.

7942 compulsive — **compulsivo**

adj	He was a compulsive liar.
[kəmˈpʌlsɪv]	-Era un mentiroso compulsivo.

7943 plumb — **sondear; la plomada; vertical; verticalmente**

	vb; ss; adj; adv [plʌm]	I apprenticed with a carpenter and learned about plumb, square and level. -Aprendí con un carpintero, a usar la plomada, la escuadra y el nivel.
7944	**abduction** ss [æbˈdʌkʃən]	**el secuestro** It´s a genetic code.. detected in Scully's blood after her abduction. -Es un código genético... detectado en la sangre de Scully luego de su secuestro.
7945	**scorn** ss; vb [skɔrn]	**el desdén; desdeñar** You could see the look of scorn on Jim´s face. -Podías ver una mirada de desprecio en la cara de Jim.
7946	**cholera** ss [ˈkɑlərə]	**el cólera** Cholera is uncommon in Japan. -El cólera no es común en Japón.
7947	**mahjong** ss [mahjong]	**el dominó chino** My friends are waiting for me to play mahjong. -Mis amigos me esperan para jugar mahjong.
7948	**dormitory** ss [ˈdɔrməˌtɔri]	**el dormitorio** I left the notes in the dormitory. I'll go back and get them now. -He dejado las notas en la residencia. Vuelvo cogerlas ahora.
7949	**memoir** ss [ˈmɛmˌwɑr]	**la memoria** It became part of the memoir. -Se volvió parte de la memoria.
7950	**unsolved** adj [ənˈsɑlvd]	**no resuelto** The problem remains unsolved. -Ese problema está irresuelto.
7951	**chink** ss; vb [tʃɪŋk]	**la grieta; sonar** Or have that courier's fucking chink boss. -O hacer que el jefe de ese maldito mensajero chino.
7952	**temp** ss; vb [tɛmp]	**el empleado eventual; trabajar temporalmente** She is behind the temp building during afternoon recess. -Está detrás del edificio temporal durante el recreo de la tarde.
7953	**commentator** ss [ˈkɑmənˌteɪtər]	**comentarista** Say hello to our new guest commentator. -Díganle "hola" a nuestro nuevo comentarista invitado.
7954	**stealth** ss [stɛlθ]	**el sigilo** This stealth spared a lot of bloodshed. -Este sigilo escatimó un montón de derramamiento de sangre.
7955	**hitman** ss [ˈhɪtˌmæn]	**el sicario** The suspect returned home after meeting with the hitman. -El sospechoso volvió a casa después de reunirse con el sicario.
7956	**scandalous** adj [ˈskændələs]	**escandaloso** Olsen thought it scandalous that Dreyer was unemployed. -Olsen pensó que era escandaloso que Dreyer no tuviera trabajo.
7957	**monarchy** ss [ˈmɑnɑrki]	**la monarquía** The French monarchy seemed invincible, however, it was overthrown. -La monarquía francesa parecía invencible; no obstante, fue derribada.
7958	**entity**	**la entidad**

	ss	Knowing wagon location and responsible entity in a yard.
	[ˈɛntəti]	-Conocer la localización del vagón y la entidad responsable en un depósito.
7959	**staging**	**la puesta en escena**
	ss	Indicate to us possible post-mortem staging.
	[ˈsteɪʤɪŋ]	-Nos indican una posible puesta en escena post-mortem.
7960	**turbulence**	**la turbulencia**
	ss	Propeller turbulence is becoming a problem.
	[ˈtɜrbjələns]	-Turbulencia de la hélice se está convirtiendo en un problema.
7961	**festivity**	**la festividad**
	ss	Santiago's festivity, protector of the horses and llamas.
	[fɛˈstɪvəti]	-Fiesta de Santiago, patrón de los caballos y las llamas.
7962	**syringe**	**la jeringuilla**
	ss	Unscrew the syringe from the vial access device.
	[səˈrɪnʤ]	-Desenroscar la jeringa del dispositivo para el acceso al vial.
7963	**newlywed**	**recién casado**
	adj	I asked you a question, newlywed.
	[ˈnuliˌwɛd]	-Te hice una pregunta, recién casado.
7964	**cherished**	**querido**
	adj	My cherished nephew, tell me your innermost desire.
	[ˈʧɛrɪʃt]	-Mi querido sobrino, dime cual es tu deseo más profundo.
7965	**horoscope**	**el horóscopo**
	ss	I read my horoscope every day.
	[ˈhɔrəˌskoʊp]	-Leo mi horóscopo cada día.
7966	**captivity**	**el cautiverio**
	ss	The detainees were released after 44 days of captivity.
	[kæpˈtɪvəti]	-Los detenidos fueron puestos en libertad tras 44 días de cautiverio.
7967	**considerably**	**importantemente**
	adv	I thought that a laptop would cost a fortune; however, the prices have gone down considerably.
	[kənˈsɪdərəbli]	-Pensé que un notebook costaría una fortuna; sin embargo, los precios han caído considerablemente.
7968	**blur**	**difuminar; la mancha**
	vb; ss	The pattern became a ghostly blur.
	[blɜr]	-El patrón se convirtió en un borrón fantasmal.
7969	**sentry**	**centinela**
	ss	He's on sentry duty.
	[ˈsɛntri]	-Está de centinela.
7970	**housekeeping**	**la gestión interna**
	ss	Started by housekeeping in a hotel.
	[ˈhaʊˌskipɪŋ]	-Empecé de ama de llaves en un hotel.
7971	**delicacy**	**la delicadeza**
	ss	Ana is lacking in delicacy.
	[ˈdɛləkəsi]	-Ana carece de delicadeza.
7972	**merge**	**unir**
	vb	The software can merge footage from different cell phones.
	[mɜrʤ]	-Sí. El programa puede fusionar las imágenes de diferentes móviles.

7973 **flourish** **florecer| blandir; la floritura**
vb; ss
[ˈflərɪʃ]
Liberty, as we all know, cannot flourish in a country that is permanently on a war footing, or even a near war footing. Permanent crisis justifies permanent control of everybody and everything by the agencies of central government.
-La libertad, como la conocemos, no puede florecer en un país que está permanentemente en pie de guerra. La permanente crisis justifica el permanente control de todos y todo por las agencias centrales del gobierno.

7974 **momentum** **el impulso**
ss
[moʊˈmɛntəm]
However, the momentum of enlargement has weakened.
-No obstante, el impulso de la ampliación se ha debilitado.

7975 **catering** **el abastecimiento**
ss
[ˈkeɪtərɪŋ]
Apple spends that daily on its in-house catering.
-Apple se gasta eso a diario en su catering interno.

7976 **zap** **borrar| ir corriendo**
vb
[zæp]
Watch me zap that silver fox with my blue lasers.
-Mírenme atacar a ese zorro plateado con mis láseres azules.

7977 **stairway** **la escalera**
ss
[ˈstɛrˌweɪ]
That door leads to a small stairway.
-Esa puerta te llevará directamente a una pequeña escalera.

7978 **bargaining** **la negociación**
ss
[ˈbɑrgɪnɪŋ]
No provisions for plea bargaining exist.
-No existen disposiciones sobre la negociación de cargos y condenas.

7979 **toil** **el trabajo| el esfuerzo; afanarse**
ss; vb
[tɔɪl]
I have nothing to offer but blood, toil, tears and sweat.
-No puedo ofrecer nada aparte de sangre, esfuerzo, sudor y lágrimas.

7980 **aviation** **la aviación**
ss
[ˌeɪviˈeɪʃən]
This is an agreement on aviation.
-Éste es un acuerdo para el sector de la aviación.

7981 **persuasion** **la persuasión**
ss
[pərˈsweɪʒən]
We worked on persuasion tactics all week.
-Hemos trabajado en técnicas de persuasión toda la semana.

7982 **homosexuality** **la homosexualidad**
ss
[ˌhoʊmoʊˌsɛkʃuˈæləˌti]
Incarcerated in reading jail for homosexuality.
-Fue encarcelado a la prisión de Reading por homosexualidad.

7983 **slab** **la losa**
ss
[slæb]
And with Kenneth underneath a concrete slab...
-Y con Kenneth debajo de la losa de hormigón....

7984 **twitch** **la contracción nerviosa; crisparse**
ss; vb
[twɪʧ]
If his pupils were fixed, if there was a twitch...
-Si sus pupilas estuvieran fijas, si hubiera un tic...

7985 **jester** **el bufón**
ss
[ˈʤɛstər]
The prince and the jester had a lot in common.
-El príncipe y el bufón tenían mucho en común.

7986 **line-up** **la alineación**

ss [laɪn-ʌp]	We introduce you to the entire line up of songs that made it into The Best Ten. -Les presentamos la lista de canciones que han entrado en Las Diez Mejores.
7987 **anus**	**el ano**
ss ['eɪnəs]	Anal fissures cause pain during defecation and bleeding from the anus. -Este trastorno causa dolor durante la defecación y sangrado del ano.
7988 **enormously**	**enormemente**
adv [ɪ'nɔrməsli]	They would certainly appreciate that enormously. -Ellos, desde luego, lo apreciarían enormemente.
7989 **edgy**	**nervioso**
adj ['ɛdʒi]	Coffee makes me edgy at night. -Sí, pero... el café de noche me... pone nervioso.
7990 **unharmed**	**no dañoso**
adj [ən'hɑrmd]	Muammar Kaddafi escaped unharmed. -Muamar Alqadaafi escapó ileso.
7991 **renewed**	**renovado**
adj [rɪ'nud]	Last month I renewed my driving license. -El mes pasado renové mi carné de conducir.
7992 **prudent**	**prudente**
adj ['prudənt]	That's not prudent. -Eso no es prudente.
7993 **vendor**	**el vendedor**
ss ['vɛndər]	Learning management was another module offered by the vendor. -Otro módulo que ofreció el vendedor fue la gestión del aprendizaje.
7994 **subversive**	**subversivo; los elemento subversivo**
adj; ss [səb'vɜrsɪv]	More than 100,000 Web pages have been blocked for "subversive" content. -Más de 100.000 páginas web han sido bloqueadas por su contenido "subversivo".
7995 **dramatically**	**dramáticamente**
adv [drə'mætɪkli]	Exports and imports have fallen dramatically. -Las exportaciones y las importaciones se han reducido drásticamente.
7996 **disciplinary**	**disciplinario**
adj ['dɪsəplə,nɛri]	The European Schools and their heads need more efficient disciplinary control. -Las escuelas europeas y sus directores necesitan un mayor y más eficaz control disciplinario.
7997 **marquise**	**la marquesa**
ss [marquise]	Tanya went as a French marquise... -Tanya fue vestida de marquesa de Francia...
7998 **uncommon**	**poco común| extraño**
adj [ən'kamən]	We sometimes say: "Common sense is quite uncommon." -A veces decimos: "El sentido común es muy poco común".
7999 **tout**	**el revendedor; pregonar**
ss; vb [taʊt]	He's a tout, Mrs McGartland. -Él es un informante, Sra. McGartland.
8000 **plaque**	**la placa**

| | ss | Such inspections must include replacement of the installation plaque. |
| | [plæk] | -Dicho control llevará consigo, obligatoriamente, la sustitución de la placa de instalación. |

8001 **hurried** — **apresurado**
adj
You needn't have hurried; you've arrived too early.
['hɜrid]
-No tendrías que haberte apurado; has llegado muy temprano.

8002 **upwards** — **hacia arriba**
adv
Underneath my knee, upwards through the bone.
['ʌpwərdz]
-Debajo de mi rodilla hacia arriba, atravesando el hueso.

8003 **rural** — **rural**
adj
I live in a rural area.
['rʊrəl]
-Vivo en una zona rural.

8004 **keg** — **el barrilete**
ss
And a keg of premium beer, too.
[kɛg]
-Y también un barril de cerveza de buena calidad.

8005 **marking** — **la calificación**
ss
Our teacher is marking papers.
['mɑrkɪŋ]
-Nuestra maestra está calificando los trabajos.

8006 **courtesan** — **la cortesana**
ss
You flatter like a highly polished courtesan, dear Earl.
[courtesan]
-Sabéis halagar como un alto y bien educado cortesano, querido Conde.

8007 **varsity** — **la universidad**
ss
She made varsity as a freshman.
['vɑrsɪti]
-Estuvo en el equipo universitario como su estudiante de primer año.

8008 **kerosene** — **el queroseno**
ss
In places where it snows a lot, kerosene is an indispensable item.
['kɛrəˌsin]
-En los sitios donde nieva mucho, el queroseno es un bien indispensable.

8009 **weaken** — **debilitar| debilitarse**
vb
My failure did not weaken my self-confidence.
['wikən]
-Mi fracaso no debilitó mi confianza en mí.

8010 **fancied** — **imaginado**
adj
I've always fancied us as having a... healthy respect for one another.
['fænsid]
-Siempre nos he imaginado teniendo un... sano respeto por el otro.

8011 **brochure** — **el folleto**
ss
I glanced through the brochure.
[broʊˈʃʊr]
-Eché un vistazo al folleto.

8012 **flake** — **la escama; desconcharse**
ss; vb
It coats and seals the flake...
[fleɪk]
-Lo que hace es, revestir y sellar la escama.

8013 **renegade** — **renegado; el renegado**
adj; ss
So the renegade's evaded capture again.
['rɛnəˌgeɪd]
-Así que el renegado evadió ser capturado de nuevo.

8014 **seaman** — **el marinero**
ss
An obsequious seaman can sink the ship with servility.
['simən]
-Un marinero obsequioso hundiría un buque por servilismo.

8015 **fungus** — **el hongo**

	ss	We found a fungus called Aspergillus ustus.
	['fʌŋgəs]	-Encontramos un hongo en la víctima llamado Aspergillus ustus.
8016	**schizophrenia**	**la esquizofrenia**
	ss	Olanzapine Neopharma is used to treat adults with schizophrenia.
	[ˌskɪtsə'friniə]	-Olanzapina Neopharma se utiliza para tratar a pacientes adultos con esquizofrenia.
8017	**bondage**	**la esclavitud**
	ss	I guess she's into bondage and domination.
	['bɑndɪdʒ]	-Supongo que ella prefiere la esclavitud y la dominación.
8018	**schooling**	**la enseñanza| los estudios**
	ss	Poverty reduction and schooling are seriously at risk.
	['skulɪŋ]	-La reducción de la pobreza y la escolarización están en grave peligro.
8019	**festive**	**festivo**
	adj	My sincere apologies for interrupting this festive trip down memory lane.
	['fɛstɪv]	-Mis sinceras disculpas por interrumpir este festivo viaje por la carretera del recuerdo.
8020	**attachment**	**la fijación**
	ss	Actually, penguins are incapable of developing emotional attachment to humans.
	[ə'tætʃmənt]	-En realidad, los pingüinos son incapaces de desarrollar apego emocional hacia los humanos.
8021	**sheik**	**el jeque**
	ss	This is the move that stunned the sheik of Araby.
	[ʃik]	-Esta es la jugada que asombró al jeque de Arabia.
8022	**maggot**	**el gusano**
	ss	The tongue is half-eaten away due to maggot infestation.
	['mægət]	-La lengua está medio comida, por la infestación del gusano.
8023	**bulldog**	**el buldog**
	ss	Don't come near to the bulldog in case it bites.
	['bʊlˌdɔg]	-No te acerques al bulldog, en caso que mordiera.
8024	**unreliable**	**no fidedigno**
	adj	You mustn't swallow unreliable information that's on the Web.
	[ˌʌnrɪ'laɪəbəl]	-No tienes por qué tragarte la información dudosa que hay en la red.
8025	**yap**	**ladrar| parlotear; el ladrido**
	vb; ss	One more yap out of that and I'll shoot it.
	[jæp]	-Un ladrido más y le dispararé.
8026	**inaudible**	**inaudible**
	adj	But the crack is so tight, it's completely inaudible.
	[ɪ'nɔdəbəl]	-Pero la grieta es tan apretada que es inaudible.
8027	**thaw**	**el deshielo; deshelar**
	ss; vb	The 53rd annual haplin county thaw fest!
	[θɔ]	-¡El 53 festival anual del deshielo del condado de Haplin!
8028	**arthritis**	**la artritis**
	ss	Jim has arthritis.
	[ɑr'θraɪtəs]	-Jim tiene artritis.
8029	**pap**	**la papilla**

	ss	You have not given the special kiss to pap.
	[pæp]	-No le has dado el beso especial a papá.
8030	**ballistics**	**la balística**
	ss	Bruno's gun has different ballistics.
	[bəˈlɪstɪks]	-El arma de Bruno es de balística diferente.
8031	**paralysis**	**la parálisis**
	ss	Risks include having other family members with periodic paralysis.
	[pəˈræləsəs]	-Los riesgos incluyen el hecho de tener otros miembros de la familia con parálisis periódica.
8032	**gaming**	**los juego de azar**
	ss	Download Poker gives you the ultimate gaming environment.
	[ˈgeɪmɪŋ]	-Póquer de descarga le brinda el mejor ambiente de juego.
8033	**riverside**	**la orilla; ribereño**
	ss; adj	He took an exhilarating walk along the riverside.
	[ˈrɪvərˌsaɪd]	-Él hizo una tonificante caminata a lo largo de la orilla del río.
8034	**potent**	**potente| fuerte**
	adj	Terfenadine is a potent inhibitor of several cardiac potassium channels.
	[ˈpoʊtənt]	-La terfenadina es un inhibidor potente de varios canales de potasio cardíacos.
8035	**labyrinth**	**el laberinto**
	ss	The royal coffers are in an underground labyrinth.
	[ˈlæbəˌrɪnθ]	-Las arcas reales se encuentran en un laberinto bajo tierra.
8036	**recreation**	**la recreación| el recreo**
	ss	Provide education and recreation kits, basic learning materials and teacher training.
	[ˌrɛkriˈeɪʃən]	-Proporcionará carpetas de enseñanza y recreación, materiales básicos de aprendizaje y capacitación de docentes.
8037	**oar**	**el remo; remar**
	ss; vb	Useless talk like boat without oar.
	[ɔr]	-Conversación inútil es como bote sin remo.
8038	**bleak**	**desolado; la breca**
	adj; ss	Undoubtedly, the overall picture of disarmament efforts is bleak.
	[blik]	-Sin lugar a dudas, el panorama general de los esfuerzos de desarme es sombrío.
8039	**publication**	**la publicación**
	ss	This confirmation constitutes proof of actual publication.
	[ˌpʌblɪˈkeɪʃən]	-Esta confirmación constituirá una prueba de que la publicación se ha hecho efectivamente.
8040	**impeccable**	**impecable**
	adj	Only the most impeccable dishes are served to the royal family.
	[ɪmˈpɛkəbəl]	-Solo los platos más impecables son servidos a la familia real.
8041	**heath**	**el brezo**
	ss	I saw Sallie going up to the heath.
	[hiθ]	-Vi a Sallie yendo hacia el parque.
8042	**hearse**	**el coche fúnebre**
	ss	Relaying your father's latest funeral plans to the hearse driver.
	[hɜrs]	-A transmitir los últimos planes para el funeral de tu padre al conductor del coche fúnebre.

8043	**youthful**		**juvenil**
	adj		Victories over eventual finalists Spain, a youthful England and Sweden saw them advance with maximum points.
	[ˈjuθfəl]		-Las victorias ante la subcampeona España, una joven Inglaterra y Suecia dieron el pase a las irlandesas con el máximo de puntos.
8044	**irritated**		**irritado**
	adj		You might need other treatments if an irritated nerve caused the spasm.
	[ˈɪrəˌteɪtəd]		-Se podrían necesitar otros tratamientos si un nervio irritado causó el espasmo.
8045	**mayhem**		**la violencia**
	ss		Total mayhem surrounding the meaningless destruction of precious art.
	[ˈmeɪˌhɛm]		-Caos total rodeado de una destrucción sin sentido de arte valioso.
8046	**dazzle**		**deslumbrar; el deslumbro**
	vb; ss		New ideas to dazzle and impress his fellow rulers.
	[ˈdæzəl]		-De ideas nuevas para deslumbrar e impresionar a sus colegas gobernantes.
8047	**completion**		**la terminación**
	ss		This statutory amendment would contribute to a more efficient completion strategy.
	[kəmˈpliʃən]		-Esta revisión del Estatuto contribuiría a una mayor eficiencia en la estrategia de conclusión.
8048	**exclaim**		**exclamar**
	vb		I've worked a lot of murder cases, waiting patiently for the day I could unequivocally exclaim: "the butler did it!".
	[ɪkˈskleɪm]		-He trabajado en muchos casos de asesinato, esperando pacientemente el día en el que inequívocamente pudiera exclamar: "El mayordomo lo hizo!".
8049	**unavailable**		**indisponible**
	adj		That unavailable battery compromised his entire sector.
	[ˌʌnəˈveɪləbəl]		-Esa batería no disponible comprometió a todo su sector.
8050	**taboo**		**el tabú| el prohibido; prohibido; prohibir**
	ss; adj; vb		Incest is a taboo found in almost all cultures.
	[tæˈbu]		-El incesto es un tabú que se encuentra en casi todas las culturas.
8051	**battleship**		**el acorazado**
	ss		She waddles down the corridor like the battleship Bismarck.
	[ˈbætəlˌʃɪp]		-Es enorme, avanza por el pasillo como el acorazado Bismarck.
8052	**muzzle**		**el bozal; amordazar**
	ss; vb		I'd buy a muzzle for you.
	[ˈmʌzəl]		-Para ti, compraría un bozal.
8053	**persuasive**		**persuasivo**
	adj		I can be very persuasive.
	[pərˈsweɪsɪv]		-Puedo ser muy persuasivo.
8054	**slaughterhouse**		**el matadero**
	ss		Like maybe this horror-centric, condemned slaughterhouse.
	[ˈslɔtərˌhaʊs]		-Como tal vez este centro de horror, condenó matadero.
8055	**directory**		**el directorio**
	ss		In my implementation this directory's location is relative to the working directory, but it could be anywhere, really.
	[dəˈrɛktəri]		

-En mi implementación el directorio se localiza respecto al directorio de trabajo, pero en realidad podría ser cualquiera.

8056	**lorry**	**el camión**
	ss	I have a lorry.
	[ˈlɔri]	-Tengo un camión.

8057	**thrive**	**prosperar| medrar**
	vb	We've got to retool our system so that modern families and modern
	[θraɪv]	businesses can thrive. And let me be clear, this is not about big government, or expanding some fictional welfare-and-food-stamp state, the 47 percent mooching off the government. It is accounting for the realities of how people live now, today -- the necessities of a 21st century economy.

-Tenemos que remodelar nuestro sistema para que las familias y las empresas modernas puedan prosperar. Y permítanme ser claro, no se trata de un gobierno grande, ni de expandir un estado ficticio de bienestar y comida ya que un 47 por ciento gorronea fuera del gobierno. Representa las realidades de cómo viven hoy las personas, las necesidades de una economía del siglo XXI.

8058	**ballot**	**la votación; votar**
	ss; vb	This election had many firsts and many stories that will be told for
	[ˈbælət]	generations. But one that's on my mind tonight is about a woman who cast her ballot in Atlanta.

-Estas elecciones tuvieron muchas primicias y muchas relatos que se contarán durante generaciones. Pero una que tengo en mente esta noche trata de una mujer que emitió su voto en Atlanta.

8059	**rink**	**la pista; patinar en ruedas**
	ss; vb	I don't see a hockey rink.
	[rɪŋk]	-No veo la pista de hockey.

8060	**nil**	**el nulo| el cero**
	ss	Two nil down before half time.
	[nɪl]	-Dos a cero abajo antes del medio tiempo.

8061	**allergy**	**la alergia**
	ss	I have an allergy to milk.
	[ˈælərdʒi]	-Tengo alergia a la leche.

8062	**seminary**	**el seminario**
	ss	The seminary is heavily guarded by KFOR.
	[ˈsɛməˌnɛri]	-El seminario está siendo fuertemente protegido por la KFOR.

8063	**sleazy**	**sórdido**
	adj	A fool's game obnoxious and sleazy.
	[ˈslizi]	-Un juego con víctimas odioso y sórdido.

8064	**faucet**	**el grifo**
	ss	The faucet in the bathroom's out of order.
	[ˈfɔsət]	-El grifo del baño está estropeado.

8065	**penetration**	**la penetración**
	ss	The project aims to promote business models for increasing penetration
	[ˌpɛnəˈtreɪʃən]	and scaling up of solar energy-based heating and cooling applications in selected industrial sectors in India.

-El proyecto tiene por objeto promover modelos de negocios para aumentar la introducción y expansión de aplicaciones con fines de calefacción y refrigeración basadas en la energía solar en determinados sectores industriales de la India.

8066	**highland**	**la tierras altas; de montaña**
	ss; adj	Indeed your words are cloudy, as the highland winter Morse.
	['haɪlənd]	-De hecho sus palabras son turbias, como las tierras altas de invierno Morse.

8067	**compelling**	**irresistible**
	adj	They focus attention and convey a compelling message.
	[kəmˈpɛlɪŋ]	-Esos medios son objeto de mucha atención y transmiten un mensaje convincente.

8068	**stork**	**la cigüeña**
	ss	Parents used to tell their children that babies were delivered by a stork.
	[stɔrk]	-Los padres solían decirle a sus niños que a los bebés los traía la cigüeña.

8069	**starry**	**estrellado**
	adj	The most famous painting in the exposition depicted a starry sky with bats flying over it. It was a little sinister.
	[ˈstɑri]	-El cuadro más famoso de la exposición representaba a un cielo estrellado sobrevolado por murciélagos. Era un poco siniestro.

8070	**washroom**	**el baño**
	ss	Where's the washroom?
	[ˈwɑ ˌʃrum]	-¿Dónde está el baño?

8071	**picket**	**el piquete; vallar con estacas**
	ss; vb	Hold the picket like a male grouper.
	[ˈpɪkɪt]	-Aguante el piquete como los meros machos.

8072	**insolence**	**la insolencia**
	ss	Such insolence... from a thief.
	[ˈɪnsələns]	-Semejante insolencia... de parte de un ladrón.

8073	**possum**	**la zarigüeya**
	ss	GRAMPA: Unfortunately, sharks love possum.
	[ˈpɑsəm]	-Desafortunadamente, los tiburones les gustan las zarigüeya.

8074	**petrify**	**petrificar**
	vb	The look of the Gorgons in fact had the ability to petrify, and the blood of Medusa in contact with water petrified algae, tinged with red.
	[ˈpɛtrəˌfaɪ]	-La mirada de las gorgonas, de hecho, tenían la capacidad de petrificar, y la sangre de Medusa en contacto con el agua de algas petrificadas, teñida de rojo.

8075	**paradox**	**la paradoja**
	ss	This has been a paradox, but now the time gives it proof.
	[ˈpɛrəˌdɑks]	-Ésto ha sido una paradoja, pero ahora el tiempo da pruebas de ello.

8076	**berserk**	**enloquecido**
	adj	There is a boomer going berserk on the Number Four Capital Coastal Highway.
	[bərˈsɜrk]	-Hay un boomer fuera de control Carretera cuatro en la costa.

8077	**binding**	**obligatorio; la encuadernación**
	adj; ss	Growing leguminous plants is very important for binding CO_2.
	[ˈbaɪndɪŋ]	-El cultivo de plantas leguminosas es muy importante para el CO_2 vinculante.

8078	**disclose**	**revelar**
	vb	We may disclose customer information when legally required.
	[dɪˈsklovz]	-Se podrá revelar información relativa al cliente como consecuencia de un requerimiento legal.
8079	**caddy**	**el caddie**
	ss	Mr. Gilnore, I'm your caddy.
	[ˈkædi]	-Sr. Gilmore, soy su caddy.
8080	**dove**	**la paloma| el chófer**
	ss	A dove is a symbol of peace.
	[dʌv]	-Una paloma es un símbolo de paz.
8081	**exploitation**	**la explotación**
	ss	Gender-based exploitation and violence continue unabated.
	[ˌɛkˌsplɔɪˈteɪʃən]	-La explotación y violencia basada en el género no ha disminuido.
8082	**inexperienced**	**inexperto**
	adj	He's young, naive and inexperienced.
	[ɪnɪkˈspɪriənst]	-Él es joven, ingenuo y sin experiencia.
8083	**retainer**	**el anticipo**
	ss	And I'll need a symbolic five-dollar retainer.
	[rɪˈteɪnər]	-Y necesitaré una anticipo de fondos simbólico de cinco dólares.
8084	**boulder**	**la roca**
	ss	A very large boulder of very intensely fractured rock... right on the rim.
	[ˈboʊldər]	-Una roca muy grande de trozos intensamente fracturados... justo en el borde.
8085	**mutton**	**la carne de cordero**
	ss	It's funny to eat mutton on the roof.
	[ˈmʌtən]	-Es divertido comer cordero en el techo.
8086	**bonfire**	**la hoguera**
	ss	Rescued it meself from the bonfire.
	[ˈbɑnˌfaɪər]	-La rescaté yo mismo... de la hoguera.
8087	**hive**	**la colmena**
	ss	There can be only one queen in the hive.
	[haɪv]	-En la colmena solo puede haber una reina.
8088	**elusive**	**elusivo**
	adj	It's something elsewhere, elusive.
	[ɪˈlusɪv]	-Es algo... en otro lado, escurridizo.
8089	**mortuary**	**mortuorio; los morgue**
	adj; ss	Obituaries, mortuary reports and seven other sources.
	[ˈmɔrtʃuˌɛri]	-Avisos fúnebres, registros de la morgue, y otras siete fuentes.
8090	**wreath**	**la guirnalda**
	ss	A Thracian golden wreath decorated with oak leaves.
	[riθ]	-Una corona de oro tracia decorada con hojas de roble.
8091	**upstate**	**septentrional**
	adj	I'm going manbird hunting upstate.
	[ˈʌpˈsteɪt]	-Yo me voy al norte a cazar hombrepájaros.
8092	**bazaar**	**el bazar**
	ss	Can a person who's blind in their own house become clairvoyant at the bazaar?
	[bəˈzɑr]	

-¿Puede una persona que es ciega en su propia casa convertirse en clarividente en el bazar?

8093	**psyche**	**la Psique**
	ss	Pain leads to alteration of the psyche.
	[ˈsaɪki]	-El dolor lleva a la alteración de la psique.
8094	**awakening**	**el despertar**
	ss	We are near awakening when we dream that we dream.
	[əˈweɪkənɪŋ]	-Estamos cerca del despertar cuando soñamos que estamos soñando.
8095	**sculptor**	**el escultor**
	ss	English sculptor formerly of Scotland Yard.
	[ˈskʌlptər]	-El escultor inglés es ex agente de Scotland Yard.
8096	**solace**	**el consuelo; consolar**
	ss; vb	The solace of widows and lonely fools.
	[ˈsɑləs]	-El consuelo de las viudas y los locos solitarios.
8097	**hunchback**	**el jorobado**
	ss	The movie "The Hunchback of Notre-Dame" has been renamed and is now called "The Bell of Notre-Dame".
	[ˈhʌntʃˌbæk]	-La película "El Jorobado de Notre-Dame" ha sido renombrada y ahora se llama "La Campana de Notre-Dame".
8098	**duration**	**la duración**
	ss	Airborne duration during a running stride.
	[ˈdʊˈreɪʃən]	-La duración en el aire durante la corrida.
8099	**flattery**	**la adulación| el halago**
	ss	The man that lays his hand upon a woman, save in the way of kindness, is a wretch whom't were gross flattery to name a coward.
	[ˈflætəri]	-El hombre que le pone la mano encima a una mujer, excepto si lo hace con gentileza, es un miserable al cual sería un gran piropo llamarle cobarde.
8100	**hiccup**	**el hipo; hipar**
	ss; vb	Imagine that you begin to hiccup and can't stop.
	[ˈhɪkəp]	-Imagina empezar a hipar y que no pudieras parar.
8101	**conservatory**	**el conservatorio**
	ss	The conservatory is closed, you know.
	[kənˈsɜrvətɔri]	-El conservatorio está cerrado, ¿sabes? Cambiaron al director.
8102	**stamina**	**el aguante**
	ss	Superior in hearing, sight, strength, stamina...
	[ˈstæmənə]	-Es superior en cuanto a oído, vista, fuerza, resistencia...
8103	**vested**	**establecido**
	adj	As an immediate neighbour, Slovakia has a vested interest in Ukraine's success.
	[ˈvɛstəd]	-Como vecina directa, Eslovaquia tiene un interés particular en el éxito de Ucrania.
8104	**dwelling**	**la vivienda| la estancia**
	ss	A sign of cosy, convenient dwelling - simplicity.
	[ˈdwɛlɪŋ]	-El indicio de la vivienda confortable, conveniente - la simplicidad.
8105	**malt**	**la malta; hacer germinar**
	ss; vb	Solid product of malt whisky production.
	[mɔlt]	-Producto sólido de la producción del whisky de malta.

8106	**disarm**	**desarmar**
	vb	Good enough to disarm an FBI agent.
	[dɪˈsɑrm]	-Lo suficientemente bueno para desarmar a un agente del FBI.
8107	**cluster**	**el racimo; agrupar**
	ss; vb	Several city centres suffered from missile or cluster bomb attacks.
	[ˈklʌstər]	-Los centros de varias ciudades fueron objeto de ataques con misiles y bombas de racimo.
8108	**elevated**	**elevado**
	adj	Unemployment remains elevated and domestic demand is anaemic.
	[ˈɛləˌveɪtɪd]	-El desempleo sigue siendo elevado y la demanda interna es muy débil.
8109	**meek**	**manso**
	adj	It's a gentle, meek TV bear.
	[mik]	-Es un gentil, oso de la TV manso.
8110	**copying**	**el proceso de copiar**
	ss	Copyright laws prohibit much more than literal copying.
	[ˈkɑpiɪŋ]	-La legislación sobre los derechos de autor prohíbe mucho más que la copia literal.
8111	**Mormon**	**el mormón; mormónico**
	ss; adj	He said he brought you a Book of Mormon.
	[ˈmɔrmən]	-Me dijo que te había traído un Libro de Mormón.
8112	**blindly**	**a ciegas**
	adv	You should not blindly trust nice promises.
	[ˈblaɪndli]	-No deberías confiar tan ciegamente en las promesas bonitas.
8113	**cedar**	**el cedro**
	ss	This cedar turns silver at Christmas time.
	[ˈsidər]	-Este cedro se pone color de plata en época de Navidad.
8114	**clack**	**la charla; charlar con; clac**
	ss; vb; int	Click, clack and you are free.
	[klæk]	-Clic, clac y estás libre.
8115	**earning**	**ganador**
	adj	And despite his lack of earning power, his procreative powers sure are strong.
	[ˈɜrnɪŋ]	-Y a pesar de su falta de poder adquisitivo... su poder procreador seguro es fuerte.
8116	**gent**	**el caballero**
	ss	Only I croaked her instead of the gent.
	[dʒɛnt]	-Sólo que al contrario del caballero yo la maté.
8117	**ideology**	**la ideología**
	ss	So history has once more triumphed over ideology.
	[ˌaɪdiˈɑlədʒi]	-Así, la historia ha triunfado una vez más sobre la ideología.
8118	**luxurious**	**lujoso**
	adj	Habit converts luxurious enjoyments into dull and daily necessities.
	[ləgʒˈəriəs]	-El hábito convierte lujosos placeres en aburridas y cotidianas necesidades.
8119	**unborn**	**no nacido**
	adj	Ar demands the life of an unborn.
	[ˈʌnˈbɔrn]	-Ar exige la vida de un nonato.
8120	**adviser**	**el asesor**

	ss	Such changes would trigger follow-up enquiries by the adviser.
	[ædˈvaɪzər]	-Ese tipo de variaciones daría lugar al oportuno seguimiento por parte del asesor.
8121	**bestow**	**otorgar| dedicar**
	vb	Wearin' the greatest honor man can bestow.
	[bɪˈstoʊ]	-Luciendo el honor más grande que el hombre puede otorgar.
8122	**crimson**	**carmesí; el carmesí; tener carmesí**
	adj; ss; vb	The man with the crimson tongue.
	[ˈkrɪmzən]	-El hombre de la lengua carmesí.
8123	**lifelong**	**para toda la vida**
	adj	Just a lifelong obsession, Jim.
	[ˈlaɪˈflɔŋ]	-Sólo era una obsesión de toda la vida, Jim.
8124	**plight**	**la situación; empeñar**
	ss; vb	The plight of women in Afghanistan was particularly tragic.
	[plaɪt]	-El sufrimiento de las mujeres en el Afganistán es particularmente trágico.
8125	**downfall**	**la caída| el hundimiento**
	ss	The downfall is inevitable.
	[ˈdaʊnˌfɔl]	-La ruina es inevitable.
8126	**energetic**	**energético**
	adj	Jim is energetic.
	[ˌɛnərˈdʒɛtɪk]	-Jim es enérgico.
8127	**frontal**	**frontal**
	adj	Built-in command panel with frontal door access.
	[ˈfrʌntəl]	-Embutido en el panel de mandos con puerta de acceso frontal.
8128	**squaw**	**piel roja**
	ss	I don't exactly fit the Lone Elk family's image of an ideal squaw.
	[squaw]	-No soy exactamente la imagen que la familia Alce Solitario tiene de una india norteamericana.
8129	**wreckage**	**la destrucción**
	ss	The only contacts I have on-screen are wreckage.
	[ˈrɛkədʒ]	-Los únicos contactos que tengo en pantalla son... restos.
8130	**granite**	**el granito**
	ss	The breakfast bar is made from high-quality granite.
	[ˈgrænət]	-La barra de desayunar esta elaborada con granito de gran calidad.
8131	**deform**	**deformar**
	vb	We had to figure out how to deform this universe.
	[ˌdiˈfɔrm]	-Teníamos que resolvar cómo deformar ese universo.
8132	**urn**	**la urna**
	ss	Also cremation, urn, bag with ashes...
	[ɜrn]	-También la cremación, la urna, el paquete con las cenizas...
8133	**porky**	**gordo; cerdito**
	adj; ss	Frontec has been around since the time that Spam was only known as a porky substance in a can.
	[ˈpɔrki]	-Frontec ha existido desde que spam era solo conocido como Sustancias de cerdo en un bote.
8134	**dispatcher**	**transportista**

	ss	Ask the woman what she said to the dispatcher.
	[dɪˈspætʃər]	-Pregúntale a la mujer qué le dijo a la despachadora.
8135	**discrimination**	**la discriminación**
	ss	The report rightly mentions value discrimination.
	[dɪˌskrɪməˈneɪʃən]	-Con razón, en el informe se habla de discriminación de valores.
8136	**endurance**	**la resistencia**
	ss	If anything I'm thankful for your endurance.
	[ˈɛndərəns]	-Si hay algo de lo que estoy agradecido es de tu resistencia.
8137	**premium**	**la prima**
	ss	Our clientele pays a premium for discretion.
	[ˈprimiəm]	-Nuestros clientes abonan una suma adicional por la discreción.
8138	**horrific**	**horrendo**
	adj	He faced a horrific medical ordeal.
	[hɔˈrɪfɪk]	-Se enfrentó a una dura prueba médica horrible.
8139	**retail**	**la venta al por menor; al por menor; vender al por menor**
	ss; adj; vb	Powergen suggested forbidding BE to enter new retail markets.
	[ˈriˌteɪl]	-Powergen sugirió prohibir a BE incorporarse a nuevos mercados al por menor.
8140	**blindness**	**la ceguera**
	ss	Regular check-ups are needed to prevent blindness.
	[ˈblaɪndnəs]	-Los chequeos regulares son necesarios para prevenir la ceguera.
8141	**ballerina**	**la bailarina**
	ss	A military court today sentenced former ballerina, Yolanda Celandin.
	[ˌbæləˈrinə]	-Un tribunal militar sentenció hoy... a la ex bailarina Yolanda Celandín.
8142	**saxophone**	**el saxófono**
	ss	Daddy picked his saxophone back up.
	[ˈsæksəˌfoʊn]	-Tu papá está tocando el saxofón de nuevo.
8143	**spectrum**	**el espectro**
	ss	AIDS investments have fuelled progress across the health and development spectrum.
	[ˈspɛktrəm]	-Las inversiones contra el sida han impulsado el progreso en todo el espectro sanitario y de desarrollo.
8144	**informal**	**informal| oficioso**
	adj	Informal diction is always full of mystery and surrealism.
	[ɪnˈfɔrməl]	-La dicción informal está siempre llena de misterio y surrealismo.
8145	**circular**	**circular; la circular**
	adj; ss	I've received a circular from the bank.
	[ˈsɜrkjələr]	-He recibido una circular del banco.
8146	**brunch**	**el desayuno tardío**
	ss	This morning was the founders brunch.
	[brʌntʃ]	-Esta mañana ha sido el almuerzo de inauguración.
8147	**retribution**	**la venganza**
	ss	Working inmates earn a minimum retribution established by law.
	[ˌrɛtrəˈbjuʃən]	-Los reclusos trabajadores ganan una retribución mínima establecida por la ley.
8148	**commentary**	**el comentario**

	ss	The commentary merely stated that the question remained controversial.
	[ˈkɑmənˌtɛri]	-El comentario se limita a afirmar que la cuestión sigue siendo objeto de controversia.
8149	**hopelessly**	**sin esperanza**
	adv	Diplomatic initiatives and UN sanctions are seen as hopelessly ineffective.
	[ˈhoʊpləsli]	-Las iniciativas diplomáticas y las sanciones de la ONU se consideran irremediablemente inútiles.
8150	**punctual**	**puntual**
	adj	Jim is punctual.
	[ˈpʌŋktʃuəl]	-Jim es puntual.
8151	**predicament**	**el predicamento**
	ss	This is germane to our predicament.
	[prɪˈdɪkəmənt]	-Esto es 'inherente' a nuestro predicamento.
8152	**thrash**	**el movimiento de piernas; golpear**
	ss; vb	You ought to thrash some sense into them.
	[θræʃ]	-Tienes que golpear un poco de sentido en ellos.
8153	**consuming**	**consumidor**
	adj	Basic issues concerning the efficacy and safety of consuming relatively high doses of antioxidant supplements need to be resolved.
	[kənˈsumɪŋ]	-Deben resolverse aún cuestiones básicas referidas a la eficacia y seguridad del consumo de dosis relativamente altas de complementos antioxidantes.
8154	**excrement**	**el excremento**
	ss	Then the excrement really hit the air-conditioning.
	[ˈɛkskrəmənt]	-A continuación, el excremento realmente golpeó el aire acondicionado.
8155	**African**	**africano; el africano**
	adj; ss	When you watch television or listen to the radio, the music which you hear is often African in origin.
	[ˈæfrəkən]	-Cuando ves televisión o escuchas la radio, la música que oyes es frecuentemente de origen africano.
8156	**flair**	**el instinto**
	ss	Even her name - Celestina - had more flair than the neighbors .
	[flɛr]	-Inclusive su nombre, Celestina... tenía más estilo que los vecinos.
8157	**overly**	**demasiado**
	adv	You're an overly optimistic girl.
	[ˈoʊvərli]	-Sos una chica demasiado optimista.
8158	**subpoena**	**la citación| el apercibimiento**
	ss	Soon as I produce a subpoena.
	[səˈpinə]	-Tan pronto como tenga una citación.
8159	**threesome**	**el grupo de tres**
	ss	Jim tried to persuade Ana to have a threesome.
	[ˈθrisəm]	-Jim intentó persuadir a Ana para hacer un trío.
8160	**adversary**	**el adversario**
	ss	The vision finds a strong adversary everywhere.
	[ˈædvərˌsɛri]	-Esta imagen encuentra un fuerte adversario en todas partes.
8161	**passionately**	**apasionadamente**

	adv	I respond passionately to structure, so...
	[ˈpæʃənətli]	-Yo respondo apasionadamente ante la estructura, así que...
8162	**assess**	**evaluar| juzgar**
	vb	These Government officers should assess such reports before taking
	[əˈsɛs]	appropriate action.
		-Estos funcionarios del Gobierno deben evaluar las notificaciones recibidas antes de tomar las medidas oportunas.
8163	**reclaim**	**reclamar**
	vb	This is how they came to reclaim their humanity.
	[riˈkleɪm]	-Así fue como llegaron a reclamar su humanidad.
8164	**proverb**	**el proverbio**
	ss	What's your favorite proverb?
	[ˈprɑvərb]	-¿Cuál es tu proverbio favorito?
8165	**clarinet**	**el clarinete**
	ss	Her clarinet squeaked, and the entire audience laughed.
	[ˌklɛrəˈnɛt]	-Su clarinete chilló, y todo el público se rio.
8166	**ecstatic**	**extático**
	adj	Young Lee is ecstatic and says...
	[ɛkˈstætɪk]	-El joven Lee está extasiado y dice...
8167	**grasshopper**	**los saltamontes**
	ss	Encountering a grasshopper: good sign.
	[ˈɡræsˌhɑpər]	-Si te encuentras un saltamontes, buena señal.
8168	**seasick**	**mareado**
	adj	All the passengers got seasick during the storm.
	[ˈsiˌsɪk]	-Todos los pasajeros se marearon durante la tormenta.
8169	**icebox**	**la nevera**
	ss	A child trapped in an icebox.
	[ˈaɪsˌbɑks]	-Un niño atrapado en una nevera.
8170	**jiffy**	**el instante**
	ss	I'll get the little nipper in half a jiffy.
	[ˈdʒɪfi]	-Atraparé al bicho en un santiamén.
8171	**machete**	**el machete**
	ss	Maybe a machete and bucket to Boil water.
	[məˈʃɛˌti]	-Quizás un machete y un recipiente para hervir... el agua eso era lo que esperábamos.
8172	**repression**	**la represión**
	ss	Political repression and press restrictions remain common in Belarus.
	[riˈprɛʃən]	-La represión política y las restricciones a la libertad de prensa siguen siendo moneda corriente en Belarús.
8173	**output**	**la salida; imprimir**
	ss; vb	The output of this factory has increased by 20%.
	[ˈaʊtˌpʊt]	-La producción de esta fábrica ha aumentado un 20%.
8174	**frosty**	**escarchado| helado**
	adj	Perfect for the quiet, off-the-record, slightly frosty exchange of foreign operatives.
	[ˈfrɔsti]	-Perfecto para el tranquilo, no oficial, y algo frío intercambio de operativos extranjeros.
8175	**carp**	**la carpa; criticar**

	ss; vb	Fish like carp and trout live in fresh water.
	[kɑrp]	-Los peces tales como la carpa o la trucha viven en agua dulce.
8176	**racism**	**el racismo**
	ss	The Beurs March broke out after several episodes of racism and violence.
	[ˈreɪˌsɪzəm]	-La Marcha Beurs surgió a raíz de varios episodios de racismo y violencia.
8177	**windmill**	**el molino de viento**
	ss	Annabelle said there was a windmill.
	[ˈwɪndˌmɪl]	-Annabelle dijo que había un molino de viento.
8178	**folder**	**la carpeta**
	ss	Discharge paperwork is in the folder.
	[ˈfoʊldər]	-Los documentos de baja están en la carpeta.
8179	**infiltrate**	**el infiltrado; infiltrarse**
	ss; vb	Everything you need to infiltrate our intelligence systems.
	[ɪnˈfɪlˌtreɪt]	-Todo lo necesario para infiltrarse en nuestro sistema de inteligencia.
8180	**helium**	**el helio**
	ss	The helium resonates differently with my vocal chords.
	[ˈhiliəm]	-El helio resuena de otra forma en mis cuerdas vocales.
8181	**habitat**	**el habitat**
	ss	Wild animal attacks on the human population increase when their habitat is encroached upon and invaded.
	[ˈhæbəˌtæt]	-Los ataques de animales salvajes a la población humana aumentan cuando esta se extiende e invade el hábitat de aquellos.
8182	**infest**	**infestar**
	vb	Apparently they plan to land the ship and infest Earth.
	[ɪnˈfɛst]	-Parece ser que quieren aterrizar la nave e infestar la Tierra.
8183	**duo**	**el dúo**
	ss	The duo allegedly even took photographs.
	[ˈduoʊ]	-Al parecer, el dúo incluso tomó fotografías.
8184	**lash**	**el latigazo| el látigo; azotar**
	ss; vb	As if lash had never struck.
	[læʃ]	-Como si el látigo nunca te hubiera golpeado.
8185	**lollipop**	**el chupete**
	ss	I got excited, like a kid with a lollipop.
	[ˈlɑliˌpɑp]	-Me entusiasmé, como un niño con un chupetín.
8186	**ragged**	**harapiento**
	adj	So, make it ragged and dirty.
	[ˈrægəd]	-Entonces, hazlo andrajoso y sucio.
8187	**fingertip**	**la punta del dedo**
	ss	I burnt my fingertip.
	[ˈfɪŋgərˌtɪp]	-Me quemé la yema del dedo.
8188	**freshly**	**recién**
	adv	As opposed to freshly unscrewed orange juice.
	[ˈfrɛʃli]	-Lo opuesto a un zumo de naranja recién destapado.
8189	**voltage**	**el voltaje**
	ss	Danger! High voltage.
	[ˈvoʊltədʒ]	-¡Peligro! Alta tensión.
8190	**goggle**	**la mirada sorprendida; con ojos desorbitados; salirse los ojos**

	ss; adj; vb	Specialised market for goggle eyes and acne.
	['gɑgəl]	-En el mercado especializado en ojos saltones y acné.
8191	**croft**	**la granja pequeña**
	ss	150,000 for the croft and the surrounding land.
	[krɔft]	-150.000 libras por la granja y el terreno de alrededor.
8192	**orthodox**	**ortodoxo**
	adj	It is liberal, and despises any sort of fanaticism, whether orthodox or nationalist.
	['ɔrθəˌdɑks]	-Es liberal y desprecia cualquier tipo de fanatismo, ya sea ortodoxo o nacionalista.
8193	**brood**	**la cría; empollar**
	ss; vb	On the next day the weather was delightful, and the sun shone brightly on the green burdock leaves, so the mother duck took her young brood down to the water, and jumped in with a splash.
	[brud]	-Al día siguiente el tiempo era una delicia, y el sol brillaba con fuerza en las hojas de bardana verdes, por lo que la madre pata llevó a su joven nidada hasta el agua, y saltó con un chapoteo.
8194	**researcher**	**el investigador**
	ss	He was a former university professor and researcher.
	['risərtʃər]	-Era un antiguo profesor universitario e investigador.
8195	**rebound**	**el rebote; rebotar**
	ss; vb	Stopping these medications suddenly can cause rebound insomnia and withdrawal.
	[riˈbaʊnd]	-La suspensión súbita de estos medicamentos puede ocasionar insomnio de rebote y síndrome de abstinencia.
8196	**psychiatry**	**la psiquiatría**
	ss	Head of the hospital psychiatry section.
	[saɪˈkaɪətri]	-Jefe de la sección de psiquiatría del hospital.
8197	**pantry**	**la despensa**
	ss	There's plenty of food in the pantry.
	['pæntri]	-Hay mucha comida en la despensa.
8198	**sophomore**	**estudiante de segundo año**
	ss	And she's a sophomore at Columbia University.
	['sɑfˌmɔr]	-Y ella es una estudiante de segundo año en la Universidad de Columbia.
8199	**measles**	**las sarampión**
	ss	I came down with measles.
	['mizəlz]	-Me dio el sarampión.
8200	**historian**	**el historiador**
	ss	He's a historian.
	[hɪˈstɔriən]	-Es un historiador.
8201	**writing**	**la escritura| la pluma**
	ss	I'm now writing a letter to my Chinese teacher, but in English.
	['raɪtɪŋ]	-En este momento le estoy escribiendo una carta a mi profesor de chino, pero en inglés.
8202	**whirl**	**el giro| el torbellino; dar vueltas**
	ss; vb	Let's give it a whirl.
	[wɜrl]	-Probemos suerte.
8203	**cannibal**	**caníbal; caníbal**

adj; ss
['kænəbəl]

Second instar maggots on our cannibal's leftovers.
-Gusanos en segundo estado larval... en las sobras de nuestro caníbal.

8204 **purge**
ss; vb
[pɜrdʒ]

la purga| el purgante; purgar
These techniques reduce the brine purge volume.
-Estas técnicas reducen el volumen de purga de salmuera.

8205 **franchise**
ss
['fræn‚tʃaɪz]

la franquicia
You could have accepted the burger franchise they offered.
-Tendrías que haber aceptado la franquicia de hamburguesería que te ofrecieron.

8206 **whatnot**
ss
['wʌt‚nɑt]

la cualquier cosa
Just grab a few beers, hang out, whatnot.
-Sólo tomar unas cervezas, pasar el rato, lo que sea.

8207 **bleach**
vb; ss
[blitʃ]

blanquear; la lejía
Mixing ammonia and bleach is dangerous.
-Resulta peligroso mezclar amoníaco con lejía.

8208 **intestine**
ss
[ɪnˈtɛstən]

el intestino
Hookworm is a worm, a parasite of man, that sticks to the small intestine.
-El anquilostoma es un gusano, parásito del hombre, que se pega al intestino delgado.

8209 **implication**
ss
[‚ɪmpləˈkeɪʃən]

la implicación| la inferencia
This has at least a double implication.
-Eso tiene, cuando menos, una doble implicación.

8210 **brooch**
ss
[brutʃ]

el broche
Meanwhile, Lawrence ditches the brooch...
-Mientras tanto, Lawrence se deshará del broche...

8211 **exclude**
vb
[ɪkˈsklud]

excluir| evitar
The definition of recycling should exclude energy recovery.
-La definición de «reciclado» debe excluir la recuperación de energía.

8212 **mannered**
adj
['mænərd]

amanerado
She is a well-mannered girl.
-Ella es una niña educada.

8213 **accommodation**
ss
[ə‚kaməˈdeɪʃən]

el alojamiento
I am looking for accommodation.
-Estoy buscando alojamiento.

8214 **exceptionally**
adv
[ɪkˈsɛpʃənəli]

excepcionalmente
Jim plays the vibraphone exceptionally well.
-Jim toca excepcionalmente bien el vibráfono.

8215 **mouthful**
ss
['maʊθ‚fʊl]

el bocado
A mouthful of satisfaction in every bite.
-Un bocado de satisfacción en cada trozo.

8216 **indigestion**
ss
[‚ɪndaɪˈdʒɛstʃən]

la indigestión
Just a little indigestion... causing gas.
-Solo es un poco de indigestión... causándome gases.

8217 **sightseeing**
ss
['saɪt'siɪŋ]

el turismo
Here a list of the main florence sightseeing.
-He aquí una lista de los principales sitios de turismo en Florencia.

8218	**quill**	**la pluma; encanillar**
	ss; vb	Your stubborn king finally put quill to parchment.
	[kwɪl]	-Vuestro obstinado rey finalmente cogió la pluma y el pergamino.

8219	**racer**	**el corredor**
	ss	A natural-born racer without a ride.
	[ˈreɪsər]	-Un corredor nato de carreras que ni siquiera tiene un auto.

8220	**biz**	**el negocio**
	ss	We're in the quick-fix biz.
	[bɪz]	-Estamos en el negocio de las soluciones rápidas.

8221	**dinar**	**el dinar**
	ss	The national currency is the Bahraini dinar.
	[dɪˈnɑr]	-La moneda nacional en curso es el dinar bahreiní.

8222	**washer**	**la arandela**
	ss	The washer doesn't fit through the door.
	[ˈwɑʃər]	-La lavadora no cabe por la puerta.

8223	**plump**	**rechoncho; engordar; el ruido sordo; pesadamente**
	adj; vb; ss; adv	The world's greatest singers and most of its famous musicians have been fat or at least decidedly plump.
	[plʌmp]	-Los cantantes más grandes del mundo y la mayoría de los músicos famosos han estado gordos, o al menos han estado claramente entrados en carne.

8224	**perpetrator**	**el autor**
	ss	The court can also order departmental action against the perpetrator.
	[ˈpɜrpəˌtreɪtər]	-El tribunal puede también ordenar la adopción de medidas a nivel de departamento contra el autor.

8225	**anesthetic**	**anestésico; el anestésico**
	adj; ss	Well, general anesthetic was unavailable.
	[ˌænəˈsθɛtɪk]	-Bueno, una anestesia general no era posible.

8226	**reopen**	**reabrir**
	vb	This forced the authorities to reopen the expropriation procedure.
	[riˈoʊpən]	-Esto obligó a las autoridades a reabrir el procedimiento de expropiación.

8227	**moderate**	**moderar| moderarse; moderado**
	vb; adj	Taking moderate exercise will keep you healthy.
	[ˈmɑdərət]	-Haciendo ejercicio moderado se mantiene la buena salud.

8228	**atrocity**	**la atrocidad**
	ss	Phone the city police, and report this atrocity.
	[əˈtrɑsəti]	-Telefonee a la policía de la ciudad, e informe de esta atrocidad.

8229	**straight away**	**inmediatamente**
	adv	We can get started straight away with public procurement.
	[streɪt əˈweɪ]	-Podemos empezar inmediatamente con la obtención pública.

8230	**loudspeaker**	**el altoparlante**
	ss	In the bus I can understand, but should the destination also be announced by a loudspeaker outside the bus too?
	[ˈlaʊdˌspikər]	-Dentro del autobús me puedo imaginar, pero¿realmente se deberá señalar el destino con un altavoz también fuera del autobús?

8231	**fluke**	**la platija**

	ss	Humans may be just a cosmic fluke in the universe.
	[fluk]	-Los humanos pueden ser sólo una casualidad cósmica en el universo.

8232 **detonation** — **la detonación**
ss
[ˌdɛtəˈneɪʃən]
Universal reality detonation in 200 rels.
-Detonación Universal de la Realidad en 200 rels.

8233 **hardened** — **curtido**
adj
[ˈhɑrdənd]
But, hardened by the passage of years
-Sino que endurecido por el paso de los años

8234 **molten** — **fundido| derretido**
adj
[ˈmoʊltən]
Possibility to try the molten metal.
-Permite la posibilidad de tratar el metal fundido.

8235 **adventurous** — **aventurero**
adj
[ædˈvɛntʃərəs]
We're adventurous.
-Somos aventureros.

8236 **booming** — **en auge**
adj
[ˈbumɪŋ]
Chile's berry exports are booming.
-Las exportaciones de berries de Chile están en auge.

8237 **Cyprus** — **los Chipre**
ss
[ˈsaɪprəs]
Livestock production constitutes an important component of Cyprus agriculture.
-La producción pecuaria constituye un componente importante de la agricultura chipriota.

8238 **payoff** — **la recompensa**
ss
[ˈpeɪˌɔf]
A payoff using stolen city funds.
-Un pago usando los fondos robados del pueblo.

8239 **forgery** — **la falsificación**
ss
[ˈfɔrdʒəri]
Instincts helped you unravel the Dead Sea Scrolls forgery...
-Tus instintos te ayudaron a desenmarañar la falsificación de los Pergaminos del Mar Muerto...

8240 **eminent** — **eminente; eminente**
adj; ss
[ˈɛmənənt]
It's for my friend, the eminent lawyer.
-Son para mi amigo, el abogado eminente.

8241 **etiquette** — **la etiqueta**
ss
[ˈɛtəkət]
Please excuse his breach of etiquette.
-Por favor, disculpad esta falta de etiqueta.

8242 **playful** — **juguetón**
adj
[ˈpleɪfəl]
These goats are playful.
-Estas cabras son juguetonas.

8243 **furnished** — **amueblado**
adj
[ˈfɜrnɪʃt]
The room is fully furnished.
-La habitación está totalmente amueblada.

8244 **obstruction** — **la obstrucción**
ss
[əbˈstrʌkʃən]
Bureaucratic obstruction and security incidents have increased further.
-Han aumentado más aun la obstrucción burocrática y los incidentes relativos a la seguridad.

8245 **appendix** — **el apéndice**

	ss	The surgeon took out his patient's appendix.
	[ə'pɛndɪks]	-El cirujano le quitó el apéndice a su paciente.
8246	**glitter**	**resplandecer; el brillo**
	vb; ss	Minus the miniskirt and the body glitter.
	['glɪtər]	-Excepto la falda corta y el brillo de cuerpo.
8247	**minimal**	**mínimo**
	adj	Her education was so minimal that she could not even name the eight planets of our Solar System.
	['mɪnəməl]	-Su educación fue tan básica que ella ni siquiera podía nombrar los ocho planetas de nuestro sistema solar.
8248	**nighttime**	**la noche**
	ss	The noise that most disturbs people's sleep is that caused by night-time air traffic.
	['naɪtˌtaɪm]	-El ruido que más perturbaciones de sueño provoca en los ciudadanos es el causado por el tráfico aéreo nocturno.
8249	**summertime**	**el verano**
	ss	Surveys indicate that the majority of our citizens want summertime.
	['sʌmərˌtaɪm]	-Los estudios demuestran que la mayoría de nuestros ciudadanos son partidarios de la hora de verano.
8250	**overcoat**	**el sobretodo**
	ss	My overcoat is light but warm.
	['oʊvərˌkoʊt]	-Mi abrigo es liviano, pero cálido.
8251	**teens**	**la edad de adolescencia**
	ss	It started when he was in his teens.
	[tinz]	-Todo comenzó cuando estaba en su adolescencia.
8252	**abomination**	**la abominación**
	ss	Why? - Because, you are an abomination.
	[əˌbɑmə'neɪʃən]	-¿Por qué? - Porque... eres una abominación.
8253	**intoxicate**	**intoxicar**
	vb	But I hope you believe me once and for all that I never meant to intoxicate Diana.
	[ɪn'tɑksəˌkeɪt]	-Barry. Espero que crea que jamás quise intoxicar a Diana.
8254	**nobleman**	**el noble**
	ss	The marriage of a nobleman is a "staatsaangelegenheid".
	['noʊbəlmən]	-El casamiento de un Noble es una cuestión de Estado.
8255	**unleash**	**desatraillar**
	vb	I have such delightful horrors to unleash upon thee.
	[ən'liʃ]	-Tengo deliciosos horrores para desatar sobre ti.
8256	**unwanted**	**no deseado**
	adj	A particular source of unwanted harmful content involves peer-to-peer files.
	[ən'wɔntɪd]	-Una fuente concreta de contenido perjudicial no deseado son los ficheros de par a par.
8257	**indispensable**	**indispensable**
	adj	Salt is an indispensable ingredient for cooking.
	[ˌɪndɪ'spɛnsəbəl]	-La sal es un ingrediente indispensable para cocinar.
8258	**comma**	**la coma**

	ss [ˈkɑmə]	Jim is sad because he is often separated from Ana in German sentences by a comma. -Jim está triste porque a menudo él está separado de Ana, en las frases alemanas, por una coma.
8259	**novelist** adj; ss [ˈnɑvələst]	**novelista; novelista** D.H. Lawrence is a novelist and poet. -D.H Lawrence es novelista y poeta.
8260	**distinctly** adv [dɪˈstɪŋktli]	**distintivamente** Middle Israel is also gay-friendly and distinctly non-xenophobic. -El israelí medio no condena la homosexualidad y es claramente no xenófobo.
8261	**matador** ss [ˈmætəˌdɔr]	**el matador** Your matador is waiting for you back there. -Su matador está a la espera Pues usted echa para atrás allí.
8262	**unify** vb [ˈjunəˌfaɪ]	**unificar** He tried to unify the various groups. -Él intentó unificar los distintos grupos.
8263	**evaluate** vb [ɪˈvæljuˌeɪt]	**evaluar** More stringently evaluate the effectiveness of USAID countertrafficking programs. -Evaluar más rigurosamente la eficacia de los programas de USAID contra la trata.
8264	**nausea** ss [ˈnɔziə]	**la náusea** Shortness of breath, headaches, nausea. -Falta de aire, jaquecas, náusea.
8265	**resentment** ss [rɪˈzɛntmənt]	**el resentimiento** By displacing traditional centers of power, development can nurture collective resentment. -Al desplazar los centros tradicionales de poder, el desarrollo puede alimentar el resentimiento colectivo.
8266	**venue** ss [ˈvɛnju]	**el lugar de encuentro** No meeting venue was changed in either version. -En ninguna de las dos versiones se ha cambiado ningún lugar de reunión.
8267	**takeover** ss [ˈteɪˌkoʊvər]	**la toma de posesión** Employee representatives should be genuinely consulted on matters relating to the takeover. -Los representantes de los trabajadores deberán ser correctamente consultados sobre los asuntos relacionados con la adquisición.
8268	**cholesterol** ss [kəˈlɛstəˌrɔl]	**el colesterol** The chemical rapidly dissolves cholesterol stones. -El químico disuelve rápidamente los cálculos de colesterol.
8269	**resulting** adj [rɪˈzʌltɪŋ]	**resultante** The resulting paralysis is aggravated by Germanys type of federalism. -La parálisis resultante se ve agravada por el tipo de federalismo alemán.
8270	**cartridge**	**el cartucho**

	ss	Push needle straight onto medicine cartridge.
	[ˈkɑrtrədʒ]	-Coloque la aguja presionándola directamente sobre el cartucho del medicamento.
8271	**sarcasm**	**el sarcasmo**
	ss	It cannot survive rudeness, inattentiveness and sarcasm.
	[ˈsɑrˌkæzəm]	-No puede sobrevivir con groserías, pocas atenciones y sarcasmo.
8272	**marketplace**	**el mercado**
	ss	The ultimate delivery of these services will have to come from the marketplace.
	[ˈmɑrkətˌpleɪs]	-El resultado final de esos servicios tendrá que provenir del mercado.
8273	**aristocrat**	**aristócrata**
	ss	He is an aristocrat.
	[əˈrɪstəˌkræt]	-Él es un aristócrata.
8274	**wring**	**exprimir; el escurrimiento**
	vb; ss	I'd like to wring your pudgy neck.
	[rɪŋ]	-Me gustaría retorcer tu cuello regordete.
8275	**infernal**	**infernal**
	adj	Everybody back onto the infernal machine.
	[ɪnˈfɜrnəl]	-Ya escucharon, todos de vuelta a la maquina infernal.
8276	**louvre**	**la lumbrera**
	ss	I've visited the Louvre a hundred times now!
	[ˈluvrə]	-¡Ya he visitado el Louvre una centena de vez!
8277	**decorator**	**el decorador**
	ss	A decorator is a real artist.
	[ˈdɛkəˌreɪtər]	-Un decorador es un artista de verdad.
8278	**cartwright**	**los carretero**
	ss	See here, cartwright, your boys have been eating my apples.
	[ˈkɑrˌtraɪt]	-Ven aquí, carretero, tus muchachos han estado comiendo mis manzanas.
8279	**mutation**	**la mutación**
	ss	There aren't reports on this mutation because such a mutant wouldn't even born.
	[mjuˈteɪʃən]	-No existen reportes de esta mutación porque un mutante así ni siquiera nacería.
8280	**scientifically**	**científicamente**
	adv	Our conclusion was that, scientifically speaking...
	[ˌsaɪənˈtɪfɪkəli]	-Nuestra conclusión fue que, científicamente hablando... no era un proyecto sensato.
8281	**mysteriously**	**misteriosamente**
	adv	The contents of recorded conversations mysteriously circulate in the media.
	[ˌmɪˈstɪriəsli]	-El contenido de las conversaciones registradas circula misteriosamente en los medios de comunicación.
8282	**caffeine**	**la cafeína**
	ss	This much caffeine for a coffee virgin.
	[kæˈfin]	-Esto es mucha cafeína para un virgen de café.
8283	**housework**	**las tareas de la casa**

	ss	I helped my parents with the housework.
	[ˈhaʊˌswɜrk]	-He ayudado a mis padres con las tareas domésticas.
8284	**dismount**	**desmontar| bajar**
	vb	Now if you would kindly dismount my friend.
	[dismount]	-Ahora, si usted pudiera amablemente desmontar a mi amigo.
8285	**inadequate**	**inadecuado**
	adj	The level of knowledge of HIV prevention is inadequate.
	[ɪˈnædəkwət]	-El nivel de conocimientos sobre la prevención del VIH es inadecuado.
8286	**resistant**	**resistente**
	adj	Falciparum malaria is becoming increasingly resistant to anti-malarial medications.
	[rɪˈzɪstənt]	-La malaria por Plasmodium Falciparum se está volviendo cada vez más resistente a los medicamentos antipalúdicos.
8287	**lifeless**	**sin vida**
	adj	Grandfather stares before him with lifeless eyes.
	[ˈlaɪfləs]	-El abuelo mira fijamente ante él con ojos sin vida.
8288	**astronomy**	**la astronomía**
	ss	He is an expert in astronomy.
	[əˈstrɑnəmi]	-Él es un experto en astronomía.
8289	**godforsaken**	**dejado de la mano de dios| desolado**
	adj	There's a law against harboring fugitives, doctor even in this godforsaken territory.
	[godforsaken]	-Hay una ley contra proteger fugitivos, doctor incluso en este territorio desolado.
8290	**tainted**	**contaminado**
	adj	Any testimony he gives won't be tainted by his co-conspirator status.
	[ˈteɪntɪd]	-Su testimonio no estará contaminado por su condición de cómplice.
8291	**reconciliation**	**la reconciliación**
	ss	Transitional justice is essential to post-conflict reconstruction and reconciliation.
	[ˌrɛkənˌsɪliˈeɪʃən]	-La justicia de transición es esencial para la reconstrucción y la reconciliación después de un conflicto.
8292	**nationality**	**la nacionalidad**
	ss	What is his nationality?
	[ˌnæʃəˈnæləti]	-¿Cuál es su nacionalidad?
8293	**infect**	**infectar| inficionar**
	vb	They could infect the military and medical personnel...
	[ɪnˈfɛkt]	-Pueden infectar a los militares y al equipo médico...
8294	**humidity**	**la humedad**
	ss	It's difficult to breathe when humidity is high.
	[hjuˈmɪdəti]	-Es difícil respirar cuando hay mucha humedad.
8295	**mead**	**la aguamiel**
	ss	The American anthropologist Margaret Mead once said that one should never underestimate what a small group of dedicated people can accomplish.
	[mid]	-La antropóloga estadounidense Margaret Mead dijo una vez que uno nunca debería subestimar lo que un pequeño grupo de personas dedicadas puede lograr.

8296	**supplier**	**el proveedor**
	ss	The secretariat met with the jewellery supplier.
	[səˈplaɪər]	-La secretaría se reunió con el proveedor de joyas.

8297	**staggering**	**asombroso**
	adj	The number of pathogens passed during a handshake is staggering.
	[ˈstæɡərɪŋ]	-El número de patógenos transmitidos durante un apretón de manos es asombroso.

8298	**hallucinate**	**alucinar**
	vb	Mr President, President-designate, ladies and gentlemen, I confess that I think I am hallucinating.
	[həˈlusəneɪt]	-Señor Presidente, candidato, Señorías, confieso que creo que estoy alucinando.

8299	**auditorium**	**la sala**
	ss	That auditorium holds two thousand people.
	[ˌɔdəˈtɔriəm]	-En este auditorio caben dos mil personas.

8300	**rein**	**la rienda; refrenar**
	ss; vb	But if I cannot rein that psychopath in, these boys will implode.
	[reɪn]	-Pero si no puede frenar al psicópata, estos chicos van a implosionar.

8301	**namely**	**a saber**
	adv	It is the most important aspect of our lives for a very simple, logical reason, namely, it's a necessary condition on anything being important in our lives that we're conscious.
	[ˈneɪmli]	-Es el aspecto más importante de nuestras vidas por la muy simple y lógica razón, a saber, que es una condición necesaria para todo siendo importante en nuestras vidas de que estamos conscientes.

8302	**succession**	**la sucesión**
	ss	Fifty golden crowns she chooses Dudley and the succession.
	[səkˈsɛʃən]	-50 coronas de oro para que ella escoja a Dudley y la sucesión.

8303	**lodging**	**el alojamiento**
	ss	Free education including boarding & lodging.
	[ˈlɑdʒɪŋ]	-La educación gratuita, incluidos la alimentación y el alojamiento.

8304	**slayer**	**el asesino**
	ss	Love is the slayer of mind!
	[ˈsleɪər]	-El Amor es el matador de la mente!

8305	**crypt**	**la cripta**
	ss	He's interredin the church crypt.
	[krɪpt]	-Está enterrado en la cripta de la Iglesia.

8306	**arithmetic**	**la aritmética; aritmético**
	ss; adj	The left part of the brain controls language, arithmetic, rationality.
	[əˈrɪθməˌtɪk]	-El hemisferio izquierdo tiene el lenguaje, aritmética, la racionalidad.

8307	**trough**	**el canal**
	ss	He sits upright, not crouched over his plate like an animal at a feeding trough.
	[trɔf]	-Él se sienta erguido, no agachado sobre su plato como un animal en un comedero.

8308	**dishwasher**	**el lavavajillas**
	ss	The newer stove and dishwasher stay.
	[ˈdɪˌʃwɑʃər]	-La cocina más nueva y el lavavajillas se quedan.

8309	**shrewd**	**perspicaz| hábil**
	adj	He is shrewd and calculating.
	[ʃrud]	-Es astuto y calculador.
8310	**oatmeal**	**la harina de avena**
	ss	Jim usually only eats oatmeal for breakfast.
	[ˈoʊtˌmil]	-Jim normalmente come sólo avena para el desayuno.
8311	**neatly**	**pulcramente**
	adv	She folded her handkerchief neatly.
	[ˈnitli]	-Ella dobló cuidadosamente su pañuelo.
8312	**nirvana**	**la nirvana**
	ss	My one shot at high school nirvana is blown.
	[nɪrˈvɑnə]	-Se arruinó mi única oportunidad al nirvana escolar.
8313	**vogue**	**la moda**
	ss	Transparency is in vogue in casino capitalism.
	[voʊg]	-La transparencia está de moda en el capitalismo de casino.
8314	**occult**	**oculto| sobrenatural; el lo oculto; ocultar**
	adj; ss; vb	The right hand of a hanged man is a serious occult object.
	[əˈkʌlt]	-Dean, la mano derecha de un hombre colgado... es un serio objeto oculto.
8315	**enjoyable**	**agradable**
	adj	Today I saw a very enjoyable film.
	[ɛnˈdʒɔɪəbəl]	-Hoy he visto una película muy divertida.
8316	**blueberry**	**el arándano**
	ss	When is blueberry season?
	[ˈbluˌbɛri]	-¿Cuándo será la temporada de los arándanos?
8317	**brewing**	**la fabricación de cerveza**
	ss	Secondly, the brewing process is complicated.
	[ˈbruɪŋ]	-En segundo lugar, el proceso de elaboración es complicado.
8318	**ventilation**	**la ventilación**
	ss	Good ventilation, clean working conditions.
	[ˌvɛntəˈleɪʃən]	-Hay buena ventilación y buenas condiciones de trabajo.
8319	**undertake**	**emprender**
	vb	I have a mind to undertake the work.
	[ˈʌndərˌteɪk]	-Me dan ganas de emprender el trabajo.
8320	**belch**	**el eructo; eructar**
	ss; vb	You better be blocking' a burrito belch.
	[bɛltʃ]	-Será mejor que bloquees un eructo burrito.
8321	**volt**	**el voltio**
	ss	Bulb 25 Watt/240 volt bayonet base (clear).
	[voʊlt]	-Base de la bayoneta de voltio Watt/240 del bulbo 25 (clara).
8322	**distinctive**	**distintivo**
	adj	Each programmer has a... a distinctive coding style.
	[dɪˈstɪŋktɪv]	-Cada programador tiene un... un estilo distintivo a la hora de escribir el código.
8323	**racetrack**	**la pista**
	ss	The racetrack had a starlight derby.
	[ˈreɪˌstræk]	-Ha habido una carrera nocturna en el hipódromo.

8324	**spleen**	**el bazo**
	ss	That spleen was the spitting image.
	[splin]	-Es que ese bazo era su viva imagen.
8325	**detach**	**despegar**
	vb	And preparing to detach my round-the-world cruise.
	[dɪˈtætʃ]	-Me preparo para separar mi crucero alrededor del mundo.
8326	**hoodlum**	**el matón**
	ss	Become a hoodlum dominating the streets instead.
	[ˈhʊdləm]	-Convirtiéndose en un matón dominando las calles del lugar.
8327	**stutter**	**tartamudear; el tartamudeo**
	vb; ss	Yes, when I read I don't stutter.
	[ˈstʌtər]	-Sí, cuando leo no tartamudeo.
8328	**calculus**	**el cálculo**
	ss	They replaced AP calculus with yarn arts.
	[ˈkælkjələs]	-Han reemplazado cálculo AP por el arte del ovillo.
8329	**soar**	**remontarse**
	vb	You are the anchor that gives my spirit licence to soar.
	[sɔr]	-Eres el ancla que le da a mi espíritu permiso para volar.
8330	**invaluable**	**inestimable**
	adj	Invaluable jewels disappeared from the museum.
	[ɪnˈvæljəbəl]	-Desaparecieron invaluables joyas del museo.
8331	**unrest**	**los disturbios| el malestar**
	ss	Any sustained unrest among the workforce will adversely affect Company profitability.
	[ənˈrɛst]	-Cualquier disturbio sostenido entre la fuerza de trabajo, afectará negativamente la rentabilidad de la Compañía.
8332	**delinquent**	**delincuente; delincuente**
	adj; ss	Jim is a delinquent who comes from a rich home.
	[dɪˈlɪŋkwənt]	-Jim es un delincuente que viene de una familia rica.
8333	**ravine**	**el barranco**
	ss	This morning two hunters found another body in a ravine.
	[rəˈvin]	-Esta mañana dos cazadores encontraron otro cuerpo en un barranco.
8334	**heretic**	**hereje; herético**
	ss; adj	Just hanging a heretic and Casanova.
	[ˈhɛrətɪk]	-Sólo estamos ejecutando a una hereje y a Casanova.
8335	**demolish**	**demoler| derribar**
	vb	Stories cannot demolish frontiers, but they can punch holes in our mental walls.
	[dɪˈmɑlɪʃ]	-Los cuentos no pueden demoler fronteras, pero pueden hacer agujeros en nuestras paredes mentales.
8336	**animated**	**animado| vigoroso**
	adj	Network Solutions animated banner in English and Japanese.
	[ˈænəˌmeɪtəd]	-Un anuncio animado (banner) de Network Solutions en inglés y japonés.
8337	**highlight**	**el realce; destacar**
	ss; vb	Economists use mathematical models to highlight the value of housework.
	[ˈhaɪˌlaɪt]	

-Los economistas utilizan modelos matemáticos para destacar el valor de las tareas domésticas.

8338	**fellowship**	**la beca; el compañerismo**
	ss	Awarded an Eisenhower fellowship in 1985.
	[ˈfɛloʊˌʃɪp]	-En 1985 se le concedió la beca Eisenhower.

8339	**relish**	**saborear| paladear; el condimento**
	vb; ss	Alternatively, visitors of Marina City can relish calmness on desolate beaches, which can easily be reached by boat.
	[ˈrɛlɪʃ]	-Si lo prefieren, los clientes del hotel podrán disfrutar de la calma de las playas vírgenes, a las que se puede acceder en barco.

8340	**arcade**	**la arcada**
	ss	A long time ago, Takeda-san made an arcade game called EVR Race4.
	[ɑrˈkeɪd]	-Hace tiempo, Takeda creó un juego arcade llamado EVR Race4.

8341	**precedent**	**precedente; el precedente**
	adj; ss	Thus, predicting another doubling has precedent.
	[ˈprɛsɪdənt]	-Así, la nueva duplicación prevista tiene un precedente.

8342	**prune**	**podar; la ciruela pasa**
	vb; ss	We must prune the tree in order to allow growth.
	[prun]	-Debemos podar el árbol para que pueda crecer.

8343	**speculate**	**especular**
	vb	It is idle to speculate upon its characteristics.
	[ˈspɛkjəˌleɪt]	-Es ocioso especular sobre sus características.

8344	**blockade**	**el bloqueo; bloquear**
	ss; vb	Israel's blockade amounts to collective punishment.
	[ˌblɑˈkeɪd]	-El bloqueo de Israel equivale a un castigo colectivo.

8345	**muster**	**reunir por**
	vb	Better still, muster a patrol.
	[ˈmʌstər]	-Mejor aún, hay que reunir una patrulla.

8346	**hereditary**	**hereditario**
	adj	Contemporary leadership is more acquired than hereditary and is transactional.
	[həˈrɛdəˌtɛri]	-El liderazgo moderno es de carácter más adquirido que hereditario y es de naturaleza transaccional.

8347	**trainee**	**el aprendiz**
	ss	He can get me work as a trainee at his newspaper.
	[ˈtreɪˈni]	-Puede conseguirme trabajo como aprendiz en su periódico.

8348	**genre**	**el género**
	ss	One can never be too young or too old to enjoy a certain genre of music.
	[ˈʒɑnrə]	-Nunca se puede ser demasiado joven o demasiado viejo para disfrutar de una determinada clase de música.

8349	**dishonor**	**la deshonra; deshonrar**
	ss; vb	We dishonor the living and venerate the dead.
	[dɪˈsɑnər]	-Nosotros deshonramos a los vivos y veneramos a los muertos.

8350	**barbershop**	**la barbería**
	ss	Opera doesn't exactly translate to barbershop quartet.
	[ˈbɑrbərˌʃɑp]	-La ópera no es exactamente una traducción de un cuarteto de barbería.

| 8351 | **adolescent** | **adolescente; adolescente** |

		adj; ss [ˌædəˈlɛsənt]	Most developing countries have large adolescent and youth populations. -La mayoría de los países en desarrollo tienen una gran población adolescente y joven.
8352	**promptly** adv [ˈprɑmptli]	**inmediatamente**	Firstly, Borgia troops must promptly leave Pisa. -En primer lugar, las tropas Borgia deben abandonar rápidamente Pisa.
8353	**amidst** prp [əˈmɪdst]	**en medio de**	Unemployment amidst plenty incites distress that statistics cannot capture. -El desempleo en medio de la abundancia genera angustias que las estadísticas no pueden recoger.
8354	**incorporated** adj [ɪnˈkɔrpəˌreɪtəd]	**incorporado**	An article on education was incorporated at Maastricht. -Se ha incorporado al Tratado de Maastricht un artículo sobre la educación.
8355	**density** ss [ˈdɛnsəti]	**la densidad**	Secondly, population growth and density into cities. -Segundo, el crecimiento poblacional y la densidad de las ciudades.
8356	**tidal** adj [ˈtaɪdəl]	**de marea**	Examples of such technologies are tidal or wave energy installations. -Ejemplos de tales tecnologías son las instalaciones de energía mareomotriz o del oleaje.
8357	**pox** ss [pɑks]	**la viruela**	Most pox will not leave scars unless they become infected with bacteria from scratching. -La mayoría de las ampollas de varicela no dejarán cicatrices a menos que resulten infectadas con bacterias a causa del rascado.
8358	**algebra** ss [ˈældʒəbrə]	**las álgebra**	I tried explaining the algebra homework to him, but it just went in one ear and out the other. -Intenté explicarle los ejercicios de álgebra, pero le entró por una oreja y le salió por la otra.
8359	**prejudiced** adj [ˈprɛdʒədəst]	**parcial**	Why are Japanese so prejudiced against lesbians and bisexuals? -¿Por qué los japoneses tienen tanto prejuicio contra las lesbianas y los bisexuales?
8360	**sadistic** adj [səˈdɪstɪk]	**sádico**	"Costilla," our sadistic supervising teacher. -"Costilla," nuestro sadista maestro supervisor.
8361	**doubtful** adj [ˈdaʊtfəl]	**dudoso| ambiguo**	Mrs. Harris is very doubtful about her son's future. -La señora Harris tiene muchas dudas sobre el futuro de su hijo.
8362	**adaptation** ss [ˌædəpˈteɪʃən]	**la adaptación**	This film is an adaptation of a novel. -Esta película es una adaptación de una novela.
8363	**alarming** adj [əˈlɑrmɪŋ]	**alarmante**	The worldwide environmental deterioration was alarming. -Es alarmante la degradación del medio ambiente en todo el mundo.

8364 **enjoyment**
ss
[ɛnˈdʒɔɪmənt]

el disfrute| la diversidad
It noted political and economic instability preventing the enjoyment of rights.
-Observó que la inestabilidad política y económica impedía el disfrute de los derechos.

8365 **elimination**
ss
[ɪˌlɪməˈneɪʃən]

la eliminación
Haemodialysis contributes negligibly to tadalafil elimination.
-La hemodiálisis contribuye de manera insignificante a la eliminación de tadalafilo.

8366 **trample**
vb
[ˈtræmpəl]

pisotear| hollar
Friends, let's trample the ground in a brisk dance...
-Amigos, vamos a pisotear el suelo en una danza rápida...

8367 **thereby**
adv
[ˈðɛrˈbaɪ]

así
In a far, far away universe where whatever is visualized becomes real, a noob tried to visualize a four dimensional object only to end up visualizing an object with an infinite number of dimensions that sent our entire existence into disarray thereby ending the universe as we know it.
-En un universo muy, muy lejano donde todo lo que se visualiza se hace realidad, un novato intentó visualizar un objeto de cuatro dimensiones, sólo para terminar visualizando un objeto con un infinito número de dimensiones que mandó toda nuestra existencia a la desorganización, acabando de ese modo con el universo que conocemos.

8368 **initiation**
ss
[ɪˌnɪʃiˈeɪʃən]

la iniciación
Estimated initiation time frames are included for each strategic programme.
-Se incluyen los plazos estimados para el inicio de cada programa estratégico.

8369 **buttercup**
ss
[ˈbʌtərˌkʌp]

el botón de oro
It looks like a buttercup to me.
-Se parece a un botón de oro para mí.

8370 **gill**
ss
[gɪl]

la branquia| la enmalle
This year gill netting has been banned in waters deeper than 200 metres.
-Este año se han prohibido las redes de enmalle en aguas de más de 200 metros de profundidad.

8371 **pottery**
ss
[ˈpɑtəri]

la cerámica| los cacharros
I'm interested in oriental pottery.
-Estoy interesado en la cerámica oriental.

8372 **canton**
ss; vb
[ˈkæntən]

el cantón; realizar el cantón
Each canton has its own constitution and laws.
-Cada cantón está dotado de su propia constitución y legislación.

8373 **questionable**
adj
[ˈkwɛstʃənəbəl]

cuestionable| discutible
I've done questionable things.
-He hecho cosas cuestionables.

8374 **bonny**
adj
[ˈbɑni]

hermoso| majo
Why, Lassie, a bonny new collar.
-Pero, Lassie, un bonito collar nuevo.

8375 **wraith**

el fantasma

	ss	I expected no less of you, you whimpering wraith.
	[wraith]	-No esperaba menos de ti, espectro gimoteante.
8376	**felicity**	**la felicidad**
	ss	Hence felicity is not attainable in every city.
	[fɪˈlɪsəti]	-Por eso la felicidad no puede lograrse en cualquier ciudad.
8377	**evolutionary**	**evolutivo**
	adj	And so, consequently, does evolutionary change.
	[ˌɛvəˈluʃəˌnɛri]	-Y así, en consecuencia, ocurre el cambio evolutivo.
8378	**digit**	**el dígito**
	ss	AddCheckDigit: adds a check digit to the barcode.
	[ˈdɪdʒət]	-AddCheckDigit: para algunos tipos de código de barras existe la opción de calcular un dígito de control.
8379	**rebirth**	**el renacimiento**
	ss	Annihilation gives birth to my rebirth.
	[riˈbɜrθ]	-La aniquilación da a luz a mi renacimiento.
8380	**wartime**	**los tiempo de guerra**
	ss	Treaties containing express provisions on wartime applicability
	[ˈwɔrˌtaɪm]	-Tratados en los que figuran disposiciones expresas sobre su aplicabilidad en tiempo de guerra
8381	**prone**	**propenso**
	adj	Sho was 12 years old, prone to illness and a bit dumb.
	[proʊn]	-Sho tenía 12 años, era propensa a enfermar y un poco tonta.
8382	**horrify**	**horrorizar| espantar**
	vb	The prosecutor wants to horrify the jury.
	[ˈhɔrəˌfaɪ]	-El fiscal quiere horrorizar al jurado.
8383	**lax**	**flojo**
	adj	Such lax behaviour by Member States jeopardises the Lisbon directives and economic liberalisation.
	[læks]	-Este comportamiento laxo por parte de los Estados miembros pone en peligro las Directivas de Lisboa y la liberalización económica.
8384	**betrothed**	**prometido; el prometido**
	adj; ss	Tell me you're Papprizzio, my betrothed.
	[betrothed]	-Dígame que es Papprizzio, mi prometido.
8385	**behead**	**decapitar**
	vb	First, to behead Uesugi with my own hands.
	[bɪˈhɛd]	-Primero, decapitar a Uesugi con mi espada.
8386	**lard**	**la manteca de cerdo; mechar**
	ss; vb	If Colonel Dalby gets his way, he'll have him sold for lard.
	[lɑrd]	-Si el Coronel Dalby se sale con la suya, él los cambiará por manteca de cerdo.
8387	**ravishing**	**encantador**
	adj	A ravishing, ever-new place called UnderVerse.
	[ˈrævɪʃɪŋ]	-Un lugar encantador y totalmente nuevo... llamado Subuniverso.
8388	**gymnastics**	**la gimnasia**
	ss	Firstly, gymnastics then backdrop finally music.
	[dʒɪmˈnæstɪks]	-En primer lugar, gimnasia Entonces telón de fondo Por fin la música.
8389	**halo**	**el halo; tener halo**

ss; vb
Saints are always depicted with a halo over their heads.

['heɪloʊ]
-Los santos siempre son representados con una aureola sobre la cabeza.

8390 consort
consorte; asociarse

ss; vb
The first two embrace his consort, who is similar in appearance.

['kɑnsɔrt]
-Las primeras dos manos abrazando a su consorte el cual es similar en apariencia.

8391 lush
lozano| exuberante; el alcohólico; ser rico

adj; ss; vb
Luxuriate and unwind while admiring the lush inside garden.

[lʌʃ]
-Descanse y reléjese mientras contempla el exuberante jardín interior.

8392 usher
el ujier| el acomodador; acompañar

ss; vb
I doubled up front as usher before the performance.

['ʌʃər]
-También hacía de acomodador antes del espectáculo.

8393 coupon
el cupón

ss
Changing flights at a transfer/connecting point requires an additional coupon.

['kuˌpɔn]
-El cambio de vuelos en un punto de tránsitoo/conexión requiere un cupón adicional.

8394 texture
la textura

ss
Stabilizers and thickeners provide an even texture.

['tɛkstʃər]
-Los estabilizadores y los espesantes proporcionan una textura uniforme.

8395 surplus
el superávit| el excedente

ss
Germany's enormous current-account surplus aggravates their problems further.

['sɜrpləs]
-El enorme superávit de cuenta corriente alemán agrava aún más sus problemas.

8396 photographic
fotográfico

adj
The finest photographic apparatus manufactured in this country.

[ˌfoʊtə'græfɪk]
-El mejor aparato fotográfico que se fabrica en el país.

8397 skid
patinar; el patín

vb; ss
The force of the skid must have knocked it out.

[skɪd]
-La fuerza del derrape debe haberlo sacado.

8398 wick
la mecha

ss
It's that you put a lot wick.

[wɪk]
-Es que le pusiste mucha mecha.

8399 dud
falso; el falso

adj; ss
So her intended bombshell turned out to be a dud.

[dʌd]
-Así que su pretendido bombazo resultó ser un fiasco.

8400 lupine
lupino; el lupino

adj; ss
All the DNA I've found is lupine in nature.

['luˌpaɪn]
-Todo el ADN que he encontrado es de naturaleza lobuna.

8401 firepower
la potencia de fuego

ss
American firepower caused heavy civilian casualties and widespread damage.

['faɪrˌpaʊər]
-La potencia de fuego americana causó muchas bajas civiles y enormes daños.

8402 beeper
el localizador

	ss	He says turn on your beeper or you're fired.
	['bipər]	-Dice que enciendas el busca o estás despedida.
8403	**indict**	**procesar**
	vb	He therefore decided to indict Mr. Bshara.
	[ɪnˈdaɪt]	-En consecuencia decidió acusar al Sr. Bshara.
8404	**saber**	**el sable; acuchillar**
	ss; vb	Ibtihaj Muhammad - saber fencing champion.
	[ˈseɪbər]	-Ibtihaj Muhammad - campeona de esgrima con sable.
8405	**bayonet**	**la bayoneta; pasar la bayoneta**
	ss; vb	Then a bayonet through his throat.
	[ˈbeɪəˌnɛt]	-Luego le clavaron la bayoneta en la garganta.
8406	**winning**	**victorioso**
	adj	I didn't like this game until I started winning.
	[ˈwɪnɪŋ]	-No me gustaba ese juego, hasta que empecé a ganar.
8407	**prohibition**	**la prohibición**
	ss	The discussion focuses on broad-based top-down prohibition.
	[ˌproʊəˈbɪʃən]	-Las deliberaciones se centran en una prohibición de exclusión expresa de base amplia.
8408	**unspeakable**	**indecible**
	adj	And death of almost unspeakable agony.
	[ənˈspikəbəl]	-Y la muerte con una agonía casi indescriptible.
8409	**pansy**	**el pensamiento**
	ss	All the cool kids for their little pansy prom.
	[ˈpænzi]	-Todos los niños frescos para su pequeña fiesta de graduación pensamiento.
8410	**favorable**	**favorable**
	adj	I'm looking forward to receiving your favorable answer.
	[ˈfeɪvərəbəl]	-Espero con ganas a recibir su respuesta favorable.
8411	**brigadier**	**el brigadier**
	ss	Only the Captain is brighter than Brigadier.
	[ˌbrɪgəˈdɪr]	-Sólo el Capitán es más inteligente que Brigadier.
8412	**inseparable**	**inseparable**
	adj	They are inseparable.
	[ɪnˈsɛpərəbəl]	-Ellos son inseparables.
8413	**obligate**	**obligar**
	vb	Because of this, there was insufficient time to raise requisitions and to obligate the funds before 30 June 2007.
	[ˈɑbləˌgeɪt]	-Por eso no hubo tiempo suficiente para hacer pedidos y obligar los fondos antes del 30 de junio de 2007.
8414	**toothache**	**el dolor de muelas**
	ss	He is suffering from toothache.
	[toothache]	-Él sufre de dolor de muelas.
8415	**walnut**	**la nuez**
	ss	Both waiting to crush Poland like a walnut.
	[ˈwɔlˌnʌt]	-Ambos están esperando para machacar a Polonia como una nuez.
8416	**stature**	**la estatura| el carácter**

	ss	I am not a dwarf. I am of short stature.
	[ˈstætʃər]	-No soy un enano. Tengo baja estatura.
8417	**geometry**	**la geometría**
	ss	Music is the arithmetic of sounds as optics is the geometry of light.
	[ʤiˈɑmətri]	-La música es la aritmética de los sonidos como la óptica es la geometría de la luz.
8418	**capability**	**la capacidad**
	ss	This historical experience was good for reform capability.
	[ˌkeɪpəˈbɪləti]	-La experiencia histórica fue buena para la capacidad de reforma.
8419	**mortality**	**la mortalidad**
	ss	People who were obese between 5 and are 14.9 2 x higher risk mortality than those who'd never obese.
	[mɔrˈtæləti]	-Los que fueron obesos entre los 5 y los 14,9 años tiene 3 veces más riesgo de mortalidad que los que nunca fueron obesos.
8420	**thriller**	**las novela de suspense**
	ss	You're like trapped in your own Hitchckian thriller.
	[ˈθrɪlər]	-Estás como atrapado en tu propio thriller de Hitchcock.
8421	**broccoli**	**el brócoli**
	ss	Today's broccoli is overcooked and tasteless.
	[ˈbrɑkəli]	-El brócoli de hoy está demasiado cocido y no está rico.
8422	**casing**	**la caja| la camisa**
	ss	Slug and casing from a 9-millimeter.
	[ˈkeɪsɪŋ]	-Bala y casquillo, de una 9 milímetros.
8423	**nudity**	**la desnudez**
	ss	In figurative art, eroticism appears as a relationship... between clothing and nudity.
	[ˈnudɪti]	-En el arte figurativo, el erotismo aparece como la relación entre la desnudez y el vestido.
8424	**hospitalize**	**hospitalizar**
	vb	And you'll hospitalize me afterwards?
	[ˈhɔˌspɪtəˌlaɪz]	-¿Y me va hospitalizar después de eso?
8425	**constructive**	**constructivo**
	adj	You should find a more constructive way of venting your anger.
	[kənˈstrʌktɪv]	-Deberías buscar una forma más constructiva de expresar tu enojo.
8426	**unhappiness**	**la infelicidad**
	ss	She divorced him after many years of unhappiness.
	[ənˈhæpinɪs]	-Ella se divorció de él luego de muchos años de miseria.
8427	**cretin**	**el cretino**
	ss	Well, I just read the little cretin his rights.
	[ˈkritən]	-Acabo de leerle al pequeño cretino sus derechos.
8428	**disqualify**	**descalificar**
	vb	I have the final piece of information to disqualify Mona Hibbard...
	[dɪˈskwɑləˌfaɪ]	-Tengo la evidencia final para descalificar a Mona Hibbard...
8429	**ample**	**amplio**
	adj	There is an ample market for this product.
	[ˈæmpəl]	-El mercado para este producto es amplio.
8430	**caliph**	**el califa**

	ss	The caliph has accepted your petition.
	[ˈkæləf]	-El Califa ha aceptado tu petición, y...
8431	**sympathize**	**compadecerse**
	vb	I sympathize but I cannot help you.
	[ˈsɪmpəˌθaɪz]	-Yo simpatizo con ustedes, pero no puedo ayudarles.
8432	**envoy**	**el enviado**
	ss	Bormann's envoy in the Foreign Office.
	[ˈɛnvɔɪ]	-El enviado de Bormann en el Ministerio de Relaciones Exteriores.
8433	**relaxation**	**la relajación**
	ss	Stupidity is the relaxation of intelligence.
	[ˌrilækˈseɪʃən]	-La estupidez es la relajación de la inteligencia.
8434	**soprano**	**el soprano**
	ss	She is famous as a soprano.
	[səˈprɑnoʊ]	-Ella es famosa como soprano.
8435	**bearded**	**barbado**
	adj	I was sorry to hear what happened to our bearded friend.
	[ˈbɪrdəd]	-Siento saber lo que le ocurrió a nuestro amigo barbudo.
8436	**gage**	**calibrar; el calibre**
	vb; ss	The gage can be set to display only the true metal thickness.
	[geɪdʒ]	-El medidor puede ser configurado para que indique solamente el espesor real del metal.
8437	**coastal**	**costero**
	adj	Seagulls are mainly coastal birds.
	[ˈkoʊstəl]	-Las gaviotas son aves principalmente costeras.
8438	**stoke**	**cebar**
	vb	It constitutes a shameless attempt to stoke divisions and a violation of China's territorial integrity.
	[stoʊk]	-Constituye un intento descarado de avivar las divisiones y una violación de la integridad territorial de China.
8439	**nightcap**	**el gorro de dormir**
	ss	No, I think I'll hold out till that nightcap.
	[nightcap]	-No, creo que esperaré hasta ese último trago.
8440	**viable**	**viable**
	adj	I believe that JJ may have snared the last viable donor.
	[ˈvaɪəbəl]	-Creo que JJ podría haber atrapado al último donante viable.
8441	**gull**	**la gaviota| el embaucado; embaucar**
	ss; vb	Miss Daniels was attacked by a gull yesterday.
	[gʌl]	-La Srta. Daniels fue atacada por una gaviota ayer.
8442	**oats**	**la avena**
	ss	Until 2006, there were no alternatives for use on oats and rye.
	[oʊts]	-Hasta 2006, no existían alternativas para el uso en la avena y el centeno.
8443	**ghostly**	**fantasmal**
	adj	A ghostly B-2 heavy bomber floats towards battlefield.
	[ˈgoʊstli]	-Un fantasmagórico bombardero B-2 flota a lo largo del campo de batalla.
8444	**garment**	**la prenda**

	ss	And possibly by the garment Superintendent Foley found.
	['garmənt]	-Y posiblemente con la prenda que el Superintendente Foley encontró.
8445	**illegitimate**	**ilegítimo**
	adj	We NDF refuse to recognize this illegitimate government.
	[ˌɪlɪˈdʒɪtəmɪt]	-Nosotros, las FDN, nos negamos a reconocer este gobierno ilegítimo.
8446	**streetcar**	**el tranvía**
	ss	Several kilometers downhill gave the streetcar an incredible speed.
	['stritˌkar]	-Varios kilómetros de pendiente iban a transmitir al tranvía una gran velocidad.
8447	**swarm**	**el enjambre; pulular**
	ss; vb	Commentators have variously described the sound of vuvuzelas as "annoying" and "satanic" and compared it with "a stampede of noisy elephants", "a deafening swarm of locusts", "a goat on the way to slaughter", "a giant hive full of very angry bees", and "a duck on speed".
	[swɔrm]	-Los comentaristas han descrito el sonido de las vuvuzelas como "molesto" y "satánico", y lo han comparado con "una estampida de elefantes ruidosos", "una plaga ensordecedora de langostas", "una cabra camino del matadero", "una colmena gigante llena de abejas muy furiosas" y "un pato drogado con anfetas".
8448	**heartache**	**la angustia**
	ss	The truth has caused me nothing but heartache.
	['harˌteɪk]	-Y no me ha causado más que dolor.
8449	**cosmetic**	**cosmético; el cosmético**
	adj; ss	Don't worry, present day cosmetic surgery is much better than what it used to be in Doctor Frankenstein's days.
	[kazˈmɛtɪk]	-No te preocupes, hoy en día la cirugía plástica es mucho mejor que en los tiempos del Dr. Frankenstein.
8450	**homicidal**	**homicida**
	adj	Paranoia and homicidal rage were common.
	[ˌhaməˈsaɪdəl]	-La paranoia y la rabia homicida eran muy comunes.
8451	**conversion**	**la conversión| la transformación**
	ss	Crew Resource Management training is incorporated in the conversion course.
	[kənˈvɜrʒən]	-Se incluya entrenamiento sobre Gestión de Recursos de Tripulación en el curso de conversión.
8452	**pooch**	**el perro**
	ss	Maybe the print belonged to her own pooch.
	[putʃ]	-Quizás la huella era de su perro.
8453	**non-stop**	**sin escalas; sin escalas**
	adj; adv	The TV talk shows were calling non-stop.
	['nanˌstap]	-Como si lo fuese, pedían conferencias por televisión sin parar.
8454	**porcelain**	**la porcelana; de porcelana**
	ss; adj	Are these cups porcelain?
	['pɔrsələn]	-¿Estas tazas son de porcelana?
8455	**diameter**	**el diámetro**
	ss	It took me about two and a half hours to dig a hole one meter in diameter and two meters in depth.
	[daɪˈæmətər]	

-Me llevó unas dos horas y media excavar un hoyo de un metro de diámetro y dos de profundidad.

8456 goalie
ss
['goʊli]

el portero| el guardameta
I heard you need a goalie.
-He oído que necesitáis un portero.

8457 bloated
adj
['bloʊtɪd]

hinchado
So you're feeling bloated, nauseous and flatulent.
-Conque se siente hinchado, con náuseas y flatulencias.

8458 coil
ss; vb
[kɔɪl]

la bobina; enrollar
Engineering, more power to the energising coil.
-Reactores, desvíen más energía a la bobina de propulsión.

8459 Arabian
adj; ss
[əˈreɪbiən]

árabe; árabe
Jim raises Arabian horses.
-Jim cría caballos árabes.

8460 accountable
adj
[əˈkaʊntəbəl]

explicable
Transparent and accountable policy-making requires broad-based participation.
-Para un proceso transparente y responsable de formulación de políticas se requiere una amplia participación.

8461 doctrine
ss
['dɑktrən]

la doctrina
Reforming the non-interference doctrine is a necessary step in that direction.
-Reformar la doctrina de no interferencia es un paso necesario en esa dirección.

8462 gulp
ss; vb
[gʌlp]

el trago; engullir
The girl drank the milk in one gulp.
-La niña tomó la leche de un solo trago.

8463 provocation
ss
[ˌprɑvəˈkeɪʃən]

la provocación
He's a master of provocation.
-Es un maestro de la provocación.

8464 disability
ss
[ˌdɪsəˈbɪlɪti]

la discapacidad| la invalidez
Everyone has the right to a standard of living adequate for the health and well-being of himself and of his family, including food, clothing, housing and medical care and necessary social services, and the right to security in the event of unemployment, sickness, disability, widowhood, old age or other lack of livelihood in circumstances beyond his control.
-Toda persona tiene derecho a un nivel de vida adecuado que le asegure, así como a su familia, la salud y el bienestar, y en especial la alimentación, el vestido, la vivienda, la asistencia médica y los servicios sociales necesarios; tiene asimismo derecho a los seguros en caso de desempleo, enfermedad, invalidez, viudez, vejez u otros casos de pérdida de sus medios de subsistencia por circunstancias independientes de su voluntad.

8465 sufficiently
adv
[səˈfɪʃəntli]

suficientemente
We can set a snowboard track anywhere there's any sufficiently wide space.
-Podemos montar una pista de snowboard en cualquier espacio lo suficientemente amplio.

8466	**maturity**	**la madurez**
	ss	Willingness to take responsibility is a sign of maturity.
	[məˈtʃʊrəti]	-La buena disposición a tomar responsabilidad es una señal de madurez.
8467	**improper**	**incorrecto**
	adj	Improper grounding can make a microphone lethal to touch. Several singers have actually died this way.
	[ɪmˈprɑpər]	-Una toma de tierra inadecuada puede hacer que agarrar un micrófono te mate. Bastantes cantantes realmente han muerto así.
8468	**jellyfish**	**la medusa**
	ss	Stop being such a spineless jellyfish.
	[ˈdʒɛliˌfɪʃ]	-Deja de ser una medusa sin columna vertebral.
8469	**nameless**	**sin nombre**
	adj	How can a bunch of nameless...
	[ˈneɪmləs]	-Cómo pueden un montón de gente sin nombre...
8470	**loch**	**el lago**
	ss	The printout showed cracks alongside the loch.
	[lɑk]	-El informe mostraba grietas a lo largo del lago.
8471	**perch**	**la perca; posarse**
	ss; vb	Come and try our famous perch.
	[pɜrtʃ]	-Allí podrá degustar nuestra famosa perca.
8472	**bookie**	**los corredor de apuestas**
	ss	He's apparently the school bookie.
	[ˈbʊki]	-Parece que es el "corredor de apuestas" del instituto...
8473	**outbreak**	**el brote| el estallido; estallar**
	ss; vb	There is no need to be unnecessarily anxious about the outbreak.
	[ˈaʊtˌbreɪk]	-No es necesario estar innecesariamente anxiosos acerca del brote.
8474	**dement**	**hacer loco**
	vb	He was like one demented, tossed to and fro with inward agony.
	[dəˈmɛnt]	-Estaba como alguien angustiado en gran manera, sacudido de un lado a otro por una agonía interna.
8475	**avatar**	**el avatar**
	ss	New avatar package under development in Seattle.
	[ˈævəˌtɑr]	-El nuevo paquete de avatar en desarrollo en Seattle.
8476	**extraordinarily**	**extraordinariamente**
	adv	He was extraordinarily important in your life.
	[ɛkˌstrɔrdəˈnɛrəli]	-Él fue sumamente importante en tu vida.
8477	**felon**	**el felón| criminal**
	ss	A must-have for the fashion-forward felon.
	[ˈfɛlən]	-Una herramienta imprescindible para todo delincuente de hoy en día.
8478	**talkative**	**hablador**
	adj	Pat is very talkative.
	[ˈtɔkətɪv]	-Pat es muy hablador.
8479	**caramel**	**el caramelo**
	ss	I don't like ice cream with caramel on it.
	[ˈkɛrəməl]	-No me gusta el helado con caramelo encima.
8480	**hangman**	**el verdugo**

	ss	The boss acted like a hangman.
	[ˈhæŋmən]	-El patrón se ha portado como si fuera un verdugo.
8481	**specialized**	**especializado**
	adj	Beach restaurant specialized in different types of rice and fish.
	[ˈspɛʃəˌlaɪzd]	-Restaurante en la misma playa especializado en diferentes tipos de arroces y pescados.
8482	**gigolo**	**el gigoló**
	ss	A lying, cheating, backstabbing gigolo.
	[ˈdʒɪgəloʊ]	-Una mentira, engaños, puñaladas por la espalda, gigoló.
8483	**induce**	**inducir| provocar**
	vb	This may induce consumer choices that may be otherwise undesirable.
	[ɪnˈdus]	-Esto puede inducir al consumidor a tomar decisiones que de otro modo no serían deseables.
8484	**evasive**	**evasivo**
	adj	This question received an evasive and untruthful reply from Commissioner Fischler.
	[ɪˈveɪzɪv]	-Dicha pregunta obtuvo una respuesta evasiva y engañosa por parte del Comisario Fischler.
8485	**thrashing**	**la paliza**
	ss	Giving the Yanks a thorough thrashing.
	[ˈθræʃɪŋ]	-Les daremos a los yanquis una buena paliza.
8486	**uproar**	**el escándalo**
	ss	Security rushed in, caused an uproar.
	[ˈʌˌprɔr]	-Los de seguridad llegaron, se montó un alboroto.
8487	**peninsula**	**la península**
	ss	A humid climate is characteristic of the peninsula.
	[pəˈnɪnsələ]	-El clima húmedo es característico de la península.
8488	**ruckus**	**el lío**
	ss	President Bernay cannot give his speech in that ruckus.
	[ˈrʌkəs]	-El Presidente Bernay no puede pronunciar su discurso con ese alboroto.
8489	**headmistress**	**la directora**
	ss	I'm Miss Gertsen, headmistress of the children's home.
	[ˈhɛdˌmɪstrəs]	-Soy la señorita Gertsen, directora del hogar de niños.
8490	**bellow**	**el bramido| el grito; bramar**
	ss; vb	Jack, you don't have to bellow.
	[ˈbɛloʊ]	-Jack, no tienes que gritar.
8491	**armchair**	**el sillón**
	ss	This armchair is comfortable.
	[ˈɑrmˌtʃɛr]	-Este sillón es cómodo.
8492	**outlook**	**la perspectiva**
	ss	His unhappy childhood affected his outlook on life.
	[ˈaʊtˌlʊk]	-Su infancia infeliz afectó a su visión de la vida.
8493	**provocative**	**provocativo; el estimulante**
	adj; ss	Bennet denouncing his son would've been very provocative.
	[proʊˈvakətɪv]	-Bennet denunciando a su hijo, podría haber sido muy provocativo.
8494	**reschedule**	**los reprogramar**

	ss	Allyson can't reschedule her college interview just because I have the flu.
	[rɪˈskɛʤul]	-Allyson no puede reprogramar su entrevista universitaria sólo porque yo estoy con gripe.
8495	**Colombian**	**colombiano; el colombiano**
	adj; ss	This unnoticed drama is emblematic of the under-reported Colombian conflict.
	[kəˈlʌmbiən]	-Este drama inadvertido es emblemático de la cobertura periodística insuficiente sobre el conflicto colombiano.
8496	**judicial**	**judicial**
	adj	Juvenile offenders also receive special judicial treatment.
	[ʤuˈdɪʃəl]	-Por otra parte, el delincuente menor goza de un trato judicial particular.
8497	**fairness**	**la justicia**
	ss	Any good theory of justice must consider the question of fairness.
	[ˈfɛrnəs]	-Toda buena teoría de la justicia debe considerar la cuestión de la equidad.
8498	**extraction**	**la extracción**
	ss	Today we heard a story about biogas extraction.
	[ɛkˈstrækʃən]	-Hoy, oímos una historia acerca de la extracción de biogas.
8499	**owing**	**debido**
	adj	Owing to bad weather, I didn't go.
	[ˈoʊɪŋ]	-No fui a causa del mal tiempo.
8500	**priestess**	**la sacerdotisa**
	ss	You got arms like an Egyptian priestess.
	[ˈpristəs]	-Tus brazos son como los de una sacerdotisa egipcia.
8501	**summary**	**el resumen| el sumario; sumario**
	ss; adj	Your summary is not up to par.
	[ˈsʌməri]	-Tu resumen no está a la altura de lo esperado.
8502	**breathless**	**jadeante**
	adj	The height could leave teams breathless, literally.
	[ˈbrɛθləs]	-La Paz podría dejar a los equipos literalmente sin aliento.
8503	**attentive**	**atento**
	adj	Be attentive.
	[əˈtɛntɪv]	-Estar atento.
8504	**argentine**	**argentino; el argentino**
	adj; ss	Logosophy was created in 1930 by the argentine Carlos Bernardo González Pecotche.
	[ˈɑrʤənˌtin]	-La Logosofía fue creada en 1930 por el educador y pensador argentino Carlos Bernardo González Pecotche.
8505	**strife**	**la lucha**
	ss	She does good deeds and rescues souls in strife.
	[straɪf]	-Realiza acciones buenas y rescata almas en conflicto.
8506	**aroma**	**el aroma**
	ss	The aroma coming from the cafeteria isn't too scary.
	[əˈroʊmə]	-El olor que viene de la cafetería no asusta demasiado.
8507	**maverick**	**disidente; disidente**
	adj; ss	This guy sounds like a real maverick.
	[ˈmævərɪk]	-Este chico suena como un verdadero inconformista.
8508	**grocer**	**el tendero**

	ss	It was the grocer I met this morning.
	['groʊsər]	-Era el tendero que vi esta mañana.
8509	**diplomacy**	**la diplomacia**
	ss	Public diplomacy, by contrast, involves building long-term relationships.
	[dɪ'ploʊməsi]	-En contraste, la diplomacia pública implica la construcción de relaciones de largo plazo.
8510	**undergo**	**someterse**
	vb	Packed into wooden fishing boats like sardines, the immigrants undergo the dangerous voyage there.
	[ˌʌndər'goʊ]	-Apretujados en barcos de pesca de madera como sardinas, los inmigrantes sufren el peligroso viaje hacia allí.
8511	**ringer**	**el campanero**
	ss	My cell phone ringer was off.
	['rɪŋər]	-El timbre del celular estaba apagado.
8512	**engaging**	**atractivo**
	adj	Initiatives for raising awareness should include engaging stakeholders in interdisciplinary dialogues and educational campaigns.
	[ɛn'geɪʤɪŋ]	-Las iniciativas de concienciación debían prever la participación de las partes interesadas en diálogos interdisciplinarios y campañas educativas.
8513	**apprehend**	**aprehender**
	vb	We're trying to apprehend the hijacker.
	[ˌæprɪ'hɛnd]	-Estamos intentando detener al sospechoso que secuestró el avión.
8514	**consecutive**	**consecutivo**
	adj	Outgoing members may be re-elected for one consecutive term.
	[kən'sɛkjətɪv]	-Los miembros salientes podrán ser reelegidos por un nuevo mandato consecutivo.
8515	**cougar**	**el puma**
	ss	Someone brought a cougar in here.
	['kugər]	-Algún imbécil trajo un puma a una fiesta.
8516	**frigid**	**frígido**
	adj	On frigid Titan, they're liquid.
	['frɪʤəd]	-En el frígido Titán, son líquidos.
8517	**diabetic**	**diabético; el diabético**
	adj; ss	I am diabetic.
	[ˌdaɪə'bɛtɪk]	-Soy diabético.
8518	**inferno**	**el infierno**
	ss	It turns everything into an inferno.
	[ɪn'fɜrnoʊ]	-Convierte todo, en un Infierno.
8519	**depraved**	**depravado**
	adj	A depraved education is full of surprises.
	[di'preɪvd]	-Una educación viciosa está llena de sorpresas.
8520	**incentive**	**incentivo| estimulante; el incentivo**
	adj; ss	And trade is another important incentive against violence.
	[ɪn'sɛntɪv]	-Y el comercio es otro incentivo importante contra la violencia.
8521	**quail**	**la codorniz; acobardarse**
	ss; vb	Helene is making dinner, quail or something.
	[kweɪl]	-Helene está preparando la cena, codorniz o algo así.
8522	**citizenship**	**la ciudadanía**

	ss	Jim gained American citizenship.
	[ˈsɪtɪzənˌʃɪp]	-Jim consiguió la nacionalidad estadounidense.
8523	**conspicuous**	**conspicuo**
	adj	Hummer limousines are the ultimate symbol of conspicuous consumption.
	[kənˈspɪkjuəs]	-Las limusinas Hummer son el máximo símbolo del consumo conspicuo.
8524	**viking**	**el vikingo**
	ss	Now first, must learn to be a viking.
	[ˈvaɪkɪŋ]	-Pero ahora debes primero: Aprender a ser un Vikingo.
8525	**contemplate**	**contemplar| pensar**
	vb	When I contemplate the sea, I feel calm.
	[ˈkɑntəmˌpleɪt]	-Cuando contemplo el mar, me siento en calma.
8526	**opal**	**el ópalo**
	ss	See, Ashmol, every opal is different.
	[ˈoʊpəl]	-Mira, Ashmol, cada Opal es diferente.
8527	**startling**	**alarmante**
	adj	Biotechnology's most startling breakthrough in decades... on ice.
	[ˈstɑrtlɪŋ]	-El más sorprendente avance de la biotecnología en décadas... en hielo.
8528	**component**	**componente; el componente**
	adj; ss	All his ideas had a strong dreamlike component.
	[kəmˈpoʊnənt]	-Todas sus ideas tenían un fuerte componente onírico.
8529	**accomplishment**	**el logro| la realización**
	ss	Self-consciousness is the enemy of accomplishment.
	[əˈkɑmplɪʃmənt]	-La conciencia de si mismo es el enemigo del logro.
8530	**albatross**	**los albatros**
	ss	Unlike the albatross that can glide many kilometers.
	[ˈælbəˌtrɑs]	-A diferencia del albatros que puede planear por muchos kilómetros.
8531	**monetary**	**monetario**
	adj	The manufacturing sector is a frenzy over the new monetary policy.
	[ˈmɑnəˌtɛri]	-El sector manufacturero está frenético con la nueva política monetaria.
8532	**lucrative**	**lucrativo**
	adj	Health cannot be considered a lucrative market.
	[ˈlukrətɪv]	-Sin embargo, la salud no puede considerarse como un mercado lucrativo.
8533	**sodium**	**el sodio**
	ss	Sodium reacts vigorously and exothermically with water.
	[ˈsoʊdiəm]	-El sodio tiene una vigorosa reacción exotérmica con el agua.
8534	**eruption**	**la erupción**
	ss	OMG, the volcanic eruption was HUGE!
	[ɪˈrʌpʃən]	-¡Dios mío, la erupción volcánica fue TREMENDA!
8535	**wholesale**	**al por mayor; la venta al por mayor; en masa; vender al por mayor**
	adj; ss; adv; vb	Indeed wholesale prices are often regulated.
	[ˈhoʊlˌseɪl]	-Además, los precios al por mayor están a menudo regulados.
8536	**chestnut**	**la castaña; castaño**
	ss; adj	The prancing chestnut mare whinnied as she tried to get rid of the rider.
	[ˈtʃɛˌsnʌt]	-La yegua alazana relinchaba encabritada mientras intentaba deshacerse del jinete.

8537	**jig**	**la plantilla; bailar**
	ss; vb	The anti-American lobby is dancing a jig.
	[dʒɪg]	-El lobby anti-americano está bailando una giga.
8538	**showdown**	**la confrontación**
	ss	A showdown also looms over tax policy.
	[ˈʃoʊˌdaʊn]	-También se perfila un enfrentamiento en materia de política tributaria.
8539	**mindless**	**imbécil**
	adj	Colonialist, imperialist, mindless and homogenizing globalization has wrought havoc.
	[ˈmaɪndləs]	-La globalización colonialista, imperialista, sin sentido y homogéneneizadora ha traído el caos.
8540	**restriction**	**la restricción**
	ss	This restriction of price competition harms businesses and their customers.
	[riˈstrɪkʃən]	-Esta restricción de la competencia en materia de precios perjudica a las empresas y a sus clientes.
8541	**vibrate**	**vibrar**
	vb	Particle to vibrate the pond scum.
	[ˈvaɪbreɪt]	-Cierto. Partícula para vibrar las algas de estanque.
8542	**demonic**	**demoníaco**
	adj	Forgive me for not anticipating the demonic foreclosure.
	[dɪˈmɑnɪk]	-Perdona por no haber previsto esta ejecución de hipoteca demoníaca.
8543	**chit**	**el vale**
	ss	Such a chit of a servant.
	[tʃɪt]	-Como un vale de un sirviente.
8544	**meteorite**	**el meteorito**
	ss	And the last four components... create meteorite dust.
	[ˈmitiɔˌraɪt]	-Y los últimos cuatro componentes... forman el polvo de meteorito.
8545	**activist**	**activista**
	ss	Jim is a human rights activist.
	[ˈæktəvəst]	-Jim es un activista de los derechos humanos.
8546	**flutter**	**el aleteo| el movimiento; revolotear**
	ss; vb	We are like butterflies who flutter for a day and think it's forever.
	[ˈflʌtər]	-Somos como mariposas que revolotean por un día y piensan que es para siempre.
8547	**cleaver**	**la cuchilla de carnicero**
	ss	The striae on Samantha's bone is a match to his cleaver.
	[ˈklivər]	-Las estrías del hueso de Samantha coincide con su cuchilla.
8548	**suitor**	**pretendiente**
	ss	Each time, when she had let a suitor out of the door, she would soothe her anger and hatred by beating her stepdaughter.
	[ˈsutər]	-En cada ocasión, cuando ella había dejado a un pretendiente fuera de la puerta, ella calmaría su ira y su odio golpeando a su hijastra.
8549	**ugliness**	**la fealdad**
	ss	It's the ugliness of this puppy that makes it very nice.
	[ˈʌglinəs]	-Es la fealdad de este perrito lo que lo hace tan simpático.
8550	**corpus**	**el cuerpo**

	ss	The corpus is not structured as a table but as a graph.
	['kɔrpəs]	-El Corpus no está construido como tablas sino como grafos.
8551	**powdered**	**en polvo**
	adj	The percentage of powdered milk-only feeding has decreased slightly.
	['paʊdərd]	-El porcentaje de alimentación con leche en polvo únicamente ha disminuido ligeramente.
8552	**dubious**	**dudoso**
	adj	Ana is a woman of dubious virtue.
	['dubiəs]	-Ana es una mujer de dudosa virtud.
8553	**milkman**	**el lechero**
	ss	The milkman came around at six every morning.
	['mɪlk,mæn]	-El lechero viene cerca de las seis cada mañana.
8554	**mastermind**	**el cerebro; planear**
	ss; vb	The mastermind behind Denmark's constitution.
	['mæstər,maɪnd]	-El cerebro detrás de la Constitución de Dinamarca.
8555	**frivolous**	**frívolo**
	adj	International monitoring can also safeguard against frivolous use of such mechanisms.
	['frɪvələs]	-El monitoreo internacional también puede ser una salvaguarda contra el uso frívolo de tales mecanismos.
8556	**mandate**	**el mandato; encargar**
	ss; vb	ENISA's mandate is unquestionably complex.
	['mæn,deɪt]	-El mandato de la ENISA es, sin duda, complejo.
8557	**breakup**	**la ruptura**
	ss	You get a hideously unflattering breakup haircut.
	['breɪ,kʌp]	-Tienes un monumental y poco favorecedor corte de cabello de ruptura.
8558	**propeller**	**la hélice**
	ss	Just before getting there our propeller broke.
	[prə'pɛlər]	-Justo antes de llegar al lugar, la hélice se rompió.
8559	**restoration**	**la restauración| el restablecimiento**
	ss	Other permitted activities include ecological restoration and hiking along trails.
	[,rɛstə'reɪʃən]	-Otras actividades permitidas son las de restauración ecológica y recorridos por senderos.
8560	**genocide**	**el genocidio**
	ss	What kind of person looks up to a genocide and calls it a hero?
	['dʒɛnə,saɪd]	-¿Qué clase de persona puede admirar y llamar "héroe" a un genocida?
8561	**leper**	**el leproso**
	ss	I'm a leper... an outcast, an untouchable.
	['lɛpər]	-Soy como un leproso... paria e intocable.
8562	**exterminate**	**exterminar**
	vb	Insecticides are agricultural chemicals that exterminate insects harmful to plants.
	[ɪk'stɜrmə,neɪt]	-Los insecticidas son agroquímicos que exterminan los insectos dañinos para las plantas.
8563	**boa**	**la boa**
	ss	Your boa seems to be doing her job.
	['boʊə]	-Parece que su boa hace su trabajo.

8564	**dependable**	**confiable| seguro**
	adj	Jim is hardworking and dependable.
	[dɪˈpɛndəbəl]	-Jim es trabajador y digno de confianza.

8565	**schizophrenic**	**el esquizofrénico**
	ss	Mildly schizophrenic, delusions of grandeur, occasional...
	[ˌʃɪzəˈfrɛnɪk]	-Levemente esquizofrénico, con delirios de grandeza, a veces...

8566	**tuberculosis**	**la tuberculosis**
	ss	Persons with silicosis may develop tuberculosis (reference 5).
	[təˌbɜrkjəˈloʊsɪs]	-Las personas que sufren silicosis pueden desarrollar tuberculosis (referencia 5).

8567	**mesa**	**la colina baja**
	ss	Another warrior is on the mesa.
	[ˈmeɪsə]	-Hay otro guerrero en la mesa.

8568	**deli**	**las delicatessen**
	ss	Yes, go in the deli.
	[ˈdɛli]	-Sí, ve a la tienda.

8569	**blackboard**	**la pizarra| el encerado**
	ss	Ann wrote something on the blackboard.
	[ˈblækˌbɔrd]	-Ann escribió algo en la pizarra.

8570	**transvestite**	**travestido; el travestido**
	adj; ss	Mr President, at the risk of again being mistranslated, because the last time I spoke Swedish the word travestera , travesty, became transvestite in translation, I am using Swedish again.
	[trænzˈvɛstaɪt]	-Señor Presidente, a riesgo de volver a ser mal traducida, como la última vez que hablé sueco y la palabra "travestera», parodiar , se tradujo a que yo era travesti, vuelvo a utilizar mi lengua.

8571	**kibbutz**	**el kibutz**
	ss	You know, like at a kibbutz.
	[kɪˈbʊts]	-Ya sabes, como los Kibbutz.

8572	**incurable**	**incurable**
	adj	The doctor said that this ailment is incurable.
	[ɪnˈkjʊrəbəl]	-El doctor dijo que esta enfermedad es incurable.

8573	**schoolgirl**	**la colegiala**
	ss	She showed me a picture of her mother as a schoolgirl.
	[schoolgirl]	-Ella me enseñó una foto de su madre de pequeña como alumna.

8574	**hazardous**	**peligroso**
	adj	It makes this voting process rather hazardous.
	[ˈhæzərdəs]	-Esto hace que el proceso de votación resulte un tanto peligroso.

8575	**edible**	**comestible**
	adj	Is this thing edible?
	[ˈɛdəbəl]	-¿Es esto algo comestible?

8576	**feud**	**el feudo; reñirse**
	ss; vb	He soon found himself mediating in the family feud.
	[fjud]	-Pronto se encontró a sí mismo mediando en la disputa familiar.

8577	**foggy**	**brumoso**
	adj	Is it foggy?
	[ˈfɑgi]	-¿Hay neblina?

8578	**sharpen**	**afilar| agudizar**
	vb	When did you last sharpen this knife?
	[ˈʃɑrpən]	-¿Cuándo fue la última vez que afilaste este cuchillo?
8579	**beverage**	**la bebida**
	ss	Milk is a common beverage.
	[ˈbɛvərɪʤ]	-La leche es una bebida común.
8580	**colon**	**el colon**
	ss	Spleen inflecture of the transverse colon.
	[ˈkoʊlən]	-La influctura del bazo en el colon transverso.
8581	**deathbed**	**el lecho de muerte**
	ss	It was conceived while Mom was still on her deathbed.
	[ˈdɛθˌbɛd]	-Fue concebida cuando mamá todavía estaba en su lecho de muerte.
8582	**nix**	**la nada**
	ss	We had to nix tomorrow's meeting because of a scheduling problem.
	[nɪks]	-Tuvimos que cancelar la reunión de mañana debido a un problema de horarios.
8583	**thinker**	**el pensador**
	ss	He's an independent thinker.
	[ˈθɪŋkər]	-Es un pensador independiente.
8584	**elope**	**escaparse con un amante**
	vb	Elizabeth and I are going to elope.
	[ɪˈloʊp]	-Elizabeth y yo nos vamos a fugar.
8585	**daydream**	**el ensueño; soñar despierto**
	ss; vb	Our rooms invite you to daydream.
	[ˈdeɪˌdrim]	-Nuestras habitaciones le invitan a soñar.
8586	**seeker**	**el buscador**
	ss	The unsub is a thrill seeker.
	[ˈsikər]	-El sospechoso es un buscador de la emoción.
8587	**weir**	**la presa**
	ss	You're heading towards the weir.
	[wir]	-Estás en dirección a la presa.
8588	**nab**	**coger| echar el guante a**
	vb	We can still nab the next flight.
	[næb]	-Podemos pillar todavía el próximo vuelo.
8589	**manipulation**	**la manipulación**
	ss	However, frequent manipulation causes considerable damage to originals.
	[məˌnɪpjəˈleɪʃən]	-Sin embargo, la manipulación frecuente supone un considerable desgaste de los originales.
8590	**disrupt**	**interrumpir| quebrantar**
	vb	Your thoughts will disrupt the stasis flux.
	[dɪsˈrʌpt]	-Sus pensamientos van a perturbar el equilibrio del éxtasis.
8591	**fringe**	**la franja| el margen; hacer margen**
	ss; vb	Come and help me with a fringe wash.
	[frɪnʤ]	-Ven a ayudarme con el lavado de flequillo.
8592	**refreshment**	**el refresco**

	ss [rəˈfrɛʃmənt]	Restaurant offers the fast refreshment service or italian, french or czech specialities. -El restaurante ofrece el servicio rápido del refresco o las especialidades italianas, francesas o checas.
8593	**ancestral** adj [ænˈsɛstrəl]	**ancestral** He threatened to burn my ancestral village if I didn't. -Él amenazó con quemar mi pueblo ancestral, si me rehusaba.
8594	**constellation** ss [ˌkɑnstəˈleɪʃən]	**la constelación** A constellation shines. -Una constelación brilla.
8595	**plunder** vb; ss [ˈplʌndər]	**saquear; el saqueo** Decentralization gives them so much power... that they're permitted to plunder the country. -La descentralización les da tanto poder... que les permite saquear el país.
8596	**thermometer** ss [θərˈmɑmətər]	**el termómetro** Put the thermometer under your arm. -Ponete el termómetro abajo de la axila.
8597	**abdomen** ss [æbˈdoʊmən]	**el abdomen** Open right tib/fib, rigid abdomen. -Rotura abierta de la tibia, fibrilación, abdomen rígido.
8598	**bashful** adj [ˈbæʃfəl]	**tímido** Aunt Carrie's so glad you're not being bashful. -La tía Carrie está contenta de que no seas tímido.
8599	**bidder** ss [ˈbɪdər]	**el licitador** Maybe Cyrez found a higher bidder. -Puede que Cyrez encontrara un postor más alto.
8600	**lovable** adj [ˈlʌvəbəl]	**amable** Jim is a lovable guy. -Jim es un sujeto adorable.
8601	**junk yard** ss [dʒʌŋk jɑrd]	**la chatarrería** It's Layton's... in the junk yard. -Es de Layton... el depósito de chatarra.
8602	**chameleon** ss [tʃəˈmɛliən]	**el camaleón** The way the chameleon uses its protective colouring. -Igual que un camaleón usa... sus colores como protección.
8603	**brainwash** vb [ˈbreɪnˌwɑʃ]	**lavar el cerebro** You can push out the lies on TV and brainwash the gullible. -Usted puede empujar las mentiras en la TV y lavar el cerebro a los crédulos.
8604	**installation** ss [ˌɪnstəˈleɪʃən]	**la instalación| el puesto** Check the technical specifications, uses and product installation online at. -Consulte on-line la descripción técnica, los usos e instalación del producto en.
8605	**bloodthirsty** adj [ˈblʌdˌθɜrsti]	**sanguinario** The youth revolt is a concentrated expression of all the colonial exploitation at the hands of bloodthirsty European capitalism.

-La revuelta juvenil es una expresión concentrada de toda la explotación colonial por parte del sanguinario capitalismo europeo.

8606	**rebellious**	**rebelde**
	adj	My son is a rebellious teenager.
	[rɪˈbɛljəs]	-Mi hijo es un adolescente rebelde.

8607	**concession**	**la concesión**
	ss	This was a major concession by Parliament.
	[kənˈsɛʃən]	-Se trata de una concesión importante por parte del Parlamento.

8608	**nappy**	**el pañal**
	ss	My sister likes looking after my son, but still I'm the one who has to change his nappy all the time.
	[nappy]	-Ciertamente, mi hermana cuida con gusto a mi hijo, pero aun así siempre debo mudarlo yo.

8609	**grumble**	**la queja; quejarse**
	ss; vb	If that happens, remember not to grumble about Moscow's policies.
	[ˈgrʌmbəl]	-Si esto ocurre, recuerden que no deben quejarse de las políticas de Moscú.

8610	**talisman**	**el talismán**
	ss	The golden talisman underfoot is phenomenon approaching.
	[ˈtælɪsmən]	-El talismán dorado bajo los pies es similar a un fenómeno.

8611	**abusive**	**abusivo**
	adj	Wasteful: abusive and focused on labor productivity.
	[əˈbjusɪv]	-Derrochador: abusivo y enfocado sobre la productividad del trabajo.

8612	**hard work**	**el trabajo duro**
	ss	A little hard work never hurt anyone.
	[hɑrd wɜrk]	-Un poco de trabajo duro no le hace mal a nadie.

8613	**crucifix**	**el crucifijo**
	ss	We get Ana silver crucifix for her quiceañera.
	[ˈkrusəˌfɪks]	-Le dimos a Ana un crucifijo de plata en su "quinceañera".

8614	**tulip**	**el tulipán**
	ss	Because a tulip must make money.
	[ˈtuləp]	-Debido a que un tulipán debe ganar dinero.

8615	**hyena**	**la hiena**
	ss	A hasty hyena bites the horn.
	[haɪˈinə]	-Una hiena impaciente muerde el cuerno.

8616	**grown-up**	**adulto**
	adj	The boy looked like a grown-up.
	[groʊn-ʌp]	-El niño se veía como un adulto.

8617	**contraption**	**el artilugio**
	ss	This... contraption, for instance.
	[kənˈtræpʃən]	-Ese artilugio, por ejemplo, es de lo más inusual.

8618	**centimeter**	**los centímetro**
	ss	The object measures just under a centimeter.
	[ˈsɛntəˌmitər]	-El objeto mide un poco menos de un centímetro.

8619	**negligence**	**la negligencia**
	ss	These cases include everything from negligence to assault and killings.
	[ˈnɛglədʒəns]	-Entre estos casos se incluyen desde la negligencia hasta agresiones y asesinatos.

8620	**splinter**	**la astilla| la espina; astillarse; disidente**
	ss; vb; adj	I got a splinter in my cheek.
	['splɪntər]	-Conseguí una astilla en mi mejilla.
8621	**flashy**	**ostentoso**
	adj	Gaz said he wanted something a bit flashy.
	['flæʃi]	-Gaz dijo que quería algo llamativo.
8622	**fuzz**	**la pelusa**
	ss	You're covered with a very fine fuzz.
	[fʌz]	-Está cubierto con una pelusa muy delicada.
8623	**parry**	**parar| rechazar; la parada**
	vb; ss	Defend... defend... parry... strike.
	['pɛri]	-Defender. Defender. Parar, golpear...
8624	**atone**	**expiar**
	vb	Yuletide Eve, you must atone.
	[ə'toʊn]	-Víspera de Yule, debes expiar.
8625	**silverware**	**los cubiertos**
	ss	This silverware comes from my grandmother.
	['sɪlvər͵wɛr]	-Pero esta plata era de mi abuela y le tengo aprecio.
8626	**courteous**	**cortés| atento**
	adj	Those of you courteous enough to wear socks.
	['kɜrtiəs]	-Aquellos de ustedes cortés lo suficiente como para usar calcetines.
8627	**nigh**	**cerca; cerca de**
	adv; prp	The farmers say that the end is nigh.
	[naɪ]	-Los agricultores dicen que el fin está cerca.
8628	**mite**	**el ácaro**
	ss	This is a dust mite on a nanoreplica.
	[maɪt]	-Esto es un ácaro del polvo en una nanoréplica.
8629	**hyper**	**histérico**
	adj	Test subjects adopt a canine behavior or in extreme cases experience
	['haɪpər]	hyper trichosis or werewolf syndrome.
		-Los sujetos de prueba adoptan un comportamiento canino o en casos
		extremos experimentan hiper trichosis o el síndrome del hombre lobo.
8630	**memento**	**el recuerdo| el presente**
	ss	And then, how about a memento? Number seven.
	[mɪ'mɛntoʊ]	-Y después, ¿qué tal un recuerdo? El número siete.
8631	**defective**	**defectuoso; el defectivo**
	adj; ss	The clock is defective.
	[dɪ'fɛktɪv]	-El reloj es defectuoso.
8632	**earl**	**el conde**
	ss	Not even the earl would dream of such a thing.
	[ɜrl]	-Ni siquiera el Conde soñaría con semejante cosa.
8633	**nugget**	**la pepita**
	ss	That and the largest gold nugget in the world.
	['nʌgɪt]	-Esto y la mayor pepita de oro del mundo.
8634	**heroism**	**el heroísmo**
	ss	True heroism is defined by sacrifice...
	['hɛroʊ͵ɪzəm]	-El verdadero heroísmo se define por el sacrificio...

8635	**devious**	**tortuoso**
	adj	I think Jim is devious.
	[ˈdiviəs]	-Creo que Jim es astuto.

8636	**bison**	**el bisonte**
	ss	We had these big things that I weigh the bison on, for instance.
	[ˈbaɪsən]	-Teníamos estas grandes básculas que pesan al bisonte, por ejemplo.

8637	**jerky**	**espasmódico; el tipo espasmódico**
	adj; ss	Let's go get some jerky.
	[ˈʤɜrki]	-Vamos a conseguir algo de cecina.

8638	**diva**	**la diva**
	ss	All the new diva stuff really works.
	[ˈdivə]	-Todo el nuevo material de la diva realmente funciona.

8639	**pollen**	**el polen**
	ss	He's allergic to pollen.
	[ˈpɑlən]	-Él es alérgico al polen.

8640	**nitrogen**	**el nitrógeno**
	ss	Air is mainly composed of nitrogen and oxygen.
	[ˈnaɪtrəʤən]	-El aire está constituido principalmente de oxígeno y nitrógeno.

8641	**genetics**	**la genética**
	ss	That's a rather trivial connection between probability and genetics.
	[ʤəˈnɛtɪks]	-Esa es una conexión algo trivial entre la probabilidad y la genética.

8642	**overweight**	**el sobrepeso; demasiado pesado; sobrepesar**
	ss; adj; vb	He is overweight.
	[ˈoʊvərˌweɪt]	-Tiene sobrepeso.

8643	**migraine**	**la migraña**
	ss	Jim suffered from migraine headaches for years.
	[ˈmaɪˌgreɪn]	-Jim sufrió migrañas durante años.

8644	**persist**	**persistir| obstinarse**
	vb	You should persist in your efforts to learn English.
	[pərˈsɪst]	-Deberías perseverar en tus esfuerzos de aprender inglés.

8645	**evict**	**desalojar**
	vb	Even so, you can't evict the owners.
	[ɪˈvɪkt]	-Aunque sea por tres meses, no puede desalojar a los ocupantes.

8646	**hock**	**el corvejón; empeñar**
	ss; vb	They had to hock all their stuff just to pay the rent.
	[hɑk]	-Tuvieron que empeñar los equipos sólo para pagar el alquiler.

8647	**residue**	**el residuo**
	ss	This residue has nothing to do with surviving personalities.
	[ˈrɛzəˌdu]	-Este residuo no tiene nada que ver con las personalidades sobrevivientes.

8648	**reconcile**	**conciliar**
	vb	How is it possible to reconcile work and private life?
	[ˈrɛkənˌsaɪl]	-¿Cómo se alcanza el equilibrio entre el trabajo y la vida privada?

8649	**synagogue**	**la sinagoga**
	ss	Tax collectors cannot even enter the synagogue.
	[ˈsɪnəˌgɔg]	-Los recaudadores de impuestos no pueden ni siquiera entrar en la sinagoga.

8650 **incomprehensible** — **incomprensible**
adj
[ɪnˌkɑmprəˈhɛnsɪbəl]
That deep emotional conviction of the presence of a superior power, which is revealed in the incomprehensible universe, forms my idea of God.
-Esa profunda convicción emocional de la presencia de un poder superior, que se revela en el universo incomprensible, forma mi idea de Dios.

8651 **glare** — **el deslumbramiento; deslumbrar**
ss; vb
[glɛr]
He shot me down with a glare.
-Me fulminó con la mirada.

8652 **ado** — **la alharaca**
ss
[əˈdu]
Now, with no further ado...
-Ahora, sin nada más que agregar...

8653 **midwife** — **la partera**
ss
[ˈmɪˌdwaɪf]
No, but I was a midwife once.
-No, pero una vez fui partero.

8654 **tropic** — **el trópico; tropical**
ss; adj
[ˈtrɑpɪk]
After judging a Miss Hawaiian tropic beauty contest... at the Sheraton Hali'a Kalua Lea...
-Después de ser juez en una competencia de belleza para Miss Trópico Hawaiano en el Sheraton Hali'a Kalua Le'a...

8655 **hooligan** — **gamberro; el gamberro**
adj; ss
[ˈhulɪgən]
Bloodthirsty hooligan got here faster than I expected.
-Ese hooligan sanguinario llegó más rápido de lo que esperaba.

8656 **emir** — **el emir**
ss
[ɪˈmɪr]
Through finagling, we have an audience with the emir.
-Tras muchos tejemanejes, hemos conseguido audiencia con el Emir.

8657 **heresy** — **la herejía**
ss
[ˈhɛrəsi]
And Galileo's heresy would dissolve, disappear.
-Y la herejía de Galileo se se disuelven, desaparecen.

8658 **overrun** — **invadir; el sobrecoste**
vb; ss
[ˈoʊvərˌrʌn]
Surely this man cannot overrun a full cavalry.
-Seguramente este hombre no puede invadir a toda una caballería.

8659 **brighten** — **aclarar| avivar**
vb
[ˈbraɪtən]
The flowers will brighten up the table.
-Las flores alegrarán la mesa.

8660 **quince** — **el membrillo**
ss
[kwɪns]
In confectionery we can emphasize: oil flat cakes and the quince.
-En repostería destacamos: las tortas de aceite y el membrillo.

8661 **tolerant** — **tolerante**
adj
[ˈtɑlərənt]
It is said that Dutch are tolerant.
-Se dice que los holandeses son tolerantes.

8662 **outlet** — **la salida**
ss
[ˈaʊtˌlɛt]
Treatment will be provided for any urinary outlet obstruction.
-El tratamiento se suministra para cualquier obstrucción de la salida urinaria.

8663 **wholesome** — **saludable**

	adj	Nothing like a home cooked wholesome meal.
	[ˈhoʊlsəm]	-No hay nada como una comida saludable hecha en casa.
8664	**sorority**	**la hermandad de mujeres**
	ss	Apparently he went right through the sorority.
	[səˈrɔrəti]	-Aparentemente él fue hacia la derecha A través de la hermandad de mujeres.
8665	**lumpy**	**aterronado**
	adj	Prevents product damage for pelleted and lumpy materials.
	[ˈlʌmpi]	-Previene el daño del producto en material pelletizado y grumoso.
8666	**horde**	**la horda| la multitud**
	ss	Alone and defenceless against a horde of ambitious schemers.
	[hɔrd]	-Estaba sola e indefensa ante una horda enloquecida por la ambición.
8667	**decaf**	**descafeinado**
	adj	He kept complaining the coffee was decaf.
	[ˈdikæf]	-Estuvo lamentándose de que el café fuese descafeinado.
8668	**degrading**	**degradante**
	adj	It is degrading for her.
	[dɪˈgreɪdɪŋ]	-Es degradante para ella.
8669	**puncture**	**la punción; perforar**
	ss; vb	Do a lumbar puncture to confirm m.s.
	[ˈpʌŋktʃər]	-Haz una punción lumbar para confirmar la esclerosis múltiple.
8670	**crescent**	**creciente; la medialuna**
	adj; ss	The French croissant is a crescent-shaped pastry.
	[ˈkrɛsənt]	-El cruasán francés es una torta como una forma de media luna.
8671	**flier**	**el volante**
	ss	A local Navy flier was reported missing in action.
	[ˈflaɪər]	-Un piloto local de la Marina fue reportado desaparecido.
8672	**visibility**	**la visibilidad**
	ss	Moreover, visibility enhances consumer awareness.
	[ˌvɪzəˈbɪlɪti]	-Además, la visibilidad redunda en beneficio de la concienciación del consumidor.
8673	**rodent**	**roedor; el roedor**
	adj; ss	Like getting busted for killing a rodent.
	[ˈroʊdənt]	-Como ser arrestado por matar un roedor.
8674	**stow**	**estibar| colocar**
	vb	Got to stow you with your old pal Ronin.
	[stoʊ]	-Tengo que guardar con su viejo amigo Ronin.
8675	**consequently**	**por consiguiente**
	adv	Light blue is the color of the sky and, consequently, is also the color of the sea, lakes, and rivers.
	[ˈkɑnsəkwəntli]	-El celeste es el color del cielo, y en consecuencia, también del mar, los lagos y ríos.
8676	**stampede**	**la estampida; huir en desorden**
	ss; vb	Witnesses say there was a stampede.
	[stæmˈpid]	-Los testigos ha dicho que hubo una estampida.
8677	**inning**	**el inning**

	ss [ˈɪnɪŋ]	He proposed during the seventh inning stretch... at an Oriole game. -Pidió mi mado durante la séptima entrada... en un partido de los Orioles.
8678	**inhabit** vb [ɪnˈhæbət]	**habitar| vivir en** We don't inhabit a country but a language. A country is a language and nothing else. -No vivimos en países, vivimos en nuestros idiomas. Ése es tu hogar, ése y ningún otro.
8679	**seductive** adj [sɪˈdʌktɪv]	**seductor** And lend me a more seductive tone... -Así que tome la pomada y la roca, y deme un tono más seductor.
8680	**meditate** vb [ˈmɛdəˌteɪt]	**meditar| especular** Do you meditate, John? -¿Estás meditando, John?
8681	**enigma** ss [ɪˈnɪgmə]	**el enigma** In the Asia-Pacific region, globalization remains an enigma. -En la región de Asia y el Pacífico, la mundialización sigue siendo un enigma.
8682	**break-in** ss [breɪk-ɪn]	**el allanamiento** In case of fire, break the glass and push the red button. -En caso de incendio, rompa el vidrio y presione el botón rojo.
8683	**wasteland** ss [ˈweɪstˌlænd]	**el yermo** It's a lawless, postapocalyptic wasteland. -Es como en un páramo después del Apocalipsis, sin leyes.
8684	**hectic** adj [ˈhɛktɪk]	**frenético** WARSAW: We in Poland have had a hectic political year. -VARSOVIA: En Polonia hemos tenido un año político agitado.
8685	**swipe** ss; vb [swaɪp]	**los golpe fuerte; apandar** Do your bump and swipe thing. -Haz eso de chocar y robar.
8686	**fragrant** adj [ˈfreɪgrənt]	**fragante** No flower more fragrant than she. -Ninguna otra flor es más fragante que ella.
8687	**coarse** adj [kɔrs]	**grueso| basto** Vertical kilns can usually burn only coarse limestone pebbles. -En general, los hornos verticales solo pueden quemar guijarros de piedra caliza de tamaño grueso.
8688	**affliction** ss [əˈflɪkʃən]	**la aflicción** To go on from pain to pain mystery to mystery. From stone pain to plant pain. For everything is pain. The pain of battle the fear of not being. Links of pain chain the earth to the sky the waters to the land. And worlds gallop in orbits of affliction. Thinking of surprise. -Seguir del dolor al dolor del enigma al enigma. Del dolor de la piedra al dolor de la planta. Porque todo es dolor. Dolor de batalla y miedo de no ser. Lazos de dolor atan la tierra al cielo las aguas a la tierra. Y los mundos galopan en órbitas de angustia. Pensando en la sorpresa.
8689	**registry**	**el registro**

	ss	Pilots license, registry, course logs all forgeries.
	[ˈrɛdʒɪstri]	-Licencia de piloto, registro, bitácora del curso todas falsificaciones.
8690	**monarch**	**monarca**
	ss	Bulgaria is the only country in Europe where a former monarch has been elected prime minister.
	[ˈmɑˌnɑrk]	-Bulgaria es el único país de Europa en el que un antiguo monarca ha sido elegido primer ministro.
8691	**cannonball**	**la bala de cañón**
	ss	I even liked your cannonball better.
	[ˈkænənˌbɔl]	-Incluso me gustó más el bala de cañón.
8692	**slender**	**esbelto| escaso**
	adj	There was once a fat, ugly peasant who fell in love with a beautiful, blonde princess. One day, the princess kissed the ugly, fat peasant, and he magically transformed into a slender, handsome prince. At least, that's how she saw him. At least, that's how he felt.
	[ˈslɛndər]	-Había una vez un campesino gordo y feo que se había enamorado de una princesa hermosa y rubia. Un día la princesa le dio un beso al feo y gordo campesino. Y, mágicamente, éste se transformó en un esbelto y apuesto príncipe. Por lo menos, así lo veía ella. Por lo menos, así se sentía él.
8693	**jasmine**	**el jazmín**
	ss	Smells like jasmine or hyacinth or something.
	[ˈdʒæzmən]	-Huele como a jazmín o jacinto o no sé...
8694	**nostril**	**la nariz**
	ss	Except for the worm in my nostril.
	[ˈnɑstrɪl]	-Excepto por el gusano que corre por mi nariz.
8695	**predecessor**	**el predecesor**
	ss	Tell Childs to blame his predecessor.
	[ˈprɛdəˌsɛsər]	-Dígale a Charles que le eche la culpa a su predecesor.
8696	**cobbler**	**el zapatero**
	ss	Cobbler, keep to thy last!
	[ˈkɑblər]	-¡Zapatero, a tus zapatos!
8697	**fluff**	**la pelusa; encrespar**
	ss; vb	There goes the fluff age, different directions.
	[flʌf]	-Ahí tienes la edad de la pelusa, diferentes direcciones.
8698	**sprout**	**brotar; el brote**
	vb; ss	If only it could sprout wings.
	[spraʊt]	-Si sólo le pudieran brotar las alas.
8699	**unimaginable**	**no imaginable**
	adj	The size of the universe is unimaginable.
	[ˌʌnɪˈmædʒɪnəbəl]	-La inmensidad del universo es inimaginable.
8700	**oversleep**	**dormir demasiado**
	vb	I have three alarm clocks so as not to oversleep.
	[ˌoʊvərˈslip]	-Tengo tres despertadores para no quedarme dormido.
8701	**locomotive**	**la locomotora; locomotor**
	ss; adj	Environmental liability. track damage. car and locomotive loss.
	[ˌloʊkəˈmoʊtɪv]	-Responsabilidad por daños ambientales, vías, pérdida de locomotora y vagones.

8702	**magnitude**	**la magnitud**
	ss	The Pacific Tsunami Warning Center has issued a tsunami warning after
	[ˈmægnəˌtud]	an 8.3 magnitude earthquake struck off the coast of Chile.
		-El Centro de Alerta de Tsunamis del Pacífico ha publicado una alerta de
		tsunami después de que un terremoto de magnitud 8,3 sacudiera la
		costa de Chile.

8703	**neural**	**neural**
	adj	And Commander Tuvok suffered severe neural damage.
	[ˈnʊrəl]	-Y el Comandante Tuvok sufrió un severo daño neural.

8704	**buzzard**	**el zopilote**
	ss	We call him that because he eats like a buzzard.
	[ˈbʌzərd]	-Le llamo así porque come como un buitre.

8705	**profoundly**	**profundamente**
	adv	The issues discussed profoundly affect their economies.
	[proʊˈfaʊndli]	-Los temas que se discuten afectan profundamente sus economías.

8706	**unnoticed**	**inadvertido**
	adj	Fiesta at the Hermitage, the side he showed on that occasion, did not go
	[ənˈnoʊtɪst]	unnoticed.
		-La fiesta en la ermita, la cara que mostró en esta ocasión, no pasó
		desapercibida.

8707	**nightly**	**nocturno; todas las noches**
	adj; adv	There's a nightly flight to Tokyo at 11.
	[ˈnaɪtli]	-Hay un vuelo nocturno a Tokyo a las 11.

8708	**schoolboy**	**el colegial| el alumno**
	ss	Your... schoolboy heroics are redundant.
	[ˈskulˌbɔɪ]	-Tus... actos heroicos de colegial son redundantes.

8709	**statute**	**el estatuto| el establecimiento**
	ss	This statute would also offer SMEs greater flexibility.
	[ˈstætʃut]	-Este estatuto también ofrecería a las PYME una mayor flexibilidad.

8710	**placement**	**la colocación**
	ss	As regards product placement, the current wording is reasonable.
	[ˈpleɪsmənt]	-Por lo que se refiere a la colocación de productos, la formulación actual
		es razonable.

8711	**repressed**	**reprimido**
	adj	Chamomile tea... excellent for repressed anger.
	[riˈprɛst]	-Té de camomila... excelente para el enojo reprimido.

8712	**flask**	**el matraz**
	ss	To each 5-litre flask add 2400 ml mineral medium.
	[flæsk]	-A cada matraz de 5 litros se añaden 2400 ml de medio mineral.

8713	**hanky**	**el pañuelo**
	ss	Excuse me. I think I need a hanky.
	[ˈhæŋki]	-Disculpen, creo que necesito un pañuelo.

8714	**sweetly**	**dulcemente**
	adv	Just type my name on your computer sweetly...
	[ˈswitli]	-Sólo tienes que escribir mi nombre en el equipo dulcemente...

8715	**concede**	**conceder| admitir**
	vb	You refuse to concede how much MacArthur has done for us.
	[kənˈsid]	-Se niegan a reconocer cuánto ha hecho MacArthur por nosotros.

8716	**outright**	**total | rotundo; abiertamente**
	adj; adv	This translation is outright wrong.
	[ˈaʊtˌraɪt]	-Esta traducción es absolutamente errónea.
8717	**mane**	**la melena**
	ss	The young male now has the beginnings of a mane.
	[meɪn]	-El joven macho ya tiene el inicio de lo que más tarde se transformará en melena.
8718	**ruddy**	**rubicundo | rojizo; sonrosar**
	adj; vb	My beloved is white and ruddy, the chiefest among ten thousand.
	[ˈrʌdi]	-Mi amado es blanco y rubio, señalado entre diez mil.
8719	**militant**	**militante; militante**
	adj; ss	Subject: Savage murder of militant in a Turkish prison.
	[ˈmɪlətənt]	-Asunto: Brutal asesinato de un militante en una cárcel turca.
8720	**hemisphere**	**el hemisferio**
	ss	Japan is located in the Northern Hemisphere.
	[ˈhɛmɪˌsfɪr]	-Japón se sitúa en el hemisferio norte.
8721	**puffy**	**hinchado**
	adj	He looks kind of like Vince Vaughn but not as puffy.
	[ˈpʌfi]	-El luce un poco como Vince Vaughn pero no tan hinchado.
8722	**disadvantage**	**la desventaja**
	ss	For him, divorce is a good invention, with one sole disadvantage: you have to get married first.
	[ˌdɪsədˈvæntɪdʒ]	-Para él, el divorcio es un buen invento, con una única desventaja: primero te tienes que casar.
8723	**taxpayer**	**contribuyente**
	ss	We must always consider our accountability to the taxpayer.
	[ˈtækˌspeɪər]	-Siempre hemos de tener en cuenta nuestra responsabilidad ante el contribuyente.
8724	**dune**	**la duna**
	ss	I found her footprints in the sand of the dune.
	[dun]	-Encontré las huellas de sus pies en la arena de la duna.
8725	**hover**	**flotar**
	vb	But I only know how to hover.
	[ˈhʌvər]	-Pero yo sólo sé cómo flotar.
8726	**investigative**	**investigador**
	adj	KNBS Action News, investigative and hard-hitting.
	[ɪnˈvɛstəˌgeɪtɪv]	-KNBS, noticias de acción, investigación y duro realismo.
8727	**reverence**	**la reverencia; reverenciar**
	ss; vb	Among my people, a true seeker is treated with utmost reverence.
	[ˈrɛvərəns]	-Entre mi gente, a alguien así se le trata con la reverencia más absoluta.
8728	**wither**	**marchitar**
	vb	A neglectful civilization is condemned to wither like a body without a soul.
	[ˈwɪðər]	-Una civilización negligente está condenada a marchitarse como un cuerpo sin alma.
8729	**stockholder**	**accionista**
	ss	The primary stockholder is a Frank Mantajano.
	[ˈstɑkˌhoʊldər]	-El principal accionista es un tal Frank Mantajano.

8730	**bourgeoisie**	**la burguesía**
	ss	Children of the bourgeoisie often inherit the attitudes, advantages...
	[ˌbʊrʒˌwɑˈzi]	-Los niños de la burguesía a menudo heredan las actitudes, ventajas...
8731	**crafty**	**astuto**
	adj	Jim is very crafty, isn't he?
	[ˈkræfti]	-Jim es un manitas, ¿a que sí?
8732	**slop**	**la agua sucia; derramar**
	ss; vb	Real slop has got chunks of things in it.
	[slɑp]	-La bazofia de verdad tiene cosas flotantes.
8733	**scab**	**la costra; formar costra**
	ss; vb	There's a scab on her face.
	[skæb]	-Tiene una costra en la cara.
8734	**faulty**	**defectuoso| manco**
	adj	The drawing is faulty.
	[ˈfɔlti]	-El dibujo está defectuoso.
8735	**tourism**	**el turismo**
	ss	For us tourism is very important.
	[ˈtʊˌrizəm]	-Para nosotros, el turismo es muy importante.
8736	**atlas**	**el atlas**
	ss	I paid 2,000 yen for this atlas.
	[ˈætləs]	-Pagué 2.000 yenes por este atlas.
8737	**cheesecake**	**la tarta de queso**
	ss	If cheese is good, but the cake is a lie, what is a cheesecake? A good lie.
	[ˈtʃizˌkeɪk]	-Si el queso es bueno pero la torta es una mentira, ¿qué es una torta de queso? Una buena mentira.
8738	**commonwealth**	**la mancomunidad**
	ss	To become first triumvir of the commonwealth.
	[ˈkɑmənˌwɛlθ]	-Para llegar a ser el primer triunviro de la Comunidad.
8739	**intensify**	**intensificar| intensificarse**
	vb	It encouraged all candidates to intensify their preparations for membership.
	[ɪnˈtɛnsəˌfaɪ]	-Insta a todos los candidatos a intensificar sus preparativos para la adhesión.
8740	**buoy**	**la boya; mantener a flote**
	ss; vb	Florence was for me a life buoy in the sea of life.
	[ˈbui]	-Florencia fue para mí un salvavidas en el mar de la vida.
8741	**pebble**	**el guijarro| el chino**
	ss	I see every pebble and hole.
	[ˈpɛbəl]	-Yo pienso en la piedra o el agujero que nos hará explotar.
8742	**starlight**	**la luz de las estrellas**
	ss	The bodies were transported from the various sites in starlight.
	[ˈstɑrˌlaɪt]	-Los cuerpos fueron transportados por la luz de las estrellas.
8743	**silicon**	**el silicio**
	ss	Skin health is associated with its silicon content.
	[ˈsɪləkən]	-La salud de la piel está ligada a su contenido en silicio.
8744	**charisma**	**el carisma**

	ss	This is Holy Mother's charisma.
	[kəˈrɪzmə]	-Este es el carisma de la Madre Santa.
8745	**narrative**	**la narrativa; narrativo**
	ss; adj	Storytelling rekindles the interest in narrative.
	[ˈnærətɪv]	-Contar historias hace revivir el interés por la narración.
8746	**manicure**	**la manicura; hacer manicura a**
	ss; vb	And I appreciate your Tahiti Sunset manicure.
	[ˈmænɪkjər]	-Y yo aprecio tu manicura a lo Atardecer en Tahití.
8747	**vacate**	**desocupar**
	vb	We must vacate the house before next month.
	[ˈveɪkeɪt]	-Tenemos que desocupar la casa antes del mes próximo.
8748	**caption**	**el subtítulo| el título**
	ss	All these pictures bear only one caption: happiness.
	[ˈkæpʃən]	-Todas estas imágenes tienen un solo título: felicidad.
8749	**remembrance**	**el recuerdo**
	ss	The Security Council meets today in remembrance and resolve.
	[riˈmɛmbrəns]	-El Consejo de Seguridad se reúne hoy en un acto de recuerdo y determinación.
8750	**discomfort**	**el malestar; sentir desazón**
	ss; vb	Are you experiencing any discomfort?
	[dɪˈskʌmfərt]	-¿Estás teniendo algún malestar?
8751	**uncanny**	**misterioso**
	adj	The resemblance between these two men is uncanny.
	[ənˈkæni]	-El parecido entre estos dos hombres es misterioso.
8752	**abominable**	**abominable**
	adj	I heard that they found the footprints of an abominable snowman in the Himalayas.
	[əˈbɑmənəbəl]	-Parece que han sido encontradas las huellas del hombre de las nieves en los Himalayas.
8753	**pun**	**el retruécano; hacer retruécanos**
	ss; vb	This is a pun.
	[pʌn]	-Es un juego de palabras.
8754	**outcast**	**paria; marginado**
	ss; adj	We're the dead children of an outcast people.
	[ˈaʊtˌkæst]	-Nosotros somos los niños muertos de un pueblo marginado.
8755	**deluxe**	**de lujo**
	adj	The McManns have a deluxe thermostatic shower system.
	[dəˈlʌks]	-Los McMann tienen un ducha con un sistema termostato de lujo.
8756	**pester**	**molestar| importunar**
	vb	From now on, you find some other shamus to pester.
	[ˈpɛstər]	-Desde ahora, encuentra a otro detective para molestar.
8757	**electrocute**	**electrocutar**
	vb	You knew chair designed to electrocute occupant.
	[ɪˈlɛktrəˌkjut]	-Sabía que la silla estaba diseñada para electrocutar a ocupante.
8758	**puny**	**escuchimizado**
	adj	I could snap your puny neck with one twist.
	[ˈpjuni]	-Puedo romper su débil cuello, si no coopera.

8759	**mongrel**	**mestizo; el mestizo**
	adj; ss	Mrs Jane dotes on this little mongrel.
	[mongrel]	-La Sra. Jane adoraba a este pequeño chucho.
8760	**astound**	**asombrar| maravillar**
	vb	Duke Ercole never ceases to astound.
	[əˈstaʊnd]	-El Duque Ercole nunca deja de asombrar.
8761	**gallop**	**el galope; galopar**
	ss; vb	I see, Isee that with the horse's gallop your memory got lost.
	[ˈgæləp]	-Ya veo, ya veo que con el galope del caballo se ha perdido tu memoria.
8762	**canopy**	**el pabellón**
	ss	Forest canopy shape, crop classification.
	[ˈkænəpi]	-Forma del dosel forestal, clasificación de cosechas.
8763	**orb**	**el orbe**
	ss	But you are ordered to complete the orb.
	[ɔrb]	-Pero te ordena que completes el orbe.
8764	**ft.**	**pie**
	abr	A climb speed equal to that achieved at 50 ft.
	[ft.]	-Una velocidad de subida igual a la alcanzada a 50 pies.
8765	**remainder**	**el resto; saldar**
	ss; vb	Base maps produced for remainder of district towns.
	[rɪˈmeɪndər]	-Preparación de mapas básicos para el resto de las ciudades de distrito.
8766	**baa**	**el balido; balar; baa!**
	ss; vbl; int	And then you see hoof, kick, hoof, kick, hoof, kick, baa, baa, baa, baa, baa!
	[baa]	-¡Y se ve una pezuña, patada, pezuña, patada, baaa, baaa!
8767	**dildo**	**el consolador**
	ss	Maybe the dildo is not a good solution.
	[dildo]	-Tal vez el consolador no sea una buena solución.
8768	**gusto**	**el entusiasmo**
	ss	I answered, 'You bet' with gusto.
	[ˈgʌˌstoʊ]	-Yo contesté, ¡Puedes apostarlo! con Gusto.
8769	**rumba**	**la rumba**
	ss	You shared half a dozen whiskies and a zero-gravity rumba.
	[rumba]	-Has compartido una media docena de whiskies y una rumba de gravedad cero.
8770	**optimism**	**el optimismo**
	ss	If you pretend to be good, the world takes you very seriously. If you pretend to be bad, it doesn't. Such is the astounding stupidity of optimism.
	[ˈɑptəˌmɪzəm]	-Si finges ser bueno, el mundo te toma muy seriamente. Si finges ser malo, no lo hace. Esa es la pasmosa estupidez del optimismo.
8771	**vector**	**el vector**
	ss	Their last velocity vector indicates a steep descent.
	[ˈvɛktər]	-Su último vector de velocidad indica un descenso en picada.
8772	**door knob**	**el pomo**
	ss	I cut my finger on your damn door knob.
	[dɔr nɑb]	-Me corté el dedo con tu maldito picaporte.

8773	**sedate** adj [sɪˈdeɪt]	**sosegado** We had to sedate his mother. -Tuvimos que sedar a su madre.
8774	**steadily** adv [ˈstɛdəli]	**continuamente** The number of journalists and dissidents being intimidated and arrested is steadily mounting. -Cada vez es mayor el número de periodistas y disidentes que son amenazados y encarcelados.
8775	**administer** vb [ədˈmɪnəstər]	**administrar| aplicar** The courts administer the law. -Los tribunales administran la ley.
8776	**ware** ss [wɛr]	**la mercancía** Breakage of panes, mirrors, glass, sanitary ware, marble and signs. -Rotura de lunas, espejos, cristales, loza sanitaria, mármoles y rótulos.
8777	**accursed** adj [accursed]	**maldito** Autobot on this accursed world will pay. -Autobot en este maldito mundo, va a pagar.
8778	**afflict** vb [əˈflɪkt]	**afligir** Here again we have coordinated positive measures and legal guarantees, for example to reduce long-term unemployment which may afflict the members of these minorities. -En este aspecto, también hemos coordinado medidas positivas y garantías jurídicas, por ejemplo para reducir el desempleo de larga duración que puede afectar a los miembros de estas minorías.
8779	**ludicrous** adj [ˈludəkrəs]	**ridículo** This is ludicrous. -Es ridículo.
8780	**pharmacist** ss [ˈfɑrməsɪst]	**el farmacéutico** Contact your pharmacist, nurse or physician for assistance. -Póngase en contacto con su farmacéutico, enfermero o médico para que le asesoren.
8781	**strut** ss; vb [strʌt]	**el puntal; pavonearse** Your summer favorites are back to strut their stuff. -Tus favoritos del verano regresan para pavonearse.
8782	**veterinarian** ss [ˌvɛtrəˈnɛriən]	**el veterinario** Jim is a veterinarian. -Jim es veterinario.
8783	**beating** ss [ˈbitɪŋ]	**la paliza| el latido** Stop beating around the bush and tell us what you really think. -Deja de dar rodeos y dinos lo que realmente piensas.
8784	**turnip** ss [ˈtɜrnəp]	**el nabo** I advocate a psychiatrist that got the turnip where he should not. -Defiendo a un psiquiatra que metió el nabo donde no debía.
8785	**swoop** ss; vb [swup]	**la redada; precipitarse** Buyer shows up, cops swoop in. -Aparece el comprador, la policía hace una redada.
8786	**perk**	**el ventaje**

	ss	Just sort of an unexpected perk.
	[pɜrk]	-Sólo una especie de beneficio inesperado.
8787	**rabid**	**rabioso**
	adj	He came at me like a rabid ferret.
	[ˈræbɪd]	-Se me lanzó cual hurón rabioso.
8788	**audit**	**la auditoría; ser oyente**
	ss; vb	The liquidation phase requires increased audit coverage.
	[ˈɔdɪt]	-En la fase de liquidación se requiere incluso una auditoría de mayor alcance.
8789	**exorcism**	**el exorcismo**
	ss	Possession and exorcism have dictated my life.
	[exorcism]	-La posesión y el exorcismo han dictado mi vida.
8790	**chain saw**	**la sierra de cadena**
	ss	You could cut the hopelessness with a chain saw.
	[tʃeɪn sɔ]	-Podías cortar la desesperación con una motosierra.
8791	**setback**	**el revés**
	ss	Automobile sales suffered a setback at the end of the financial year.
	[ˈsɛtˌbæk]	-Las ventas de automóviles sufrieron un revés al final del año fiscal.
8792	**candid**	**sincero| con alma abierta**
	adj	He has been completely candid about this investigation.
	[ˈkændəd]	-Ha sido totalmente franco en esta investigación.
8793	**volleyball**	**el voleibol**
	ss	Father Hackett has volunteered to take you all for volleyball practice.
	[ˈvɑliˌbɔl]	-El Padre Hackett se ha ofrecido voluntario para llevaros a todas a practicar voleibol.
8794	**glum**	**sombrío| triste**
	adj	Don't be so glum about it. Life has its ups and downs.
	[glʌm]	-No te malhumores tanto por eso, la vida tiene sus altibajos.
8795	**raccoon**	**el mapache**
	ss	Found raccoon feces in the kitchen cupboard.
	[ræˈkun]	-Encontramos heces de mapache En la alacena de la cocina.
8796	**beastly**	**bestial; terriblemente**
	adj; adv	Human In appearance but beastly In nature and strength.
	[ˈbistˌli]	-Humana en apariencia, pero bestial en la naturaleza y fuerza.
8797	**horizontal**	**horizontal**
	adj	Tango is the vertical expression of a horizontal desire.
	[ˌhɔrəˈzɑntəl]	-El tango es la expresión vertical de un deseo horizontal.
8798	**dole**	**la limosna; ayudar**
	ss; vb	He's on the dole... like everyone else in England.
	[doʊl]	-Vive del paro... como todos en Inglaterra.
8799	**burner**	**el quemador**
	ss	We stood there while the burner got hot.
	[ˈbɜrnər]	-Esperamos a que se calentara el quemador.
8800	**shrapnel**	**la metralla**
	ss	Four other civilians suffered shrapnel wounds during the Israeli offensive.
	[ˈʃræpnəl]	

-Otros cuatro civiles sufrieron heridas de metralla en el curso de la agresión israelí.

8801	**schnapps**	**el aguardiente**
	ss	A bottle of schnapps and two glasses.
	[ʃnæps]	-Una botella de aguardiente y dos vasos.
8802	**bribery**	**el soborno**
	ss	He disdained bribery.
	[ˈbraɪbəri]	-Él despreciaba el soborno.
8803	**breathtaking**	**asombroso**
	adj	This breathtaking concert hall opened in 2003.
	[ˈbrɛθˌteɪkɪŋ]	-Esta impresionante sala de conciertos se inauguró en el año 2003.
8804	**sequel**	**la continuación**
	ss	It's a sequel.
	[ˈsikwəl]	-Es una secuela.
8805	**inquest**	**la encuesta**
	ss	A criminal inquest was instituted regarding this incident.
	[ˈɪnˌkwɛst]	-Se inició una investigación penal en relación con el incidente.
8806	**honorary**	**honorario**
	adj	Reagan was adopted as an honorary Mason, as were Truman.
	[ˈɑnəˌrɛri]	-Reagan fue adoptado como masón honorario al igual que Truman.
8807	**fallout**	**el polvillo radiactivo**
	ss	It will produce a mass of radioactive fallout.
	[ˈfɔˌlaʊt]	-Producirá una lluvia radioactiva en masa.
8808	**uterus**	**el útero**
	ss	This procedure involves using nearby ligaments to support the uterus.
	[ˈjutərəs]	-Este procedimiento implica el uso de los ligamentos cercanos para sostener el útero.
8809	**feminist**	**feminista; feminista**
	adj; ss	Are you a feminist?
	[ˈfɛmənɪst]	-¿Sos feminista?
8810	**rightfully**	**legítimamente**
	adv	Your father's castle is rightfully yours now.
	[ˈraɪtfəli]	-El castillo de tu padre ahora es legítimamente tuyo.
8811	**sulfur**	**el azufre; sulfurar**
	ss; vb	Effective measures exist for reducing sulfur and nitrogen emissions from power plants.
	[ˈsʌlfər]	-Se pueden adoptar medidas eficaces para reducir las emisiones de azufre y de nitrógeno de las centrales eléctricas.
8812	**dangling**	**colgado**
	adj	The diagnosis is mainly based on the appearance of the leg veins when you are standing or seated with the legs dangling.
	[ˈdæŋɡəlɪŋ]	-El diagnóstico se basa inicialmente en la apariencia de las piernas cuando usted está parado o sentado con las piernas balanceándose.
8813	**disapprove**	**desaprobar**
	vb	No, they did much more than disapprove.
	[ˌdɪsəˈpruv]	-No, hicieron mucho más que desaprobar.
8814	**masquerade**	**la mascarada; hacerse pasar por**

	ss; vb	You know, it's all an old masquerade.
	[ˌmæskəˈreɪd]	-No pasa de una vieja mascarada.

8815 exceed — **exceder| rebasar**

vb [ɪkˈsid]

There is no sin, and there can be no sin on all the earth, which the Lord will not forgive to the truly repentant! Man cannot commit a sin so great as to exhaust the infinite love of God. Can there be a sin which could exceed the love of God?

-No hay pecado, y no puede haber pecado en la Tierra que Dios no perdone al que se arrepiente sinceramente. El hombre no puede cometer un pecado tan grande que agote el amor infinito de Dios.¿Puede haber algún pecado que supere el amor de Dios?

8816 timetable — **el calendario; programar**

ss; vb ['taɪmˌteɪbəl]

Do you have a timetable?
-¿Tienes un horario?

8817 walrus — **la morsa**

ss ['wɔlrəs]

The herders barter reindeer skins for walrus meat.
-Los pastores truecan pieles de reno por carne de morsa.

8818 embed — **empotrar**

vb [ɪmˈbɛd]

This API lets Flex developers embed Google Maps in Flash applications.
-Esta API permite a los desarrolladores Flex insertar Google Maps en aplicaciones Flash.

8819 unfamiliar — **desconocido**

adj [ˌʌnfəˈmɪljər]

I am unfamiliar with the customs of this country.
-No estoy familiarizado con las costumbres de este país.

8820 mixer — **el mezclador**

ss ['mɪksər]

It's the great cosmic cocktail mixer.
-Es el gran mezclador de cócteles cósmico.

8821 undermine — **socavar**

vb ['ʌndərˌmaɪn]

Disasters could quickly undermine development gains.
-Los desastres pueden socavar rápidamente los logros obtenidos en materia de desarrollo.

8822 diabolical — **diabólico**

adj [ˌdaɪəˈbɑlɪkəl]

Ryan and I have been meeting up to work on our diabolical plot against jim.
-Ryan y yo hemos estado reuniéndonos para trabajar en nuestro diabólico plan contra Jim.

8823 simmer — **hervir a fuego lento**

vb ['sɪmər]

Heat the oven to 220°C. Meanwhile, simmer the apples with the lemon juice and water in a large pan until soft.
-Calienta el horno a 220° C. Mientras tanto, cuece a fuego lento las manzanas con jugo de limón y agua en una cacerola grande hasta que estén blandas.

8824 gel — **el gel**

ss [dʒɛl]

Size separation of digested DNA fragments by gel electrophoresis.
-Separación de los fragmentos de ADN digeridos por gel de electroforesis.

8825 dahlia — **la dalia**

	ss	They're kind of a wold dahlia.
	['dæljə]	-Es una especie de dalia salvaje.
8826	**sorceress**	**la hechicera**
	ss	The sorceress prevents people from getting there.
	[sorceress]	-La hechicera no deja que la gente pase.
8827	**stake-out**	**la vigilancia**
	ss	Lynn, Jack Pismo, Speck Road stake-out.
	['steɪˈkaʊt]	-Lynn. Jack Pismo. vigilancia de la calle Speck.
8828	**territorial**	**territorial**
	adj	The other two main questions are data protection and territorial scope.
	[ˌtɛrɪˈtɔriəl]	-Las otras dos cuestiones principales son la protección de los datos y el ámbito de aplicación territorial.
8829	**commonly**	**comúnmente**
	adv	The most commonly reported flu symptoms are fever, chills, sweating, astheania, headache and nausea.
	['kɑmənli]	-Los síntomas de la gripe más comúnmente reportados son fiebre, escalofríos, sudoración, astenia, dolor de cabeza y náuseas.
8830	**spawn**	**desovar; la freza**
	vb; ss	You're about to spawn off the latest.
	[spɑn]	-Estás a punto engendrar al último.
8831	**gentry**	**la alta burguesía**
	ss	The gentry don't care for us.
	['dʒɛntri]	-La nobleza no se interesa por nosotros.
8832	**foil**	**frustrar; la hoja**
	vb; ss	Do not push the tablet through the foil because it may break.
	[fɔɪl]	-No presione el comprimido a través de la lámina, ya que puede romperse.
8833	**mangy**	**sarnoso**
	adj	This mangy, old, ugly dog.
	['meɪndʒi]	-Este viejo y sarnoso perro feo.
8834	**hereafter**	**el lo sucesivo; en lo sucesivo**
	ss; adv	And hereafter, I shall expect these reports immediately you come off a wreck.
	[hɪˈræftər]	-En adelante, quiero los informes inmediatamente después del siniestro.
8835	**caveman**	**cavernícola**
	ss	Like a caveman Stan's brain is underdeveloped.
	['keɪvˌmæn]	-Igual que un cavernícola, el cerebro de Stan está subdesarrollado.
8836	**clientele**	**la clientela**
	ss	They have VIPs in their clientele.
	[ˌklaɪənˈtɛl]	-Su clientela la forma gente muy importante y ellos les dejan hacer todo.
8837	**hypnotize**	**hipnotizar**
	vb	Mesmer was able to hypnotize entire audiences.
	['hɪpnəˌtaɪz]	-Mesmer fue capaz de hipnotizar y comandar a toda una audiencia.
8838	**piazza**	**la plaza**
	ss	11 o'clock at the old piazza.
	[piˈæzə]	-A las once en la Plaza Vieja.
8839	**incompetence**	**la incompetencia**

	ss	A perfect scapegoat for their incompetence.
	[ɪnˈkɑmpətəns]	-Es un chivo expiatorio perfecto para su incompetencia.
8840	**lily**	**el lirio; de lirio**
	ss; adj	Is it true? Paul kissed Lily on the lips?
	[ˈlɪli]	-¿Es cierto? ¿Paul le ha besado en los labios a Lily?
8841	**ploy**	**la táctica**
	ss	The ploy worked perfectly, Mithilesh.
	[plɔɪ]	-La estratagema funcionó a la perfección, Mithilesh.
8842	**beagle**	**el beagle**
	ss	Error in querying beagle search service.
	[ˈbigəl]	-Error al consultar al servicio de búsqueda beagle.
8843	**borough**	**la ciudad| el barrio**
	ss	The hotel is located in the exclusive borough of Kensington and Chelsea.
	[ˈbɜˌroʊ]	-El hotel está ubicado en el exclusivo distrito de Kensington y Chelsea.
8844	**scuba**	**la escafandra autónoma**
	ss	Come on, Vince! I want to learn to scuba.
	[ˈskubə]	-Vamos, Vince, quiero aprender a bucear.
8845	**originate**	**originar| originarse**
	vb	It should originate essentially from official sources and be multilateral, neutral, and universally accessible.
	[əˈrɪdʒəˌneɪt]	-Debería proceder fundamentalmente de fuentes oficiales, ser multilateral, neutral y accesible universalmente.
8846	**tenor**	**el tenor| el curso; de tenor**
	ss; adj	I play the tenor saxophone.
	[ˈtɛnər]	-Toco el saxofón tenor.
8847	**plateau**	**la meseta**
	ss	It is called protecting the forest plateau Concorde.
	[plæˈtoʊ]	-Se llama protección de los bosques de la meseta Concorde.
8848	**gramophone**	**el gramófono**
	ss	They find a French gramophone with the famous record by Maurice Chevalier.
	[gramophone]	-Encontraron un gramófono Francés con una grabación famosa de Maurice Chevalier.
8849	**tingle**	**el hormigueo| los comezón; zumbar**
	ss; vb	It really does make your nose tingle.
	[ˈtɪŋgəl]	-Realmente te hace estremecer la nariz.
8850	**custard**	**las natillas| la crema**
	ss	Her favourite was custard, brandied pears.
	[ˈkʌstərd]	-Su platillo favorito era peras en brandy con natilla.
8851	**sac**	**el saco**
	ss	Yes sac suede leather with fringes.
	[sæk]	-Sí. La del saco de piel de ante con flecos.
8852	**cuss**	**el tipo de; ser tío**
	ss; vb	Anybody following sure will cuss you.
	[kʌs]	-Si nos siguen nos van a maldecir.
8853	**looting**	**el saqueo**

	ss	Many cases of looting have been reported during destruction of shantytowns.
	['lutɪŋ]	-Se denunciaron numerosos casos de saqueo cuando se produjo la destrucción de los barrios de viviendas precarias.
8854	**crowbar**	**la palanca**
	ss	Europe is apparently the crowbar used to tackle problems in some countries.
	['kroʊˌbɑr]	-Europa es por lo visto la palanca empleada para abordar problemas en algunos países.
8855	**emphasis**	**el énfasis**
	ss	Finally, Europe must place more emphasis on basic research.
	['ɛmfəsəs]	-Por último, Europa debe hacer más hincapié en la investigación básica.
8856	**liege**	**feudal; el vasallo**
	adj; ss	Excellent stitch work, my liege.
	[liʤ]	-Excelente trabajo con las puntadas, mi señor.
8857	**insulin**	**la insulina**
	ss	He also took morphine, scopolamine hydrobromide and insulin syringes.
	['ɪnsələn]	-También se llevó morfina, escopolamina, bromhidrato y jeringas de insulina.
8858	**prostate**	**la próstata**
	ss	No wonder his prostate's enlarged.
	['prɑˌsteɪt]	-No me extraña que su próstata esté dilatada.
8859	**scapegoat**	**el chivo expiatorio| el pagano**
	ss	Why am I the only one they complain of? They're just making an example out of me and using me as a scapegoat.
	['skeɪpˌɡoʊt]	-¿Por qué soy el único del que se quejan? Ellos sólo quieren que yo sirva de ejemplo y me están usando como chivo expiatorio.
8860	**temperament**	**el temperamento**
	ss	Some people have a calm temperament or exude courtesy.
	['tɛmprəmənt]	-Algunas personas tienen un temperamento sereno o exudan gentileza.
8861	**oaf**	**el zoquete| el bobalicón**
	ss	Yet again, that oaf has destroyed my day.
	[oaf]	-Una vez más, ese zoquete me ha estropeado la velada.
8862	**grazing**	**el pasto**
	ss	The cow is grazing in the field.
	['greɪzɪŋ]	-La vaca está pastando en el prado.
8863	**dominion**	**el dominio**
	ss	And at war with the Devil, Satan and his dominion.
	[dəˈmɪnjən]	-Una guerra contra el diablo, Satán y su dominio.
8864	**scourge**	**azotar| atormentar; el azote**
	vb; ss	Inflation is a scourge which redistributes assets unfairly.
	[skɜrʤ]	-La inflación es un flagelo que redistribuye injustamente los activos.
8865	**smite**	**herir| golpear**
	vb	The King prepares to smite the Smith
	[smite]	-El rey se prepara para golpear al herrero.
8866	**discard**	**el descarte| el desecho; descartar**
	ss; vb	And now you will discard me.
	[dɪˈskɑrd]	-Y ahora me vas a descartar.

8867	**oft**	**a menudo**
	adv	For the apparel oft proclaims the man.
	[ɔft]	-Pues el traje a menudo revela al sujeto.
8868	**sociable**	**sociable**
	adj	I love being sociable.
	[ˈsoʊʃəbəl]	-Me encanta ser sociable.
8869	**squeaky**	**chirriador**
	adj	Cliff, mine are a little squeaky, too.
	[ˈskwiki]	-Acantilado, la mía es un poco chillón, también.
8870	**rattlesnake**	**la serpiente de cascabel**
	ss	Got a temper like a rattlesnake.
	[ˈrætəlˌsneɪk]	-Tiene el carácter de una serpiente de cascabel.
8871	**liner**	**el transatlántico**
	ss	Remove the liner without damaging the composite.
	[ˈlaɪnər]	-Quitar la camisa sin dañar el material compuesto.
8872	**penicillin**	**la penicilina**
	ss	I am allergic to aspirin, penicillin, and sulfa drugs.
	[ˌpɛnəˈsɪlən]	-Soy alérgico a la aspirina, a la penicilina y a las sulfamidas.
8873	**upward**	**hacia arriba; ascendente**
	adv; adj	Figures showed programme delivery on a steady upward curve.
	[ˈʌpwərd]	-Según las cifras, la ejecución de programas muestra una tendencia ascendente sostenida.
8874	**preside**	**presidir**
	vb	As deputy commander, I will preside.
	[prɪˈzaɪd]	-Como Segundo Comandante, voy a presidir.
8875	**heinous**	**atroz**
	adj	Communism is the most heinous personification of evil mankind has ever confronted.
	[ˈheɪnəs]	-El comunismo es la más atroz personificación del mal que la humanidad ha enfrentado.
8876	**scruple**	**el escrúpulo; tener escrúpulos**
	ss; vb	Very well, I shall throw my last scruple to the wind.
	[ˈskrupəl]	-Muy bien, desecharé el último escrúpulo.
8877	**benevolent**	**benévolo**
	adj	Spread your benevolent wings across our innocence.
	[bəˈnɛvələnt]	-Esparce tu ala benevolente a través de nuestra inocencia.
8878	**indestructible**	**indestructible**
	adj	60feet underground of solid steel and indestructible concrete.
	[ˌɪndəˈstrʌktɪbəl]	-20 metros bajo tierra, de acero y hormigón indestructible.
8879	**censorship**	**la censura**
	ss	Top-down directives and outright censorship are rare.
	[ˈsɛnsərˌʃɪp]	-Las órdenes de arriba abajo y la censura estricta son poco comunes.
8880	**impure**	**impuro**
	adj	Women exist because male desire got impure.
	[ɪmˈpjʊr]	-La mujer existe porque el deseo masculino se volvió impuro.
8881	**accessible**	**accesible| asequible**

	adj [ækˈsɛsəbəl]	The invention of the mobile phone took place in the seventies, and it became accessible to all in the eighties and nineties. -La invención del celular tuvo lugar en los años setenta y se hizo accesible para todos en los años ochenta y noventa.
8882	**cultivate**	**cultivar**
	vb [ˈkʌltəˌveɪt]	There are things one is born with, and things one has to cultivate. -Hay cosas con las que se nace, y cosas que se deben cultivar.
8883	**fitness**	**la aptitud**
	ss [ˈfɪtnəs]	It offers free Wi-Fi in public areas and a rooftop terrace with fitness machines, a swimming pool and Jacuzzi. -Ofrece conexión inalámbrica a internet gratuita en las zonas públicas y una terraza en la azotea con máquinas de fitness, una piscina y un jacuzzi.
8884	**accelerate**	**acelerar**
	vb [ækˈsɛləˌreɪt]	The policy will only accelerate inflation. -La política solo acelerará la inflación.
8885	**hurl**	**lanzar| tirar algo; el lanzamiento**
	vb; ss [hɜrl]	Her saggy skin makes me want to hurl. -Su piel caída me hace querer vomitar.
8886	**checkbook**	**el talonario de cheques**
	ss [ˈtʃɛkˌbʊk]	Here, now the checkbook is totally balanced-ish. -Ahí, ahora la chequera está totalmente "como" balanceada.
8887	**piccolo**	**el piccolo**
	ss [ˈpɪkəˌloʊ]	That's not a piccolo stuck between your lips. -Lo que está atrapado entre tus labios no es un flautín.
8888	**shuck**	**la vaina; pelar**
	ss; vb [ʃʌk]	I was hoping we could sit in the front porch and shuck corn, shoot squirrels... -Esperaba que nos sentáramosjuntos en el porche a pelar maíz.
8889	**back seat**	**el asiento trasero**
	ss [bæk sit]	You can't from the back seat. -Desde el asiento de atrás no puede.
8890	**peachy**	**color de rosa| de perlas**
	adj [ˈpitʃi]	Our mother said "peachy". -Nuestra madre decía "de perlas".
8891	**billboard**	**la cartelera**
	ss [ˈbɪlˌbɔrd]	Prefer apparently that before a walking billboard 7UP. -Prefiero parecer eso antes que un cartel ambulante de 7UP.
8892	**collide**	**chocar**
	vb [kəˈlaɪd]	When a book and a head collide and a hollow sound is heard, must it always have come from the book? -Cuando un libro y una cabeza chocan y se escucha un sonido hueco, ¿seguro que ha venido siempre del libro?
8893	**berth**	**atracar; el amarradero**
	vb; ss [bɜrθ]	Might be sharing his berth With some republican strumpet. -Podría compartir su litera con algún republicano.
8894	**birch**	**el abedul; azotar**

	ss; vb	Historical birch from a Wyoming snow fence.
	[bɜrtʃ]	-Es un abedul histórico de una cerca para nieve de Wyoming.

8895 kebab — **la brocheta**

ss
[kebab]

We have five kinds of kebab.
 -Tenemos cinco tipos de kebab.

8896 archaeologist — **el arqueólogo**

ss
[ˌɑrkiˈɑlədʒɪst]

My grandfather was an archaeologist.
 -Mi abuelo era arqueólogo.

8897 limbo — **el limbo**

ss
[ˈlɪmboʊ]

Kosovo cannot remain in some sort of international limbo indefinitely.
 -Kosovo no puede permanecer en una especie de limbo internacional en forma indefinida.

8898 skater — **el patinador**

ss
[ˈskeɪtər]

But the rumor is that you are a superlative skater.
 -Pero el rumor dice que usted es un patinador excepcional.

8899 headless — **sin cabeza**

adj
[ˈhɛdləs]

Jim is running around like a headless chicken.
 -Jim está corriendo como un pollo sin cabeza.

8900 skeptical — **escéptico**

adj
[ˈskɛptəkəl]

You're very skeptical.
 -Sos muy escéptico.

8901 rut — **la rodera; estar en celo**

ss; vb
[rʌt]

I'm stuck in a rut in my boring job and need to do something new.
 -Estoy estancado en la rutina en mi aburrido trabajo y necesito hacer algo nuevo.

8902 periscope — **el periscopio**

ss
[ˈpɛrəˌskoʊp]

The periscope, hunting convoys of ships.
 -Persiguiendo barcos de escolta por el periscopio.

8903 obstinate — **obstinado**

adj
[ˈɑbstənət]

She is obstinate.
 -Ella es una persona obstinada.

8904 pendant — **el colgante; pendiente**

ss; adj
[ˈpɛndənt]

I'll give you this pendant.
 -Te daré este colgante.

8905 yarn — **el hilo| el hilado; contar historias**

ss; vb
[jɑrn]

Producers of PSF may also produce other items such as partially oriented yarn and polyester textured yarn.
 -Los fabricantes de fibras discontinuas de poliéster también pueden producir otros artículos como el hilado parcialmente orientado o el hilado texturado de poliéster.

8906 vegetation — **la vegetación**

ss
[ˌvɛdʒəˈteɪʃən]

There were only a few patches of vegetation near the river.
 -Sólo había algunas manchas de vegetación cerca del río.

8907 wharf — **el muelle**

ss
[wɔrf]

Your lady love just stepped off the bus at fisherman's wharf.
 -Tu novia acaba de bajarse del autobús en el muelle del pescador.

8908 affidavit — **la declaración jurada**

	ss	The full affidavit says they developed a source of information...
	[ˌæfəˈdeɪvət]	-La completa declaración jurada dice que ellos desarrollaron una fuente de información...
8909	**recession**	**la recesión| el retroceso**
	ss	The economy has entered a recession.
	[rɪˈsɛʃən]	-La economía entró en recesión.
8910	**carousel**	**el carrusel**
	ss	And definitely sounds like a carousel.
	[ˈkɛrəˌsɛl]	-Y eso... eso suena definitivamente como un carrusel.
8911	**sumo**	**el sumo**
	ss	My sister cheers young sumo wrestlers.
	[ˈsumoʊ]	-Mi hermana mayor anima a un luchador de sumo joven.
8912	**hex**	**el maleficio; embrujar**
	ss; vb	They put a forgetting hex on Dr. Brennan.
	[hɛks]	-Le lanzaron un hechizo para que olvidara a la Dra. Brennan.
8913	**chaste**	**casto**
	adj	Or your chaste treasure, open to his unmastered importunity.
	[tʃeɪst]	-O abres tu casto tesoro... a su irrefrenable insistencia.
8914	**dosage**	**la dosificación**
	ss	Bodyweight and dosage must be accurately determined to avoid overdosing.
	[ˈdoʊsədʒ]	-El peso vivo y la dosis deben determinarse con exactitud para evitar sobredosificaciones.
8915	**pubic**	**púbico**
	adj	I have an itch in my pubic area.
	[ˈpjubɪk]	-Tengo una picazón en mi área púbica.
8916	**munitions**	**los pertrechos**
	ss	The munitions have been tagged pending their destruction.
	[mjuˈnɪʃənz]	-Las municiones en cuestión se han precintado a la espera de su destrucción.
8917	**stairwell**	**el hueco de escalera**
	ss	Probably a stairwell back to the surface.
	[ˈstɛrˌwɛl]	-O probablemente una escalera para subirnos a la superficie.
8918	**extermination**	**el exterminio**
	ss	Economic imbalances between countries led to gradual extermination of the poor.
	[ɪkˌstɜrməˈneɪʃən]	-El desequilibrio económico entre los países conduce al exterminio progresivo de las poblaciones pobres.
8919	**livelihood**	**el sustento**
	ss	Alternative livelihood programmes have achieved positive results.
	[ˈlaɪvliˌhʊd]	-Se han logrado resultados positivos en algunos programas de medios de subsistencia alternativos.
8920	**impolite**	**descortés**
	adj	It's impolite to stare at people.
	[ɪmpəˌlaɪt]	-Es descortés mirar fijamente a las personas.
8921	**fiddler**	**violinista**
	ss	My uncle is a very well-known Cape Breton fiddler.
	[ˈfɪdələr]	-Mi tío es un violinista muy conocido en el Cabo Bretón.

8922	**impudent**	**impudente**
	adj	This sandwich tastes so young and impudent.
	[impudent]	-Este bocadillo sabe joven e insolente.
8923	**foresee**	**prever**
	vb	Nobody can foresee when the war will end.
	[fɔrˈsi]	-Nadie puede prever cuándo terminará la guerra.
8924	**insufficient**	**insuficiente**
	adj	The data is insufficient to show anything.
	[ɪnsəˈfɪʃənt]	-Los datos son insuficientes para mostrar algo.
8925	**latrine**	**la letrina**
	ss	These are your schedules with latrine times.
	[ləˈtrin]	-Éstos son sus horarios de letrina.
8926	**bridesmaid**	**la dama de honor**
	ss	"Someone have bones that need resetting?" - Bridesmaid.
	[ˈbraɪdzˌmeɪd]	-"¿Alguien tiene un hueso que necesitan ser recolocado?" - Dama de honor.
8927	**breather**	**el descanso**
	ss	He's just taking a breather, Alma.
	[ˈbriðər]	-Sólo está tomando un respiro, Alma.
8928	**forefather**	**el antepasado**
	ss	It turns out we have a common forefather.
	[ˈfɔrˌfaðər]	-Entonces, resulta que tenemos el mismo antepasado.
8929	**recollection**	**el recuerdo**
	ss	Jim has no recollection of how he got his black eye.
	[ˌrɛkəˈlɛkʃən]	-Jim no recuerda como hizo para tener el ojo morado.
8930	**reproduction**	**la reproducción**
	ss	Walter Benjamin saw accurately the logical implications of mechanical reproduction.
	[ˌriprəˈdʌkʃən]	-Walter Benjamin vio con precisión las implicaciones lógicas de la reproducción mecánica.
8931	**bangle**	**el brazalete**
	ss	Laxman... this is Sita's bangle...
	[ˈbæŋgəl]	-Laxman... este es brazalete de Sita...
8932	**hairdo**	**el peinado**
	ss	It suits you, that new hairdo.
	[ˈhɛrˌdu]	-Te queda muy bien, ese nuevo corte de pelo.
8933	**pheasant**	**el faisán**
	ss	Someone's having pheasant for dinner.
	[ˈfɛzənt]	-Alguien va a comer faisán en la cena.
8934	**underdog**	**el desvalido**
	ss	Everybody feels bad for the underdog.
	[ˈʌndərˌdɔg]	-Todo el mundo se siente mal por el desvalido.
8935	**blender**	**la licuadora**
	ss	I can't grind it up in a blender.
	[ˈblɛndər]	-No se puede moler en una licuadora.
8936	**neutron**	**el neutrón**

	ss	Fortunately we recovered both SNC and neutron controller.
	[ˈnuˌtrɑn]	-Por suerte hemos recuperado tanto el SNC como el neutrón controlador.
8937	**nucleus**	**el núcleo**
	ss	A readily deployable nucleus of military headquarters was established in October 2009.
	[ˈnukliəs]	-Se estableció un núcleo fácilmente desplegable de cuarteles generales militares en octubre de 2009.
8938	**eunuch**	**el eunuco**
	ss	Again, the eunuch speaks truthfully.
	[ˈjunək]	-Una vez más, el eunuco dice la verdad.
8939	**jihad**	**la yihad**
	ss	Patient is on a jihad against commercial flowers.
	[ˈdʒihæd]	-El paciente está en una yihad contra las flores comerciales.
8940	**hypothetical**	**hipotético**
	adj	Another hypothetical example suggests the same conclusion.
	[ˌhaɪpəˈθɛtəkəl]	-Hay otro ejemplo hipotético que apunta a la misma conclusión.
8941	**divinity**	**la divinidad**
	ss	Exploring the feminine, nurturing side of divinity.
	[dɪˈvɪnəti]	-Explorando lo femenino, el lado maternal de la divinidad.
8942	**duly**	**debidamente**
	adv	All submissions and comments were taken duly into consideration.
	[ˈduli]	-Todos los comentarios e información presentados se tomaron debidamente en cuenta.
8943	**splendor**	**el esplendor**
	ss	The Telegraph Tower in all its splendor.
	[ˈsplɛndər]	-TELÉGRAFO La Torre del Telégrafo en todo su esplendor.
8944	**entertainer**	**artista**
	ss	Well, if it isn't the entertainer.
	[ˌɛntərˈteɪnər]	-Bueno, no es el artista.
8945	**prestigious**	**prestigioso**
	adj	The architect boasted that he had received a prestigious award.
	[prɛˈstɪdʒəs]	-El arquitecto se jactó de haber recibido un premio prestigioso.
8946	**birthmark**	**las mancha de nacimiento**
	ss	Vascular birthmark shaped like a strawberry.
	[ˈbɜrθˌmark]	-Marca de nacimiento vascular con forma de fresa.
8947	**snout**	**el hocico**
	ss	No, Peter, gently stroke his snout counterclockwise.
	[snaʊt]	-No, Peter, acaríciale suavemente su hocico en sentido antihorario.
8948	**erect**	**erguido; erigir**
	adj; vb	Ana's nipples became erect.
	[ɪˈrɛkt]	-Los pezones de Ana se pusieron erectos.
8949	**yon**	**aquél; a lo lejos**
	adj; adv	If yon do not need to talk very late years.
	[jɑn]	-Si Yon no es necesario hablar años muy tarde.
8950	**circumstantial**	**circunstancial**

	adj [ˌsɜrkəmˈstæntʃəl]	He may have just moved beyond circumstantial. -Puede que nos acabemos de mover más allá de lo circunstancial.
8951	**nicotine** ss [ˈnɪkəˌtin]	**la nicotina** Free-base nicotine causes the addiction to cigarettes. -La nicotina libre causa la adicción a los cigarrillos.
8952	**lag** ss; vb [læg]	**el retraso| el presidiario; retrasarse** It's been a week, but I'm still suffering from jet lag. -Ha pasado una semana, pero todavía estoy sufriendo el jet lag.
8953	**hippo** ss [ˈhɪpoʊ]	**el hipopótamo** Riverside Park, hippo playground, ten minutes. -Parque Riverside. Zona de juegos del hipopótamo, - En diez minutos .
8954	**suction** ss [ˈsʌkʃən]	**la succión** Utilize high-powered suction to clear the operative field. -Utiliza el máximo poder de succión para limpiar el campo operacional.
8955	**Armenian** adj; ss [ɑrˈminiən]	**armenio; el armenio** Armenia is called "Hayastan" in Armenian. -Armenia se llama "Hayastan" en armenio.
8956	**bullock** ss [ˈbʊlək]	**el toro castrado** One day he sent me to get the bullock. -Un día me mandó a traer el buey.
8957	**nationwide** adj; adv [ˈneɪʃənˈwaɪd]	**a escala nacional; por toda la nación** It is a prevalent belief, according to a nationwide poll in the United States, that Muslims are linked with terrorism. -De acuerdo a una encuesta a nivel nacional en Estados Unidos, prevalece la creencia de que los musulmanes están vinculados al terrorismo.
8958	**rowdy** adj; ss [ˈraʊdi]	**ruidoso; quimerista** Dad you want me to marry this rowdy. -Papá quiere que me case con este ruidoso.
8959	**burp** vb; ss [bɜrp]	**eructar; el eructo** She's the only one that knows how to burp the alphabet. -Es la única que sabe eructar el alfabeto.
8960	**exemplary** adj [ɪgˈzɛmpləri]	**ejemplar** The Bosnia process is therefore exemplary. -Por tanto, el proceso de Bosnia es ejemplar.
8961	**steamer** ss [ˈstimər]	**el buque de vapor** No, we're sailing on a British steamer. -No, partimos en un vapor británico.
8962	**eviction** ss [ɪˈvɪkʃən]	**el desalojo** There is no special provision on Roma eviction. -No hay una disposición especial sobre el desalojo de romaníes.
8963	**whirlwind** ss [ˈwɜrlˌwɪnd]	**el torbellino** Sow the wind, reap the whirlwind. -Quien siembra vientos, recoge tempestades.
8964	**pusher** ss [ˈpʊʃər]	**arribista** I want the name of that pusher. -Quiero el nombre de ese traficante.

8965	**deem**	**considerar| creer**
	vb	I am of course at your disposal to supply any additional information which you may deem useful.
	[dim]	-Quedo por supuesto a su disposición para proporcionarle cualquier información adicional que pudiera considerar de utilidad.

8966	**defiance**	**el desafío**
	ss	Obviously the international community cannot ignore such deliberate defiance.
	[dɪˈfaɪəns]	-Evidentemente, la comunidad internacional no puede ignorar este desafío deliberado.

8967	**imperfect**	**imperfecto; el imperfecto**
	adj; ss	China prefers an imperfect status quo to such alternatives.
	[ɪmˈpɜrfɪkt]	-China prefiere un status quo imperfecto a cualquiera de estas alternativas.

8968	**misjudge**	**juzgar mal**
	vb	Fikriye... Here, there is nobody to misjudge your reputation.
	[mɪsˈdʒʌdʒ]	-Fikriye, aquí no hay nadie para juzgar mal tu reputación.

8969	**thunderbolt**	**el rayo**
	ss	But a thunderbolt could strike the trees nearby and come in.
	[ˈθʌndərˌbɔlt]	-Pero un rayo podría golpear los árboles cerca, o entrar.

8970	**abundant**	**abundante**
	adj	There is evidence that water was abundant on Mars eons ago.
	[əˈbʌndənt]	-Hay evidencia de que eras atrás abundaba el agua en Marte.

8971	**jigsaw**	**el rompecabezas**
	ss	Could not find any jigsaw picture.
	[ˈdʒɪgˌsɔ]	-No se pudo encontrar ninguna imagen de rompecabezas.

8972	**rosebud**	**el capullo de rosa**
	ss	You cannot force open the petals of a rosebud before its time.
	[ˈroʊzbəd]	-No puedes forzar los pétalos de un botón de rosa para que se abran antes de tiempo".

8973	**foolproof**	**infalible**
	adj	The voice recognition makes it totally foolproof.
	[ˈfulˌpruf]	-El reconocimiento de voz hace que sea totalmente infalible.

8974	**draper**	**el pañero**
	ss	I found a card with them, to the draper... from Jocelin.
	[ˈdreɪpər]	-Encontré una tarjeta con ellos, al pañero... de Jocelin.

8975	**temporal**	**temporal**
	adj	A bullet grazed your temporal plate.
	[ˈtɛmpərəl]	-Una bala te rozó la ceja y raspó tu temporal.

8976	**recycle**	**reciclar**
	vb	This would help recycle unused balances to current projects.
	[riˈsaɪkəl]	-De esta forma se ayudaría a reciclar saldos no utilizados a proyectos vigentes.

8977	**hobo**	**el obrero temporal**
	ss	Jeff, I'm sorry I called you a handsome hobo.
	[ˈhoʊboʊ]	-Jeff, siento haberte llamado apuesto vagabundo.

| 8978 | **prudence** | **la prudencia** |

	ss	Britain seemed a paragon of fiscal prudence.
	[ˈprudəns]	-Gran Bretaña parecía un bastión de la prudencia fiscal.

8979 taffy — **el caramelo**
ss — Salt water taffy from Rhode Island.
[ˈtæfi] — -Un caramelo de agua salada de Rhode Island.

8980 childbirth — **el parto**
ss — Inducing's not a part of our natural childbirth plan.
[ˈtʃaɪldˌbɜrθ] — -Inducir el parto no es parte de nuestro plan de parto natural.

8981 raisin — **la pasa**
ss — With a... a shriveled-up raisin of a heart.
[ˈreɪzɪn] — -Con una pasa seca como corazón.

8982 phonograph — **el fonógrafo**
ss — Here, the phonograph's music sets off the Dionysian desire.
[ˈfoʊnəˌgræf] — -Aquí, la música del fonógrafo despierta el deseo dionisíaco.

8983 arsenic — **arsénico; el arsénico**
adj; ss — Be careful, don't remove the cap. It's arsenic!
[ˈɑrsənɪk] — -Cuidado de no destaparlo. ¡Es arsénico!

8984 blower — **el soplador**
ss — We know she was working on several whistle- blower stories with Wallace.
[ˈbloʊər] — -Sabemos que ella estaba trabajando en la denuncia de varias soplador de historias con Wallace.

8985 thrice — **tres veces**
adv — Twice and thrice had I loved thee before I knew thy face or name.
[θraɪs] — -Dos veces y tres veces yo te amé antes de conocer tu rostro o nombre.

8986 avail — **aprovechar| valer; el provecho**
vb; ss — You should avail yourself of every opportunity to learn.
[əˈveɪl] — -Deberías aprovecharte de cada oportunidad para aprender.

8987 beneficial — **beneficioso**
adj — Is eating a clove of garlic every day beneficial to your health?
[ˌbɛnəˈfɪʃəl] — -¿Comer un diente de ajo al día es beneficioso para la salud?

8988 crutch — **la muleta**
ss — Often she was very sad and lonely, and it happened that one day while she was seated at the window, letting salt tears drop on her work, an old woman, a kind, homely-looking old body, stepped up to the window, and, leaning upon her crutch, addressed the Queen in friendly, flattering tones.
[krʌtʃ] — -A menudo, ella estaba muy triste y solitaria, y sucedió que un día, mientras estaba sentada en la ventana, dejando que sus saladas lágrimas cayeran sobre su trabajo, una anciana, agradable y con un viejo cuerpo de aspecto hogareño, se acercó a la ventana, y , apoyada en su muleta, se dirigió a la reina en tonos amables y aduladores.

8989 afloat — **a flote; flotante**
adv; adj — Boats absorb water when they're afloat.
[əˈfloʊt] — -Las barcas absorben el agua cuando están a flote.

8990 trait — **el rasgo**
ss — Well, thoroughness clearly is a genetic trait.
[treɪt] — -Pues, la minuciosidad, evidentemente, es un rasgo genético.

8991	**crybaby**	**el llorón**
	ss	Don't be a crybaby!
	[ˈkraɪˈbeɪbi]	-¡No seas un nene llorón!
8992	**thundering**	**tremendo| imponente**
	adj	The thundering sound of drums during the processions is particularly impressive.
	[ˈθʌndərɪŋ]	-Durante las procesiones, el atronador sonido de los bombos y tambores resulta especialmente impresionante.
8993	**gob**	**el trozo; escupir**
	ss; vb	You've the dirty gob of your father.
	[gɑb]	-Tienes la boca sucia de tu padre.
8994	**crick**	**la tortícolis; darse una tortícolis**
	ss; vb	Might be a sheepherder along that crick.
	[krɪk]	-Tal vez haya un pastor por ese arroyo.
8995	**alga**	**la alga**
	ss	Esa luz fue generada por un dinoflagelado bioluminiscente, un alga unicelular.
	[alga]	-So that light was made by a bioluminescent dinoflagellate, a single-celled alga.
8996	**Spartan**	**el espartano**
	ss	My brave Trojans... willyoushowasmuchspirit against the Spartan army...
	[ˈspɑrtən]	-Mis valientes troyanos ¿mostraréis tanto espíritu contra el ejército espartano...
8997	**presumptuous**	**presuntuoso**
	adj	He continues to be incredibly presumptuous.
	[prɪˈzʌmptʃəwəs]	-¿"Rebecca"? Continua siendo increíblemente presuntuoso.
8998	**painfully**	**penosamente**
	adv	She was painfully skinny.
	[ˈpeɪnfəli]	-Ella estaba dolorosamente delgada.
8999	**endeavor**	**el esfuerzo; esforzarse**
	ss; vb	Marriage was looking like a lucrative endeavor.
	[ɪnˈdɛvər]	-El matrimonio se estaba viendo como un esfuerzo lucrativo.
9000	**companionship**	**el compañerismo**
	ss	He wanted female companionship.
	[kəmˈpænjənˌʃɪp]	-Quería compañía femenina.
9001	**archive**	**el archivo**
	ss	Gentoo installs work through a stage 3 archive.
	[ˈɑrˌkaɪv]	-Las instalaciones Gentoo funcionan por medio de un archivo stage3.
9002	**utility**	**la utilidad**
	ss	There are no cookies in the pantry. Look in the utility room.
	[juˈtɪləti]	-No hay galletas en la despensa. Mira en el trastero.
9003	**outward**	**exterior| hacia el exterior; hacia fuera**
	adj; adv	A ghost is an outward and visible sign of an inward fear.
	[ˈaʊtwərd]	-Un fantasma es un signo visible externo de un miedo interno.
9004	**residential**	**residencial**
	adj	An incoming call to residential line 550-0380.
	[ˌrɛzɪˈdɛntʃəl]	-Tengo una llamada entrante a la línea residencial, 550-0380.

9005	**plausible**	**plausible| convincente pero poco de fiar**
	adj	An increasingly plausible scenario given Samaritan's plans.
	[ˈplɔzəbəl]	-Un escenario cada vez más plausible dados los planes de Samaritan.
9006	**prodigal**	**pródigo**
	adj	The prodigal son returned home.
	[ˈprɑdɪgəl]	-El hijo pródigo volvió a casa.
9007	**bayou**	**el brazo pantanoso**
	ss	Now you stay out of that bayou.
	[ˈbaɪu]	-No te acerques a ese pantano.
9008	**individually**	**individualmente**
	adv	Multiple primary receptacles must be wrapped individually to prevent breakage.
	[ˌɪndɪˈvɪʤuəli]	-Cuando haya varios recipientes primarios, estos deberán envolverse individualmente para evitar cualquier rotura.
9009	**fetish**	**el fetiche**
	ss	The killer had another victim, a woman with a fetish about being in small, enclosed spaces.
	[ˈfɛtɪʃ]	-El asesino tenía otra víctima, una mujer con una obsesión sobre estar en espacios pequeños cerrados.
9010	**Jamaican**	**jamaicano; el jamaicano**
	adj; ss	Queremos darles a nuestros padres herpes.
	[ʤəˈmeɪkən]	-We want you to give our parents herpes.
9011	**herpes**	**el herpes**
	ss	Con suerte no habrás cogido herpes tampoco.
	[ˈhɜrpiz]	-With luck you haven't got herpes, either.
9012	**similarity**	**la semejanza**
	ss	Have you noticed the similarity in pronunciation between the Polish and Portuguese languages?
	[ˌsɪməˈlɛrəti]	-¿Has percibido la semejanza en la pronunciación entre las lenguas polaca y portuguesa?
9013	**paranormal**	**paranormal**
	adj	Houdini anhelaba creer en lo paranormal.
	[pɛrəˈnɔrməl]	-You know, Houdini wanted desperately to believe in the paranormal.
9014	**willpower**	**la fuerza de voluntad**
	ss	You've got a lot of willpower.
	[ˈwɪlˌpaʊər]	-Tienes mucha fuerza de voluntad.
9015	**conqueror**	**el conquistador**
	ss	He considers himself a conqueror of women.
	[ˈkɑŋkərər]	-Se considera a si mismo un conquistador de mujeres.
9016	**recount**	**contar**
	vb	Anything less than 3.500 are automatic recount.
	[rɪˈkaʊnt]	-Un poco menos de 3.500 son de recuento automático.
9017	**smallpox**	**la viruela**
	ss	Smallpox was unknown to Native Americans.
	[ˈsmɔlˌpɑks]	-La viruela no era conocida por los nativos americanos.
9018	**seduction**	**la seducción**

	ss	Complete the seduction after Bob Ballard and I double-team her.
	[sɪˈdʌkʃən]	-Para completar la seducción después de que Bob Ballard y yo nos la trabajemos juntos.
9019	**dismissal**	**el despido**
	ss	Unlawful dismissal may be challenged in court.
	[dɪˈsmɪsəl]	-El despido ilegal se podrá impugnar ante un tribunal.
9020	**Afghan**	**afgano; el afgano**
	adj; ss	Widespread wood cutting has changed the Afghan landscape.
	[ˈæfˌgæn]	-La tala generalizada de árboles para obtener leña ha transformado el paisaje afgano.
9021	**fainting**	**el desmayo**
	ss	This reduces the chances of fainting by increasing blood flow to the brain.
	[ˈfeɪntɪŋ]	-Esto reduce la posibilidad de un desmayo al aumentar el flujo de sangre al cerebro.
9022	**mileage**	**el kilometraje**
	ss	Also a warranty disclaimer and mileage statement.
	[ˈmaɪlədʒ]	-También una exención de la garantía y la declaración de kilometraje.
9023	**momentarily**	**momentáneamente**
	adv	That child left my place momentarily, but...
	[ˌmoʊmənˈtɛrəli]	-Ese niño dejó mi lugar momentáneamente, pero...
9024	**lapse**	**el lapso| el intervalo; caducar**
	ss; vb	We've got a 20 second real time lapse.
	[læps]	-Tenemos un lapso de 20 segundos de tiempo real.
9025	**default**	**el defecto| la rebeldía; no pagar**
	ss; vb	Are you using the default settings?
	[dɪˈfɔlt]	-¿Estás usando las configuraciones por defecto?
9026	**planner**	**el planificador**
	ss	Select a compatible day planner as your only planning calendar.
	[ˈplænər]	-Seleccione un planificador diario compatible para que sea su único calendario de planificación.
9027	**hepatitis**	**la hepatitis**
	ss	Work or travel in areas where hepatitis A is common.
	[ˌhɛpəˈtaɪtəs]	-Trabajan o viajan a áreas donde la hepatitis A es común.
9028	**clergy**	**el clero| la clerecía**
	ss	Christianity had always been a missionary faith but that job was normally carried out by professional clergy.
	[ˈklɜrdʒi]	-El cristianismo siempre había sido una fe misionera pero ese trabajo eran normalmente realizado por el clero profesional.
9029	**contraction**	**la contracción**
	ss	Spontaneous muscle contraction effectively freezing the victim in place.
	[kənˈtrækʃən]	-Contracción espontánea de los músculos congelando a la víctima en su lugar.
9030	**understatement**	**la atenuación**
	ss	I would say that's the understatement of the century.
	[ˈʌndərˌsteɪtmənt]	-Yo diría que ese es el eufemismo del siglo.
9031	**embark**	**embarcarse**

		vb	Will all personnel standby to embark.
		[ɛmˈbɑrk]	-Que todo el personal se prepare para embarcar.
9032	intoxication	**la intoxicación**	
		ss	Which would undoubtedly contribute to his apparent intoxication.
		[ɪnˌtɑksəˈkeɪʃən]	-Lo que sin duda, contribuyó a su aparente -intoxicación.
9033	famish	**tener carestía**	
		vb	Did you marry me to famish me?
		[ˈfeɪmɪʃ]	-¿Quieres matarme de hambre?
9034	minion	**el esbirro; favorito**	
		ss; adj	She is Bebe's minion, her little winged monkey.
		[ˈmɪnjən]	-Es la secuaz de Bebe, su pequeño mono alado.
9035	mainframe	**el ordenador central**	
		ss	Break in to the ISIS mainframe.
		[ˈmeɪnˌfreɪm]	-Entrar a la fuerza a la computadora central de ISIS.
9036	brewery	**la cervecería**	
		ss	Their family owns the oldest brewery in Bavaria.
		[ˈbruəri]	-Su familia es la dueña de la cervecería más antigua de Bavaria.
9037	attache	**el agregado**	
		ss	The car of the French military attache, please...
		[ˌætəˈʃeɪ]	-El coche del agregado militar francés, por favor...
9038	thoughtless	**irreflexivo**	
		adj	You are just as thoughtless and possessive as he is.
		[ˈθɔtləs]	-Eres tan desconsiderado y posesivo como él.
9039	heartfelt	**sentido**	
		adj	Heartfelt thanks!
		[ˈhɑrtˌfɛlt]	-¡Gracias de corazón!
9040	trusty	**fiel**	
		adj	My old crony, the trusty ICP.
		[ˈtrʌsti]	-Mi viejo amigo, el fiel ICP.
9041	tidings	**las noticias**	
		ss	Missy O'Hara find out you ride, ask Wong to carry bad tidings.
		[ˈtaɪdɪŋz]	-Descubrió que cabalga, pidió a Wong que portara malas noticias.
9042	ordinarily	**ordinariamente**	
		adv	It therefore did not ordinarily pose difficulties of fragmentation.
		[ˌɔrdəˈnɛrəli]	-Por consiguiente, no planteaba normalmente dificultades atribuibles a la fragmentación.
9043	fiasco	**el fiasco**	
		ss	Two failed projects and Microsoft fiasco.
		[fiˈæskoʊ]	-Dos proyectos fallidos y el fiasco de Microsoft.
9044	amour	**la aventura amorosa**	
		ss	This is a new lesson in amour.
		[amour]	-Esta es una nueva lección de amour.
9045	deserving	**digno; el merecido**	
		adj; ss	No matter what, you're as deserving as anyone.
		[dɪˈzɜrvɪŋ]	-No importa que, Tu eres merecedor como cualquier otro.
9046	oval	**oval; el óvalo**	

adj; ss
['oʊvəl]

Eye orbits rounded, almost oval.
-Las órbitas del ojo completas, casi oval.

9047 nothingness

ss
['nʌθiŋnəs]

la nada

Overtake your boredom and pulverize it into nothingness.
-Rebase su aburrimiento y pulverícelo en la nada.

9048 gullible

adj
['gʌləbəl]

crédulo

Jim is really gullible.
-Jim es realmente ingenuo.

9049 detection

ss
[dɪ'tɛkʃən]

la detección

Require leak detection and monitoring equipment.
-Prescribir el empleo de equipo para la detección y vigilancia de fugas.

9050 unsure

adj
[ən'ʃʊr]

inseguro

If they are unsure or answer incorrectly, they are confused.
-Si responde con inseguridad o incorrectamente, padece de confusión.

9051 scrawny

adj
['skrɔni]

flaco

Jim is a scrawny kid.
-Jim es un niño esquelético.

9052 heiress

ss
['ɛrəs]

la heredera

She's the heiress to a multibillion-dollar empire, Steffen.
-Es la heredera... de un imperio multimillonario, Steffen.

9053 misguided

adj
[mɪs'gaɪdɪd]

equivocado

It would be a misguided policy to address these specific inflation causes with general macroeconomic instruments.
-Sería una política equivocada enfrentar estas causas específicas de la inflación con instrumentos macroeconómicos generales.

9054 calcium

ss
['kælsiəm]

el calcio

Increase the dose of your calcium supplement slowly.
-Es importante aumentar la dosis de su suplemento de calcio lentamente.

9055 seriousness

ss
['sɪriəsnəs]

la gravedad

Jim soon realized the seriousness of his error.
-Jim luego comprendió la seriedad de su error.

9056 brilliance

ss
['brɪljəns]

la brillantez| el brillo

A most thorough and decisive action, your brilliance.
-Una acción de lo más esmerada y contundente, Su Brillantez.

9057 fickle

adj
['fɪkəl]

voluble

The weather is fickle.
-El tiempo es inestable.

9058 consultation

ss
[ˌkɑnsəl'teɪʃən]

la consulta

All applicants are offered legal consultation.
-A todos los solicitantes se le ofrece el servicio de consulta jurídica.

9059 indulgence

ss
[ɪn'dʌldʒəns]

la indulgencia

The various modes of worship which prevailed in the Roman world were all considered by the people as equally true; by the philosopher as equally false; and by the magistrate as equally useful. And thus toleration produced not only mutual indulgence, but even religious concord.
-Los diferentes modos de culto que prevalecieron en el mundo romano fueron todos consideraros por el pueblo como igualmente verdaderos,

por el filósofo como igualmente falsos, y por el magistrado como igualmente útiles. Y así la tolerancia produjo no sólo la indulgencia mutua, sino incluso la concordia religiosa.

9060	**candlelight** ss [ˈkændəlˌlaɪt]	**la luz de una vela** Dawn to dusk, candlelight creates the home you love to love. -Desde el amanecer hasta el anochecer, la luz de las velas crea el hogar que te encanta.
9061	**holster** ss [ˈhoʊlstər]	**la funda** We found this empty holster in your living room. -Encontramos esta pistolera vacía en su living.
9062	**termination** ss [tərməˈneɪʃən]	**la terminación** This section survives termination of these Terms for any reason. -Esta sección subsiste a la terminación de estas Condiciones para cualquier causa.
9063	**charger** ss [ˈtʃɑrdʒər]	**el cargador** The different inserts are included with the charger. -Los distintos accesorios de inserción vienen incluidos con el cargador.
9064	**dreadfully** adv [ˈdrɛdfəli]	**horrorosamente** Get so dreadfully tired these days. -Estoy tan terriblemente cansado estos días.
9065	**bony** adj [ˈboʊni]	**óseo** You should light a fire under his bony little... -Deberíamos encender un fuego bajo su pequeño huesudo...
9066	**twit** ss; vb [twit]	**el estafermo; embromar** But George turns into a real charmer when he starts signing checks. -Pero George es encantador cuando se pone a firmar cheques.
9067	**charmer** adj [ˈtʃɑrmər]	**hombre encantador** Minor crisis down at City Hall that requires a certain blonde charmer. -Pequeña crisis en el Ayuntamiento que requiere de cierta rubia encantadora.
9068	**Doomsday** ss [ˈdumzˌdeɪ]	**el Día del Juicio Final** So many movements of Mozart, I began to think that he'd discovered the secret of perpetual motion and we should be stuck here till Doomsday. -Tantos movimientos de Mozart, que pensé que había descubierto el secreto del movimiento perpetuo y que estaríamos atrapadas aquí hasta día del juicio final.
9069	**shorten** vb [ˈʃɔrtən]	**acortar| reducir** Expectations (prognosis): Continued excessive drinking can shorten your lifespan. -Expectativas (pronóstico): El consumo constante y excesivo de alcohol puede acortar su período de vida.
9070	**redo** vb [riˈdu]	**rehacer** Otherwise we couldn't redo her apartment. -De otra forma no hubiésemos podido rehacer su apartamento.
9071	**python** ss [ˈpaɪθɑn]	**el pitón** GCC is a compiler while Python is an interpreter. -GCC es un compilador, mientras que Python es un intérprete.
9072	**brightly**	**brillantemente**

	adv	I have to shine brightly like fireworks in the summer sky.
	['braɪtli]	-Tengo que brillar intensamente, como los fuegos artificiales en un cielo de verano.
9073	**Antarctic**	**antártico; el antártico**
	adj; ss	They explored the Antarctic.
	[æn'tɑrktɪk]	-Exploraron la Antártida.
9074	**larceny**	**el hurto| la ratería**
	ss	Flushing birth-control pills down the toilet becomes larceny.
	['lɑrsəni]	-Echar píldoras anticonceptivas por el escusado se convertirá en robo.
9075	**bouncer**	**el bravucón**
	ss	I just got a bad review of the bouncer.
	['baʊnsər]	-Acabo de recibir una mala crítica del gorila.
9076	**swindle**	**la estafa| el timo; estafar**
	ss; vb	This Argentine scheme is nothing but a commonplace Stock Exchange swindle.
	['swɪndəl]	-Este proyecto argentino es una vulgar estafa bursátil.
9077	**snag**	**engancharse; la pega**
	vb; ss	That's the snag with these old pianos.
	[snæg]	-Ese es el problema con estos pianos antiguos.
9078	**onwards**	**adelante**
	adv	They relate in particular to the later paragraphs, from paragraph 47 onwards.
	['ɑnwərdz]	-Dichas reservas son relativas, en particular, a los últimos apartados, del apartado 47 en adelante.
9079	**quartet**	**el cuarteto**
	ss	Check out her face in the quartet photo.
	[kwɔr'tɛt]	-Fíjate la cara en la foto del cuarteto.
9080	**unholy**	**impío**
	adj	There was something unholy in that room.
	[ən'hoʊli]	-Allí había algo profano en esa habitación.
9081	**trademark**	**la marca**
	ss	More updates on the trademark thing.
	['treɪd,mɑrk]	-Más noticias sobre e asunto de la marca registrada.
9082	**cavalier**	**el caballero; arrogante**
	ss; adj	Here are the fruits of the government of cavalier Giolitti.
	[,kævə'lɪr]	-Estos son los frutos del gobierno del caballero Giolitti.
9083	**hypocritical**	**hipócrita**
	adj	Jim is hypocritical.
	[,hɪpə'krɪtɪkəl]	-Jim es hipócrita.
9084	**recreate**	**recrear**
	vb	It's using appropriate genetic material to recreate itself.
	['rɛkri,eɪt]	-Es el uso de material genético apropiado para recrear en sí.
9085	**turnout**	**la concurrencia| la participación**
	ss	We are concerned about the Latino turnout.
	['tɜr,naʊt]	-Estamos un poco preocupados por la participación latina.
9086	**mower**	**el cortacésped**

	ss	I have to pull a ripcord to start my lawn mower.
	['movər]	-Tengo que jalar una cuerda para encender mi podadora.
9087	**Bohemian**	**bohemio; el bohemio**
	adj; ss	Bohemian and even international cuisine and wines.
	[bou'himiən]	-Bohemio e incluso cocina internacional y vinos.
9088	**railing**	**la barandilla	los pasamanos**
	ss	The robber pushed him over a stair railing.
	['reɪlɪŋ]	-El ladrón le empujó por la barandilla de la escalera.
9089	**tangible**	**tangible**
	adj	Arctic conditions provide a tangible measure of changing trends.
	['tændʒəbəl]	-Las condiciones del Ártico brindan una medición tangible de las tendencias cambiantes.
9090	**outdated**	**anticuado**
	adj	This data is outdated.
	['aʊtˌdeɪtɪd]	-Este dato está obsoleto.
9091	**pang**	**la angustia	la pundaza**
	ss	It is well your sainted mother is spared this pang.
	[pæŋ]	-Por suerte tu santa madre se ha ahorrado esta punzada.
9092	**fester**	**enconarse	amargarse; el absceso**
	vb; ss	It festers and Miss Havisham lets it fester.
	['fɛstər]	-Supura y la Señorita Havisham la deja supurar.
9093	**ostrich**	**el avestruz**
	ss	The pigeon and the ostrich are both birds; one can fly and the other cannot.
	['ɔstrɪtʃ]	-La paloma y el avestruz son ambos pájaros; uno puede volar y el otro no.
9094	**ordain**	**ordenar	decretar**
	vb	Whenever I get time ordain me priest.
	[ɔr'deɪn]	-En cuanto tenga tiempo me ordenar cura.
9095	**heterosexual**	**heterosexual**
	adj	This ambiguous term could be understood as endorsing sexual relationships outside heterosexual marriage.
	[ˌhɛtərou'sɛkʃəwəl]	-Esta expresión ambigua puede entenderse como un respaldo a las relaciones sexuales fuera del matrimonio heterosexual.
9096	**iodine**	**el yodo**
	ss	Vitamin A and iodine deficiencies are endemic.
	['aɪəˌdaɪn]	-La carencia de vitamina A y de yodo es endémica.
9097	**reinforce**	**reforzarse**
	vb	Naturally, we must also improve and reinforce treatment programmes.
	[ˌriɪn'fɔrs]	-Naturalmente, nos hace falta mejorar y reforzar los programas de tratamiento.
9098	**hussy**	**la desvergonzada; pícara**
	ss; adj	And her workin' in a saloon like any hussy.
	['hʌsi]	-Trabaja en una taberna, como cualquier fresca.
9099	**superiority**	**la superioridad**
	ss	Women are systematically degraded by receiving the trivial attentions which men think it manly to pay to the sex, when, in fact, men are insultingly supporting their own superiority.
	[ˌsupɪri'ɔrɪti]	

-Las mujeres son sistemáticamente degradadas al recibir las triviales atenciones que los hombres piensan que es varonil atribuir a su sexo, cuando de hecho los hombres ofensivamente sostienen su propia superioridad.

9100	**thong**	**la correa**
	ss	I'm wearing a giant muumuu... And a thong.
	[θɔŋ]	-Estoy usando un muuumuuu gigante... y una correa.
9101	**chevalier**	**el caballero**
	ss	There is a difference between eating the cheval and eating the chevalier.
	[ˌʃɛvəˈlɪr]	-Hay una diferencia entre comer caballo y comerse al caballero.
9102	**hem**	**el dobladillo; coser un dobladillo**
	ss; vb	Satin band with Porsche logo on hem.
	[hɛm]	-Elegante cinta satinada con anagrama Porsche en el dobladillo.
9103	**plait**	**la trenza; trenzar**
	ss; vb	They untwined my plait, and led me to the altar.
	[pleɪt]	-Me deshicieron la trenza y me llevaron al altar.
9104	**haystack**	**el almiar**
	ss	it is a smaller haystack.. easier to find the needle.
	[ˈheɪˌstæk]	-En un pajar más chico, más fácil se encuentra la aguja.
9105	**chrome**	**el cromo**
	ss	Jim uses Google Chrome.
	[kroʊm]	-Jim usa Google Chrome.
9106	**astronomical**	**astronómico**
	adj	The potential's astronomical, sir.
	[ˌæstrəˈnɑmɪkəl]	-El potencial es astronómico, señor.
9107	**grange**	**la granja**
	ss	Yet cooperation is a hallmark of human society, allowing for the creation of everything from the local grange to the United Nations.
	[greɪndʒ]	-Aún así, la cooperación es un signo distintivo de la sociedad humana, necesaria para la creación de todo, desde una granja local hasta las Naciones Unidas.
9108	**definitive**	**definitivo**
	adj	Nothing definitive on cause of death.
	[dɪˈfɪnɪtɪv]	-Nada definitivo en la causa de la muerte.
9109	**sanitarium**	**el sanatorio**
	ss	That man should really be in a sanitarium.
	[sanitarium]	-Ese hombre de verdad tendría que estar en un sanatorio.
9110	**molest**	**molestar**
	vb	Because he's not going to molest you.
	[məˈlɛst]	-Porque no va a abusar de ti.
9111	**duet**	**el dueto| la canción**
	ss	The pitching duet of Enrique Suarez and Angel Macias 'continued its winning streak.
	[duˈɛt]	-'El dúo de lanzadores de Enrique Suárez y Ángel Macías' Continuó su racha ganadora.
9112	**infidelity**	**la infidelidad**
	ss	My weapon was Jane's infidelity.
	[ˌɪnfɪˈdɛlɪti]	-Mi arma ha sido la infidelidad de Jane.

9113	**chivalry**	**la caballería**
	ss	Chivalry isn't dead.
	[ˈʃɪvəlri]	-La caballerosidad no ha muerto.
9114	**coachman**	**el cochero**
	ss	We have your coachman's deposition.
	[ˈkoʊtʃmən]	-Contamos con la declaración que ha hecho su cochero.
9115	**accurately**	**exactamente**
	adv	This work's very accurately done.
	[ˈækjərətli]	-Este trabajo está hecho con mucha exactitud.
9116	**gland**	**la glándula**
	ss	Parotid gland infection predominantly affected young men between 15-19 years.
	[glænd]	-La infección de la glándula parótida afectaba predominantemente a jóvenes de 15 a 19 años de edad.
9117	**astrology**	**la astrología**
	ss	I like astrology.
	[əˈstrɑlədʒi]	-Me gusta la astrología.
9118	**podium**	**el podio**
	ss	On the Formula One podium for the first time after a fantastic performance.
	[ˈpoʊdiəm]	-Por primera vez en un podio de la Fórmula 1 luego de una actuación estupenda.
9119	**ticklish**	**cosquilloso**
	adj	Now, as regards you, this is somewhat ticklish.
	[ˈtɪkəlɪʃ]	-Ahora, respecto de ti, el asunto es muy delicado.
9120	**trotter**	**el trotón**
	ss	You want to sell a horse, galopor or trotter, by the means of this site?
	[ˈtrɑtər]	-¿Quieren vender un caballo, de galope o trotón, por medio de este sitio?
9121	**resurrect**	**resucitar**
	vb	They said, You're that powerful, you can resurrect this country.
	[ˌrɛzəˈrɛkt]	-Dijeron: Uds. son tan poderosos, pueden resucitar este país.
9122	**elm**	**el olmo**
	ss	You can't hurry an elm.
	[ɛlm]	-No se puede apurar a un olmo.
9123	**catchy**	**pegadizo**
	adj	That song is catchy.
	[ˈkætʃi]	-Esa canción es pegajosa.
9124	**birthplace**	**el lugar de nacimiento**
	ss	Do you know his birthplace?
	[ˈbɜrθˌpleɪs]	-¿Sabes dónde nació?
9125	**painkiller**	**el analgésico**
	ss	I need a painkiller.
	[ˈpeɪnˌkɪlər]	-Necesito un analgésico.
9126	**cauldron**	**la caldera**
	ss	We did it right there in the big cauldron.
	[ˈkɑldrən]	-Lo hicimos ahí mismo, en el gran caldero.

9127 **fetus**   **el feto**
ss   When they arrived there were faint vitals on the fetus.
['fitəs]   -Cuando llegaron había signos vitales en el feto.

9128 **acoustic**   **acústico**
adj   The Juliett-class torpedo has an acoustic guidance system.
[əˈkustɪk]   -El torpedo clase Juliett tiene un sistema de guía acústica.

9129 **lucid**   **lúcido**
adj   People that have experienced so-called 'lucid dreams' often describe
['lusəd]   them as being 'more real than reality'. They also describe reality after
waking up from a 'lucid dream' to be like a 'whimsical dream'.
-La gente que ha experimentado los así llamados "sueños lúcidos" los
describe a menudo como 'más real que la realidad'. También, tras
despertarse de un 'sueño lúcido', describen la realidad como un 'sueño
fantasioso'.

9130 **structural**   **estructural**
adj   China must choose between higher growth and faster structural
['strʌktʃərəl]   adjustment.
-China debe elegir entre un mayor crecimiento y un ajuste estructural
más rápido.

9131 **diseased**   **enfermo**
adj   One might say - and this is not the first time I am saying this - that the
[dɪˈzizd]   sector is diseased up to a certain point.
-Podría argumentarse -no es la primera vez que lo digo- que hasta cierto
punto el sector está enfermo.

9132 **disposable**   **desechable**
adj   I think people should stop using disposable shopping bags.
[dɪˈspoʊzəbəl]   -Creo que la gente debería dejar de usar las bolsitas de plástico de los
supermercados.

9133 **gladiator**   **el gladiador**
ss   The slave who became a gladiator.
['glædiˌeɪtər]   -El esclavo que se convirtió en un gladiador.

9134 **violinist**   **violinista**
ss   Her late husband was a violinist.
[vaɪəˈlɪnəst]   -Su difunto marido era violinista.

9135 **pimple**   **la espinilla**
ss   And this is my pimple, Herbert.
['pɪmpəl]   -Y éste es mi grano, Herbert.

9136 **ordinance**   **la ordenanza**
ss   The ruling council recently passed ordinance 3-4-5-2.
['ɔrdənəns]   -El consejo acaba de aprobar la Ordenanza de Emergencia 3-4-5-2.

9137 **sanitation**   **el saneamiento**
ss   Water supply and sanitation support remain insufficient.
[ˌsænəˈteɪʃən]   -El apoyo en materia de suministro de agua y saneamiento sigue siendo
insuficiente.

9138 **striker**   **huelguista**
ss   The striker believes it is one the finest major final tournaments ever
['straɪkər]   staged.

-El delantero cree que esta fase final fue uno de los mejores grandes torneos que se han disputado nunca.

9139	**nick**	**las mella; mellar**
	ss; vb	That's a fresh nick on her knee.
	[nɪk]	-Ese corte en la rodilla es reciente.
9140	**tinkling**	**el campanilleo; que hace tilín**
	ss; adj	It is jingling and tinkling to the beats.
	[ˈtɪŋkəlɪŋ]	-Se Jingling y tintineo de los latidos.
9141	**scat**	**largarse**
	vb	Jane, I said go away, leave me alone, scram, scat.
	[skæt]	-He dicho que te vayas, déjame en paz, largo, largo.
9142	**imaginative**	**imaginativo**
	adj	But I've come to believe that truly imaginative visual work is extremely important in society.
	[ɪˈmædʒənətɪv]	-Pero he llegado a creer que el trabajo visual verdaderamente imaginativo es extremadamente importante para la sociedad.
9143	**canine**	**canino; el canino**
	adj; ss	Greg's running canine CODIS right now.
	[ˈkeɪˌnaɪn]	-Greg está buscando en el CODIS canino ahora mismo.
9144	**craziness**	**la locura**
	ss	Sometimes history needs craziness to help it.
	[ˈkreɪzinəs]	-A veces, la historia necesita que la locura la ayude.
9145	**retch**	**vomitar fácilmente**
	vb	It takes everything in my power to not retch right now.
	[retch]	-Hace que use toda mi fuerza para no vomitar ahora mismo.
9146	**diversity**	**la diversidad**
	ss	Using Esperanto for international communication is the solution for preserving linguistic diversity.
	[dɪˈvɜrsəti]	-Usar el esperanto para la comunicación internacional, esa es la solución para conservar la diversidad lingüística.
9147	**armada**	**la armada**
	ss	Peacekeeper armada confirmed on scanned perimeter.
	[arˈmadə]	-La armada de Pacificadores está en el perímetro explorado.
9148	**liter**	**el litro**
	ss	I live in a country where the cost of a liter of petrol is cheaper than of a liter of water.
	[ˈlitər]	-Vivo en un país donde el costo de un litro de petróleo es más barato que un litro de agua.
9149	**enhanced**	**mejorado**
	adj	Such partnerships have enhanced UNDP technical and operational capacities.
	[ɛnˈhænst]	-Esas asociaciones han reforzado las capacidades técnicas y operacionales del PNUD.
9150	**paparazzi**	**los paparazzi**
	ss	Hiding in that guest house to avoid the paparazzi.
	[papaˈrɔzi]	-Escondiéndonos en esa casa de huésped para evitar a los paparazzi.
9151	**learner**	**el aprendiz**

	ss	He's a fast learner.
	[ˈlɜrnər]	-Él aprende rápidamente.
9152	**cram**	**atestar**
	vb	I know what was used to cram the picture down his throat.
	[kræm]	-Sé qué fue utilizado para meter la foto por su garganta.
9153	**documentation**	**la documentación**
	ss	Revised following recalculation of documentation requirements.
	[ˌdɑkjəmɛnˈteɪʃən]	-Datos revisados tras un nuevo cálculo de las necesidades para la documentación.
9154	**grapefruit**	**el pomelo**
	ss	Jim doesn't like grapefruit.
	[ˈgreɪpˌfrut]	-A Jim no le gusta el pomelo.
9155	**soundtrack**	**la banda sonora**
	ss	The script is fine, but the soundtrack was awful.
	[ˈsaʊndˌtræk]	-La letra es perfecta, pero la melodía ha sido horrible.
9156	**deduct**	**deducir| descontar**
	vb	Investors can deduct running costs and depreciation.
	[dɪˈdʌkt]	-Los inversores pueden deducir los gastos de gestión y la depreciación.
9157	**attacker**	**el agresor**
	ss	Our attacker believed somebody here robbed him.
	[əˈtækər]	-Nuestro atacante creyó que alguien Aquí lo había robado.
9158	**potassium**	**el potasio**
	ss	Is it a good source of potassium?
	[pəˈtæsiəm]	-¿Es una buena fuente de potasio?
9159	**nostalgic**	**nostálgico**
	adj	Perhaps. But I am not a nostalgic type.
	[nɔˈstældʒɪk]	-Tal vez, pero no soy un nostálgico.
9160	**accelerator**	**el acelerador**
	ss	Number seven: particle accelerator mishap.
	[ækˈsɛləˌreɪtər]	-Número siete. Accidente de acelerador de partículas.
9161	**pathological**	**patológico**
	adj	One of the symptoms of schizophrenia is pathological attention to detail, so I feel comforted when I forget a few commas.
	[ˌpæθəˈlɑdʒɪkəl]	-Uno de los síntomas de la esquizofrenia es la atención patológica a los detalles, así que me siento aliviado cuando olvido algunas comas.
9162	**manned**	**tripulado**
	adj	But even the safest power station is manned by people.
	[mænd]	-Pero incluso el reactor más seguro es dirigido por hombres.
9163	**novice**	**principiante**
	ss	Letting some novice into your private lab.
	[ˈnɑvəs]	-Dejar entrar a un novato en tu laboratorio privado.
9164	**sewage**	**los aguas residuales**
	ss	Additional estimated charges for cleaning, sewage and garbage removal.
	[ˈsuədʒ]	-Costos adicionales estimados para servicios de limpieza, eliminación de aguas residuales y recogida de basuras.
9165	**geological**	**geológico**

	adj	Other matters: progress report on geological model.
	[ˌʤiəˈlɑʤɪkəl]	-Otros asuntos: informe sobre la marcha de los trabajos del modelo geológico.
9166	**tinkle**	**tintinear; el retintín**
	vb; ss	You stop to tinkle, people could die.
	[ˈtɪŋkəl]	-Si paras de orinar, personas podrían morir.
9167	**torso**	**el torso**
	ss	Gunshot to the torso, trouble breathing.
	[ˈtɔrˌsoʊ]	-Un tiro en el torso, le cuesta respirar.
9168	**explicit**	**explícito**
	adj	I gave you explicit instructions not to touch anything.
	[ɪkˈsplɪsət]	-Te di instrucciones explícitas de que no tocaras nada.
9169	**bowler**	**el jugador de bolos**
	ss	You had this silver-sequined bowler hat.
	[ˈboʊlər]	-Tenías ese sombrero bombín con lentejuelas plateadas.
9170	**epilepsy**	**la epilepsia**
	ss	I have epilepsy.
	[ˈɛpəˌlɛpsi]	-Tengo epilepsia.
9171	**briar**	**el brezo**
	ss	We can try to find another way out of this briar.
	[ˈbraɪər]	-Podemos tratar de encontrar otra forma de salir de este brezo.
9172	**play-off**	**el partido de desempate**
	ss	They won a play-off before being appointed as hosts.
	[pleɪˌɔf]	-Ganó el play-off antes de ser elegida como anfitriona.
9173	**nemesis**	**la justicia**
	ss	My friends, the doodle has never been the nemesis of intellectual thought.
	[ˈnɛməsɪs]	-Amigos míos, el garabato nunca ha sido enemigo del pensamiento intelectual.
9174	**unconditional**	**incondicional**
	adj	After all, no EU strategic partnership is unconditional.
	[ˌʌnkənˈdɪʃənəl]	-Después de todo, ninguna sociedad estratégica de la UE es incondicional.
9175	**untouchable**	**intocable**
	adj	You got yourself the untouchable status.
	[ənˈtʌʧəbəl]	-Lo que tienes es el estatus de intocable.
9176	**defiant**	**desafiante**
	adj	Approximately one-third to one-half of all children with AD/HD may have coexisting oppositional defiant disorder (ODD).
	[dɪˈfaɪənt]	-Entre una tercera parte y la mitad de los niños que padecen de TDA/H podrían tener trastorno de oposición desafiante (TOD) coexistente.
9177	**sorcery**	**la brujería**
	ss	Father suspects the fire was started by sorcery.
	[ˈsɔrsəri]	-Mi padre sospecha que el fuego fue iniciado con brujería.
9178	**rejoin**	**reunirse con**
	vb	Then let them rejoin the preparation.
	[riˈʤɔɪn]	-Pues, ¡que reunirse con la preparación.
9179	**snug**	**ajustado**

| | | adj
[snʌg] | But I feel so snug, Stan.
-Pero me siento tan cómodo, Stan. |

adj
[snʌg]
But I feel so snug, Stan.
-Pero me siento tan cómodo, Stan.

9180 **dual** **dual**
adj
[ˈduəl]
Jim has a dual personality.
-Jim tiene doble personalidad.

9181 **clot** **el coágulo; coagular**
ss; vb
[klɑt]
A clot is preventing blood flow.
-Un coágulo impide que la sangre llegue a la pierna.

9182 **hypnotic** **hipnótico; el hipnótico**
adj; ss
[hɪpˈnɑtɪk]
Thalidomide is also a non-barbiturate centrally active hypnotic sedative.
-La talidomida es también un sedante hipnótico no barbitúrico activo a nivel central.

9183 **consolidated** **consolidado**
adj
[kənˈsɑləˌdeɪtəd]
Despite this, Indonesia has consolidated its democracy.
-A pesar de ello, Indonesia ha consolidado su democracia.

9184 **launder** **lavar**
vb
[ˈlɔndər]
Profit for the banks, which administer the accounts and launder the money.
-Lucro para los bancos que gestionan las cuentas y blanquean el dinero.

9185 **directive** **la directiva; directivo**
ss; adj
[dəˈrɛktɪv]
The directive will facilitate European cooperation on healthcare.
-La Directiva facilitará la cooperación europea en materia de asistencia sanitaria.

9186 **moat** **el foso; fosar**
ss; vb
[moʊt]
A woman crossed a castle moat to rescue a stranded old dog.
-Una mujer cruzó un foso de castillo para rescatar a un viejo perro atrapado.

9187 **make over** **ceder; la transformación**
vb; ss
[meɪk ˈoʊvər]
A smile makeover can improve your appearance as well as your overall well-being.
-La transformación de la sonrisa puede mejorar su apariencia además de su bienestar general.

9188 **yam** **el ñame; hablar como cotorra**
ss; vb
[jæm]
In reality, his nose looks like a yam.
-En realidad, su nariz parece un boniato.

9189 **checkup** **el chequeo**
ss
[ˈtʃɛˌkʌp]
They said I had to get a checkup.
-Dijeron que tenía que hacerme un chequeo.

9190 **wack** **el estrafalario**
ss
[wæk]
Who's nobody? Look, this party's wack.
-¿Quién es nadie? mira, este wack de la fiesta.

9191 **regroup** **reagruparse**
vb
[riˈgrup]
I can regroup the issues in question in two categories.
-Puedo reagrupar las cuestiones de que he hablado en dos categorías.

9192 **slurp** **sorber**
vb
[slɜrp]
The reference framework for German parental allowance was incorrect.
-El marco de referencia para el subsidio parental alemán era incorrecto.

9193 **tranquilizer** **el tranquilizante**

	ss	Ketamine is primarily a horse tranquilizer.
	[ˈtræŋkwəˌlaɪzər]	-La ketamina es principalmente un tranquilizante de caballos.
9194	**tablecloth**	**el mantel**
	ss	I'm afraid I spilled coffee on the tablecloth.
	[ˈteɪbəlˌklɔθ]	-Me temo que he derramado café en el mantel.
9195	**singular**	**singular| extraño; el singular**
	adj; ss	And all those watching tonight from beyond our shores, from
	[ˈsɪŋgjələr]	parliaments and palaces, to those who are huddled around radios in the forgotten corners of the world, our stories are singular, but our destiny is shared, and a new dawn of American leadership is at hand.
		-Y a todos aquellos que nos ven esta noche desde más allá de nuestras costas, desde parlamentos y palacios, para aquellos que se juntan alrededor de las radios en los rincones olvidados de nuestro mundo, nuestras historias son singulares, pero nuestro destino es compartido, y un nuevo amanecer de liderazgo estadounidense está llegando.
9196	**friction**	**la fricción**
	ss	Electricity does the rest. Juxtaposing fields of energy creating friction.
	[ˈfrɪkʃən]	-La electricidad hace el resto... formando campos de energía y creando fricción.
9197	**parental**	**parental**
	adj	Denmark is also the only Nordic country where fathers do not have a part of parental leave in connection with childbirth reserved for them.
	[pəˈrɛntəl]	-Dinamarca es también el único país nórdico donde no se reserva a los padres varones una parte de la licencia parental con ocasión del nacimiento de un hijo.
9198	**admiralty**	**el almirantazgo**
	ss	Or major cotard or some good men of the admiralty.
	[ˈædmərəlti]	-O el Mayor Cotard o algunos hombres confiables del almirantazgo.
9199	**optical**	**óptico**
	adj	The large format screen makes an optical viewfinder virtually redundant.
	[ˈɑptɪkəl]	-La pantalla de gran formato hace que el visor óptico sea prácticamente prescindible.
9200	**annihilation**	**la aniquilación| el aniquilamiento**
	ss	Their intention to rule rests with the annihilation of consciousness.
	[əˌnaɪəˈleɪʃən]	-Sus intenciones de gobernar se apoya en la aniquilación de la conciencia.
9201	**cabbie**	**taxista**
	ss	Surveillance has lost the pirate cabbie Juri Govalenko.
	[ˈkæbi]	-La vigilancia ha perdido al taxista pirata, Juri Govalenko.
9202	**maternal**	**materno**
	adj	My mother's father is my maternal grandfather.
	[məˈtɜrnəl]	-El papá de mi mamá es mi abuelo materno.
9203	**rift**	**la grieta; escindir**
	ss; vb	You grew up on top of the rift.
	[rɪft]	-Has crecido encima de la grieta.
9204	**lovingly**	**cariñosamente**
	adv	Please protect lovingly like a flower.
	[ˈlʌvɪŋli]	-Por favor protégelo amorosamente como a una flor.

9205	**fearsome**	**temible**
	adj	The most fearsome legend of all Sleepy Hollow...
	[ˈfɪrsəm]	-La más temible leyenda de "La Hondonada Somnolienta"...
9206	**teddy**	**el osito de peluche**
	ss	And you've got a teddy, Chloe.
	[ˈtɛdi]	-Y tienes un osito, Chloe.
9207	**croak**	**croar; el graznido**
	vb; ss	I feel like I'm going to croak.
	[kroʊk]	-Siento como si fuera a croar.
9208	**visionary**	**visionario; el visionario**
	adj; ss	And the visionary ingredient in Ayahuasca is DMT.
	[ˈvɪʒəˌnɛri]	-Y el ingrediente visionario en la Ayahuasca es la DMT.
9209	**immensely**	**inmensamente**
	adv	India also believed that Afghanistan would benefit immensely from greater regional integration.
	[ɪˈmɛnsli]	-La India considera también que el Afganistán se beneficiaría inmensamente de una mayor integración regional.
9210	**attire**	**el atuendo| la indumentaria; vestir a**
	ss; vb	Well you know, academic cocktail attire.
	[əˈtaɪər]	-Bueno, tú sabes, atuendo de cóctel académico.
9211	**cleanup**	**la limpieza**
	ss	Make sure the cleanup crews are ready.
	[ˈkliˌnʌp]	-Asegúrate de que los equipos de limpieza estén listos.
9212	**deployment**	**el despliegue**
	ss	Rapid deployment required well-trained and well-equipped troops.
	[dɪˈplɔɪmənt]	-Para el despliegue rápido se necesitan contingentes militares bien capacitados y bien equipados.
9213	**spout**	**el canalón| el pico; declamar**
	ss; vb	It's a bottle spout I've made into a whistle.
	[spaʊt]	-Es un pico de botella que convertí en silbato.
9214	**infectious**	**infeccioso**
	adj	Similar to the 1967 experiments, the infectious RNA was synthesized enzymatically.
	[ɪnˈfɛkʃəs]	-De manera similar a los experimentos de 1967, el ARN infeccioso se sintetizó enzimáticamente.
9215	**mantis**	**las mantis**
	ss	So, mantis shrimp come in two varieties: there are spearers and smashers.
	[ˈmæntɪs]	-Los camarones mantis vienen en dos variedades: están los arponeadores y los trituradores.
9216	**apostle**	**el apóstol**
	ss	Some people think she was the 13th apostle.
	[əˈpɑsəl]	-Algunas personas piensan que era el apóstol número 13.
9217	**skateboard**	**el monopatín**
	ss	Dummy, get me a skateboard and a burrito.
	[ˈskeɪtˌbɔrd]	-Hey, Tontín, traeme una patineta y un burrito.
9218	**folding**	**plegable; la plegadura**

	adj; ss [ˈfoʊldɪŋ]	Jim is folding his shirt. -Jim está doblando su camisa.
9219	**throw in** vb [θroʊ ɪn]	**lanzar| echar** Even throw in a box of shells. -Incluso en tirar una caja de cartuchos.
9220	**endow** vb [ɛnˈdaʊ]	**dotar** We'd love to endow a chair at Oxford or Cambridge. -De cómo nos encantaría dotar una cátedra en Oxford o en Cambridge.
9221	**finder** ss [ˈfaɪndər]	**descubridor** Highlight text before using the feature and finder opens pre-filled with your selection. -Resalta el texto antes de usar esta característica y el buscador se abrirá con tu selección ya elegida.
9222	**extinguisher** ss [ɪkˈstɪŋgwɪʃər]	**el extintor** Fry handed me the extinguisher and I started running toward the fire. -Fry me dio un extintor y eché a correr.
9223	**selfishness** ss [ˈsɛlfɪʃnəs]	**el egoísmo** She didn't tolerate his selfishness. -Ella no soportó su egoísmo.
9224	**vary** vb [ˈvɛri]	**variar| modificar** Opinions vary from person to person. -Las opiniones varían de una persona a otra.
9225	**proclamation** ss [ˌprɑkləˈmeɪʃən]	**la proclamación** This uncensurability takes effect with the proclamation of Members of Parliament. -Esta incensurabilidad entra en vigor con la proclamación de los miembros del Parlamento.
9226	**spotless** adj [ˈspɑtləs]	**inmaculado** Jim wants this room spotless. -Jim quiere que esta habitación esté impecable.
9227	**abruptly** adv [əˈbrʌptli]	**abruptamente** Shingen had some reason to return home so abruptly. -Shingen tenía una razón para regresar a sus dominios tan abruptamente.
9228	**tangle** ss; vb [ˈtæŋgəl]	**el enredo| el lío; enredar** It's a tangle most people want. -Es una maraña que mucha gente quiere.
9229	**promoter** ss [prəˈmoʊtər]	**el promotor** Professor Drucker Colín is also an ardent promoter of science. -El profesor Drucker Colín también es un ferviente promotor de la ciencia.
9230	**prompt** adj; ss; vb; adv [prɑmpt]	**rápido| inmediato; el aviso; estimular; en punto** Hospitable residents of St. George polish always prompt to see and where to go. -Hospitalario residentes de San Jorge polaco siempre pronto para ver y dónde ir.
9231	**widespread**	**extendido| extenso**

	adj [ˈwaɪdˈsprɛd]	Afterwards, because it was sanctioned by many of the successive dynasties Buddhism became widespread and had a tremendous impact on the development of Chinese thought, culture and art. -Después, debido a que las sucesivas dinastías budistas la sancionaron, se generalizó y tuvo un tremendo impacto en el desarrollo del pensamiento, la cultura y el arte chinos.
9232	**landslide** ss [ˈlændˌslaɪd]	**el corrimiento de tierras** A 500 ton landslide on the tracks. -Un desprendimiento en las vías, de 500 toneladas.
9233	**funnel** ss; vb [ˈfʌnəl]	**el embudo; canalizar** That doorway's a kill funnel. -Aquella puerta es un embudo de la muerte.
9234	**unprofessional** adj [ˌʌnprəˈfɛʃənəl]	**no profesional** Somewhere along the line my scientific curiosity became... unprofessional. -En algún momento de mi trabajo mi curiosidad científica se convirtió... en algo muy poco profesional.
9235	**parched** adj [pɑrtʃt]	**tostado** I find the humor quite parched. -Le encuentro un humor algo seco.
9236	**tubby** adj [ˈtʌbi]	**gordito** That's all in the past, tubby. -Eso está todo en el pasado, gordito.
9237	**deficit** ss [ˈdɛfəsət]	**el déficit** The only way to lose weight is to create a caloric deficit by burning more calories than you eat. -La única manera de perder peso es crear un déficit calórico quemando más calorías de las que comes.
9238	**cantor** ss [ˈkæntər]	**el cantor** But as cantor, he had no duty as organist. -Pero como Cantor no tenía quehacer de organista.
9239	**truffle** ss [ˈtrʌfəl]	**la trufa** The tree the truffle grew on was infested. -La trufa creció en un árbol infestado.
9240	**handy-man** ss [ˈhændi-mən]	**el factótum** Are you a handy man or woman with a passion for architecture? -Es Usted un hombre o una mujer estuche con una pasión por la construcción?
9241	**shoot out** vb [ʃut aʊt]	**salir| salir disparado** Ojeda Ríos was injured following a shoot-out several days later. -Ojeda Ríos resultó herido tras un tiroteo unos días después.
9242	**manually** adv [ˈmænjuəli]	**a mano** The workaround is to launch the application manually. -Para paliar el problema hay que lanzar la aplicación manualmente.
9243	**mope** ss; vb [moʊp]	**el melancólico; estar deprimido** Anyway, mom didn't mope around, and started dating again. -De todos modos, la mamá no estar deprimido alrededor, y comenzó a salir de nuevo.

9244	**embryo**	**el embrión**
	ss	Genetic interventions on the embryo may develop into eugenics.
	[ˈɛmbriˌoʊ]	-La intervención genética en el embrión puede dar pie a la eugenesia.
9245	**reside**	**residir| residir en**
	vb	But preparation for catastrophe does not have to reside exclusively with the government.
	[rɪˈzaɪd]	-Pero la preparación para las catástrofes no tiene que residir exclusivamente en el gobierno.
9246	**fend**	**defenderse**
	vb	Most priests are strong enough to fend it off, but I've already shown that I'm vulnerable.
	[fɛnd]	-La mayoría de los sacerdotes son lo suficientemente fuertes para defenderse, pero yo ya he demostrado que soy vulnerable.
9247	**ingenuity**	**el ingenio**
	ss	Human ingenuity has long proven its ability to solve seemingly insurmountable challenges.
	[ɪndʒəˈnuəti]	-El ingenio humano ha demostrado desde hace tiempo su capacidad para resolver problemas aparentemente insuperables.
9248	**screwy**	**absurdo**
	adj	Someone who lived up to a screwy ideal that I...
	[ˈskrui]	-Alguien con un ideal loco que...
9249	**invoke**	**invocar| recurrir a**
	vb	The workstation can invoke multiple telnet sessions to the server.
	[ɪnˈvoʊk]	-Cada estación de trabajo puede invocar múltiples sesiones de telnet al servidor.
9250	**propulsion**	**la propulsión**
	ss	Spare battery for an underwater propulsion device.
	[prəˈpʌlʃən]	-Batería extra, para una dispositivo de propulsión acuática.
9251	**morn**	**la mañana**
	ss	It's time to face another ebony Alaskan morn.
	[mɔrn]	-Es hora de enfrentarse a otra oscura mañana de Alaska.
9252	**distraught**	**angustiado**
	adj	You have hurt me, I am so distraught.
	[dɪˈstrɔt]	-Me lastimastes, estoy tan angustiado.
9253	**hooch**	**la bebida alcohólica**
	ss	You see, drinking hooch is a crime...
	[hutʃ]	-Usted ve, Beber licor es un crimen...
9254	**winch**	**el cabrestante**
	ss	Okay. Danny. start the winch.
	[wɪntʃ]	-Bueno, Danny, arranca el cabrestante.
9255	**enroll**	**inscribirse| inscribir**
	vb	Please contact the Fund Office if you should have any questions or wish to enroll.
	[ɛnˈroʊl]	-Por favor, póngase en contacto con la Oficina del Fondo si usted tiene cualquier pregunta o le gustaría inscribirse.
9256	**infrastructure**	**la infraestructura**

	ss	Developing countries significantly underinvest in infrastructure.
	[ˌɪnfrəˈstrʌktʃər]	-Los países en desarrollo tienen un déficit importante de inversiones en infraestructura.
9257	**poacher**	**los cazador furtivo**
	ss	My father has been a poacher for quite a long time.
	[ˈpoʊtʃər]	-Mi padre había sido un furtivo por un largo tiempo.
9258	**nutrition**	**la nutrición**
	ss	Qualified nutrition personnel manage these services.
	[nuˈtrɪʃən]	-Estos servicios están a cargo de personal calificado en materia de nutrición.
9259	**softball**	**el sofbol**
	ss	No, she's a professional softball player.
	[ˈsɔftˌbɔl]	-No, es jugadora de softball profesional.
9260	**miraculously**	**milagrosamente**
	adv	Not unless they miraculously mended themselves afterwards.
	[məˈrækjələsli]	-No a menos que milagrosamente se reparan por sí solas después.
9261	**bazooka**	**la bazuca**
	ss	You've been using a bazooka to exterminate three little roaches.
	[bəˈzukə]	-Has estado usando un bazooka para matar a tres cucarachas.
9262	**preview**	**el avance; preestrenar**
	ss; vb	Show preview of environments in bottom bar.
	[ˈpriˌvju]	-Muestra vista previa de entornos en la barra inferior.
9263	**dormant**	**latente; los inactivo**
	adj; ss	Sometimes, in the spirit world, A ghost can be earth-bound but dormant.
	[ˈdɔrmənt]	-A veces, en el mundo de los espíritus, un fantasma puede estar ligado a la tierra pero inactivo.
9264	**mislead**	**engañar**
	vb	After all, few people go into journalism to deliberately mislead the public.
	[mɪsˈlid]	-Después de todo, pocas personas se dedican al periodismo para engañar deliberadamente al público.
9265	**marshmallow**	**el malvavisco**
	ss	Magic chips and toasted marshmallow dip.
	[ˈmarʃˌmɛloʊ]	-Papas fritas mágicas y salsa de malvavisco tostado.
9266	**crucifixion**	**la crucifixión**
	ss	Puncture wounds are from a crucifixion.
	[ˌkrusɪˈfɪkʃən]	-Las heridas de perforación son de una crucifixión.
9267	**naught**	**la nada| el nulo; inútil**
	ss; adj	When that availed him naught, he became a tusked and taloned werewolf.
	[nɔt]	-Cuando eso no le sirvió de nada... se convirtió en hombre lobo con colmillos y garras.
9268	**criterion**	**el criterio**
	ss	The Qualifying Companies regime clearly fulfils this criterion.
	[kraɪˈtɪriən]	-El régimen de las sociedades beneficiarias cumple claramente este criterio.
9269	**sprain**	**el esguince; torcerse**

	ss; vb	Most of the time, a mild sprain will heal in 7-10 days.
	[spreɪn]	-La mayoría de las veces, un esguince leve sanará en 7 a 10 días.
9270	**enslave**	**esclavizar**
	vb	You helped a tyrant enslave a nation.
	[ɛnˈsleɪv]	-Le ayudaste a un tirano a esclavizar una nación.
9271	**meltdown**	**la fusión de un reactor**
	ss	Had a pretty public meltdown onstage last night.
	[ˈmɛltˌdaʊn]	-Tuvo una crisis pública bastante seria anoche sobre el escenario.
9272	**flunk**	**suspender**
	vb	He's about to flunk philosophy.
	[flʌŋk]	-El esta a punto de reprobar filosofía.
9273	**swindler**	**el estafador| el trapacero**
	ss	He is nothing but a swindler.
	[ˈswɪndələr]	-No es más que un estafador.
9274	**amid**	**en medio de**
	prp	The present report is issued amid landmark elections in Afghanistan.
	[əˈmɪd]	-El presente informe se publica en medio de elecciones históricas en el Afganistán.
9275	**dossier**	**el dosier**
	ss	Considerable progress has been made on this dossier.
	[ˌdɔˈsjeɪ]	-Se han registrado avances considerables en relación con este expediente.
9276	**incision**	**la incisión**
	ss	First incision just through the skin and sub-Q.
	[ɪnˈsɪʒən]	-En la primera incisión atraviesa la piel y el subcutáneo.
9277	**uninvited**	**no invitado**
	adj	Who comes uninvited to my apartment.
	[ˌʌnɪnˈvaɪtɪd]	-¿Quién viene sin invitación a mi apartamento.
9278	**ultimatum**	**el ultimátum**
	ss	When Hitler may ultimatum depositing he Rommel.
	[ˌʌltəˈmeɪtəm]	-Si Hitler se entera del ultimátum, destituirá a Rommel.
9279	**indiscreet**	**indiscreto**
	adj	Jim is indiscreet.
	[ɪndɪˈskrit]	-Jim es indiscreto.
9280	**occurrence**	**la aparición**
	ss	As the incidence of purpura haemorrhagica is very low, its occurrence cannot be ruled out completely.
	[əˈkɜrəns]	-Aunque la incidencia de púrpura hemorrágica es muy baja, su aparición no puede ser excluida completamente.
9281	**godless**	**impío**
	adj	Only the Englishman is able to endure wealth without becoming godless.
	[ˈgɑdləs]	-Sólo el inglés es capaz de soportar la riqueza, sin convertirse en ateo.
9282	**sphinx**	**la esfinge**
	ss	It's the portrait of a sphinx.
	[sfɪŋks]	-Es el retrato de una esfinge.
9283	**fiver**	**el billete de cinco libras**

	ss	If you could lend me a fiver.
	['faɪvər]	-Si pudieras prestarme un billete de cinco libras.
9284	**monsoon**	**el monzón; monzónico**
	ss; adj	Let the drops of monsoon, splatter.
	[mɑnˈsun]	-Dejemos que las gotas del monzón nos salpiquen.
9285	**willow**	**el sauce**
	ss	In our Mediterranean forest, there are lots of trees: oak, pine, willow, ash, elm, etc..
	[ˈwɪˌloʊ]	-En nuestro bosque mediterráneo hay muchos árboles: robles, pinos, sauces, fresnos, olmos, etc.
9286	**ceremonial**	**ceremonial; el ceremonial**
	adj; ss	The ceremonial gift merely symbolises friendship.
	[ˌsɛrəˈmoʊniəl]	-El regalo ceremonial, sólo simboliza la amistad.
9287	**pinpoint**	**determinar con precisión; de precisión; la punta de alfiler**
	vb; adj; ss	We could pinpoint the part of the brain that's hallucinating.
	[ˈpɪnˌpɔɪnt]	-Podemos localizar la parte del cerebro que está alucinando.
9288	**decipher**	**descifrar**
	vb	The bone clues are becoming more difficult to decipher.
	[dɪˈsaɪfər]	-Las pistas de los huesos están volviéndose más difíciles de descifrar.
9289	**audacity**	**la audacia| la osadía**
	ss	There is genius behind such audacity.
	[ɑˈdæsəti]	-Sí. Hay un genio detrás de esa audacia.
9290	**snotty**	**mocoso**
	adj	In a month she'll come to her senses and kick herself for letting some snotty...
	[snotty]	-En un mes va a venir a sus sentidos y patear a sí misma por dejar que algún mocoso...
9291	**Gothic**	**gótico| terrorífico; el gótico**
	adj; ss	Tyn Cathedral is most impressive Gothic building in Prague.
	[ˈgɑθɪk]	-La Catedral de Tyn es el más impresionante edificio Gótico de Praga.
9292	**buddhism**	**el budismo**
	ss	He studied electromechanics and Buddhism at the local university.
	[ˈbudɪzəm]	-Él estudió electromecánica y budismo en la universidad local.
9293	**wildcat**	**el gato montés**
	ss	Actually, she's more of a wildcat.
	[ˈwaɪldˌkæt]	-De hecho, mas bien como si fuera un gato montés.
9294	**graze**	**pacer| apacentar; la abrasión**
	vb; ss	The cow was designed to graze and to milk.
	[greɪz]	-La vaca fue diseñada para pastar y dar leche.
9295	**paved**	**pavimentado**
	adj	Hell is paved with good intentions.
	[peɪvd]	-El infierno está empedrado de buenas intenciones.
9296	**relive**	**volver a vivir**
	vb	Serial killers like To relive their crimes.
	[riˈlɪv]	-A los homicidas seriales les gusta revivir sus crímenes.
9297	**caper**	**la alcaparra; brincar**

	ss; vb	This doesn't need to be a daring caper, Hugo.
	['keɪpər]	-Esto no necesita ser una atrevida travesura, Hugo.
9298	**stagecoach**	**la diligencia**
	ss	You tell our engineer if that stagecoach beats us, he's fired.
	['steɪdʒˌkoʊtʃ]	-Dile al maquinista que si esa diligencia nos gana, está despedido.
9299	**mischievous**	**dañoso**
	adj	She is mischievous.
	['mɪstʃəvəs]	-Ella es maliciosa.
9300	**exaggeration**	**la exageración**
	ss	I think that's an exaggeration.
	[ɪɡˌzædʒəˈreɪʃən]	-Yo pienso que esa es una exageración.
9301	**unavoidable**	**inevitable**
	adj	The decision was unavoidable.
	[ˌʌnəˈvɔɪdəbəl]	-La decisión era forzosa.
9302	**shroud**	**el sudario; envolver**
	ss; vb	Of the creature eating its own death shroud.
	[ʃraʊd]	-El sonido de masticación,... de la criatura comiéndose su propio sudario.
9303	**bran**	**el salvado**
	ss	Rice bran resulting from oil extraction.
	[bræn]	-Salvado de arroz procedente de la extracción de aceite.
9304	**sovereignty**	**la soberanía**
	ss	In the absence of justice, what is sovereignty but organized robbery?
	['sɑvrənti]	-En la ausencia de justicia, ¿qué es soberanía sino robo organizado?
9305	**bijou**	**el bibelot; elegante**
	ss; adj	I'd leave you alone in your boudoir, my little romantic bijou.
	[bijou]	-Yo le abandonaría sola en su tocador, mi pequeño bijou romántico.
9306	**rethink**	**repensar**
	vb	I've had to rethink some of my dreams, too.
	[riˈθɪŋk]	-También he tenido que rearmar algunos de mis sueños.
9307	**ballpark**	**el estadio de béisbol**
	ss	At the ballpark until midnight rehabbing my knee.
	['bɔlˌpark]	-En el estadio hasta medianoche, estaba rehabilitando mi rodilla.
9308	**bore**	**el taladro| el agujero; aburrir**
	ss; vb	That effort bore no fruit.
	[bɔr]	-Aquel esfuerzo no dio fruto.
9309	**ascend**	**ascender| subir a**
	vb	That was before Anubis tried to ascend.
	[əˈsɛnd]	-Y eso fue mucho antes que Anubis intentara ascender.
9310	**freckle**	**las peca; tener peca**
	ss; vb	I wouldn't change a freckle.
	['frɛkəl]	-No le cambiaría ni una peca.
9311	**melodrama**	**el melodrama**
	ss	It's an action-suspense... romantic melodrama.
	['mɛləˌdramə]	-Es un melodrama romántico... de suspense y acción.
9312	**unwise**	**imprudente**

	adj	It would be unwise, not to say stupid, of you to quit your first job after
	[ənˈwaɪz]	only six months.
		-Ni que decir tiene que dejar el primer empleo después de apenas seis
		meses es una estupidez.
9313	**sanatorium**	**el sanatorio**
	ss	Then Alma returned from Tobelbad from the sanatorium.
	[sanatorium]	-Sí. alma regresó de Tobelbad... del sanatorio.
9314	**dispense**	**dispensar| repartir**
	vb	Psychiatrists dispense drugs to control mood.
	[dɪˈspɛns]	-Los psiquiatras dispensar medicamentos para controlar el estado de
		ánimo.
9315	**wanderer**	**el vagabundo**
	ss	He came here as a child wanderer.
	[ˈwɑndərər]	-Él se hizo aquí a un vagabundo de niño.
9316	**rapture**	**el rapto; extasiar**
	ss; vb	For the rapture is almost upon us.
	[ˈræptʃər]	-El éxtasis esta casi sobre nosotros...
9317	**rheumatism**	**el reumatismo**
	ss	He suffered from rheumatism.
	[ˈrumətɪzəm]	-Él sufría de reumatismo.
9318	**advancement**	**el adelanto| la promoción**
	ss	The advancement and empowerment of women were national priorities
	[ədˈvænsmənt]	in Indonesia.
		-El adelanto y la potenciación de la mujer son prioridades nacionales en
		Indonesia.
9319	**swimsuit**	**los traje de baño**
	ss	My swimsuit is too tight.
	[ˈswɪmˌsut]	-Mi traje de baño está muy apretado.
9320	**confound**	**confundir| aturdir**
	vb	Women can find always places to confound a man.
	[kɑnˈfaʊnd]	-Las mujeres siempre encuentran lugares para confundir a un hombre.
9321	**encyclopedia**	**la enciclopedia**
	ss	Welcome to Wikipedia, the free encyclopedia that anyone can edit.
	[ɪnˌsaɪkləˈpidiə]	-Bienvenidos a Wikipedia, la enciclopedia de contenido libre que todos
		pueden editar.
9322	**nourishment**	**el alimento| la alimentación**
	ss	It is nourishment that everyone can digest.
	[ˈnɜrɪʃmənt]	-Es un alimento que todo el mundo puede digerir.
9323	**grinder**	**la amoladora**
	ss	After I tried out my new loom, I made my bed and repaired the coffee
	[ˈgraɪndər]	grinder.
		-Después de probar mi nuevo telar, hice mi cama y reparé el molinillo de
		café.
9324	**aspire**	**aspirar**
	vb	I aspire to be like Adolf Hitler.
	[əˈspaɪr]	-Yo quiero ser como Adolf Hitler.
9325	**coordination**	**la coordinación**

	ss	Strengthen coordination amongst child protection system actors.
	[koʊˌɔrdəˈneɪʃən]	-Reforzar la coordinación entre los agentes del sistema de protección de la infancia.
9326	**clement**	**clemente**
	adj	Your majesty should know that his holiness, pope clement, has escaped from the castle sant'angelo.
	[ˈklɛmənt]	-Su Majestad debería saber... que Su Santidad, el Papa Clemente ha escapado... del castillo Sant'Angelo.
9327	**curator**	**el curador**
	ss	RODRIGO ALONSO Professor and free-lance curator.
	[kjʊˈreɪtər]	-RODRIGO ALONSO Profesor y curador independiente.
9328	**cuckold**	**el cornudo; hacer cornudo**
	ss; vb	One: that I was a cuckold.
	[cuckold]	-Uno: Que yo era un cornudo.
9329	**atmospheric**	**atmosférico**
	adj	Holding the Olympics where there's severe atmospheric pollution gives rise to a great risk for athletes.
	[ˌætməˈsfɛrɪk]	-Organizar los juegos olímpicos en un lugar con mucha contaminación atmosférica da lugar a un gran riesgo para los atletas.
9330	**Antichrist**	**el antecristo**
	ss	Might mean the Antichrist is female.
	[Antichrist]	-Podría querer decir que el anticristo es hembra.
9331	**mousse**	**la mousse**
	ss	I think he took my mousse.
	[mus]	-Creo que se llevó mi mousse.
9332	**retaliation**	**las represalias**
	ss	The slightest injury to one member demanded violent retaliation.
	[riˌtæliˈeɪʃən]	-La más ligera injuria a cualquier miembro significaba una violenta represalia.
9333	**quint**	**la quinta**
	ss	Julie's my quint, too. I got do this.
	[kwɪnt]	-Julie es mi quintillizo también, lo tengo cubierto, tu haz esto.
9334	**telepathy**	**la telepatía**
	ss	Miss Karlsson communicates with her client by telepathy.
	[təˈlɛpəθi]	-La Señora Karlsson se comunica Con su cliente por telepatía.
9335	**valor**	**el valor**
	ss	I saw his valor and leadership firsthand.
	[ˈvælər]	-Pude ver su valor y liderazgo de primera mano.
9336	**countenance**	**el rostro| el semblante; tolerar**
	ss; vb	And haloing an equally beautiful countenance.
	[ˈkaʊntənəns]	-Y con un semblante... de igual belleza.
9337	**bloodbath**	**la matanza**
	ss	Several hundred people died in that bloodbath, which the government referred to as a terrorist rebellion.
	[ˈblʌdˌbæθ]	-Murieron cientos de personas en un baño de sangre que el Gobierno calificó de rebelión terrorista.
9338	**thereafter**	**después de eso**

adv
[ðɛˈræftər]

The process of enhancing civil-military co-ordination will continue thereafter.
-Posteriormente continuará el proceso de refuerzo de la coordinación civil y militar.

9339 **blockhead**

estúpido; el alcornoque

adj; ss
[ˈblɑkˌhɛd]

Never saw a blockhead like that.
-Nunca había visto un tonto semejante.

9340 **carnage**

la carnicería

ss
[ˈkɑrnɪdʒ]

Few countries are spared the economic carnage.
-Son pocos los países que se salvan de la carnicería económica.

9341 **rigging**

el aparejo

ss
[ˈrɪgɪŋ]

I promised him I'd finish rigging tomorrow.
-Le prometí que terminaría el aparejo mañana.

9342 **submerge**

sumergir| sumergirse

vb
[səbˈmɜrdʒ]

I thought you said we couldn't submerge the city.
-Creía que habías dicho que no podíamos sumergir la ciudad.

9343 **feverish**

febril

adj
[ˈfivərɪʃ]

I feel a bit feverish tonight.
-Esta noche siento algo de fiebre.

9344 **switchboard**

el tablero de conmutadores

ss
[ˈswɪtʃˌbɔrd]

There's just the switchboard lights.
-Sólo se ven las de la centralita.

9345 **dopey**

atontado

adj
[ˈdoʊpi]

You've got that kind of dopey look.
-Tienes que tipo de mirada tonto.

9346 **ornament**

el ornamento| el ornato; adornar

ss; vb
[ˈɔrnəmənt]

But the ornament has found its rightful owner.
-Tal vez el adorno ha encontrado a su verdadera dueña.

9347 **patronize**

patrocinar| favorecer

vb
[ˈpeɪtrəˌnaɪz]

You don't have to patronize me.
-No tienes que ser condescendiente conmigo.

9348 **seamstress**

la costurera

ss
[ˈsimstrɪs]

I'm a seamstress, a gofer, an assistant...
-Soy costurera, mensajera, asistente...

9349 **consensus**

el consenso

ss
[kənˈsɛnsəs]

Cooperation and consensus are hard to find.
-La cooperación y el consenso son difíciles de alcanzar.

9350 **smelt**

el eperlano

ss
[smɛlt]

This is the first time I've ever smelt this perfume.
-Es la primera vez que huelo este perfume,

9351 **bluebird**

el azulejo

ss
[ˈbluˌbɜrd]

Like the song of a bluebird.
-Como el canto de un pájaro azul.

9352 **damsel**

la damisela

ss
[ˈdæmzəl]

Some damsel in Florida who I had a delightful affair with while visiting.
-Algunos damisela en Florida que me había un asunto muy agradable con durante su visita.

9353	**inability**	**la incapacidad**
	ss	I am impatient with his inability to make decisions.
	[ˌɪnəˈbɪlɪti]	-Su incapacidad para tomar decisiones me impacienta.
9354	**skinhead**	**la cabeza rapada**
	ss	Well, our Ron was never a skinhead, anyway.
	[ˈskɪnˌhɛd]	-Bueno, nuestro Ron no fue nunca un skinhead, en cualquier caso.
9355	**segment**	**el segmento| el trozo; segmentar**
	ss; vb	An equally significant segment is appalled.
	[ˈsɛgmənt]	-A un segmento igual de significativo le horroriza.
9356	**blitz**	**los bombardeo aéreo; bombardear**
	ss; vb	In Europe, Fukushima prompted a media blitz of gloom and doom over nuclear energy.
	[blɪts]	-En Europa, lo sucedido en Fukushima provocó un bombardeo en los medios de comunicación de obscuros presagios sobre la energía nuclear.
9357	**visitation**	**la visitación**
	ss	A crop-circle. Real proof of alien visitation.
	[ˌvɪzəˈteɪʃən]	-Un círculo de maíz, una prueba real de la visita alienígena.
9358	**scrabble**	**escarbar| garrapatear**
	vb	You and your kind you've everything whilst we have to scrabble around to find the food to stop our children crying from hunger.
	[ˈskræbəl]	-Usted y los de su clase lo tienen todo... mientras que nosotros tenemos que escarbar para encontrar la comida para que nuestros hijos dejen de llorar.
9359	**extinguish**	**extinguir**
	vb	It took a cataclysm to extinguish Cybertron's original Predacon inhabitants.
	[ɪkˈstɪŋgwɪʃ]	-Se requirió un cataclismo para extinguir a los habitantes originales Predacón de Cybertrón.
9360	**atrocious**	**atroz**
	adj	These - this artificially induced consumerism - I think it's atrocious.
	[əˈtroʊʃəs]	-Estos - este consumismo artificialmente inducido - pienso que es atroz.
9361	**grandeur**	**la grandeza| la magnificencia**
	ss	According to St. Augustine: Pride is not grandeur, it is swollen-headedness.
	[grænˈdur]	-Según San Agustín: La soberbia no es grandeza, sino hinchazón.
9362	**Irishman**	**el irlandés**
	ss	I am Irishman and I fight for the English.
	[ˈaɪrɪʃmən]	-Soy irlandés y lucho por los ingleses.
9363	**indoor**	**interior**
	adj	Risk evaluation in relation to outdoor and indoor exposure.
	[ˈɪnˌdɔr]	-Evaluación de riesgos en relación con la exposición exterior e interior.
9364	**pail**	**el cubo**
	ss	I was in my pail during both attacks.
	[peɪl]	-Estaba en mi cubo durante los dos ataques.
9365	**typhus**	**el tifus**
	ss	War is not an adventure. War is an illness. Like typhus.
	[ˈtaɪfəs]	-La guerra no es una aventura; la guerra es una enfermedad, como el tifus.

9366	**beneficiary**	**el beneficiario**
	ss	The main beneficiary of the diverted funds had been previously
	[ˌbɛnəˈfiʃiˌɛri]	sentenced.
		-El principal beneficiario de los fondos desviados ya había sido condenado con anterioridad.
9367	**malignant**	**maligno**
	adj	Th human contracted itself blind, malignant.
	[məˈlɪgnənt]	-El humano se auto contrae ciego, maligno.
9368	**oversight**	**la vigilancia**
	ss	Management initiatives related to managerial oversight.
	[ˈoʊvərˌsaɪt]	-Las iniciativas de la administración relacionadas con la supervisión de la gestión.
9369	**miscarriage**	**los aborto espontáneo**
	ss	The added stress of surgery caused a spontaneous miscarriage.
	[mɪsˈkɛrədʒ]	-El estrés añadido de la cirugía ha provocado un aborto espontáneo.
9370	**turban**	**el turbante**
	ss	Nasrudin appeared at court wearing a magnificent turban and asking for money for charity.
	[ˈtɜrbən]	-Nasrudin apareció en la corte con un magnífico turbante, pidiendo dinero para caridad.
9371	**implement**	**implementar| ejecutar; el implemento**
	vb; ss	Nations everywhere are starting to implement aggressive stimulus and bailout packages.
	[ˈɪmpləmənt]	-En todas partes, los países están empezando a aplicar paquetes agresivos de estímulos y de rescate.
9372	**boldly**	**valientemente**
	adv	We are facing them boldly to build an environment of peace and stability in our region.
	[ˈboʊldli]	-Los enfrentamos audazmente para construir un entorno de paz y estabilidad en nuestra región.
9373	**nibble**	**picar| mordiscar; el mordisco**
	vb; ss	I nibble the small fruit.
	[ˈnɪbəl]	-Yo mordisqueo la pequeña fruta.
9374	**ballast**	**el lastre; lastrar**
	ss; vb	The soft ballast bag has deployed.
	[ˈbæləst]	-La bolsa de lastre blando se ha desplegado.
9375	**beige**	**beige; el beige**
	adj; ss	Suspect heading south-west in beige Jaguar XJ6.
	[beɪʒ]	-Sospechoso dirigiéndose al sudoeste en un Jaguar beige XJ6.
9376	**leukemia**	**la leucemia**
	ss	Radiation-induced leukemia in the name of science.
	[luˈkimiə]	-Leucemia inducida por radiación en nombre de la ciencia.
9377	**technological**	**tecnológico**
	adj	How to share the benefits of the fabulous scientific and technological advances that mark the end of this century?
	[ˌtɛknəˈlɑdʒɪkəl]	-¿Cómo compartir los beneficios del extraordinario progreso científico y tecnológico de este fin de siglo?
9378	**integrate**	**integrar; integral**

	vb; adj	We must integrate immigrants into our societies.
	[ˈɪntəˌgreɪt]	-Hay que integrar a los inmigrantes en nuestras sociedades.

9379 nutrient

adj; ss
[ˈnutriənt]

nutritivo; los nutritivo

Writhlington School has become the United Kingdom's second biggest orchid specialist propagation lab, using a nutrient agar jelly in a sterile environment.
-El Colegio Writhlington se ha convertido en el segundo laboratorio especializado en la propagación de orquídeas más importante en el Reino Unido, que usa una jalea nutriente de agar-agar dentro de un ambiente estéril.

9380 proximity

ss
[prɑkˈsɪməti]

la proximidad

The proximity principle must be taken seriously.
-El principio de proximidad se tiene que tomar en serio.

9381 trapeze

ss
[trəˈpiz]

el trapecio

No trapeze on full moon nights.
-En las noches de luna llena, nada de trapecio.

9382 microscopic

adj
[ˌmaɪkrəˈskɑpɪk]

microscópico

Bacteria are microscopic organisms.
-Las bacterias son microorganismos.

9383 unwilling

adj
[ənˈwɪlɪŋ]

reacio

Jim seems to be unwilling to tell Ana what happened.
-Jim parece no estar dispuesto a decirle a Ana lo que pasó.

9384 whence

adv
[wɛns]

por lo cual

He slunk back into the hole whence he came.
-Se escabulló al agujero de donde vino.

9385 mime

ss; vb
[maɪm]

la mímica; remedar

Those classes included some mime but mostly dance.
-Esas clases incluían algo de mimo pero sobre todo baile.

9386 selfless

adj
[ˈsɛlfləs]

desinteresado

Pretty selfless thing to do once, considering how painful the procedure is.
-Es muy generoso hacerlo una vez considerando cuan doloroso es el procedimiento.

9387 resourceful

adj
[riˈsɔrsfəl]

ingenioso

The Syrian people are strong, patient, resilient, and resourceful.
-El pueblo sirio es fuerte, paciente, resistente e ingenioso.

9388 zeppelin

ss
[ˈzɛpɪlɪn]

el zepelín

At the 1936 Berlin Games, Jesse Owens humiliates Adolph Hitler... by outracing his zeppelin.
-En los Juegos de Berlín de 1936, Jesse Owens humilla a Adolf Hitler al ganarle a su zepelín.

9389 grit

ss; vb
[grɪt]

la arena; hacer rechinar

They've got more grit than your braves.
-Tienen más agallas que tus guerreros.

9390 abrupt

adj
[əˈbrʌpt]

abrupto| brusco

He's abrupt in his way of speaking.
-Es brusco en su manera de hablar.

9391 sheikh

el jeque

	ss	The sheikh's scheduled for a physical.
	[ʃik]	-El jeque hará una consulta médica.
9392	**serenade**	**la serenata; dar una serenata**
	ss; vb	Cajkovskij serenade and Prokofiev, concerto n.
	[ˌsɛrəˈneɪd]	-La Serenata de Tchaikovski y el Concierto № 1 de Prokofiev.
9393	**asparagus**	**el espárrago**
	ss	Enjoy our seasonal specialties like venison, fish and asparagus.
	[əˈspɛrəgəs]	-Disfrute de las especialidades de temporada como venado, pescado y espárragos.
9394	**sickly**	**enfermizo**
	adj	And only the seventh policeman to come in was that sickly Schutzmann, supposedly a consumptive.
	[ˈsɪkli]	-Y sólo el séptimo policía en venir fue el enfermizo Schutzmann, supuestamente tísico.
9395	**verb**	**el verbo**
	ss	In many languages, such as Portuguese, German, French, Spanish, and Italian, the verb ending changes according to who is doing the action. So the patterns of the verb have to be learned.
	[vɜrb]	-En muchos idiomas tal y como el portugués, el alemán, el francés, el español y el italiano, la terminación de los verbos se cambia de acuerdo con quién realiza la acción del verbo. Entonces hay que aprender los patrones del verbo.
9396	**revere**	**reverenciar| acatar**
	vb	Krampusnacht is a night people should revere...
	[rɪˈvɪr]	-Krampusnacht es una noche en la que la gente debería venerar...
9397	**circumcise**	**circuncidar**
	vb	Whether or not to circumcise our baby.
	[ˈsɜrkəmˌsaɪz]	-Sobre si circuncidar a nuestro hijo o no.
9398	**purify**	**purificar**
	vb	To purify my mind only with his words.
	[ˈpjʊrəˌfaɪ]	-Para purificar mi mente con su palabra.
9399	**confessional**	**los confesional**
	ss	Or maybe something surrounding the confessional.
	[kənˈfɛʃənəl]	-O tal vez algo que rodea el confesionario.
9400	**situate**	**situar**
	vb	It is also necessary to situate DEAMs in safe and accessible areas.
	[ˈsɪtʃuˌeɪt]	-También es importante situar dichas delegaciones en zonas seguras y accesibles.
9401	**stub**	**el talón**
	ss	No pay stub, no probation.
	[stʌb]	-No hay talón de pago, no hay libertad condicional.
9402	**cipher**	**cifrar| hacer cifra; la cifra**
	vb; ss	The Kamasutra described a monoalphabetic substitution cipher.
	[ˈsaɪfər]	-El Kamasutra describe un algoritmo de cifrado por sustitución monoalfabética.
9403	**weakly**	**enclenque; flacamente**
	adj; adv	Venlafaxine also weakly inhibits dopamine uptake.
	[ˈwikli]	-Venlafaxina también inhibe débilmente la recaptación de dopamina.

9404	**perceptive**	**perceptivo**
	adj	You're very perceptive.
	[pərˈsɛptɪv]	-Eres muy perspicaz.

9405	**shoemaker**	**el zapatero**
	ss	Our Lakeview facilities are located in neighboring Riverside County.
	[ˈʃuˌmeɪkər]	-Nuestras facilidades en Lakeview están ubicadas en el condado vecino de Riverside.

9406	**devilish**	**diabólico**
	adj	A daylight devilish attack on the Parliament.
	[ˈdɛvlɪʃ]	-Ataque diabólico en el Parlamento en la luz del día.

9407	**neighboring**	**vecino| colindante**
	adj	Our Lakeview facilities are located in neighboring Riverside County.
	[ˈneɪbərɪŋ]	-Nuestras facilidades en Lakeview están ubicadas en el condado vecino de Riverside.

9408	**twelfth**	**duodécimo; el duodécimo**
	adj; ss	The treaty with Texas was signed April twelfth, 1844.
	[twɛlfθ]	-El acuerdo con Tejas fue firmado el veinte de abril de 1844.

9409	**quart**	**el cuarto de galón**
	ss	I want a quart of rye, quick.
	[kwɔrt]	-Un litro de whiskey, rápido.

9410	**unfriendly**	**antipático**
	adj	You're unfriendly.
	[ənˈfrɛndli]	-Eres hostil.

9411	**conclusive**	**concluyente**
	adj	These are neither comprehensive nor conclusive.
	[kənˈklusɪv]	-No se trata de una visión exhaustiva ni concluyente.

9412	**umpire**	**el árbitro**
	ss	Erm...'The umpire shall make frequent and irregular inspections of the ball.
	[ˈʌmˌpaɪər]	-El árbitro deberá hacer frecuentes e irregulares inspecciones de la pelota.

9413	**lingo**	**la jerga| el idioma**
	ss	Glad to see you're picking up the lingo.
	[ˈlɪŋgoʊ]	-Me alegra ver que estés aprendiendo la jerga.

9414	**pollute**	**contaminar| corromper**
	vb	Cycling is good exercise. Moreover, it doesn't pollute the air.
	[pəˈlut]	-Ir en bici es un buen ejercicio. Además, no contamina el aire.

9415	**adrift**	**a la deriva; a la deriva**
	adj; adv	Their boat is adrift.
	[əˈdrɪft]	-El barco de ellos está a la deriva.

9416	**shipwreck**	**el naufragio; hacer naufragar**
	ss; vb	They were from a 200-year-old shipwreck.
	[ˈʃɪprɛk]	-Eran de un naufragio de hace 200 años.

9417	**nitwit**	**el simplón**
	ss	Then this pre-natal nitwit Decides to do his rockettes impression.
	[nitwit]	-Entonces, este imbécil nonato decidió hacer su imitación de las Rockettes.

9418	**sadist**	**el sádico**

	ss	So you became a sexual sadist...
	[ˈseɪdəst]	-Es por eso que se convirtió en un sádico sexual.
9419	**Victorian**	**victoriano; el victoriano**
	adj; ss	My poor Hastings, decidedly, you belong to the Victorian era.
	[vɪkˈtɔriən]	-Mi pobre Hastings decididamente, pertenece usted a la era Victoriana.
9420	**diverse**	**diverso**
	adj	Throughout my life, I've had the great pleasure of travelling all around the world and working in many diverse nations.
	[daɪˈvɜrs]	-Durante mi vida, he tenido la gran felicidad de viajar mucho por el mundo y trabajar en muy diversas naciones.
9421	**quake**	**el terremoto| el temblor; temblar**
	ss; vb	Chicago fire, san francisco quake... Pompeii.
	[kweɪk]	-El incendio de Chicago, el terremoto de San Francisco... Pompeya.
9422	**complimentary**	**lisonjero**
	adj	Car parking and complimentary shuttle service also available.
	[ˌkɑmpləˈmɛntəri]	-Hay aparcamiento y servicio gratuito de traslado a su disposición.
9423	**entrepreneur**	**el empresario| el emprendedor**
	ss	The entrepreneur is responsible for writing the business plan.
	[ˌɑntrəprəˈnɜr]	-La redacción del plan de negocios es responsabilidad exclusiva del empresario.
9424	**caterer**	**el abastecedor**
	ss	Your hoity-toity wedding caterer just called.
	[ˈkeɪtərər]	-Tu engreído proveedor de comida para la boda acaba de llamar.
9425	**literal**	**literal; la errata**
	adj; ss	It's an idiom. You don't have to understand its literal meaning.
	[ˈlɪtərəl]	-Es una frase hecha, no hay que entenderla literalmente.
9426	**equity**	**la equidad**
	ss	Estimate 2012-2013: non-discretionary private equity advisor was retained in May 2012.
	[ˈɛkwəti]	-Estimación 2012-2013: en mayo de 2012 se contrató a un asesor no discrecional sobre valores de capital privado.
9427	**setting**	**el ajuste**
	ss	Ana pulled the ironing board out of the closet and unfolded it, setting it up beside the window.
	[ˈsɛtɪŋ]	-Ana sacó la mesa de planchar, la abrió y la puso cerca de la ventana.
9428	**casserole**	**la cazuela**
	ss	Smoked oyster casserole with a breakfast-cereal crust.
	[ˈkæsəˌroʊl]	-Cazuela de ostras ahumadas con cereal crocante del desayuno...
9429	**vibrant**	**vibrante**
	adj	Developing complex, vibrant plumage demands significant energy and genetic resources.
	[ˈvaɪbrənt]	-Desarrollar un plumaje complejo y vibrante requiere una energía importante y recursos genéticos.
9430	**proprietor**	**el propietario**
	ss	The proprietor has been in Oxford visiting friends.
	[prəˈpraɪətər]	-El propietario ha estado en Oxford visitando a unos amigos.
9431	**oily**	**aceitoso**

	adj	You know, you got something oily on your forehead.
	['ɔıli]	-Sabes, tienes algo aceitoso en la frente.
9432	**spectacles**	**las gafas**
	ss	INFIELD safety spectacles meet the highest standards.
	['spɛktəkəlz]	-Las gafas de seguridad de INFIELD satisfacen las màs altas exigencias.
9433	**deliverance**	**la liberación| el pago**
	ss	But this tragedy comes as a deliverance.
	[dı'lıvərəns]	-Pero de hecho, esta desgracia es una liberación.
9434	**decadent**	**decadente; decadente**
	adj; ss	They were... doomed, stuck in their decadent time.
	['dɛkədənt]	-Estaban... condenados, atrapados en su decadencia.
9435	**repentance**	**el arrepentimiento**
	ss	But some sort of repentance is necessary.
	[rı'pɛntəns]	-Pero es necesario que exista alguna clase de arrepentimiento.
9436	**collaborate**	**colaborar**
	vb	Medical personnel who did not collaborate faced reprisals.
	[kə'læbə͵reıt]	-El personal médico que se negaba a colaborar sufría represalias.
9437	**topside**	**el lado superior**
	ss	If it's a problem, I can go topside.
	[topside]	-Si hay problema, puedo ir arriba...
9438	**privy**	**privado; el retrete**
	adj; ss	A salamander for the privy counsellor.
	['prıvi]	-Una salamandra por el consejero privado.
9439	**batty**	**chalado**
	adj	She's just getting a bit you know, batty.
	['bæti]	-Apenas está un poco... ya sabes, extravagantemente.
9440	**gape**	**mirar boquiabierto**
	vb	Give San Antone a chance to gape and envy me.
	[geıp]	-Dale a San Antone una oportunidad de bostezar y envidiarme.
9441	**coping**	**la albardilla**
	ss	As a means of coping strategy, many women engaged in trading in goods.
	['koʊpıŋ]	-Como una estrategia de supervivencia, muchas mujeres se dedican al comercio de productos.
9442	**absolve**	**absolver| perdonar**
	vb	It attempts, in fact, to absolve the terrorist activity of Hamas.
	[əb'zɑlv]	-Intenta, de hecho, absolver a Hamás de su actividad terrorista.
9443	**roster**	**la lista**
	ss	Inputs into gender expert institutions and consultants' roster received.
	['rɑstər]	-Se reciben aportaciones para las instituciones especializadas en cuestiones de género y la lista de consultores.
9444	**mathematician**	**el matemático**
	ss	If you ask a mathematician if he is an adult or a minor, don't be surprised if he answers "yes".
	[͵mæθəmə'tıʃən]	-Si le preguntas a un matemático si él es un adulto o un menor de edad, no te sorprendas si él responde "sí".
9445	**ballistic**	**balístico**

adj
[bəˈlɪstɪk]

Relationships were identified linking impactor size to ballistic limit and elliptical impacts were investigated.
-Se identificaron relaciones que vinculaban el tamaño del impacto con el límite balístico y los impactos elípticos.

9446 biologist

ss
[baɪˈɑlədʒɪst]

el biólogo

Jim is a biologist.
-Jim es biólogo.

9447 demonstrator

ss
[ˈdɛmənˌstreɪtər]

el demostrador

As a demonstrator on his cable show.
-Como un demostrador en su muestra del cable.

9448 visualize

vb
[ˈvɪʒwəˌlaɪz]

visualizar

To visualize technical characteristics select one of products alongside.
-Para visualizar características técnicas y solicitar un presupuesto seleccione uno de los productos al lado.

9449 devout

adj
[dɪˈvaʊt]

devoto

She's a devout Catholic.
-Ella es una cristiana devota.

9450 interface

ss
[ˈɪntərˌfeɪs]

la interfaz

I promised him I'd translate the whole interface.
-Le prometí traducir la interfaz completa.

9451 wickedness

ss
[ˈwɪkədnəs]

la malicia

My father told me there is nothing but war and wickedness in this world.
-Mi padre me dijo que no había nada más que guerra y maldad en este mundo.

9452 sighting

ss
[ˈsaɪtɪŋ]

la observación

No, just a celebrity sighting.
-No, sólo el avistamiento de una celebridad.

9453 secular

adj; ss
[ˈsɛkjələr]

secular; el seglar

What is the opinion of a cultured, secular and sincere man?
-¿Cuál es la opinión de un hombre culto, laico y sincero?

9454 overjoy

ss; vb
[ˌoʊvərˈdʒɔɪ]

la demasiada alegría; estar demasiado alegre

I was born in a country that was divided, and that was overjoyed when it managed to restore its unity: and rightly so, as Germany had deserved it.
-Nací en un país dividido, que estalló de alegría cuando consiguió restaurar su unidad; y con razón, porque Alemania se lo merecía.

9455 realization

ss
[ˈriləˈzeɪʃən]

la realización

Poverty prevented the realization and enjoyment of human rights.
-La pobreza impedía la realización y el goce de los derechos humanos.

9456 innkeeper

ss
[ˈɪnˌkipər]

el posadero

And the story is that Leopold Auenbrugger was the son of an innkeeper.
-La historia dice que Leopold Auenbrugger era hijo de un posadero.

9457 unattended

adj
[ənəˈtɛndɪd]

desesperado

At the same time, peaks of great demand sales can suddenly remain unattended if stock is insufficient to satisfy such short-time supplies.
-Y al mismo tiempo, algunos picos de gran demanda de ventas pueden quedar desatendidos súbitamente si el stock es insuficiente para atender esta demanda.

9458 reactionary

reaccionario; el reaccionario

adj; ss
[ri'ækʃəˌnɛri]

So the hospital administration is being naive and reactionary.
-Así que la administración del hospital esta siendo ingenuo y reaccionario.

9459 **corned**

acecinado

adj
[kɔrnd]

I greatly enjoyed the facetious speculation about the corned beef-loving otters from Bristol, though.
-Pero disfruté con las ingeniosas especulaciones sobre las nutrias de Bristol amantes de la carne en lata.

9460 **coon**

el mapache| el negro

ss
[kun]

Of course I'm happy for you, honey... but a coon is a coon.
-Claro que estoy contenta por ti, cariño... pero un conguito es un conguito.

9461 **saffron**

el azafrán; azafranado

ss; adj
['sæfrən]

We've just brought silk beddings and 1 kg saffron.
-Trajimos sabanas de seda y un kilo de azafrán.

9462 **braid**

la trenza; trenzar

ss; vb
[breɪd]

We'll have a slumber party and braid Sam's hair.
-Vamos a tener una fiesta de pijamas y el pelo trenzado de Sam.

9463 **weakling**

el alfeñique

ss
['wiklɪŋ]

Yes, but he was a poor weakling.
-Sí, pero era un pobre enclenque.

9464 **elastic**

el elástico

ss
[ɪ'læstɪk]

A rubber ball bounces because it is elastic.
-Una pelota de goma rebota porque es elástica.

9465 **emissary**

el emisario

ss
['ɛməˌsɛri]

Is this lady the emissary from England?
-¿Es esta dama la emisaria de Inglaterra?

9466 **replay**

la repetición| el desempate; repetir

ss; vb
[ri'pleɪ]

I think you should see the replay for yourself.
-Creo que debería ver la repetición.

9467 **wart**

la verruga

ss
[wɔrt]

Cover the wart with a bandage to prevent it from spreading.
-Cubra la verruga con un vendaje para evitar su propagación.

9468 **overload**

la sobrecarga; sobrecargar

ss; vb
['oʊvərˌloʊd]

Treatment of circulatory overload may be necessary.
-Puede ser necesario el tratamiento de la sobrecarga circulatoria.

9469 **seat belt**

el cinturón de seguridad

ss
[sit bɛlt]

Please make sure that your seat belt is securely fastened.
-Por favor, asegúrese de que su cinturón de seguridad está bien puesto.

9470 **termite**

la termita

ss
['tɜrmaɪt]

Basically a cockroach with some ant and termite DNA tossed in to spice up the recipe.
-Básicamente una cucaracha... con ADN de hormiga y termita para condimentar la receta.

9471 **dinner time**

el tiempo de la comida

ss
['dɪnər taɪm]

She was cooking dinner at that time.
-Ella estaba cocinando la cena en ese momento.

9472 **petroleum**

el petróleo; petrolero

ss; adj · The virus thrived underground... in petroleum deposits.
[pəˈtroʊliəm] · -El virus vivía bajo tierra en los depósitos de petróleo.

9473 bossy · **mandón**

adj · Perhaps if people behaved more competently, I wouldn't be so bossy.
[ˈbɔsi] · -Bueno tal vez si la gente se comportara más competente, no sería tan mandón.

9474 peeling · **la peladura**

ss · I cut my little finger peeling potatoes.
[ˈpilɪŋ] · -Me hice un corte en el meñique pelando papas.

9475 sexist · **sexista; sexista**

adj; ss · German men are sexist.
[ˈsɛksɪst] · -Los alemanes son machistas.

9476 melodramatic · **melodramático**

adj · Don't be melodramatic.
[ˌmɛlədrəˈmætɪk] · -No seas melodramático.

9477 dodgy · **astuto**

adj · No tax. Well, now it's officially dodgy.
[dodgy] · -Bueno, ahora es oficialmente dudoso.

9478 tuba · **la tuba**

ss · I've never played the tuba.
[ˈtubə] · -Nunca he tocado la tuba.

9479 disagreement · **el desacuerdo| la discrepancia**

ss · Jim intervened in his coworkers' disagreement.
[dɪsəˈgrimənt] · -Jim intervino en la disputa de sus colegas.

9480 chisel · **el cincel| el escoplo; cincelar**

ss; vb · It's the chisel I don't understand.
[ˈʧɪzəl] · -Es el cincel lo que no entiendo.

9481 pigsty · **la pocilga**

ss · My office is a pigsty!
[ˈpɪgˌstaɪ] · -¡Mi oficina está hecha una pocilga!

9482 unorthodox · **heterodoxo**

adj · This is all highly unorthodox, Mr Wilson.
[əˈnɔrθəˌdɑks] · -Esto es muy poco ortodoxo, señor Wilson.

9483 harshly · **duramente**

adv · Crimes against persons or property will be dealt with swiftly and harshly.
[ˈhɑrʃli] · -Los crímenes personales o materiales se procesarán rápida... y severamente.

9484 smudge · **la mancha; manchar**

ss; vb · A little tiny smudge that's like a fingerprint.
[smʌdʒ] · -El pequeño borrón que parece una huella.

9485 possessive · **posesivo; el posesivo**

adj; ss · Jim is very possessive, isn't he?
[pəˈzɛsɪv] · -Jim es muy posesivo, ¿no?

9486 pseudo · **falso**

adj · That is why I warn against a pseudo balanced approach.
[ˈsudoʊ] · -Por ello, advierto frente a un pseudo equilibrio.

9487 ferret · **el hurón; buscar**

	ss; vb	This ferret can dance, right?
	['fɛrət]	-Este hurón sí sabe bailar, ¿verdad?
9488	**nebula**	**la nebulosa; sacar de quicio**
	ss; vb	A Klingon battle cruiser de-cloaked inside the nebula.
	['nɛbjələ]	-Un crucero de batalla klingon se descubrió dentro de la nebulosa.
9489	**chemotherapy**	**la quimioterapia**
	ss	Unfortunately, treated again with surgery and chemotherapy.
	[ˌkimoʊ'θɛrəpi]	-Lamentablemente, es sometida otra vez a cirugía y a quimioterapia.
9490	**ultrasound**	**el ultrasonido**
	ss	CT and ultrasound showed inflammation in the renal capsule.
	[ˌʌltrə'saʊnd]	-La tomografía y el ultrasonido mostraron una inflamación en la capsula renal.
9491	**erratic**	**el errático; inconstante**
	ss; adj	Okay, his behavior's becoming so erratic.
	[ɪ'rætɪk]	-De acuerdo, su comportamiento se está volviendo tan errático.
9492	**jolt**	**la sacudida| el tumbo; sacudir**
	ss; vb	There will be no medication, just a single jolt of electricity.
	[dʒoʊlt]	-No habrá medicación, solo una pequeña descarga eléctrica.
9493	**stronghold**	**la fortaleza**
	ss	That village is the enemy's last stronghold.
	['strɔŋˌhoʊld]	-Esa villa es el último bastión enemigo.
9494	**readiness**	**la preparación**
	ss	Genuine policy coordination requires political willingness and readiness to take concerted actions.
	['rɛdinəs]	-Una genuina coordinación de políticas requiere voluntad política y disposición a emprender acciones concertadas.
9495	**vigilant**	**vigilante**
	adj	We must remain vigilant.
	['vɪdʒələnt]	-Tenemos que permanecer vigilantes.
9496	**orchestral**	**orquestal**
	adj	This band's going to actually be combining both orchestral and choir elements.
	[ɔr'kɛstrəl]	-Esta banda será en realidad la combinación de orquesta y elementos de coro.
9497	**complexity**	**la complejidad**
	ss	The complexity and seriousness of the African development problem demands understanding and solidarity.
	[kəm'plɛksəti]	-El carácter grave y complejo de los problemas que afronta África en la esfera del desarrollo requiere comprensión y solidaridad.
9498	**landmark**	**la marca**
	ss	The beautiful medieval square is Chinchón's most emblematic landmark.
	['lændˌmɑrk]	-Su bella Plaza medieval es el monumento más emblemático de Chinchón.
9499	**remnant**	**el residuo**
	ss	We few are the frail remnant of what survived.
	['rɛmnənt]	-Somos el frágil remanente que sobrevivió.
9500	**shareholder**	**accionista**

	ss	Hull City Council remains the only substantial single shareholder.
	[ˈʃɛrˌhoʊldər]	-Hull City Council sigue siendo el único accionista individual con una participación sustancial.
9501	**slang**	**el argot**
	ss	"How's the trouble and strife?" is an example of a sentence using Cockney rhyming slang. It means "How's your wife?"
	[slæŋ]	-¿Cómo es el problema y el conflicto? es un ejemplo de una oración usando la jerga de rimado de Cockney. Significa ¿Cómo está tu mujer?
9502	**nationalist**	**nacionalista; nacionalista**
	adj; ss	Opinion polls suggested a rise in nationalist and anti-British sentiment.
	[ˈnæʃənələst]	-Las encuestas de opinión sugirieron que un alza del sentimiento nacionalista y antibritánico.
9503	**diagram**	**el diagrama; diagramar**
	ss; vb	The diagram reflects the average ages.
	[ˈdaɪəˌgræm]	-El diagrama refleja la media de las edades.
9504	**conjure**	**conjurar| cambiar**
	vb	That proves nothing but your ability to conjure illusions.
	[ˈkɑndʒər]	-Eso no prueba nada excepto tu habilidad para conjurar ilusiones.
9505	**transfusion**	**la transfusión**
	ss	Jim was given a blood transfusion.
	[trænˈsfjuʒən]	-Jim recibió una transfusión de sangre.
9506	**ion**	**el ion**
	ss	The nitrate ion level in the air is measured.
	[ˈaɪən]	-Se mide el nivel de ión nitrato en el aire.
9507	**roadside**	**el borde del camino**
	ss	They found her in a garbage bag by the roadside.
	[ˈroʊdˌsaɪd]	-La encontraron en un cesto de basura al borde de la carretera.
9508	**vial**	**el frasco**
	ss	Alvers planted a vial in the ventilation system.
	[ˈvaɪəl]	-Alvers plantó una ampolla con el virus en el sistema de ventilación.
9509	**quickie**	**la cosa hecha rápidamente**
	ss	Nothing says romance quite like a quickie in the supply closet.
	[ˈkwɪki]	-Nadie lo llama amor como mucho uno rápido en el cuarto de suministros.
9510	**hasten**	**acelerar**
	vb	Research shows that physical contact can hasten awakening.
	[ˈheɪsən]	-Investigaciones muestran que el contacto físico puede acelerar el despertar.
9511	**renovation**	**la renovación**
	ss	Specially designed for the renovation of bathrooms and kitchens.
	[ˌrɛnəˈveɪʃən]	-Especialmente diseñado para la renovación de cuartos de baño y cocinas.
9512	**sax**	**el saxófono**
	ss	The baritone sax that Jim wanted to buy was way too expensive for him.
	[sæks]	-El saxofón barítono que Jim quería comprar era demasiado costoso para él.
9513	**alto**	**el alto**

	ss	You sing the alto line, Peter.
	[ˈæltoʊ]	-Tu canta el contralto, Pedro.
9514	**continuity**	**la continuidad| el guión**
	ss	When revolutions disrupt this continuity, they wreak violence against monuments.
	[ˌkɑntəˈnuəti]	-Cuando las revoluciones interrumpen esa continuidad la violencia se torna contra los monumentos.
9515	**aspiration**	**la aspiración**
	ss	Nevertheless, international monetary reform remains a legitimate aspiration.
	[ˌæspəˈreɪʃən]	-No obstante, la reforma monetaria internacional sigue siendo una aspiración legítima.
9516	**compulsory**	**obligatorio**
	adj	Some countries make voting compulsory.
	[kəmˈpʌlsəri]	-Algunos países hacen obligatorio votar en las elecciones.
9517	**slammer**	**la trena**
	ss	Three years in a Dresden slammer... before our people done a deal.
	[ˈslæmər]	-Tres años en una cárcel de Dresden... antes de que nuestra gente hiciera un trato.
9518	**proctor**	**el procurador**
	ss	He'll be your proctor for the exam today.
	[ˈprɑktər]	-Él será tu supervisor para el examen de hoy.
9519	**lineage**	**el linaje| la alcurnia**
	ss	The president appoints the chiefs based on recognised lineage ties.
	[ˈlɪniədʒ]	-El presidente nombra a los jefes sobre la base de sus vínculos de linaje reconocidos.
9520	**bagel**	**la rosquilla**
	ss	Sesame bagel quartered, not toasted.
	[ˈbeɪɡəl]	-Bagel con sésamo dividido en cuatro partes, sin tostar.
9521	**lotto**	**el loto**
	ss	Just pray to Jesus and play the lotto, girl.
	[ˈlɑˌtoʊ]	-Solo rezo a dios y juego a la lotería, chica.
9522	**outgoing**	**saliente**
	adj	Jim is a very outgoing person.
	[ˈaʊtˌɡoʊɪŋ]	-Jim es una persona muy extrovertida.
9523	**contented**	**contento**
	adj	Happy is the man who is contented with his lot.
	[kənˈtɛntəd]	-Feliz es el hombre que está contento con su suerte.
9524	**premonition**	**la premonición**
	ss	I had a premonition Geordi would come into sickbay.
	[prɛməˈnɪʃən]	-He tenido la premonición de que Geordi iba a venir aquí.
9525	**reek**	**el hedor| el mal olor; oler**
	ss; vb	They all reek of deodorant and aftershave.
	[rik]	-Todos ellos hedor de desodorante y loción de afeitar.
9526	**desertion**	**la deserción**
	ss	Twenty six soldiers were executed for desertion.
	[dɪˈzɜrʃən]	-26 soldados fueron ejecutados por desertores.
9527	**tycoon**	**el magnate**

	ss	Said his grandfather was a railroad tycoon.
	[taɪˈkun]	-Dijo que su abuelo era un magnate del ferrocarril.
9528	**harlot**	**la ramera**
	ss	Stand aside, harlot.
	[ˈhɑrlət]	-Hazte a un lado, furcia.
9529	**disagreeable**	**desagradable**
	adj	Jim is one of the most disagreeable people I know.
	[ˌdɪsəˈɡriəbəl]	-Jim es una de las personas más desagradables que conozco.
9530	**pepperoni**	**el pepperoni**
	ss	I don't like pepperoni pizza very much.
	[ˌpɛpəˈroʊni]	-No me gusta mucho la pizza de peperoni.
9531	**variation**	**la variación**
	ss	Indicators on health show significant cross-regional variation.
	[ˌvɛriˈeɪʃən]	-Los indicadores de salud muestran una importante variación a través de las regiones.
9532	**frightfully**	**espantosamente**
	adv	That was frightfully rude of you.
	[ˈfraɪtfəli]	-Eso ha sido terriblemente grosero por tu parte.
9533	**adversity**	**la adversidad**
	ss	She carries on smiling even in the face of adversity.
	[ædˈvɜrsɪti]	-Ella sigue sonriendo aún en la cara de la adversidad.
9534	**riffraff**	**la chusma**
	ss	Miners and riffraff are overrunning the town.
	[ˈrɪˌfræf]	-Los mineros y la gentuza están invadiendo el pueblo.
9535	**deduction**	**la deducción**
	ss	Observation deduction a cold and unemotional subject.
	[dɪˈdʌkʃən]	-Observación, deducción... un sujeto frío y sin memoria.
9536	**revoke**	**revocar | renunciar; los renuncio**
	vb; ss	States should revoke existing constitutional measures that discriminate against indigenous peoples.
	[rɪˈvoʊk]	-Los Estados deberían revocar las medidas constitucionales existentes que discriminan a los pueblos indígenas.
9537	**baggy**	**holgado**
	adj	Me, I'm an old man in baggy pants.
	[ˈbæɡi]	-Yo, soy un anciano con pantalones holgados.
9538	**tact**	**el tacto**
	ss	But with exquisite tact, whoever it was, named their alphabet after Cyril - Cyrillic.
	[tækt]	-Pero con un tacto exquisito, quienquiera que fuese, llamó a su alfabeto en honor a Cirilo - el Cirílico.
9539	**workplace**	**el lugar de trabajo**
	ss	Expenditure made principally for the purpose of health and safety inside the workplace should be excluded.
	[ˈwɜrkˌpleɪs]	-El gasto hecho principalmente con fines sanitarios y de seguridad del centro de trabajo debe excluirse.
9540	**vandalism**	**el vandalismo**

	ss	Looting and vandalism of reconstructed houses must stop.
	[ˈvændəlɪzəm]	-Hay que poner fin a los saqueos y el vandalismo en las viviendas reconstruidas.
9541	**stinker**	**el canalla**
	ss	This emerging economy really is helping the revival of the world economy.
	[ˈstɪŋkər]	-Estas economías emergentes realmente están ayudando a la reactivación de la economía mundial.
9542	**toxin**	**la toxina**
	ss	A toxin that causes temporary blackouts.
	[ˈtaksən]	-Una toxina que causa pérdidas de conocimiento temporales.
9543	**revival**	**el renacimiento**
	ss	This emerging economy really is helping the revival of the world economy.
	[rɪˈvaɪvəl]	-Estas economías emergentes realmente están ayudando a la reactivación de la economía mundial.
9544	**kamikaze**	**el kamikaze**
	ss	You're becoming a kamikaze of State violence.
	[ˌkaməˈkazi]	-No te das cuenta que te estás volviendo un kamikaze de la violencia de estado.
9545	**tenure**	**la tenencia**
	ss	Thus the Committee reflects the diversity of tenure arrangements worldwide.
	[ˈtɛnjər]	-Así pues, el Comité contempla la diversidad de regímenes de tenencia en todo el mundo.
9546	**insistent**	**insistente**
	adj	Very insistent about the value she puts on her marriage.
	[ɪnˈsɪstənt]	-Es muy insistente acerca del valor que da a su matrimonio.
9547	**garble**	**mutilar**
	vb	Unfortunately, Afkhami used the scrambler that we found to garble those conversations.
	[ˈgarbəl]	-Por desgracia, Afkhami usaba el emisor de interferencias que encontramos para codificar esas conversaciones.
9548	**slant**	**la inclinación| el punto de vista; inclinar**
	ss; vb	Let's get a different slant on everything.
	[slænt]	-Hagamos una inclinación diferente en todo.
9549	**smithy**	**la herrería**
	ss	Billy, you'll be here, on the smithy roof.
	[smithy]	-Bill, tú te pondrás aquí, sobre el techo de la herrería.
9550	**ramble**	**divagar; la caminata**
	vb; ss	No, I love to hear you ramble.
	[ˈræmbəl]	-No, me encanta oírte divagar.
9551	**diaphragm**	**el diafragma**
	ss	Paralysis must have reached his diaphragm.
	[ˈdaɪəˌfræm]	-La parálisis debe haber llegado a su diafragma.
9552	**fathom**	**la braza; sondear**
	ss; vb	I can't fathom why somebody would make something like that up.
	[ˈfæðəm]	-No puedo entender por qué alguien inventaría algo como eso.

9553	**populated**	**poblado**
	adj	We live in a world populated by angels and demons.
	[ˈpɑpjəˌleɪtəd]	-Vivimos en un mundo poblado por ángeles y demonios.
9554	**psychoanalysis**	**el psicoanálisis**
	ss	At times Claudia thought about psychoanalysis.
	[ˌsaɪkoʊəˈnæləsəs]	-A veces Claudia pensaba en el psicoanálisis.
9555	**evade**	**evadir| eludir**
	vb	Some people use cynicism to evade moral responsibility.
	[ɪˈveɪd]	-Algunas personas utilizan el cinismo para evadir la responsabilidad moral.
9556	**boundless**	**sin límites**
	adj	The sea of suffering is boundless.
	[ˈbaʊndləs]	-El mar del sufrimiento es ilimitado.
9557	**dismal**	**triste**
	adj	Brother, the situation is very dismal.
	[ˈdɪzməl]	-Hermano, la situación es muy triste.
9558	**distressing**	**angustioso| penoso**
	adj	It is distressing to see how we still fail to protect women against violence.
	[dɪˈstrɛsɪŋ]	-Resulta angustioso ver que seguimos sin proteger a las mujeres contra la violencia.
9559	**rickshaw**	**la jinrikisha**
	ss	Meanwhile, serve these momos in the rickshaw.
	[rickshaw]	-Mientras tanto, sirve estos momos... al rickshaw.
9560	**bubbly**	**burbujeante; la champaña**
	adj; ss	A 30-kilogram explosive device was found at the Mu'addamiyah roundabout.
	[ˈbʌbli]	-Se encontró un artefacto explosivo de 30 kg en la rotonda de Al-Muaddamiya.
9561	**lifeboat**	**el bote salvavidas**
	ss	Put those idiots in a lifeboat.
	[ˈlaɪfˌboʊt]	-Pon a esos idiotas en el bote salvavidas.
9562	**roundabout**	**la rotonda; indirecto**
	ss; adj	A 30-kilogram explosive device was found at the Mu'addamiyah roundabout.
	[ˈraʊndəˌbaʊt]	-Se encontró un artefacto explosivo de 30 kg en la rotonda de Al-Muaddamiya.
9563	**sprinkle**	**espolvorear| rociar; la pizca**
	vb; ss	It's not raining hard. It's just a sprinkle.
	[ˈsprɪŋkəl]	-No llueve fuerte. Es solo una llovizna.
9564	**chunky**	**fornido**
	adj	You're looking a little chunky there, Tammi.
	[ˈʧʌŋki]	-Estás buscando un poco grueso que, Tammi.
9565	**piracy**	**la piratería**
	ss	The number of piracy attacks has risen steadily since 2007.
	[ˈpaɪrəsi]	-El número de los ataques de piratería ha aumentado constantemente desde 2007.
9566	**bicker**	**la disputa; discutir con**

	ss; vb	This is no time to bicker, sisters.
	['bɪkər]	-No es momento de discutir, hermanas.
9567	**bumblebee**	**el abejorro**
	ss	That's a gift for you, bumblebee.
	[bumblebee]	-Es un regalo para ti, abejorro.
9568	**indigenous**	**indígena**
	adj	Because of his passion for indigenous Mexican art, he spends his
	[ɪnˈdɪdʒənəs]	weekends in Tlaxcala or Teotihuacan looking for good specimens of small statues.
		-Por su afición al arte indígena mexicana, él pasa sus fines de semana en Tlaxcala o en Teotihuacán para buscar buenos ejemplares de estatuillas.
9569	**chimpanzee**	**el chimpancé**
	ss	So here we are, a chimpanzee using a computer.
	[ʧɪmˈpænzi]	-Así que ahí tienen, un chimpancé usando una computadora.
9570	**celery**	**el apio**
	ss	I am peeling the celery and the potatoes.
	[ˈsɛləri]	-Estoy pelando el apio y las patatas.
9571	**assailant**	**el agresor**
	ss	The assailant needs to see the victim suffer.
	[əˈseɪlənt]	-El asaltante necesita ver sufrir a la víctima.
9572	**cob**	**la mazorca; comer pan redondo**
	ss; vb	The latter are grouped in one ear, which was just becoming cob.
	[kɑb]	-Estas últimas se agrupan en una espiga, que acaba convirtiéndose en mazorca.
9573	**contamination**	**la contaminación**
	ss	Supplies are often intermittent, increasing contamination risks.
	[kənˌtæməˈneɪʃən]	-Los suministros son a menudo intermitentes, lo que aumenta el riesgo de contaminación.
9574	**claustrophobic**	**el claustrófobo**
	ss	The environmental suits, they make me a little claustrophobic.
	[ˌklɔstrəˈfoʊbɪk]	-El traje ambiental... me causa un poco de... claustrofobia.
9575	**inbound**	**entrante; hacia el interior**
	adj; adv	The countries with the lowest volume of inbound shipments were
	[ɪnˈbaʊnd]	Ireland, Portugal and Greece.
		-Los países con el volumen más bajo de traslados a su territorio fueron Irlanda, Portugal y Grecia.
9576	**comprehensive**	**exhaustivo**
	adj	A Nevada caucus participant prepares to mark her ballot.
	[ˌkɑmpriˈhɛnsɪv]	-Una participante en la asamblea electoral de Nevada se prepara para marcar su papeleta.
9577	**blunder**	**la torpeza; meter la pata**
	ss; vb	Thanks to a bureaucratic blunder, we don't have access to the building
	[ˈblʌndər]	anymore.
		-Gracias a una torpeza burocrática, ya no tenemos acceso al edificio.
9578	**participant**	**partícipe**
	ss	One participant wondered whether leadership was inconsistent with
	[pɑrˈtɪsəpənt]	equality and social inclusion.

-Un participante preguntó si el liderazgo era incompatible con la igualdad y la inclusión social.

9579	**silky**	**sedoso**
	adj	Don't forget about that silky, shiny, mouthwatering zebra coat.
	[ˈsɪlki]	-No te olvides del sedoso, brillante y delicioso abrigo de zebra.
9580	**humankind**	**la humanidad**
	ss	Regarding humankind...
	[ˈhjumənˌkaɪnd]	-Con respecto a la humanidad....
9581	**mania**	**la manía**
	ss	Her clinical medical diagnosis was homicidal mania.
	[ˈmeɪniə]	-Su diagnóstico médico en la clínica fue manía homicida.
9582	**fluent**	**fluido; el fluido**
	adj; ss	I've been studying Chinese for a long time, but I'm not fluent.
	[ˈfluənt]	-He estudiado chino mucho tiempo, pero no lo hablo con fluidez.
9583	**downstream**	**río abajo; de río abajo**
	adv; adj	But it seems that it repented and decided to go downstream.
	[ˈdaʊnˈstrim]	-Pero parece que se arrepintió y decidió ir río abajo.
9584	**slew**	**el montón; girar**
	ss; vb	There's a whole slew of furniture, paintings, books...
	[slu]	-Hay un montón de muebles, pinturas, libros...
9585	**druid**	**las druida**
	ss	Well, she belongs to a druid named Gareth.
	[ˈdruɪd]	-Ella pertenece a un druida llamado Gareth.
9586	**frisk**	**el cacheo; cachear**
	ss; vb	I failed to frisk the suspect properly.
	[frɪsk]	-Yo fallé en cachear adecuadamente al sospechoso.
9587	**lobe**	**el lóbulo**
	ss	Decreased perfusion in the occipital lobe.
	[loʊb]	-Disminución de la perfusión en el lóbulo occipital.
9588	**prefecture**	**la prefectura**
	ss	The village which I visited last summer was a small one in Nagano Prefecture.
	[ˈpriˌfɛktʃər]	-El pueblo que visité el verano pasado era uno pequeño de la prefectura de Nagano.
9589	**lifeline**	**la línea de vida**
	ss	Cyril and Methodius had established a lifeline for Orthodoxy in Moravia.
	[ˈlaɪˌflaɪn]	-Cirilo y Methodios habían establecido un salvavidas para la Ortodoxia en Moravia.
9590	**strait**	**el estrecho**
	ss	Beachfront motel on the coast, across the strait from San Felix.
	[streɪt]	-Un motel en la playa en la costa a lo largo del canal de San Felix.
9591	**specialize**	**especializarse**
	vb	They have the advantage of smaller investment of time and money than two-year programs however they often lack the opportunity to specialize.
	[ˈspɛʃəˌlaɪz]	-Una de sus ventajas es que la inversión en tiempo y dinero es menor que la que se haría en programas de dos
9592	**loin**	**el lomo**

	ss [lɔɪn]	Typical pork products are loin with homemade bread in lard and various pork sausages. -Y en cuanto a los productos chacineros es típico el lomo en manteca con pan casero y otros embutidos derivados del cerdo.
9593	**abstinence** ss ['æbstənəns]	**la abstinencia** His advice is essentially to practice a form of digital abstinence. -Su consejo es esencialmente practicar una forma de abstinencia digital.
9594	**shoelace** ss ['ʃuˌleɪs]	**el cordón** My shoelace got caught in the escalator. -La escalera mecánica me agarró un cordón del zapato.
9595	**Bulgarian** adj; ss [bəlˈgɛriən]	**búlgaro; el búlgaro** Bulgarian Baronial strain and lives for war. -El búlgaro es de cepa señorial y vive por y para la guerra.
9596	**manhunt** ss ['mænˌhʌnt]	**la caza** A fierce manhunt is underway for three fugitives tonight. -Una feroz persecución está en marcha durante tres fugitivos esta noche.
9597	**beret** ss ['bɛrət]	**la boina** Big beret with badges on it. Tanks. -La gran gorra llena de insignias.
9598	**unsafe** adj [ənˈseɪf]	**inseguro** Any complaints by Blowtorch employees alleging an unfair or unsafe workplace. -Cualquier queja de trabajadores de Blowtorch alegando lugar de trabajo inseguro o injusto.
9599	**unbeatable** adj [ˌʌnˈbitəbəl]	**imbatible** But not this year... because my latest invention is unbeatable. -Pero este año no, porque mi invento es invencible.
9600	**pornographic** adj [ˌpɔrnəˈgræfɪk]	**pornográfico** Access by children to pornographic or obscene material is prohibited. -Está prohibido el acceso de los niños a material pornográfico u obsceno.
9601	**clitoris** ss [klaɪˈtɔrɪs]	**el clítoris** I can't find my girlfriend's clitoris. -No puedo encontrar el clítoris de mi amiga.
9602	**interval** ss ['ɪntərvəl]	**el intervalo| el descanso** However, Milan emerged transformed after the interval. -Sin embargo, el Milán se transformó tras el descanso.
9603	**borderline** ss; adj ['bɔrdərˌlaɪn]	**el límite; fronterizo** Interestingly enough, it's on the disputed borderline. -Y curiosamente, se encuentra precisamente en la frontera disputada.
9604	**blackmailer** ss ['blækˌmeɪlər]	**chantajista** A dirty, naughty, no-good blackmailer. -Un chantajista sucio, malo, bueno para nada.
9605	**ponder** vb ['pɑndər]	**reflexionar| considerar** Indeed, these rulers now have much to ponder. -De hecho, esos gobernantes tienen ahora mucho sobre lo que reflexionar.

9606	**pelican**	**el pelícano**
	ss	Then you'd better save the pelican.
	[ˈpɛləkən]	-Entonces le conviene salvar al pelícano.
9607	**armory**	**el arsenal| el blasón**
	ss	Open remote access to the Chicago armory.
	[ˈɑrməri]	-Abre el acceso remoto a la armería de Chicago.
9608	**fictional**	**ficticio**
	adj	This film is a fictional story freely inspired by actual people and events.
	[ˈfɪkʃənəl]	-Esta película es una historia de ficción libremente inspirada en personas y eventos.
9609	**disable**	**inhabilitar| inutilizar**
	vb	International anti-corruption standards are actively enforced.
	[dɪˈseɪbəl]	-Se están aplicando activamente las normas del derecho internacional contra la corrupción.
9610	**acquisition**	**la adquisición**
	ss	This is the latest acquisition to my library.
	[ˌækwəˈzɪʃən]	-Esa es la última adquisición para mi biblioteca.
9611	**tasteless**	**insípido**
	adj	These tomatoes are tasteless.
	[ˈteɪstləs]	-Estos tomates son insípidos.
9612	**regrettable**	**lamentable**
	adj	It is highly regrettable that your request was considered to be unacceptable.
	[rɪˈgrɛtəbəl]	-Es muy lamentable que su solicitud haya sido considerada inaceptable.
9613	**nocturnal**	**nocturno**
	adj	These are a kind of nocturnal flowers.
	[nɑkˈtɜrnəl]	-Estas son un tipo de flores nocturnas.
9614	**overflow**	**rebosar; el exceso de líquido**
	vb; ss	Out of the overflow of the heart the mouth speaks.
	[ˈoʊvərˌfloʊ]	-De lo que rebosa el corazón habla la boca.
9615	**limitless**	**sin límites**
	adj	Consciousness is limitless and the ultimate reality.
	[ˈlɪmətləs]	-La conciencia es la realidad infinita y suprema.
9616	**matchmaker**	**el casamentero**
	ss	So, Eli Diamond played matchmaker.
	[ˈmætʃˌmeɪkər]	-Así que, Eli Diamond hizo de casamentero.
9617	**actively**	**activamente**
	adv	International anti-corruption standards are actively enforced.
	[ˈæktɪvli]	-Se están aplicando activamente las normas del derecho internacional contra la corrupción.
9618	**vaudeville**	**el vodevil**
	ss	It's for the vaudeville show.
	[ˈvɑdvɪl]	-Es para el show de vodevil.
9619	**vagabond**	**el vagabundo**
	ss	The vagabond, when rich, is called a tourist.
	[ˈvægəbɑnd]	-Si un vagabundo es rico, se le llama turista.
9620	**bottomless**	**sin fondo**

	adj [ˈbɑtəmləs]	It couldn't possibly be bottomless. -Es imposible que sea sin fondo.
9621	**evasion** ss [ɪˈveɪʒən]	**la evasión| el efugio** It includes password sniffing and detection evasion capabilities (i.e. -Incluía robo de contraseñas (esnifado) y detección de capacidades de evasión (p.
9622	**barman** ss [ˈbɑrmən]	**el barman| el cantinero** The chef barman offers genuine savoir-faire and numerous and various cocktails. -El barman le ofrecerá un genuino "savoir-faire" y numerosos cócteles variados.
9623	**lavatory** ss [ˈlævəˌtɔri]	**el lavabo| el baño** The body was found in a public lavatory inside of a locked cubicle. -El cuerpo se encontró en un baño público dentro de un cubículo cerrado.
9624	**otter** ss [ˈɑtər]	**la nutria** Even if a hedgehog, a mole, an otter, a rabbit or an opossum looks like a rodent, it aren't. -Aunque lo parezcan, un erizo, un topo, una nutria, un conejo o una zarigüeya no son roedores.
9625	**imagery** ss [ˈɪmədʒri]	**las imágenes** The imagery is startling but not atypical. -La imagen es distinta, pero no atípica:
9626	**aggravate** vb [ˈægrəˌveɪt]	**agravar| irritar a** Climate change will aggravate this situation. -El cambio climático ha de agravar esa situación.
9627	**crease** adj; ss; vb [kris]	**pliegue; el pliegue; arrugar** Grey titanium anodised aluminium sequential gearbox gear lever. -Palanca de caja cambios de velocidad secuencial en aluminio anodizado gris titanio.
9628	**relativity** ss [ˌrɛləˈtɪvəti]	**la relatividad** Few scientists understand the theory of relativity. -Pocos científicos entienden la teoría de la relatividad.
9629	**vendetta** ss [vɛnˈdɛtə]	**la vendetta** Enough evidence to suggest a vendetta. -Hay bastantes elementos, como para deducir una venganza.
9630	**titanium** ss [taɪˈteɪniəm]	**el titanio** Its walls are made of titanium, the viewing ports have to be tiny. -Sus paredes están hechas de titanio, y sus puertos de visión tienen que ser muy pequeños.
9631	**weaponry** ss [ˈwɛpənri]	**las armas** A small military drone capable of supporting directed-energy weaponry. -Un pequeño avión militar no tripulado... capaz de soportar armamento de energía dirigida.
9632	**clandestine** adj [klænˈdɛstɪn]	**clandestino** It also compels many girls and women to seek out unsafe, clandestine abortions, frequently with lethal results. -Asimismo, fuerza a muchas niñas y mujeres a recurrir al aborto

clandestino y en condiciones de riesgo, muy a menudo con consecuencias mor

9633	**prodigy**	**el prodigio**
	ss	Mulder, he's recognized internationally as a prodigy.
	['prɑdədʒi]	-Mulder, él es reconocido internacionalmente como un prodigio.
9634	**tripe**	**el mondongo**
	ss	We were served a native dish of tripe, which I cannot abide.
	[traɪp]	-Nos sirvieron un plato típico de callos que no puedo soportar.
9635	**sailboat**	**el velero**
	ss	He came across the Atlantic in a small sailboat.
	['seɪlˌboʊt]	-Él cruzó el Atlántico en un pequeño yate.
9636	**negotiator**	**el negociador**
	ss	Luciano has proven himself a skillful leader and effective negotiator.
	[nəˈgoʊʃiˌeɪtər]	-Luciano ha demostrado ser un hábil líder y un negociador eficaz.
9637	**hammock**	**la hamaca**
	ss	This hammock's shorter than the last.
	['hæmək]	-Esta hamaca es más corta que la anterior.
9638	**barter**	**la permuta| el trueque; trocar**
	ss; vb	Now, transference, barter or sale is attested by a deed.
	['bɑrtər]	-Ahora, la transferencia, el trueque o la venta es sancionada por un hecho.
9639	**extradition**	**la extradición**
	ss	Some countries also had relevant regulations in their extradition laws.
	[ˌɛkstrəˈdɪʃən]	-Algunos países también tenían reglamentaciones en la materia en su legislación sobre extradición.
9640	**bronco**	**el potro cerril**
	ss	Not my Screechie? He's the buffest bronco on earth.
	['brɑŋkoʊ]	-No mi "Screechie." Es el potro más lindo del mundo.
9641	**pestilence**	**la pestilencia**
	ss	Unlike HIV/AIDS, malaria is not a new pestilence.
	['pɛstələns]	-A diferencia del VIH/SIDA, el paludismo no es una peste nueva.
9642	**firecracker**	**el petardo**
	ss	Imagine a firecracker in the palm of your hand.
	['faɪərˌkrækər]	-Imagínese un petardo en la palma de su mano.
9643	**milligram**	**el miligramo**
	ss	Tadpoles are rinsed in water and blotted dry, followed by body weight determination to the nearest milligram.
	['mɪləˌgræm]	-Los renacuajos se enjuagan con agua y se secan con material absorbente, y, a continuación, se determina el peso corporal con precisión de u
9644	**surreal**	**surrealista**
	adj	This... the whole weekend has been completely surreal.
	[səˈril]	-Este... todo el fin de semana ha sido completamente surrealista.
9645	**protester**	**el protestador**
	ss	I am ashamed of American policies around the world," said Kenneth Nichols, an American protester.
	['proʊˌtɛstər]	-Me avergüenzo de la política exterior americana," dijo Kenneth Nichols, un manifestante americano.

9646 vend
vb
[vend]

vender
 It is distressing that the Abkhaz separatist leadership, for the purpose of personal enrichment, continues to break up and plunder industrial and agricultural complexes and vend them for a pittance outside Georgia.
 -Es lamentable que los dirigentes separatistas abjasios sigan desmantelando y saqueando complejos industriales y agrícolas para venderlos por una cantidad insignificante fuera de Georgia, con el propósito de enriquecimiento personal.

9647 airspace
ss
[ˈɛrˌspeɪs]

el espacio aéreo
No ships sighted in withdrawal airspace.
 -No hay naves avistadas en el espacio aéreo de retirada.

9648 pod
ss; vb
[pɑd]

la vaina; desvainar
The twin sisters are alike as two peas in a pod.
 -Las hermanas gemelas son como dos gotas de agua.

9649 brazen
adj
[ˈbreɪzən]

descarado
Terrorism is a brazen challenge to all of human civilization and a common enemy to humanity.
 -El terrorismo es un desafío descarado a todo lo que es civilización humana y un enemigo común de la humanidad.

9650 cleric
ss; adj
[ˈklɛrɪk]

el clérigo; eclesiástico
A cleric can fly high indeed.
 -Un clérigo puede volar alto, en verdad.

9651 campfire
ss
[ˈkæmpˌfaɪər]

la hoguera
Never leave a campfire unattended.
 -Nunca dejar la fogata del campamento sin vigilancia.

9652 electron
ss
[ɪˈlɛktrɑn]

el electrón
 Thor, summon every electron within 100 kilometers.
 -Thor, convocar a cada electrón dentro de los 100 kilómetros.

9653 gynecologist
ss
[ˌgaɪnəˈkɑlədʒəst]

el ginecólogo
Angiotensin II also stimulates aldosterone secretion by the adrenal cortex.
 -Angiotensina II también estimula la secreción de aldosterona por la corteza suprarrenal.

9654 cubic
adj
[ˈkjubɪk]

cúbico
For more information, please contact the coordinator Christoph Strauß.
 -Para más información se puede contactar al coordinador, Christoph Strauß escribiendo a.

9655 cortex
ss
[ˈkɔrtɛks]

la corteza
Male brains have a bigger parietal cortex...
 -El cerebro masculino tiene un córtex parietal más grande...

9656 coordinator
ss
[koʊˈɔrdəˌneɪtər]

el coordinador
For more information, please contact the coordinator Christoph Strauß.
 -Para más información se puede contactar al coordinador, Christoph Strauß escribiendo a.

9657 addictive
adj
[əˈdɪktɪv]

adictivo
This recommendation does not come down for or against the legalisation of addictive substances.

-Esta recomendación no se declara a favor ni en contra de la legalización de sustancias adictivas.

9658	**fleece**	**la lana; esquilar**
	ss; vb	Ana had a little lamb whose fleece was white as snow.
	[flis]	-Ana tenía un cordero cuya lana era blanca como la nieve.

9659	**cavern**	**la caverna**
	ss	I'm not a panty sniffer.
	[ˈkævərn]	-Yo no soy un panty sniffer.

9660	**creditor**	**el acreedor**
	ss	EF thus became TB's biggest creditor.
	[ˈkrɛdətər]	-Así pues EF se convirtió en el mayor acreedor de TB.

9661	**panty**	**las bragas**
	ss	And on the plus side, you have no visible panty lines.
	[ˈpænti]	-Y en el lado positivo, no tienes líneas de panty visibles.

9662	**lout**	**el patán; el gamberro**
	ss	She loves to satisfy you orally, and it shows also on the passion and fervor with which they can slide your lout repeatedly between her lips.
	[laʊt]	-A ella le encanta que le satisfacen por vía oral, y demuestra también la pasión y el fervor con que se puede deslizar el gamberro en repetidas ocasiones entre los labios.

9663	**workman**	**el obrero; el trabajador**
	ss	No... yes, the workman.
	[ˈwɜrkmən]	-No... sí, el trabajador.

9664	**lenient**	**indulgente**
	adj	Maxius is getting more lenient with his sentencing.
	[ˈliniənt]	-Maxius se está poniendo más indulgente con sus sentencias.

9665	**mushy**	**pulposo**
	adj	The floor is so mushy and slippery.
	[ˈmʌʃi]	-El piso es blando y resbaladizo.

9666	**observant**	**observante**
	adj	You're very observant, professor.
	[əbˈzɜrvənt]	-Es Ud. muy observador, profesor.

9667	**gracefully**	**graciosamente**
	adv	They are now relying on ingenuity for what they lack in infrastructure to handle the transition as gracefully and competitively as possible.
	[ˈgreɪsfəli]	-Ahora, a falta de infraestructura, confían en la inventiva para abordar la transición con la mayor dignidad y competitividad posible.

9668	**aesthetic**	**estético**
	adj	Beauty cannot be determined objectively but depends on personal aesthetic criteria.
	[ɛˈsθɛtɪk]	-La belleza no se puede medir objetivamente, sino que depende de criterios estéticos personales.

9669	**purposely**	**a propósito**
	adv	I assure you I did not do it purposely.
	[ˈpɜrpəsli]	-Te aseguro que no lo hice a propósito.

9670	**bombardment**	**el bombardeo**
	ss	We'll wait here until the bombardment is over.
	[bɑmˈbɑrdmənt]	-Esperaremos a que acabe el bombardeo.

9671	**soot**	**el hollín; cubrir de hollín**
	ss; vb	The new limit values make soot particle filters almost mandatory.
	[sʊt]	-Los nuevos valores límite hacen casi obligatorios los filtros de partículas de hollín.

9672	**shimmer**	**brillar; el brillo**
	vb; ss	I remember Jacksonville and seeing you shimmer the first time we kissed.
	[ˈʃɪmər]	-Recuerdo Jacksonville y verte brillar la primera vez que nos besamos.

9673	**doctorate**	**el doctorado**
	ss	Entering the doctorate is going to be a great challenge.
	[ˈdɑktərət]	-Será un gran desafío ingresar al doctorado.

9674	**eyelash**	**la pestaña**
	ss	You have an eyelash on your...
	[ˈaɪˌlæʃ]	-Tú tienes... tienes una pestaña en tu...

9675	**raffle**	**la rifa; rifar**
	ss; vb	Nobody gets arrested for a raffle.
	[ˈræfəl]	-Nadie termina arrestado por culpa de una rifa.

9676	**sleepwalk**	**ser sonámbulo**
	vb	Vampires can't sleepwalk.
	[ˈsliˌpwɔk]	-No puede ser sonámbulo.

9677	**expendable**	**reemplazable**
	adj	A low-level Mage - completely expendable.
	[ɪkˈspɛndəbəl]	-Una Maga de bajo nivel - completamente prescindible.

9678	**primal**	**primitivo| principal**
	adj	It was very primal and more remote than anything I'd ever experienced before.
	[ˈpraɪməl]	-Fue algo muy primitivo y más remoto que cualquier otra cosa experimentada antes.

9679	**plankton**	**el plancton**
	ss	Talk about more plastic bags than plankton.
	[ˈplæŋktən]	-Hablando mas de bolsas de plástico que de plancton,

9680	**immaculate**	**inmaculado**
	adj	You herald winter's immaculate snows...
	[ɪˈmækjulɪt]	-Nos anuncia usted el invierno, la nieve inmaculada...

9681	**nylon**	**el nylon; de nylon**
	ss; adj	Real fur is still used... though there have been experiments with nylon.
	[ˈnaɪˌlɑn]	-Aún se usa piel real, a pesar de que han habido experimentos con nylon.

9682	**unpopular**	**impopular**
	adj	His public support for the British government was unpopular.
	[ˌʌnˈpɑpjələr]	-Su apoyo público al gobierno británico era impopular.

9683	**tamper**	**manosear**
	vb	For 1999, one new security service post is requested for the Pass and Identification Office to implement a new, tamper proof, identification system.
	[ˈtæmpər]	-Para 1999 se solicita un nuevo puesto de oficial de seguridad para la Oficina de Pases e Identificación, a fin de poner en práctica un nuevo sistema de identificación a prueba de manipulación.

9684	**stabilize**	**estabilizar**
	vb	This helped stabilize the work of government ministries.
	[ˈsteɪbəˌlaɪz]	-Esto ayudó a estabilizar el trabajo de los ministerios gubernamentales.

9685	**gymnasium**	**el gimnasio**
	ss	Vampires meeting in the school gymnasium.
	[dʒɪmˈneɪziəm]	-Los vampiros se reúnen en el gimnasio de la escuela.

9686	**sacrament**	**el sacramento**
	ss	He stopped taking the sacrament after you visited.
	[ˈsækrəmənt]	-Dejó de tomar el sacramento después de que le visitaras.

9687	**quench**	**aplacar**
	vb	I quench my thirst with a cold glass of water.
	[kwɛntʃ]	-Yo apaciguo mi sed con un frío vaso de agua.

9688	**adventurer**	**el aventurero**
	ss	I can't believe you've become such an adventurer.
	[ædˈvɛntʃərər]	-No puedo creer que te hayas convertido en una persona tan aventurera.

9689	**lofty**	**elevado| noble**
	adj	Cameroon has constantly contributed to this lofty endeavour.
	[ˈlɔfti]	-El Camerún siempre ha aportado su contribución a este noble empeño.

9690	**downward**	**hacia abajo; hacia abajo**
	adj; adv	Every projection of growth has been revised downward.
	[ˈdaʊnwərd]	-Todos los pronósticos de crecimiento se han ajustado a la baja.

9691	**foretell**	**predecir**
	vb	The owls foretell the death.
	[fɔrˈtɛl]	-Los búhos anuncian la muerte.

9692	**sloth**	**la pereza**
	ss	The seven deadly sins are: pride, envy, greed, anger, lust, gluttony and sloth.
	[sloʊθ]	-Los siete pecados capitales son: la vanidad, la envidia, la avaricia, la ira, la lujuria, la gula y la pereza.

9693	**jeweler**	**el joyero**
	ss	Apparently whoever did it was interested in our dead jeweler.
	[ˈdʒuələr]	-Aparentemente quien quiera que hizo esto estaba interesado en nuestro joyero muerto.

9694	**furnish**	**proporcionar| amueblar**
	vb	By the end of 1998, 79 countries could furnish the information.
	[ˈfɜrnɪʃ]	-A fines de 1998, 79 países pudieron proporcionar información sobre la materia.

9695	**drifter**	**el vagabundo**
	ss	Then a drifter came calling one evening.
	[ˈdrɪftər]	-Y un vagabundo me vino a visitar una noche.

9696	**tipsy**	**achispado**
	adj	She's a bit tipsy.
	[ˈtɪpsi]	-Ella está un poco ebria.

9697	**punishable**	**castigable**
	adj	That crime is punishable by death.
	[ˈpʌnɪʃəbəl]	-Ese crimen se castiga con la pena de muerte.

9698	**ignite**	**encender**

		vb	Weapons fire could ignite the exhaust.
		[ɪgˈnaɪt]	-El fuego de las armas podría encender el escape.
9699	**seasoned**		**sazonado**
		adj	He's a seasoned investigator.
		[ˈsizənd]	-Él es un avezado investigador.
9700	**aloft**		**en alto; arriba**
		adv; adj	They marched to Santiago with their flag aloft.
		[əˈlɔft]	-Ellos marcharon hasta Santiago con su bandera en alto.
9701	**excursion**		**la excursión| la jira**
		ss	A travel agent will arrange an excursion to Andalusia for you.
		[ɪkˈskɜrʒən]	-Un agente de viajes le arreglará una excursión a Andalucía.
9702	**tranquil**		**tranquilo**
		adj	What you perceived as agitation was indeed most intense tranquil enjoyment.
		[ˈtræŋkwəl]	-Lo que ha percibido como agitación era en realidad un placer de lo más intenso y tranquilo.
9703	**throb**		**palpitar| latir; el latido**
		vb; ss	The surgical cuts may throb and be slightly painful afterward.
		[θrɑb]	-Las incisiones quirúrgicas pueden palpitar y doler ligeramente después del examen.
9704	**spacious**		**espacioso**
		adj	The new office is more spacious.
		[ˈspeɪʃəs]	-La oficina nueva es más amplia.
9705	**ironically**		**irónicamente**
		adv	But ironically my books became the bestsellers one after another.
		[aɪˈrɑnɪkli]	-Pero irónicamente, mis libros se volvieron bestseller, uno tras otro.
9706	**interstellar**		**interestelar**
		adj	The interstellar vacuum might get a little chilly.
		[ˌɪntərˈstɛlər]	-Puede hacer un poco de frío en el vacío interestelar.
9707	**calypso**		**el calipso**
		ss	9 half hour programmes including culture; carnival, calypso, steel band, music festivals and drama used in learning.
		[kəˈlɪpˌsoʊ]	-9 programas culturales de media hora de duración: carnaval, calipso, grupo de percusión caribeña, festivales de música y obra dramática, utilizados en el aprendizaje.
9708	**rematch**		**la revancha**
		ss	See you when I come for the rematch.
		[ˈriˈmætʃ]	-Te veré cuando sea la revancha.
9709	**midsummer**		**los pleno verano; estival**
		ss; adj	Dark and sharp as a midsummer shadow.
		[ˈmɪdˈsʌmər]	-Oscura y afilada como una sombra a pleno verano.
9710	**severance**		**la ruptura**
		ss	Plus, you still get your severance.
		[ˈsɛvərəns]	-Además, tú recibirás tu indemnización.
9711	**conform**		**ajustarse**
		vb	You will conform.
		[kənˈfɔrm]	-Te ajustarás a las normas establecidas.
9712	**groin**		**los ingle**

	ss	More like baby kicks to the groin.
	[grɔɪn]	-Más como patadas de bebé a la ingle.
9713	**skillful**	**hábil**
	adj	Jim is a skillful carpenter.
	[ˈskɪlfəl]	-Jim es un hábil carpintero.
9714	**footing**	**el pie| la posición**
	ss	If you were footing the bill, you wouldn't say that.
	[ˈfʊtɪŋ]	-Si tú pagaras, no dirías eso.
9715	**devastation**	**la devastación**
	ss	The audience was exposed to the devastation.
	[ˌdɛvəˈsteɪʃən]	-El público quedó expuesto a la devastación.
9716	**foxtrot**	**el fox**
	ss	Like the foxtrot with our beloved European External Action Service, this has taken too long.
	[ˈfɑkstrɑt]	-A lo largo de un proceso que podría calificarse de foxtrot con nuestro amado Servicio Europeo de Acción Exterior, se ha tardado demasiado.
9717	**linden**	**el tilo**
	ss	Because the linden trees have lost their leaves.
	[ˈlɪndən]	-Porque los árboles de tilo han perdido sus hojas.
9718	**prolong**	**prolongar**
	vb	If we don't make it, we shall need to prolong the time frame.
	[prəˈlɔŋ]	-Si no lo logramos, deberíamos prolongar el plazo de tiempo.
9719	**dodo**	**el vejestorio**
	ss	If we're not careful, the tiger will soon go the way of the dodo.
	[ˈdoʊdoʊ]	-Si no tenemos cuidado, el tigre pronto seguirá el camino del dodo.
9720	**bale**	**la bala; embalar**
	ss; vb	Let's get this bale of hay down.
	[beɪl]	-Llevemos este fardo de heno hacia abajo.
9721	**overtake**	**adelantar| sobrepasar**
	vb	I move to the left lane to overtake a minibus.
	[ˈoʊvərˌteɪk]	-Me muevo a la izquierda para adelantar a un minibus.
9722	**bookshop**	**la librería**
	ss	If I can get a book from the library, it saves me from having to buy it in the bookshop.
	[ˈbʊkˌʃɑp]	-Si puedo conseguir un libro en la biblioteca, evito comprarlo en la librería.
9723	**trombone**	**el trombón**
	ss	I used to play the trombone.
	[trɑmˈboʊn]	-Yo tocaba el trombón.
9724	**monumental**	**monumental| enorme**
	adj	Washington felt strongly that it needed to be a monumental city.
	[ˌmɑnjəˈmɛntəl]	-Washington sintió que esta necesitaba ser una ciudad monumental.
9725	**wherefore**	**por qué; por eso**
	adv; con	Wherefore have you not arrived more quickly?
	[wherefore]	-¿Por qué no ha venido antes?
9726	**measly**	**miserable**

		adj ['mizli]	Get me some measly little pecks. -Tráeme un poco de agua. te picotea miserable pequeños.

9727 firefly — la luciérnaga
ss
['faɪərˌflaɪ]
The sweetest firefly in all creation.
-La luciérnaga más dulce de toda la creación.

9728 choreography — la coreografía
ss
[ˌkɔriˈɑɡrəfi]
Love for dance from small, totaled choreography.
-Amor por la danza de los pequeños, un total de coreografía.

9729 folklore — el folklore
ss
['foʊˌklɔr]
African folklore is very interesting.
-El folklore africano es muy interesante.

9730 flatten — aplanar
vb
['flætən]
It's enough to flatten a square mile.
-Es suficiente para aplanar 3 kilómetros cuadrados.

9731 Moroccan — marroquí
ss
[məˈrɑkən]
Enclosed is the Moroccan reply to your proposal.
-La respuesta de Marruecos a su propuesta figura adjunta a la presente.

9732 creamy — cremoso
adj
['krimi]
The ingredient is ideal for giving our soups a rich and creamy taste.
-Este ingrediente es ideal para dar a nuestras sopas un sabor rico y cremoso.

9733 incest — el incesto
ss
['ɪnˌsɛst]
It is thought that it was at this time that he engaged in incest with his sister.
-Se supone que fue en este tiempo que él entabló incesto con su hermana.

9734 parameter — el parámetro
ss
[pəˈræmətər]
This parameter is not yet applicable for freight wagons.
-Este parámetro no es aplicable aún a los vagones de mercancías.

9735 unprepared — desprevenido
adj
[ˌʌnpriˈpɛrd]
So you're unprepared for this briefing.
-Así que usted no está preparado para esta reunión informativa.

9736 smother — ahogar| contener
vb
['smʌðər]
You tried to smother your mother with a pillow.
-Ud. trató de asfixiar a su madre con una almohada.

9737 neutralize — neutralizar
vb
['nutrəˌlaɪz]
Enough to neutralize her missile batteries.
-Lo suficiente como para neutralizar su batería de misiles.

9738 absolution — la absolución
ss
[ˌæbsəˈluʃən]
You want absolution, I've told you how to get it.
-Quieres absolución, te dije como conseguirla.

9739 juggle — hacer juegos malabares| falsear
vb
['dʒʌɡəl]
Do you know how to juggle?
-¿Sabes hacer malabares?

9740 bookkeeper — contable
ss
['bʊkˌkipər]
Welwel's father was a bookkeeper for a large landowner.
-El padre de Welwel era tenedor de libros de un terrateniente.

9741	**pushover**	**la persona fácil de convencer**
	ss	I thought you'd be a pushover.
	[ˈpʊˌʃoʊvər]	-Pensaba que eras una presa fácil.
9742	**ledger**	**el libro mayor**
	ss	Now adding the transactions to your ledger...
	[ˈlɛdʒər]	-Se están añadiendo los asientos a su libro mayor...
9743	**mythical**	**mítico**
	adj	He becomes the same shape-shifting trickster as that mythical dog.
	[ˈmɪθəkəl]	-Él se convierte en el mismo embustero que ese místico perro.
9744	**insubordination**	**la insubordinación**
	ss	And then you were court-martialed for insubordination and unbecoming conduct.
	[ɪnsəˌbɔrdəˈneɪʃən]	-Y luego fueron sometidos a corte marcial por insubordinación y de conducta impropia.
9745	**tweet**	**piar| tuitear**
	vb	People just use their cell phones to tweet.
	[twit]	-La gente solo tiene que usar sus teléfonos móviles y tuitear.
9746	**inexplicable**	**inexplicable**
	adj	For some inexplicable reason, the flimsy shack survived the storm.
	[ˌɪnəkˈsplɪsəbəl]	-Por alguna razón inexplicable, la frágil barraca sobrevivió a la tormenta.
9747	**promenade**	**el paseo| el paseo marítimo; pasear**
	ss; vb	There are shops and restaurants lining the promenade.
	[ˌprɑməˈneɪd]	-A lo largo de su paseo marítimo se extienden varios restaurantes y tiendas.
9748	**sanctity**	**la santidad**
	ss	But this is the sanctity of the boudoir.
	[ˈsæŋktɪti]	-Pero esta es la santidad de la alcoba.
9749	**ardent**	**ardiente**
	adj	You were the perfect picture of the ardent young husband... faithful unto death.
	[ˈɑrdənt]	-Eras la imagen perfecta del joven esposo apasionado... fiel hasta la muerte.
9750	**apparition**	**la aparición**
	ss	He's a phantom, an apparition.
	[ˌæpəˈrɪʃən]	-Es un fantasma, una aparición.
9751	**quitter**	**cobarde**
	ss	My sister is a fighter, not a quitter, and I have learned so much about life from her.
	[ˈkwɪtər]	-Mi hermana es una luchadora, no abandona, y yo he aprendido de ella mucho sobre la vida.
9752	**blister**	**la ampolla; cubrirse de ampollas**
	ss; vb	This may be an area of skin or blood-filled blister due to damage of soft tissue from pressure.
	[ˈblɪstər]	-Esto puede ser un área de piel o una ampolla llena de sangre, debido al daño al tejido blando por la presión.
9753	**Gemini**	**el Géminis**
	ss	I'm born under Gemini - the Twins.
	[ˈdʒɛməˌnaɪ]	-Yo soy Géminis - Los gemelos.

9754	**juror**	**el jurado**
	ss	And the answer can never be for a juror to flee.
	[ˈdʒʊrər]	-Y la respuesta jamás puede ser un jurado que se largue.

9755	**unpaid**	**no pagado**
	adj	Jim has a whole pile of unpaid parking tickets.
	[ənˈpeɪd]	-Jim tiene una pila entera de boletas de estacionamiento sin pagar.

9756	**bruiser**	**el matón**
	ss	Man, that was a bruiser.
	[ˈbruzər]	-Tío, eso era un matón.

9757	**fad**	**la moda**
	ss	This isn't a fad, Rupert.
	[fæd]	-Esto no es una moda Rupert.

9758	**snip**	**el recorte; tijeretear**
	ss; vb	No, that you have children When your persona is totally fabricated.
	[snɪp]	-No, que tengas hijos cuando... esa persona es completamente fabricada.

9759	**replica**	**la réplica | la reproducción**
	ss	This is a replica of a dinosaur's egg.
	[ˈrɛplɪkə]	-Esta es una réplica de un huevo de dinosaurio.

9760	**distributor**	**el distribuidor | la distribuidora**
	ss	We're the biggest distributor for imitation handbags in Southwest.
	[dɪˈstrɪbjətər]	-Somos el mayor distribuidor para los bolsos de imitación en el suroeste.

9761	**persona**	**la persona**
	ss	You have to know your persona's likes and dislikes.
	[pərˈsoʊnə]	-Tenéis que saber lo que le gusta o no a vuestro personaje.

9762	**entourage**	**el séquito**
	ss	He has no affiliation with Julian's little entourage whatsoever.
	[ˌɑntʊˈrɑʒ]	-No tiene ninguna relación con el pequeño séquito, o lo que sea de Julian.

9763	**eject**	**expulsar | eyectarse**
	vb	Thaksin's days appear numbered, for Thailand seems poised to eject a popularly elected prime minister.
	[ɪˈdʒɛkt]	-Los días de Thaksin parecen estar contados, ya que Tailandia luce dispuesta a expulsar a un Primer Ministro elegido por el pueblo.

9764	**hearsay**	**los rumores**
	ss	Anything negative that he says is therefore an exception to hearsay.
	[ˈhirˌseɪ]	-Cualquier cosa negativa que diga es, por lo tanto, una excepción al rumor.

9765	**hairstyle**	**el peinado**
	ss	Dig in camouflage jacket with Mariah Carey hairstyle.
	[ˈhɛrˌstaɪl]	-Si usted está usando chaquetas de camuflaje y peinado de Mariah Carey.

9766	**adolescence**	**la adolescencia**
	ss	That very tune reminded me of my adolescence.
	[ˌædəˈlɛsəns]	-Cada melodía me recordaba mi adolescencia.

9767	**fund-raiser**	**el recogedor de fondos**
	ss	We met at the fund-raiser for Clark Hodges.
	[fʌnd-ˈreɪzər]	-Nos conocimos en la recaudación de fondos para Clark Hodges.

9768 **aqua** — **las agua**
ss
[ˈækwə]
In the future, the entertainment facility will be enhanced by an aqua park.
-En el futuro se ampliarán las instalaciones recreativas con un parque acuático.

9769 **topless** — **top-less**
adj
[ˈtɑpləs]
They're always trying to catch us exercising topless or something.
-Siempre están tratando de atraparnos Ejercitando en toples o algo así.

9770 **trendy** — **de moda; el moderno**
adj; ss
[ˈtrɛndi]
Enjoy comfortable rooms in the trendy WestCord City Centre Hotel Amsterdam.
-Alójese en las cómodas habitaciones del moderno WestCord City Centre Hotel Amsterdam.

9771 **optimist** — **optimista**
ss
[ˈɑptəmɪst]
Helen is by nature an optimist.
-Helen es optimista por naturaleza.

9772 **prowl** — **merodear| merodear por; la caza**
vb; ss
[praʊl]
There's one magical, haunted evening each year when all the scary creatures come out to prowl through every neighborhood.
-Hay uno mágico, atormentado por la noche cada año, cuando todas las criaturas de miedo salido para merodear a través de cada ba

9773 **genitals** — **los genitales**
ss
[ˈdʒɛnətəlz]
Fluids and bruising around the genitals.
-Hay fluidos y hematomas en la zona genital.

9774 **tangerine** — **la mandarina**
ss
[ˌtændʒəˈrin]
But I do have a tangerine caramel.
-Pero tengo un caramelo de mandarina.

9775 **psychosis** — **la psicosis**
ss
[saɪˈkoʊsəs]
Emily Rose had epilepsy, which caused psychosis.
-Emily Rose tenía epilepsia, lo que le causó psicosis.

9776 **giver** — **dotante**
ss
[ˈgɪvər]
Pelops, the giver of days.
-Pélope, el dador de días.

9777 **infidel** — **infiel; el infiel**
adj; ss
[ˈɪnfɪˌdɛl]
I find the entry of a Western infidel sacrilege.
-La participación de un infiel de Occidente me parece un sacrilegio.

9778 **pastime** — **el pasatiempo**
ss
[ˈpæˌstaɪm]
Playing go is my favorite pastime.
-Jugar al go es mi pasatiempo favorito.

9779 **flog** — **azotar**
vb
[flɑg]
It's wrong to flog a man.
-Está mal azotar a un hombre.

9780 **sacrilege** — **el sacrilegio**
ss
[ˈsækrələdʒ]
I find the entry of a Western infidel sacrilege.
-La participación de un infiel de Occidente me parece un sacrilegio.

9781 **bitchy** — **malévolo| perra**
adj
[ˈbɪtʃi]
You'll be this awesomely bitchy publishing mogul.
-Tu serás una magnate de las editoriales increíblemente perra.

9782	**unclean**	**inmundo**
	adj	I am the wave to wash clean this unclean world.
	[ənˈklin]	-Soy el medio para limpiar este mundo impuro.
9783	**mistletoe**	**el muérdago**
	ss	Christmas time anyone under the mistletoe gets a kiss.
	[ˈmɪsəlˌtoʊ]	-En Navidad cualquier persona que esté bajo un muérdago, recibe un beso.
9784	**widowed**	**viudo**
	adj	Their mother, Adèle, is a strong and intelligent woman who had been widowed several years before we met.
	[ˈwɪdoʊd]	-Su madre, Adèle, es una mujer fuerte e inteligente que había enviudado varios años antes de conocernos.
9785	**graft**	**el injerto; injertar**
	ss; vb	A skin graft to determine race.
	[græft]	-Un injerto de piel para determinar la raza.
9786	**trustee**	**el fideicomisario**
	ss	Except as guardian and trustee of the estate.
	[ˌtrʌˈsti]	-A no ser la calidad de tutor y administrador de los bienes.
9787	**accumulate**	**acumular**
	vb	There are several reasons why countries choose to accumulate reserves.
	[əˈkjumjəˌleɪt]	-Existen varias razones por las cuales los países optan por acumular reservas.
9788	**gimmick**	**el truco| el asunto**
	ss	It's a gimmick.
	[ˈgɪmɪk]	-Es un reclamo.
9789	**vegan**	**vegetariano; el vegetariano**
	adj; ss	As directed by your doctor, give vitamin B12 to your breastfed baby if you are a vegan or vegetarian.
	[ˈvɛgən]	-Como le indique el médico, adminístrele vitamina B12 al bebé lactante si usted es vegetariana o vegan.
9790	**deodorant**	**el desodorante**
	ss	Someone in this room needs a good deodorant.
	[diˈoʊdərənt]	-Alguien en esta sala está necesitando un buen desodorante.
9791	**mailing**	**el envío**
	ss	For convenience and cost reduction you will receive your e-Ticket electronically via E-mail, also eliminating the mailing fees.
	[ˈmeɪlɪŋ]	-Por su propia conveniencia y para reducir costes usted recibirá su e-ticket vía E-mail, de tal forma que se eliminan los gastos de correo.
9792	**sanction**	**la sanción| la consagración; sancionar**
	ss; vb	One possible sanction mentioned was related to costs.
	[ˈsæŋkʃən]	-Una posible sanción mencionada era la relativa a las costas.
9793	**sideline**	**la línea de banda**
	ss	He's heading up the sideline.
	[ˈsaɪˌdlaɪn]	-Esta llegando a la linea lateral.
9794	**sickening**	**nauseabundo**
	adj	This was so sickening; people died because of cartoons.
	[ˈsɪkənɪŋ]	-Esto fue tan repugnante. La gente murió debido a las caricaturas.
9795	**vitals**	**las partes vitales**

	ss	Doctor, his vitals are weakening.
	[ˈvaɪtəlz]	-Doctor, sus signos vitales se están debilitando.
9796	**endorsement**	**la aprobación| el endoso**
	ss	What you need is a celebrity endorsement.
	[ɛnˈdɔrsmənt]	-Lo que necesitas es el apoyo de una celebridad.
9797	**sender**	**remitente**
	ss	Anneli got two letters from the same sender.
	[ˈsɛndər]	-Anneli recibió dos cartas del mismo remitente.
9798	**dementia**	**la demencia**
	ss	People with mild cognitive impairment do not always develop dementia.
	[dɪˈmɛnʃiə]	-Pronóstico: Las personas con deterioro cognitivo leve no siempre desarrollan demencia.
9799	**cuddly**	**mimoso**
	adj	Their collection of underblankets, fitted sheets, heating pads, rolls, and cuddly blankets are the result of years of experience and dedication.
	[ˈkʌdli]	-Su colección de mantas, sábanas ajustables, cojines térmicos y almohadas cilíndricas son el resultado de años de experiencia y dedicación.
9800	**bonehead**	**el estúpido**
	ss	In November 99 a concert took place where 400 fascists came together, about one year later there were already 600 boneheads joining another concert in a small town near Bremen.
	[bonehead]	-En Noviembre 1999 en un pueblo cerca de Bremen había un concierto con 400 nazis, un año después vinieron 600 de ellos a otro concierto en un pueblo vecinario.
9801	**inconceivable**	**inconcebible**
	adj	It makes failure invisible, inconceivable and inevitable.
	[ˌɪnkənˈsivəbəl]	-Esto hace que el fracaso se vuelva invisible, inconcebible e inevitable.
9802	**prof**	**el profe**
	ss	They would need tissue from prof Stoddart as well.
	[prof]	-También necesitarán tejido del profesor Stoddart.
9803	**readily**	**fácilmente| de buena gana**
	adv	He readily agreed to my proposal.
	[ˈrɛdəli]	-Él aceptó sin reparos mi propuesta.
9804	**mildly**	**levemente**
	adv	But he quickly consolidated power and turned Ukraine into a mildly authoritarian state.
	[ˈmaɪldli]	-Sin embargo, rápidamente él consolidó el poder y convirtió a Ucrania en un Estado ligeramente autoritario.
9805	**plated**	**chapado**
	adj	Chef Ramsay yells, "time," and I made a hasty decision, and now I wish I would not have plated that.
	[ˈpleɪtəd]	-Chef Ramsay le grita, "tiempo", y tomé una decisión apresurada, y ahora me gustaría no habría chapado.
9806	**kennel**	**la perrera**
	ss	More information on the kennel site Luck Windy.
	[ˈkɛnəl]	-Más información en el sitio perrera suerte de los Vientos.
9807	**carburetor**	**el carburador**

	ss	Choke butterfly on carburetor and open throttle.
	[ˈkɑrbəˌreɪtər]	-Tapar válvula de mariposa del carburador y abrir regulador.
9808	**humorous**	**humorístico**
	adj	If you choose to interpret my remark as humorous, that is your decision.
	[ˈhjumərəs]	-Si desea interpretar mi comentario como humorístico, esa es su decisión.
9809	**gopher**	**la ardilla de tierra; de ardilla de tierra**
	ss; adj	It's probably just a gopher in heat.
	[ˈɡoʊfər]	-Probablemente era una ardilla en celo.
9810	**calculator**	**la calculadora**
	ss	The calculator is a wonderful invention.
	[ˈkælkjəˌleɪtər]	-El calculador es una invención maravillosa.
9811	**metabolism**	**el metabolismo**
	ss	His delegation found guideline 3.2.4 acceptable.
	[məˈtæbəˌlɪzəm]	-La delegación del Reino Unido considera que la directriz 3.2.4 es aceptable.
9812	**shudder**	**el estremecimiento| la vibración; estremecerse**
	ss; vb	The mere mention of blood makes me shudder.
	[ˈʃʌdər]	-La simple mención de la sangre me hace estremecer.
9813	**guideline**	**la pauta**
	ss	His delegation found guideline 3.2.4 acceptable.
	[ˈɡaɪˌdlaɪn]	-La delegación del Reino Unido considera que la directriz 3.2.4 es aceptable.
9814	**faction**	**la facción**
	ss	Whoever contacted you is working for another faction.
	[ˈfækʃən]	-Quienquiera que le haya avisado está trabajando para otra facción.
9815	**relevance**	**la pertinencia**
	ss	This somehow decreases relevance of the proposal.
	[ˈrɛləvəns]	-Esto disminuye en cierto modo la importancia de la propuesta.
9816	**urinate**	**orinar**
	vb	Please, urinate in this vessel!
	[ˈjɜrəˌneɪt]	-Por favor, orina en este recipiente.
9817	**undertaking**	**la empresa**
	ss	His undertaking failed for lack of funds.
	[ˈʌndərˌteɪkɪŋ]	-Su empresa fracasó por falta de fondos.
9818	**interaction**	**la interacción**
	ss	UNMIK promotes dialogue between ethnic communities through administrative, political and economic interaction.
	[ˌɪntəˈrækʃən]	-La UNMIK fomenta el diálogo entre las comunidades étnicas mediante interacción administrativa, política y económica.
9819	**scaffold**	**el andamio**
	ss	Right after you threw him off a scaffold.
	[ˈskæfəld]	-Después de que lo lanzaras fuera del andamio.
9820	**seclude**	**aislar**
	vb	That kind of judgment will just seclude only children in society.
	[səˈklud]	-Ese tipo de opinión sólo logrará aislar a los hijos únicos de esta sociedad.
9821	**elixir**	**el elixir**

	ss	The elixir believed to grant everlasting life.
	[ɪˈlɪksər]	-El elixir que se creía que concede la vida eterna.
9822	**restrained**	**contenido**
	adj	Access to justice can not be restrained.
	[riˈstreɪnd]	-El acceso a la justicia no puede ser restringido.
9823	**enraged**	**enfurecido**
	adj	You've never seen a Vorlon enraged.
	[ɛnˈreɪdʒd]	-Jamas viste a un Vorlon enfurecido.
9824	**equator**	**el ecuador**
	ss	The earth is not symmetrical about the equator.
	[ɪˈkweɪtər]	-La Tierra no es simétrica en torno al Ecuador.
9825	**finesse**	**la finura| la sutileza**
	ss	Sometimes finesse and diplomacy are better than coercion.
	[fɪˈnɛs]	-Algunas veces la delicadeza y la diplomacia son mejores que la coerción.
9826	**inquisitive**	**inquisitivo**
	adj	He's a smart, inquisitive, bright little boy.
	[ɪnˈkwɪzɪtɪv]	-Él es un inteligente, curioso, pequeño niño brillante.
9827	**rosemary**	**el romero**
	ss	Aromatic plants abound, such as thyme, rosemary, sage and lavender.
	[ˈroʊzˌmɛri]	-Abundan las plantas aromáticas como tomillo, romero, salvia y lavanda.
9828	**mimic**	**imitar; el imitador; mímico**
	vb; ss; adj	Dyed to mimic Kentucky Blue Grass.
	[ˈmɪmɪk]	-Teñidas para imitar el Pasto Azul de Kentucky.
9829	**immerse**	**sumergirse| sumergir**
	vb	How deep into the muck we can immerse ourselves.
	[ɪˈmɜrs]	-Que tan dentro del lodo nos podemos sumergir.
9830	**distrust**	**la desconfianza; desconfiar de**
	ss; vb	Indigenous peoples had experienced oppression for centuries that had created distrust.
	[dɪˈstrʌst]	-La opresión que han sufrido los pueblos indígenas durante siglos ha creado desconfianza.
9831	**falsely**	**falsamente**
	adv	My great-grandfather, Edward, was falsely blamed for the deaths in 1871.
	[ˈfɔlsli]	-Mi bisabuelo, Edward, fue injustamente culpado por las muertes de 1871.
9832	**bagpipes**	**la gaita**
	ss	Dad played the bagpipes in the music hall.
	[ˈbæɡˌpaɪps]	-Papá tocaba la gaita en el conservatorio.
9833	**warlord**	**el jefe militar**
	ss	The local warlord, who hated Chiang Kaishek, let Mao pass.
	[ˈwɔrˌlɔrd]	-El señor de la guerra local, que odiaba a Chiang Kaishek, dejó pasar a Mao.
9834	**circulate**	**circular**
	vb	Private traffic may circulate but only if authorized...
	[ˈsɜrkjəˌleɪt]	-El tráfico privado puede circular pero solamente si es autorizado...
9835	**comprehension**	**la comprensión**

ss
[ˌkɑmpriˈhɛnʃən]

Comprehension is fundamental.
-La comprensión es fundamental.

9836 **tranquility**

la tranquilidad

ss
[trænˈkwɪlɪti]

And eliminating a place where possible maximum tranquility.
-Y eliminar a un lugar donde es posible la máxima tranquilidad.

9837 **uncontrollable**

incontrolable

adj
[ˌʌnkənˈtroʊləbəl]

And your superiors describe you as uncontrollable, prone to violence.
-Y tus superiores te describen como incontrolable, propenso a la violencia.

9838 **volatile**

volátil

adj
[ˈvɑlətəl]

Is elemental mercury volatile?
-¿Es volátil el elemento mercurio?

9839 **conscientious**

concienzudo

adj
[ˌkɑnʃiˈɛnʃəs]

I'm always so conscientious about back safety.
-Siempre estoy tan consciente sobre la seguridad en la espalda.

9840 **residency**

la residencia | la estancia

ss
[ˈrɛzɪdənsi]

These residency requirements appear at odds with international standards.
-Esos requisitos de residencia parecen no ser conformes con las normas internacionales.

9841 **phi**

las fi

ss
[faɪ]

The letter phi - a circle with a line through it.
-La letra phi... un círculo con una línea atravesándolo.

9842 **almond**

la almendra

ss
[ˈɑmənd]

The almond trees are in bloom.
-Los almendros están floridos.

9843 **standpoint**

el punto de vista

ss
[ˈstændˌpɔɪnt]

In this field, we are very well positioned from the standpoint of health care and research.
-Nosotros estamos muy bien posicionados desde el punto de vista clínico y de investigación.

9844 **keel**

la quilla; dar la quilla

ss; vb
[kil]

Laying the keel is more tradition, Mr Morgan.
-La Colocación de la Quilla es más una tradición, Sr. Morgan.

9845 **respiratory**

respiratorio

adj
[ˈrɛspərəˌtɔri]

Live vaccine against feline upper respiratory tract disease caused by Bordetella bronchiseptica.
-Vacuna viva frente a la enfermedad del tracto respiratorio superior felino causada por Bordetella bronchiseptica.

9846 **hospitable**

hospitalario

adj
[ˈhɑˈspɪtəbəl]

Let us consider the gravity of this day, for today inside the hospitable walls of Boulogne-sur-Mer, the French are not meeting the English, nor are Russians meeting Poles, but people are meeting people.
-Seamos conscientes de toda la importancia de este día, porque hoy entre los hospitalarios muros de Boulogne-sur-Mer no se han reunido franceses con ingleses, ni rusos con polacos, sino seres humanos con seres humanos.

9847 **clothe**

vestir

	vb		To feed, clothe and protect our people.
	[kloʊð]		-Para alimentar, vestir y proteger a nuestro pueblo.
9848	**vacancy**		**el vacante| la vacuidad**
	ss		Those interested in the employment vacancy can send their resume to the human resources e-mail.
	[ˈveɪkənsi]		-Aquellos interesados en la vacante de empleo pueden enviar su hoja de vida al correo electrónico de recursos humanos.
9849	**unsuccessful**		**fracasado**
	adj		The mission was unsuccessful.
	[ˌʌnsəkˈsɛsfəl]		-La misión fue un fracaso.
9850	**pretense**		**la pretensión| la simulación**
	ss		But if you get involved, you give up all pretense at neutrality.
	[priˈtɛns]		-Aunque, si se implica, renuncia a toda pretensión de neutralidad.
9851	**overwork**		**el trabajo excesivo; trabajar demasiado**
	ss; vb		He was tired and nervous from overwork.
	[ˈoʊvərˌwɜrk]		-Estaba cansado y nervioso por exceso de trabajo.
9852	**clog**		**obstruir| atascar**
	vb		This dirt is beginning to clog a few of my more sensitive instruments.
	[klɑg]		-Esta tierra empieza a obstruir mis instrumentos.
9853	**snare**		**la trampa; coger con trampa**
	ss; vb		A fox isn't caught twice in the same snare.
	[snɛr]		-Un zorro nunca es capturado dos veces con el mismo cepo.
9854	**articulate**		**articular; articulado**
	vb; adj		It is difficult for the Japanese to articulate the sound of the r.
	[ɑrˈtɪkjələt]		-Para los japoneses es muy difícil articular el sonido de la erre.
9855	**negotiable**		**negociable**
	adj		It's all negotiable.
	[nəˈgoʊʃəbəl]		-Todo es negociable.
9856	**watchdog**		**el perro guardián**
	ss		Pillar's watchdog is getting suspicious.
	[ˈwɑtʃˌdɔg]		-El perro guardián de Pillar está empezando a sospechar.
9857	**archduke**		**el archiduque**
	ss		The archduke's cousin, Countess Larisch.
	[ˈɑrtʃˌduk]		-A la prima del Archiduque, la Condesa Larisch.
9858	**loon**		**el somorgujo**
	ss		In technical terminology... he's a loon.
	[lun]		-En términos técnicos... es un lunático.
9859	**conserve**		**conservar; la conserva**
	vb; ss		Please conserve water during the summer.
	[kənˈsɜrv]		-Por favor conserva agua durante el verano.
9860	**recur**		**repetirse**
	vb		In times of crisis, unilateral tendencies unfortunately tend to recur.
	[rɪˈkɜr]		-Lamentablemente, en épocas de crisis tienden a reaparecer los enfoques unilaterales.
9861	**magically**		**por arte de magia**
	adv		Hope is when you suddenly run to the kitchen like a mad man to check if
	[ˈmædʒɪkəli]		the empty chocolate cookie box you just finished an hour ago is

magically full again.

-La esperanza es cuando de repente corres a la cocina como un loco para ver si la caja vacía de galletas de chocolate que te acabas de terminar hace una hora fue mágicamente rellenada.

9862	**bisexual**		**bisexual**
	adj		She's bisexual.
	[ˌbaɪˈsɛkʃuəl]		-Ella es bisexual.
9863	**socket**		**el enchufe| el encaje**
	ss		Never plug your finger into the socket.
	[ˈsɑkət]		-Nunca pongas los dedos en el enchufe.
9864	**unison**		**unísono**
	adj		Note how my lips and the sound issuing from them... are synchronized together... in perfect unison.
	[ˈjunəsən]		-Vean como mis labios y el sonido que salen de ellos... están sincronizados juntos... en perfecto unísono.
9865	**justification**		**la justificación**
	ss		Parliament cannot therefore grant discharge without justification.
	[ˌdʒʌstəfəˈkeɪʃən]		-Por lo tanto, el Parlamento no puede aprobar la gestión sin justificación.
9866	**sonata**		**la sonata**
	ss		He played the Liszt sonata blindfolded.
	[səˈnɑtə]		-Él tocó la sonata de Liszt con los ojos vendados.
9867	**teapot**		**la tetera**
	ss		Therefore, though this resolution is about as useful as a chocolate teapot, we will vote in favour.
	[ˈtiˌpɑt]		-Por tanto, aunque esta resolución no tendrá ninguna utilidad, votamos a favor.
9868	**proletariat**		**el proletariado**
	ss		Adult literacy amongst the proletariat has risen by 56 percent.
	[ˌproʊləˈtɛriət]		-El analfabetismo adulto entre el proletariado ha aumentado un 56 por ciento.
9869	**doubling**		**la duplicación**
	ss		Thus, predicting another doubling has precedent.
	[ˈdʌbəlɪŋ]		-Así, la nueva duplicación prevista tiene un precedente.
9870	**annihilate**		**aniquilar**
	vb		Enough to annihilate all marine life for 100 miles.
	[əˈnaɪəˌleɪt]		-Suficiente para aniquilar toda la vida marina en un radio de 160 km.
9871	**pedigree**		**el árbol genealógico| la genealogía**
	ss		It's a name with history and pedigree.
	[ˈpɛdəgri]		-Es un nombre con historia y pedigrí.
9872	**heartily**		**sinceramente**
	adv		They ate heartily.
	[ˈhɑrtəli]		-Comieron con buen apetito.
9873	**smarty**		**los sabelotodo; enteradillo**
	ss; adj		How do you know, Mr. Smarty-Pants?
	[ˈsmɑrti]		-¿Cómo lo sabe, Don Sabelotodo?
9874	**comical**		**cómico**

	adj ['kɑmɪkəl]	This cartoon resonates with my own experience of office life, but through a comical lens. -Este dibujito se identifica con mi propia experiencia en la vida de oficina, pero a través de un lente cómico.
9875	**independently** adv [ˌɪndɪˈpɛndəntli]	**independientemente** At the same time, the Agency has to work completely independently. -Al mismo tiempo, la Agencia ha de trabajar con total independencia.
9876	**pinto** ss ['pɪnˌtoʊ]	**el caballo pinto** Legumes: White beans with chorizo, fabada asturiana (white bean stew), pinto beans and chick-pea stew. -Leguminosas: alubias blancas con chorizo, fabada asturiana, judías pintas y potaje de garbanzos.
9877	**vixen** ss ['vɪksɪn]	**la zorra** And that little vixen started stirring up trouble right away. -Y esa pequeña arpía empezó a dar problema de inmediato.
9878	**enlarge** vb [ɛnˈlɑrdʒ]	**agrandar| ampliar** Click on thumbnails to enlarge screens. -Haga click sobre cada imagen preliminar para ampliar.
9879	**seam** ss; vb [sim]	**la costura; coser** Trim excess fabric near the seam and indenting to prevent wrinkles by returning the tissue. -Recorte el exceso de tela cerca de la costura y sangría para prevenir las arrugas mediante la devolución del tejido.
9880	**handler** ss ['hændlər]	**el entrenador de animales| el controlador** Russell Price is Sarah's Amsterdam handler. -Russel Price es el controlador de Sarah en Amsterdam.
9881	**irrigation** ss [ˌɪrəˈgeɪʃən]	**el riego** Soil salinization results from improper irrigation. -La salinización de los suelos es resultado de un riego inapropiado.
9882	**condor** ss ['kɑndər]	**el cóndor** In the distance... a majestic condor is flying. -A lo lejos... sobrevuela un cóndor majestuoso.
9883	**vibes** ss [vaɪbz]	**las vibraciones** I am picking up some very strange vibes in here. -Estoy captando muy extrañas vibraciones aquí.
9884	**slingshot** ss ['slɪnˌʃɑt]	**la honda** Nothing, not even a slingshot. -Nada, ni siquiera una honda.
9885	**buffoon** ss [bəˈfun]	**el bufón** You were at Thera with that buffoon, Atticus. -Estuviste en Thera con ese bufón, Atticus.
9886	**implicate** vb ['ɪmplɪˌkeɪt]	**implicar| involucrar** But what we still haven't got is anything to directly implicate Vicky Birkinshaw. -Pero aún no tenemos nada para implicar directamente a Vicky Birkinshaw.
9887	**spontaneously**	**espontáneamente**

adv
[spɑnˈteɪnɪəsli]
In Angola, almost 100,000 refugees repatriated spontaneously from neighbouring countries.
-En Angola, casi 100.000 refugiados se repatriaron espontáneamente procedentes de países vecinos.
-

9888 dealership
la concesión
ss
[ˈdilərˌʃɪp]
The dealership was losing tools, so they installed surveillance cameras to cover all the bays.
-El concesionario estaba perdiendo herramientas, entonces instalaron cámaras de vigilancia para cubrir todas las naves.

9889 indispose
indisponer
vb
[indispose]
Let Athene use her skills to indispose Gaius Antonius.
-Que Atenea use su habilidad para indisponer a Gayo Antonio.

9890 fateful
fatídico
adj
[ˈfeɪtfəl]
Winston Churchill once defined civilization in a lecture he gave in the fateful year of 1938.
-Winston Churchill definió la civilización en una conferencia que dio en el fatídico año 1938.

9891 outlive
sobrevivir a
vb
[ˌaʊtˈlɪv]
Women generally outlive their husbands.
-Normalmente las mujeres sobreviven a sus maridos.

9892 cordial
cordial; el cordial
adj; ss
[ˈkɔrdʒəl]
A look beyond the cordial rhetoric reveals profound differences.
-Una mirada más allá de la retórica cordial revela diferencias profundas.

9893 multitude
la multitud
ss
[ˈmʌltəˌtud]
Riches cover a multitude of woes.
-Las riquezas cubren una multitud de males.

9894 displease
desagradar| enojar
vb
[dɪˈspliz]
I am sick to think how much I must displease Your Grace.
-Lamento hasta qué punto debo desagradar a su majestad.

9895 bewilder
confundir| emburujar
vb
[bɪˈwɪldər]
Alchitect - Driven by the burning desire to take her place as the most powerful spell-caster in the land, this student of magic from a faraway academy utilises cunning, strategy and ruinously destructive spells to bewilder and decimate groups of enemies.
-Alquitecta: empujada por el ardiente deseo de convertirse en la hechicera más poderosa de la tierra, esta estudiante de magia procedente de una academia lejana se sirve de astucia, estrategia y hechizos muy destructivos para desconcertar y diezmar a los enemigos.

9896 corset
el corsé
ss
[ˈkɔrsət]
It must be hard to play in a corset.
-No debe ser fácil, para una actriz, actuar con un corsé.

9897 sable
el sable
ss
[ˈseɪbəl]
A sable of the Caucasus? I would say of Kazakhstan.
-Cibelina del Cáucaso, diría que de Kazajistán.

9898 Alpine
alpino

	adj	Our superior double rooms feature handcrafted furniture in Alpine style.
	[ˈælˌpaɪn]	-Las habitaciones dobles superiores están equipadas al estilo alpino con muebles artesanales.
9899	**repel**	**repeler**
	vb	I have to do something to repel this woman.
	[rɪˈpɛl]	-Debo hacer algo para repeler a esta mujer.
9900	**tonsil**	**la amígdala**
	ss	The palatine tonsil, of mamelonated form, protects the organism against infections.
	[ˌtɑnsəl]	-La amígdala palatina, de forma mamelonada, protege al organismo contra las infecciones.
9901	**prolonged**	**prolongado**
	adj	The session will be prolonged again.
	[prəˈlɔŋd]	-La sesión se prolongará de nuevo.
9902	**satchel**	**la cartera**
	ss	Inside it was this-this leather satchel.
	[satchel]	-En su interior estaba esta cartera de cuero.
9903	**gazette**	**la gaceta**
	ss	The weekly gazette and the second score from Leipzig.
	[gəˈzɛt]	-La gaceta semanal y la segunda partitura de Leipzig.
9904	**twister**	**el tornado**
	ss	When the cow flies high and the ox flies low, there probably is a twister.
	[ˈtwɪstər]	-Cuando la vaca vuela alto y el buey vuela bajo, seguramente hay un tornado.
9905	**unattractive**	**no atractivo**
	adj	I am willing to overlook that last unattractive outburst.
	[ˌʌnəˈtræktɪv]	-Estoy dispuesta a pasar por alto este último arrebato poco atractivo.
9906	**suede**	**de gamuza; ante**
	adj; ss	I thought I was looking for a suede blazer.
	[sweɪd]	-Yo-yo creía que estaba buscando una chaqueta de gamuza.
9907	**famed**	**famoso| conocido**
	adj	Land Rover, famed for its reliability.
	[feɪmd]	-El Land Rover, famoso por su fiabilidad...
9908	**Scorpio**	**el Escorpión**
	ss	Centaur, Sagittarius, and I'm guessing that sting is Scorpio.
	[ˈskɔrpiˌoʊ]	-Centauro, Sagitario, y supongo que el aguijón es Escorpio.
9909	**significantly**	**de modo significativo**
	adv	ODA trends remained significantly below agreed commitments.
	[sɪgˈnɪfɪkəntli]	-Las tendencias de la AOD se mantienen significativamente por debajo de los compromisos convenidos.
9910	**beryl**	**el berilo**
	ss	Let's see how these beryl salts do.
	[ˈbɛrəl]	-Veamos con estas sales del berilo. Eso...
9911	**minefield**	**los campo de minas**
	ss	This place is a minefield of embarrassment.
	[ˈmaɪnˌfild]	-Este lugar es un campo minado de la vergüenza.
9912	**unchanged**	**sin alterar**

	adj [ənˈtʃeɪndʒd]	Elimination: Doripenem is primarily eliminated unchanged by the kidneys. -Eliminación: El doripenem se elimina inalterado principalmente por los riñones.
9913	**spineless** adj [ˈspaɪnləs]	**sin carácter** The Egyptian Government's attitude, in my view, is spineless. -La actitud del Gobierno egipcio es, en mi opinión, débil.
9914	**newspaperman** ss [ˈnuzˌpeɪpərˌmæn]	**periodista** I think you're a serious newspaperman, Henry. -Me parece que eres un periodista serio.
9915	**first-hand** adj [fɜrst-hænd]	**de primera mano** The fact that she is a paediatrician helped, since she knew first-hand the suffering for a child and his/her family of not having a diagnosis. -El hecho de que ella sea pediatra ayudó, ya que ella sabía de primera mano el sufrimiento de un niño y su familia que no tiene un diagnóstico.
9916	**retract** vb [riˈtrækt]	**retraer** Don't say anything you may have to retract. -No digas nada de lo que te tengas que retractar.
9917	**itinerary** adj; ss [aɪˈtɪnəˌrɛri]	**itinerario; el itinerario** Call London and have their itinerary changed. -Llame a Londres y diga que cambien su itinerario.
9918	**lament** ss; vb [ləˈmɛnt]	**el lamento| la elegía; lamentar** Fountains of lament burst through mountains of sadness... -Las fuentes del lamento se revientan por montañas de tristeza...
9919	**delirium** ss [dɪˈlɪriəm]	**el delirio** Prague was 1989's happiest revolution, a delirium of good feelings. -Praga fue la revolución más feliz de 1989, un delirio de buenos sentimientos.
9920	**medicinal** adj [məˈdɪsənəl]	**medicinal** The doctor prescribes a medicinal herb again. -El doctor le prescribe una hierba medicinal, de nuevo.
9921	**grievous** adj [ˈgrivəs]	**grave| doloroso** The most grievous accusation against me is that I am a Communist. -La más grave de las acusaciones contra mí es que soy comunista.
9922	**overturn** vb; ss [ˈoʊvərˌtɜrn]	**anular; los volcar** It may overturn decisions or give damages to repair any prejudice. -Asimismo puede revocar las decisiones y ordenar el pago de daños y perjuicios.
9923	**revise** vb; ss [rɪˈvaɪz]	**revisar| modificar; la revisión** I cannot revise with this noise. -No puedo repasar con este ruido.
9924	**sic** adv [sɪk]	**sic** We will retain [sic] WMD scientists and technicians in countries like Iraq and Libya. -Contrataremos [sic] a científicos y técnicos de armas de destrucción masiva en países como el Iraq y Libia.
9925	**filly**	**la potra**

	ss [ˈfɪli]	Very early, I had not much filly. -Muy al comienzo, no tuve mucha potra.
9926	**toddy**	**el ponche**
	ss [toddy]	Go and get Philip a hot toddy. -Ve y sirve un ponche caliente para Philip.
9927	**destitute**	**indigente**
	adj [ˈdɛstəˌtut]	A widow's daughter, almost destitute -La hija de una viuda, casi indigente
9928	**premeditate**	**premeditar**
	vb [priˈmɛdəˌteɪt]	I can't contemplate and meditate and premeditate and titillate at the same time. -No puedo contemplar, meditar, premeditar y titiritar al mismo tiempo.
9929	**deceitful**	**engañoso**
	adj [dəˈsitfəl]	Jim is being deceitful, isn't he? -Jim está siendo un embustero, ¿no lo está?
9930	**toothpick**	**el palillo**
	ss [ˈtuθˌpɪk]	He's flipping a nickel and chewing on a toothpick. -Está lanzando una moneda y mordiendo un palillo.
9931	**phobia**	**la fobia**
	ss [ˈfoʊbiə]	Social phobia is different from shyness. -La fobia social es diferente de la timidez.
9932	**anesthesia**	**la anestesia**
	ss [ˌænɪˈsθiʒə]	Most vitrectomies are done under local anesthesia. -La mayoría de las vitrectomías se hacen bajo anestesia local.
9933	**diminished**	**disminuido**
	adj [dɪˈmɪnɪʃt]	The war diminished the wealth of the country. -La guerra redujo la riqueza del país.
9934	**intake**	**el consumo**
	ss [ˈɪnˌteɪk]	Total intake had fallen from 61.66 to34.376 mcg/d... -La ingesta total había descendido de 61,66 a 34,376 µg al día...
9935	**viral**	**viral**
	adj [ˈvaɪrəl]	A viral hepatitis treatment programme is currently under way. -Se ha puesto en marcha una campaña de tratamiento de la hepatitis viral.
9936	**fruity**	**sabroso**
	adj [ˈfruti]	Taste: fruity aroma and cherry cheese. -Sabor: afrutado, aroma a queso y cerezas.
9937	**theology**	**la teología**
	ss [θiˈɑlədʒi]	I do not believe in the God of theology who rewards good and punishes evil. -Yo no creo en el Dios de la teología que premia el bien y castiga el mal.
9938	**flex**	**flexionar| flexionarse; los flexible**
	vb; ss [flɛks]	They're learning to flex this system that releases their own endogenous opiates. -Están aprendiendo a flexionar este sistema que libera sus propios opiáceos endógenos.
9939	**shackle**	**encadenar; la argolla**

	vb; ss	Benny was working the hole and got hit with a shackle.
	['ʃækəl]	-Benny estaba en el tajo y se golpeó con un grillete.
9940	**hellish**	**infernal| diabólico**
	adj	Dark, godless and reassuringly hellish.
	['hɛlɪʃ]	-Oscuro, pagano y tranquilizadoramente infernal.
9941	**Algerian**	**argelino; el argelino**
	adj; ss	And the Algerian people will support this aim.
	[ælˈdʒɪriən]	-Y el pueblo argelino va a estar de acuerdo en esa dirección.
9942	**wherein**	**donde**
	adv	person to another State wherein he/she might
	[wɛˈrɪn]	-persona a otro Estado donde pueda ser sometida
9943	**impair**	**perjudicar**
	vb	Such measures should not impair the ability of those organs to deal with
	[ɪmˈpɛr]	important substantive matters.
		-Esas medidas no deberían menoscabar la capacidad de esos órganos
		para tratar asuntos de fondo importantes.
9944	**wanton**	**sin sentido; juguetear**
	adj; vb	The international community must clearly understand all consequences
	['wɔntən]	of the wanton attack on peaceful Tskhinvali on 8 August 2008.
		-La comunidad internacional debe entender perfectamente todas las
		consecuencias del ataque gratuito contra la región pacífica de Tskhinvali,
		efectuado el 8 de agosto de 2008.
9945	**sentinel**	**centinela**
	ss	This is the sentinel calling citizen byrd.
	['sɛntənəl]	-Este es el Centinela llamando a la ciudadana Byrd.
9946	**derive**	**derivar| deducir**
	vb	Some English words derive from Japanese.
	[dəˈraɪv]	-Algunas palabras inglesas provienen del japonés.
9947	**ditto**	**ídem; el lo mismo**
	adv; ss	Bring twelve grapes, we will give the ditto.
	['dɪtoʊ]	-Tráigame doce uvas, que nos van a dar las ídem.
9948	**clipping**	**el recorte; de recorte**
	ss; adj	Newspaper clipping in DiMarco's hand.
	['klɪpɪŋ]	-El recorte de periódico en la mano de DiMarco.
9949	**sup**	**cenar**
	vb	I've consented to sup with the widow Clarke and Barbara.
	[sʌp]	-Acepté cenar con la viuda Clarke y Bárbara.
9950	**hue**	**el matiz| el tinte extraído**
	ss	Phosphorus rodenticides have a yellow hue.
	[hju]	-Los rodenticidas de fósforo tienen un tono amarillo.
9951	**spender**	**el gastador**
	ss	I'm a saver not a spender like you.
	['spɛndər]	-Que soy ahorradora no un derrochador como vos.
9952	**hemorrhage**	**la hemorragia; sangrar**
	ss; vb	Complications: Severe bleeding (hemorrhage) could occur.
	['hɛmərɪdʒ]	-Posibles complicaciones: Se podría presentar sangrado (hemorragia)
		profuso.
9953	**delude**	**engañar**

	vb	You managed to delude this time.
	[dɪˈlud]	-Se las arregló para engañar a este momento.
9954	**matey**	**afable; el chico**
	adj; ss	Thanks for your help, matey.
	[ˈmeɪti]	-Gracias por la ayuda, amigo.
9955	**forgetful**	**olvidadizo**
	adj	Are you forgetful?
	[fɔrˈgɛtfəl]	-¿Eres olvidadizo?
9956	**abolish**	**abolir**
	vb	I will abolish capital punishment.
	[əˈbɑlɪʃ]	-Voy a abolir la pena capital.
9957	**unlawful**	**ilegal**
	adj	Conspiracy, unlawful carving of a spruce tree.
	[ənˈlɔfəl]	-Conspiración, talla ilegal de un abeto (árbol).
9958	**aborted**	**abortado**
	adj	Samir has aborted his operation after Zilgai's incident...
	[əˈbɔrtɪd]	-Samir ha abortado su operación después del incidente de Zilgai...
9959	**leprechaun**	**el duende**
	ss	Okay, definitely not a leprechaun.
	[leprechaun]	-Está bien, definitivamente no es un duende.
9960	**maxi**	**las maxi**
	ss	I took a Kaopectate and lined my boxers with maxi pads.
	[ˈmæksi]	-Me tomé un expectante y rellené mis boxers con toallas sanitarias.
9961	**Satanic**	**satánico**
	adj	Hood has become a Satanic killer.
	[səˈtænɪk]	-Hood se ha convertido en un asesino satánico.
9962	**obituary**	**obituario; el obituario**
	adj; ss	Anyway, here's his obituary.
	[oʊˈbɪtʃuˌɛri]	-De todas formas, aquí está su obituario.
9963	**thankfully**	**agradecidamente**
	adv	As we thankfully got hold of.
	[ˈθæŋkfəli]	-Como nosotros, afortunadamente, nos apoderamos de todo.
9964	**mover**	**agente de mudanzas**
	ss	Agenda 21 is truly a prime mover of all the components of sustainable development.
	[ˈmuvər]	-El Programa 21 es verdaderamente un motor primordial de todos los componentes del desarrollo sostenible.
9965	**bawl**	**gritar| vociferar; el grito**
	vb; ss	I've seen an air marshal bawl like a baby when he had to leave his dog.
	[bɔl]	-He visto a un mariscal llorar como un bebé por tener que dejar a su perro.
9966	**glee**	**el júbilo**
	ss	He spoke with evident glee.
	[gli]	-Él habló con evidente regocijo.
9967	**miser**	**el avaro**
	ss	What a miser you are!
	[ˈmaɪzər]	-¡Qué miserable eres!

9968	**installment**	**la entrega| el pago**
	ss	Welcome to mfifirst installment of Puppet Revenge Theater.
	[ɪnˈstɔlmənt]	-Bienvenidos a mi primera entrega de Teatro de Venganza De La Marioneta.
9969	**corona**	**la corona**
	ss	Entering the star's corona in three seconds.
	[kəˈroʊnə]	-Entraremos en la corona de la estrella dentro de tres segundos.
9970	**regulate**	**regular| reglamentar**
	vb	Traffic lights are used to regulate traffic.
	[ˈrɛgjəˌleɪt]	-Los semáforos se usan para regular el tráfico.
9971	**reconstruct**	**reconstruir**
	vb	Prime Minister Hariri tried hard to reconstruct modern Lebanon.
	[ˌrikənˈstrʌkt]	-El Primer Ministro Hariri trató con empeño de reconstruir el Líbano moderno.
9972	**playwright**	**el dramaturgo**
	ss	A student visited the house of the great playwright.
	[ˈpleɪˌraɪt]	-Un estudiante visitó la casa del gran dramaturgo.
9973	**horsepower**	**el caballo de fuerza**
	ss	632 horsepower, less than 200 made a year.
	[ˈhɔrˌspaʊər]	-632 el caballo de fuerza, Menos de 200 hizo un año.
9974	**locksmith**	**el cerrajero**
	ss	Well, those locksmith vans run 24 hours a day.
	[ˈlɑkˌsmɪθ]	-Esas camionetas de cerrajero trabajan las 24 horas.
9975	**shipyard**	**el astillero**
	ss	Hasaan arrived with the weapons before the shipyard opened.
	[ˈʃɪˌpjɑrd]	-Hassan llegó con las armas antes de que abrieran el astillero.
9976	**timeless**	**eterno**
	adj	A choice of unique dials in refined colours and textures enhances this timeless symbol of excellence.
	[ˈtaɪmləs]	-Una gama de esferas únicas de refinados colores y texturas realza este símbolo atemporal de excelencia.
9977	**hocus**	**emborrachar**
	vb	Wave your magic wand, hocus pocus, be gone, hunter, ghostess, whatever.
	[ˈhoʊkəs]	-Mueve tu varita mágica, hocus pocus, y desaparece a cazadores, fantasmas, lo que sea.
9978	**repetition**	**la repetición**
	ss	Repetition is the father of learning.
	[ˌrɛpəˈtɪʃən]	-La repetición es la madre del aprendizaje.
9979	**blackbird**	**el mirlo**
	ss	The blackbird whistles.
	[ˈblækbərd]	-El mirlo silba.
9980	**potter**	**el alfarero**
	ss	What's your favorite Harry Potter book?
	[ˈpɑtər]	-¿Cuál es tu libro de Harry Potter favorito?
9981	**insinuate**	**insinuar**
	vb	Ruwon started to insinuate, that you were...
	[ɪnˈsɪnjueɪt]	-Ruwon empezó a insinuar que estabas...

9982	**constitute**	**constituir**
	vb	No one shall be held guilty of any penal offence on account of any act or omission which did not constitute a penal offence, under national or international law, at the time when it was committed. Nor shall a heavier penalty be imposed than the one that was applicable at the time the penal offence was committed.
	[ˈkɑnstəˌtut]	-Nadie será condenado por actos u omisiones que en el momento de cometerse no fueron delictivos según el Derecho nacional o internacional. Tampoco se impondrá pena más grave que la aplicable en el momento de la comisión del delito.
9983	**dill**	**el eneldo**
	ss	And remember that some people like dill.
	[dɪl]	-Y recuerden que a algunos les gusta el eneldo.
9984	**bilge**	**la sentina; desfondar**
	ss; vb	Only self-priming bilge pumps are permitted.
	[bilge]	-Únicamente se admitirán las bombas de sentina autoalimentadas.
9985	**pessimistic**	**pesimista**
	adj	Everyone feels pessimistic.
	[ˌpɛsəˈmɪstɪk]	-Todos se sienten pesimistas.
9986	**fiscal**	**fiscal; el fiscal**
	adj; ss	Priorities include fiscal consolidation and restoring normal lending.
	[ˈfɪskəl]	-Las prioridades incluyen la consolidación fiscal y el restablecimiento de las condiciones normales de préstamo.
9987	**aria**	**la aria**
	ss	That Spanish boy can sing a Mozart aria.
	[ˈɑriə]	-Aquel niño español puede cantar una aria Mozartiana.
9988	**contraband**	**el contrabando; realizar contrabando**
	ss; vb	You can't flush your contraband.
	[ˈkɑntrəˌbænd]	-Los sucios cortaron el agua para que no puedas tirar tu contrabando.
9989	**ruff**	**fallar; la gorguera**
	vb; ss	What do you think of Percy's ruff?
	[rʌf]	-¿Qué piensas de la gola de Percy?
9990	**zing**	**el gusto; silbar**
	ss; vb	A lot of pep and zing in this baby.
	[zɪŋ]	-Esta preciosidad tiene mucha energía y chispa.
9991	**silencer**	**el silenciador**
	ss	A silencer definitely points to a professional hit.
	[ˈsaɪlənsər]	-Un silenciador apunta definitivamente a un profesional.
9992	**surrogate**	**sustituto; el sustituto**
	adj; ss	The internal oversight mechanisms are not a surrogate for good management.
	[ˈsɜrəgət]	-Los mecanismos internos de supervisión no son un sustituto de la buena administración.
9993	**handgun**	**la pistola**
	ss	This is a nine millimeter handgun.
	[ˈhændˌgʌn]	-Esta es una pistola de calibre nueve milímetros.
9994	**authorize**	**autorizar**

	vb [ˈɔθəˌraɪz]	They authorize Muslim workers to leave early in Ramadan. -Ellos autorizan a los trabajadores musulmanes a salir temprano en el mes de Ramadán.
9995	**hanger** ss [ˈhæŋər]	**la percha** Put the coat on the hanger. -Poné la campera en el perchero.
9996	**insure** vb [ɪnˈʃʊr]	**asegurar** Insurers must also insure undocumented persons. -Los seguros de enfermedad también deben asegurar a las personas no documentadas.
9997	**disobedience** ss [ˌdɪsəˈbidiəns]	**la desobediencia** Manifested symptoms include lack of concentration, disobedience and increased aggressiveness. -Entre los síntomas que se manifiestan están la falta de concentración, la desobediencia y un aumento de la agresividad.
9998	**redundant** adj; ss [rɪˈdʌndənt]	**redundante; el excedente** "Teenage discontentment" is redundant. -"Descontento adolescente" es redundante.
9999	**Bosnian** adj [ˈbɑzniən]	**bosnio** It went very well and our Bosnian partners had prepared themselves thoroughly. -Su desarrollo fue muy satisfactorio y nuestros socios bosnios se habían preparado a conciencia.
10000	**nutritious** adj [nuˈtrɪʃəs]	**nutritivo** You should eat something a little more nutritious. -Deberías comer algo un poco más nutritivo.
10001	**meticulous** adj [məˈtɪkjələs]	**meticuloso** He is very meticulous in his work. -Él es sumamente meticuloso en su trabajo.
10002	**firefighter** ss [ˈfaɪrˌfaɪtər]	**el bombero** As oftoday, fully credentialed firefighter. -A partir de hoy, un bombero completamente acreditado.
10003	**rouse** vb; ss [raʊs]	**despertar| levantar; el toque de diana** Send word to rouse the country. -Expandid la noticia para despertar a la población.
10004	**gravely** adv [ˈgreɪvli]	**gravemente** The Israeli occupation continued to gravely affect Palestinian women and children. -La ocupación israelí siguió afectando gravemente a las mujeres y los niños palestinos.
10005	**ruse** ss [ruz]	**el ardid| la estratagema** I don't appreciate your ruse, ma'am. -A mí no me agrada su treta, señora.
10006	**cashmere** ss [ˈkæʒmɪr]	**la cachemira** Finest mohair, dash of cashmere. -De fino muaré, con mezcla de cachemira.
10007	**dainty**	**delicado| elegante; la golosina**

	adj; ss	I'd rather put my dainty fist in your ugly face.
	['deɪnti]	-Prefiero poner mi delicado puño en tu horrible cara.
10008	**peddler**	**el vendedor ambulante**
	ss	Something the peddler said upset you.
	['pɛdlər]	-Algo que el vendedor ambulante dijo te transtornó.
10009	**pretzel**	**la galleta salada**
	ss	I like to lick the salt off a pretzel.
	['prɛtzəl]	-Me gusta lamer la sal de un pretzel.
10010	**geology**	**la geología**
	ss	I don't know anything about geology.
	[dʒiˈɑlədʒi]	-No sé nada de geología.
10011	**rump**	**la grupa| la anca**
	ss	Now let's see that pretty rump.
	[rʌmp]	-Ahora vamos a ver que bonita grupa.
10012	**wield**	**ejercer| esgrimir**
	vb	Nigerian President Goodluck Jonathan is constitutionally permitted to
	[wild]	wield a veto that could dismiss this legislation.
		-El Presidente de Nigeria, Goodluck Jonathan, está capacitado constitucionalmente para ejercer un derecho de veto que desestimaría esa legislación.
10013	**safeguard**	**la salvaguardia; salvaguardar**
	ss; vb	All agree to safeguard their common interests.
	['seɪfˌgɑrd]	-Todos están de acuerdo en salvaguardar sus intereses comunes.
10014	**incognito**	**incógnito; incógnito; el incógnito**
	adj; adv; ss	Honorable fraternity brothers of worthy son... incognito.
	[ɪnkɔgˈnitoʊ]	-Los honorables compañeros de la universidad de mi respetable hijo... de incógnito.
10015	**unravel**	**desenredar| descifrar**
	vb	Speaking one word to yourself would unravel our very...
	[ənˈrævəl]	-Decirte una palabra a ti mismo, sería desentrañar nuestra propia...
10016	**pointer**	**el puntero**
	ss	The presence of member by pointer operator reveals its overloading.
	['pɔɪntər]	-La aparición del operador de acceso a miembro a través de puntero revela su sobrecarga.
10017	**snowflake**	**los copo de nieve**
	ss	An Icelandic snowflake rag wool sweater.
	['snoʊˌfleɪk]	-Un copo de nieve islandés trapo jerseys de lana.
10018	**dab**	**el lenguado; golpear ligeramente**
	ss; vb	There, that's the last dab.
	[dæb]	-Listo, fue el último toque.
10019	**lockup**	**la cárcel; con cerradura**
	ss; adj	Mr Casse is in the county lockup...
	['lɑˌkʌp]	-El señor Casse está en la cárcel del condado...
10020	**pedestal**	**el pedestal**
	ss	From my pedestal, others seemed so small.
	['pɛdəstəl]	-Desde lo alto de mi pedestal, los demás me parecían pequeños...
10021	**meatloaf**	**la carne mechada**

ss		That tends to take precedence over meatloaf.
['mitloʊf]		-Eso suele tener prioridad sobre el pastel de carne.

10022 **chalice** **el cáliz**

ss An Iron Age ceremonial spearhead and chalice.
['tʃælɪs] -Una punta de lanza y un cáliz ceremonial de la Edad de Hierro.

10023 **empathy** **la empatía**

ss Nothing is more important than empathy.
['ɛmpəθi] -Nada es más importante que la empatía.

10024 **appliance** **el aparato| la aplicación**

ss This is an old appliance.
[əˈplaɪəns] -Este es un aparato viejo.

10025 **pus** **el pus**

ss Pus has formed in the wound.
[pʌs] -Se ha formado pus en la herida.

Adjetivos

7505	**satin**-*ss; adj; vb*	el satín; satinado; satinar
7506	**jackal**-*ss; adj*	el chacal; secuaz
7515	**shabby**-*adj*	lamentable
7519	**spiral**-*ss; adj*	la espiral; en espiral
7523	**wacky**-*adj*	chiflado
7524	**misty**-*adj*	brumoso
7525	**murderous**-*adj*	asesino
7527	**graphic**-*adj; ss*	gráfico; el gráfico
7528	**frank**-*adj; vb; ss*	franco| puro; franquear; el limpio
7530	**unkind**-*adj*	cruel| poco amable
7532	**dreary**-*adj*	triste
7536	**blindfold**-*ss; adj; adv; vb*	la venda; con los ojos vendados; con los ojos vendados; vendar los ojos
7537	**rigid**-*adj*	rígido
7539	**manufacturing**-*ss; adj*	la fabricación; fabril
7540	**illustrious**-*adj*	ilustre
7546	**boon**-*ss; adj*	la bendición; alegre
7550	**speechless**-*adj*	mudo
7552	**compassionate**-*adj*	compasivo
7553	**perpetual**-*adj*	perpetuo| continuo
7558	**confederate**-*adj; ss; vb*	confederado; el confederado; confederar
7561	**unanimous**-*adj*	unánime
7562	**tiresome**-*adj; ss*	cansado; el fregado
7567	**seaside**-*ss; adj*	la playa; costero
7571	**cerebral**-*adj*	cerebral
7575	**frantic**-*adj; ss*	frenético; el frenético
7576	**clockwork**-*ss; adj*	el aparato de relojería; del aparato de relojería
7579	**meddling**-*ss; adj*	la intromisión; entrometido
7581	**penal**-*adj*	penal
7583	**humanitarian**-*adj; ss*	humanitario; los humanitario
7588	**compatible**-*adj*	compatible
7591	**foxy**-*adj*	astuto
7596	**antibiotic**-*adj; ss*	antibiótico; el antibiótico
7597	**conceited**-*adj*	presumido
7601	**administrative**-*adj*	administrativo
7604	**ending**-*ss; adj*	el final| la terminación; de fin
7605	**orient**-*vb; adj*	orientar; oriental
7607	**grizzly**-*ss; adj*	el oso pardo; gris
7610	**fanatic**-*adj; ss*	fanático; el fanático
7613	**cranky**-*adj*	de maniático
7616	**indebted**-*adj*	endeudado
7621	**secretive**-*adj*	reservado
7622	**believable**-*adj*	creíble
7623	**mandatory**-*adj*	obligatorio
7624	**latter**-*adj*	último
7625	**rhythmic**-*adj*	rítmico
7627	**hateful**-*adj*	odioso
7629	**needless**-*adj*	innecesario
7631	**obsolete**-*adj*	obsoleto
7634	**philosophical**-*adj*	filosófico
7637	**extravagant**-*adj*	extravagante| derrochador
7639	**interstate**-*adj*	interestatal
7640	**unwell**-*adj*	indispuesto
7642	**unthinkable**-*adj*	inconcebible
7643	**timid**-*adj*	tímido
7644	**incorrect**-*adj*	incorrecto
7646	**hybrid**-*adj; ss*	híbrido; el híbrido
7658	**tacky**-*adj*	pegajoso| vulgar
7660	**mercenary**-*adj; ss*	mercenario; el mercenario
7663	**frightful**-*adj*	espantoso| horrendo
7665	**outdoor**-*adj; ss*	al aire libre; la intemperie
7667	**serene**-*adj; ss*	sereno; la serenidad
7668	**untrue**-*adj*	falso
7669	**pushy**-*adj*	molesto
7676	**heathen**-*adj; ss*	pagano; el pagano
7678	**paramedic**-*adj*	paramédico
7679	**frail**-*adj*	frágil| quebradizo
7686	**earnest**-*adj; ss*	serio| fervoroso; la prenda
7694	**coy**-*adj*	tímido
7698	**relentless**-*adj*	implacable
7699	**pickled**-*adj*	en vinagre
7707	**Caucasian**-*adj*	caucásico
7709	**malicious**-*adj*	malicioso
7714	**credible**-*adj*	creíble
7715	**obsessive**-*adj*	obsesionante
7716	**damaging**-*adj*	perjudicial
7726	**spanking**-*ss; adj*	la azotaina| la tunda; rápido

7728	**catastrophic**-*adj*	catastrófico
7735	**galactic**-*adj*	galáctico
7739	**hearty**-*adj; ss*	abundante| cordial; el tipo campechano
7745	**constitutional**-*adj; ss*	constitucional; el paseo
7750	**merciless**-*adj*	despiadado
7751	**harmful**-*adj*	perjudicial
7758	**anarchist**-*adj; ss*	anarquista; anarquista
7760	**sassy**-*adj*	descarado
7762	**congressional**-*adj*	del congreso
7766	**agricultural**-*adj*	agrícola
7771	**planetary**-*adj*	planetario
7780	**flawless**-*adj*	perfecto
7790	**unhealthy**-*adj*	malsano| enfermizo
7793	**fleeting**-*adj*	fugaz
7797	**reptile**-*adj; ss*	reptil; el reptil
7800	**gravitational**-*adj*	gravitacional
7801	**extraterrestrial**-*adj*	extraterrestre
7808	**ridicule**-*adj; vb; ss*	ridículo; ridiculizar; las burlas
7809	**paramount**-*adj*	supremo
7810	**functional**-*adj*	funcional
7817	**quaint**-*adj*	pintoresco| extraño
7820	**costly**-*adj*	costoso| rico
7824	**cheesy**-*adj*	caseoso
7835	**curt**-*adj*	brusco| corto
7840	**pious**-*adj*	piadoso
7842	**stressful**-*adj*	lleno de tensión
7843	**gala**-*ss; adj*	la gala| la fiesta; de gala
7844	**barbaric**-*adj*	bárbaro
7846	**auspicious**-*adj*	propicio
7855	**guerrilla**-*ss; adj*	la guerrilla; guerrillero
7857	**freelance**-*ss; adj; vb*	independiente; autónomo; trabajar por cuenta propia
7859	**under-age**-*adj*	menor de edad
7861	**fussy**-*adj*	exigente
7862	**desolate**-*adj; vb*	solitario; asolar
7865	**wary**-*adj*	cauteloso
7869	**stout**-*ss; adj*	la cerveza negra; sólido
7873	**hardcore**-*adj*	duro
7889	**theoretical**-*adj*	teorético
7896	**impertinent**-*adj*	impertinente
7897	**unauthorized**-*adj*	no autorizado
7902	**compact**-*adj; vb; ss*	compacto; comprimir; el pacto
7907	**carnal**-*adj*	carnal
7911	**unheard**-*adj*	inaudito
7913	**dreamy**-*adj*	soñador| maravilloso
7918	**midway**-*adv; ss; adj*	a mitad de camino; la avenida central; situado a medio camino
7933	**muscular**-*adj*	muscular
7935	**mammoth**-*ss; adj*	el mamut; gigantesco
7938	**preference**-*ss; adj*	la preferencia; preferente
7939	**hither**-*adv; adj*	aquí; más cercano
7942	**compulsive**-*adj*	compulsivo
7943	**plumb**-*vb; ss; adj; adv*	sondear; la plomada; vertical; verticalmente
7950	**unsolved**-*adj*	no resuelto
7956	**scandalous**-*adj*	escandaloso
7963	**newlywed**-*adj*	recién casado
7964	**cherished**-*adj*	querido
7989	**edgy**-*adj*	nervioso
7990	**unharmed**-*adj*	no dañoso
7991	**renewed**-*adj*	renovado
7992	**prudent**-*adj*	prudente
7994	**subversive**-*adj; ss*	subversivo; los elemento subversivo
7996	**disciplinary**-*adj*	disciplinario
7998	**uncommon**-*adj*	poco común| extraño
8001	**hurried**-*adj*	apresurado
8003	**rural**-*adj*	rural
8010	**fancied**-*adj*	imaginado
8013	**renegade**-*adj; ss*	renegado; el renegado
8019	**festive**-*adj*	festivo
8024	**unreliable**-*adj*	no fidedigno
8026	**inaudible**-*adj*	inaudible
8033	**riverside**-*ss; adj*	la orilla; ribereño
8034	**potent**-*adj*	potente| fuerte
8038	**bleak**-*adj; ss*	desolado; la breca
8040	**impeccable**-*adj*	impecable
8043	**youthful**-*adj*	juvenil
8044	**irritated**-*adj*	irritado
8049	**unavailable**-*adj*	indisponible
8050	**taboo**-*ss; adj; vb*	el tabú| el prohibido; prohibido; prohibir
8053	**persuasive**-*adj*	persuasivo
8063	**sleazy**-*adj*	sórdido

8066	**highland**-*ss; adj*	la tierras altas; de montaña
8067	**compelling**-*adj*	irresistible
8069	**starry**-*adj*	estrellado
8076	**berserk**-*adj*	enloquecido
8077	**binding**-*adj; ss*	obligatorio; la encuadernación
8082	**inexperienced**-*adj*	inexperto
8088	**elusive**-*adj*	elusivo
8089	**mortuary**-*adj; ss*	mortuorio; los morgue
8091	**upstate**-*adj*	septentrional
8103	**vested**-*adj*	establecido
8108	**elevated**-*adj*	elevado
8109	**meek**-*adj*	manso
8111	**Mormon**-*ss; adj*	el mormón; mormónico
8115	**earning**-*adj*	ganador
8118	**luxurious**-*adj*	lujoso
8119	**unborn**-*adj*	no nacido
8122	**crimson**-*adj; ss; vb*	carmesí; el carmesí; tener carmesí
8123	**lifelong**-*adj*	para toda la vida
8126	**energetic**-*adj*	energético
8127	**frontal**-*adj*	frontal
8133	**porky**-*adj; ss*	gordo; cerdito
8138	**horrific**-*adj*	horrendo
8139	**retail**-*ss; adj; vb*	la venta al por menor; al por menor; vender al por menor
8144	**informal**-*adj*	informal| oficioso
8145	**circular**-*adj; ss*	circular; la circular
8150	**punctual**-*adj*	puntual
8153	**consuming**-*adj*	consumidor
8155	**African**-*adj; ss*	africano; el africano
8166	**ecstatic**-*adj*	extático
8168	**seasick**-*adj*	mareado
8174	**frosty**-*adj*	escarchado| helado
8186	**ragged**-*adj*	harapiento
8190	**goggle**-*ss; adj; vb*	la mirada sorprendida; con ojos desorbitados; salirse los ojos
8192	**orthodox**-*adj*	ortodoxo
8203	**cannibal**-*adj; ss*	caníbal; caníbal
8212	**mannered**-*adj*	amanerado
8223	**plump**-*adj; vb; ss; adv*	rechoncho; engordar; el ruido sordo; pesadamente
8225	**anesthetic**-*adj; ss*	anestésico; el anestésico
8227	**moderate**-*vb; adj*	moderar| moderarse; moderado
8233	**hardened**-*adj*	curtido
8234	**molten**-*adj*	fundido| derretido
8235	**adventurous**-*adj*	aventurero
8236	**booming**-*adj*	en auge
8240	**eminent**-*adj; ss*	eminente; eminente
8242	**playful**-*adj*	juguetón
8243	**furnished**-*adj*	amueblado
8247	**minimal**-*adj*	mínimo
8256	**unwanted**-*adj*	no deseado
8257	**indispensable**-*adj*	indispensable
8259	**novelist**-*adj; ss*	novelista; novelista
8269	**resulting**-*adj*	resultante
8275	**infernal**-*adj*	infernal
8285	**inadequate**-*adj*	inadecuado
8286	**resistant**-*adj*	resistente
8287	**lifeless**-*adj*	sin vida
8289	**godforsaken**-*adj*	dejado de la mano de dios| desolado
8290	**tainted**-*adj*	contaminado
8297	**staggering**-*adj*	asombroso
8306	**arithmetic**-*ss; adj*	la aritmética; aritmético
8309	**shrewd**-*adj*	perspicaz| hábil
8314	**occult**-*adj; ss; vb*	oculto| sobrenatural; el lo oculto; ocultar
8315	**enjoyable**-*adj*	agradable
8322	**distinctive**-*adj*	distintivo
8330	**invaluable**-*adj*	inestimable
8332	**delinquent**-*adj; ss*	delincuente; delincuente
8334	**heretic**-*ss; adj*	hereje; herético
8336	**animated**-*adj*	animado| vigoroso
8341	**precedent**-*adj; ss*	precedente; el precedente
8346	**hereditary**-*adj*	hereditario
8351	**adolescent**-*adj; ss*	adolescente; adolescente
8354	**incorporated**-*adj*	incorporado
8356	**tidal**-*adj*	de marea
8359	**prejudiced**-*adj*	parcial
8360	**sadistic**-*adj*	sádico
8361	**doubtful**-*adj*	dudoso| ambiguo
8363	**alarming**-*adj*	alarmante
8373	**questionable**-*adj*	cuestionable| discutible
8374	**bonny**-*adj*	hermoso| majo
8377	**evolutionary**-*adj*	evolutivo

8381	**prone**-*adj*	propenso	
8383	**lax**-*adj*	flojo	
8384	**betrothed**-*adj; ss*	prometido; el prometido	
8387	**ravishing**-*adj*	encantador	
8391	**lush**-*adj; ss; vb*	lozano| exuberante; el alcohólico; ser rico	
8396	**photographic**-*adj*	fotográfico	
8399	**dud**-*adj; ss*	falso; el falso	
8400	**lupine**-*adj; ss*	lupino; el lupino	
8406	**winning**-*adj*	victorioso	
8408	**unspeakable**-*adj*	indecible	
8410	**favorable**-*adj*	favorable	
8412	**inseparable**-*adj*	inseparable	
8425	**constructive**-*adj*	constructivo	
8429	**ample**-*adj*	amplio	
8435	**bearded**-*adj*	barbado	
8437	**coastal**-*adj*	costero	
8440	**viable**-*adj*	viable	
8443	**ghostly**-*adj*	fantasmal	
8445	**illegitimate**-*adj*	ilegítimo	
8449	**cosmetic**-*adj; ss*	cosmético; el cosmético	
8450	**homicidal**-*adj*	homicida	
8453	**non-stop**-*adj; adv*	sin escalas; sin escalas	
8454	**porcelain**-*ss; adj*	la porcelana; de porcelana	
8457	**bloated**-*adj*	hinchado	
8459	**Arabian**-*adj; ss*	árabe; árabe	
8460	**accountable**-*adj*	explicable	
8467	**improper**-*adj*	incorrecto	
8469	**nameless**-*adj*	sin nombre	
8478	**talkative**-*adj*	hablador	
8481	**specialized**-*adj*	especializado	
8484	**evasive**-*adj*	evasivo	
8493	**provocative**-*adj; ss*	provocativo; el estimulante	
8495	**Colombian**-*adj; ss*	colombiano; el colombiano	
8496	**judicial**-*adj*	judicial	
8499	**owing**-*adj*	debido	
8501	**summary**-*ss; adj*	el resumen| el sumario; sumario	
8502	**breathless**-*adj*	jadeante	
8503	**attentive**-*adj*	atento	
8504	**argentine**-*adj; ss*	argentino; el argentino	
8507	**maverick**-*adj; ss*	disidente; disidente	
8512	**engaging**-*adj*	atractivo	
8514	**consecutive**-*adj*	consecutivo	
8516	**frigid**-*adj*	frígido	
8517	**diabetic**-*adj; ss*	diabético; el diabético	
8519	**depraved**-*adj*	depravado	
8520	**incentive**-*adj; ss*	incentivo| estimulante; el incentivo	
8523	**conspicuous**-*adj*	conspicuo	
8527	**startling**-*adj*	alarmante	
8528	**component**-*adj; ss*	componente; el componente	
8531	**monetary**-*adj*	monetario	
8532	**lucrative**-*adj*	lucrativo	
8535	**wholesale**-*adj; ss; adv; vb*	al por mayor; la venta al por mayor; en masa; vender al por mayor	
8536	**chestnut**-*ss; adj*	la castaña; castaño	
8539	**mindless**-*adj*	imbécil	
8542	**demonic**-*adj*	demoníaco	
8551	**powdered**-*adj*	en polvo	
8552	**dubious**-*adj*	dudoso	
8555	**frivolous**-*adj*	frívolo	
8564	**dependable**-*adj*	confiable| seguro	
8570	**transvestite**-*adj; ss*	travestido; el travestido	
8572	**incurable**-*adj*	incurable	
8574	**hazardous**-*adj*	peligroso	
8575	**edible**-*adj*	comestible	
8577	**foggy**-*adj*	brumoso	
8593	**ancestral**-*adj*	ancestral	
8598	**bashful**-*adj*	tímido	
8600	**lovable**-*adj*	amable	
8605	**bloodthirsty**-*adj*	sanguinario	
8606	**rebellious**-*adj*	rebelde	
8611	**abusive**-*adj*	abusivo	
8616	**grown-up**-*adj*	adulto	
8620	**splinter**-*ss; vb; adj*	la astilla| la espina; astillarse; disidente	
8621	**flashy**-*adj*	ostentoso	
8626	**courteous**-*adj*	cortés| atento	
8629	**hyper**-*adj*	histérico	
8631	**defective**-*adj; ss*	defectuoso; el defectivo	
8635	**devious**-*adj*	tortuoso	
8637	**jerky**-*adj; ss*	espasmódico; el tipo espasmódico	
8642	**overweight**-*ss; adj; vb*	el sobrepeso; demasiado pesado; sobrepesar	

8650	**incomprehensible**-*adj*	incomprensible	
8654	**tropic**-*ss; adj*	el trópico; tropical	
8655	**hooligan**-*adj; ss*	gamberro; el gamberro	
8661	**tolerant**-*adj*	tolerante	
8663	**wholesome**-*adj*	saludable	
8665	**lumpy**-*adj*	aterronado	
8667	**decaf**-*adj*	descafeinado	
8668	**degrading**-*adj*	degradante	
8670	**crescent**-*adj; ss*	creciente; la medialuna	
8673	**rodent**-*adj; ss*	roedor; el roedor	
8679	**seductive**-*adj*	seductor	
8684	**hectic**-*adj*	frenético	
8686	**fragrant**-*adj*	fragante	
8687	**coarse**-*adj*	grueso| basto	
8692	**slender**-*adj*	esbelto| escaso	
8699	**unimaginable**-*adj*	no imaginable	
8701	**locomotive**-*ss; adj*	la locomotora; locomotor	
8703	**neural**-*adj*	neural	
8706	**unnoticed**-*adj*	inadvertido	
8707	**nightly**-*adj; adv*	nocturno; todas las noches	
8711	**repressed**-*adj*	reprimido	
8716	**outright**-*adj; adv*	total| rotundo; abiertamente	
8718	**ruddy**-*adj; vb*	rubicundo| rojizo; sonrosar	
8719	**militant**-*adj; ss*	militante; militante	
8721	**puffy**-*adj*	hinchado	
8726	**investigative**-*adj*	investigador	
8731	**crafty**-*adj*	astuto	
8734	**faulty**-*adj*	defectuoso| manco	
8745	**narrative**-*ss; adj*	la narrativa; narrativo	
8751	**uncanny**-*adj*	misterioso	
8752	**abominable**-*adj*	abominable	
8754	**outcast**-*ss; adj*	paria; marginado	
8755	**deluxe**-*adj*	de lujo	
8758	**puny**-*adj*	escuchimizado	
8759	**mongrel**-*adj; ss*	mestizo; el mestizo	
8773	**sedate**-*adj*	sosegado	
8777	**accursed**-*adj*	maldito	
8779	**ludicrous**-*adj*	ridículo	
8787	**rabid**-*adj*	rabioso	
8792	**candid**-*adj*	sincero| con alma abierta	

8794	**glum**-*adj*	sombrío| triste	
8796	**beastly**-*adj; adv*	bestial; terriblemente	
8797	**horizontal**-*adj*	horizontal	
8803	**breathtaking**-*adj*	asombroso	
8806	**honorary**-*adj*	honorario	
8809	**feminist**-*adj; ss*	feminista; feminista	
8812	**dangling**-*adj*	colgado	
8819	**unfamiliar**-*adj*	desconocido	
8822	**diabolical**-*adj*	diabólico	
8828	**territorial**-*adj*	territorial	
8833	**mangy**-*adj*	sarnoso	
8840	**lily**-*ss; adj*	el lirio; de lirio	
8846	**tenor**-*ss; adj*	el tenor| el curso; de tenor	
8856	**liege**-*adj; ss*	feudal; el vasallo	
8868	**sociable**-*adj*	sociable	
8869	**squeaky**-*adj*	chirriador	
8873	**upward**-*adv; adj*	hacia arriba; ascendente	
8875	**heinous**-*adj*	atroz	
8877	**benevolent**-*adj*	benévolo	
8878	**indestructible**-*adj*	indestructible	
8880	**impure**-*adj*	impuro	
8881	**accessible**-*adj*	accesible| asequible	
8890	**peachy**-*adj*	color de rosa| de perlas	
8899	**headless**-*adj*	sin cabeza	
8900	**skeptical**-*adj*	escéptico	
8903	**obstinate**-*adj*	obstinado	
8904	**pendant**-*ss; adj*	el colgante; pendiente	
8913	**chaste**-*adj*	casto	
8915	**pubic**-*adj*	púbico	
8920	**impolite**-*adj*	descortés	
8922	**impudent**-*adj*	impudente	
8924	**insufficient**-*adj*	insuficiente	
8940	**hypothetical**-*adj*	hipotético	
8945	**prestigious**-*adj*	prestigioso	
8948	**erect**-*adj; vb*	erguido; erigir	
8949	**yon**-*adj; adv*	aquél; a lo lejos	
8950	**circumstantial**-*adj*	circunstancial	
8955	**Armenian**-*adj; ss*	armenio; el armenio	
8957	**nationwide**-*adj; adv*	a escala nacional; por toda la nación	
8958	**rowdy**-*adj; ss*	ruidoso; quimerista	
8960	**exemplary**-*adj*	ejemplar	
8967	**imperfect**-*adj; ss*	imperfecto; el imperfecto	

8970	**abundant**-*adj*	abundante
8973	**foolproof**-*adj*	infalible
8975	**temporal**-*adj*	temporal
8983	**arsenic**-*adj; ss*	arsénico; el arsénico
8987	**beneficial**-*adj*	beneficioso
8989	**afloat**-*adv; adj*	a flote; flotante
8992	**thundering**-*adj*	tremendo| imponente
8997	**presumptuous**-*adj*	presuntuoso
9003	**outward**-*adj; adv*	exterior| hacia el exterior; hacia fuera
9004	**residential**-*adj*	residencial
9005	**plausible**-*adj*	plausible| convincente pero poco de fiar
9006	**prodigal**-*adj*	pródigo
9010	**Jamaican**-*adj; ss*	jamaicano; el jamaicano
9013	**paranormal**-*adj*	paranormal
9020	**Afghan**-*adj; ss*	afgano; el afgano
9034	**minion**-*ss; adj*	el esbirro; favorito
9038	**thoughtless**-*adj*	irreflexivo
9039	**heartfelt**-*adj*	sentido
9040	**trusty**-*adj*	fiel
9045	**deserving**-*adj; ss*	digno; el merecido
9046	**oval**-*adj; ss*	oval; el óvalo
9048	**gullible**-*adj*	crédulo
9050	**unsure**-*adj*	inseguro
9051	**scrawny**-*adj*	flaco
9053	**misguided**-*adj*	equivocado
9057	**fickle**-*adj*	voluble
9065	**bony**-*adj*	óseo
9067	**charmer**-*adj*	hombre encantador
9073	**Antarctic**-*adj; ss*	antártico; el antártico
9080	**unholy**-*adj*	impío
9082	**cavalier**-*ss; adj*	el caballero; arrogante
9083	**hypocritical**-*adj*	hipócrita
9087	**Bohemian**-*adj; ss*	bohemio; el bohemio
9089	**tangible**-*adj*	tangible
9090	**outdated**-*adj*	anticuado
9095	**heterosexual**-*adj*	heterosexual
9098	**hussy**-*ss; adj*	la desvergonzada; pícara
9106	**astronomical**-*adj*	astronómico
9108	**definitive**-*adj*	definitivo
9119	**ticklish**-*adj*	cosquilloso
9123	**catchy**-*adj*	pegadizo
9128	**acoustic**-*adj*	acústico
9129	**lucid**-*adj*	lúcido
9130	**structural**-*adj*	estructural
9131	**diseased**-*adj*	enfermo
9132	**disposable**-*adj*	desechable
9140	**tinkling**-*ss; adj*	el campanilleo; que hace tilín
9142	**imaginative**-*adj*	imaginativo
9143	**canine**-*adj; ss*	canino; el canino
9149	**enhanced**-*adj*	mejorado
9159	**nostalgic**-*adj*	nostálgico
9161	**pathological**-*adj*	patológico
9162	**manned**-*adj*	tripulado
9165	**geological**-*adj*	geológico
9168	**explicit**-*adj*	explícito
9174	**unconditional**-*adj*	incondicional
9175	**untouchable**-*adj*	intocable
9176	**defiant**-*adj*	desafiante
9179	**snug**-*adj*	ajustado
9180	**dual**-*adj*	dual
9182	**hypnotic**-*adj; ss*	hipnótico; el hipnótico
9183	**consolidated**-*adj*	consolidado
9185	**directive**-*ss; adj*	la directiva; directivo
9195	**singular**-*adj; ss*	singular| extraño; el singular
9197	**parental**-*adj*	parental
9199	**optical**-*adj*	óptico
9202	**maternal**-*adj*	materno
9205	**fearsome**-*adj*	temible
9208	**visionary**-*adj; ss*	visionario; el visionario
9214	**infectious**-*adj*	infeccioso
9218	**folding**-*adj; ss*	plegable; la plegadura
9226	**spotless**-*adj*	inmaculado
9230	**prompt**-*adj; ss; vb; adv*	rápido| inmediato; el aviso; estimular; en punto
9231	**widespread**-*adj*	extendido| extenso
9234	**unprofessional**-*adj*	no profesional
9235	**parched**-*adj*	tostado
9236	**tubby**-*adj*	gordito
9248	**screwy**-*adj*	absurdo
9252	**distraught**-*adj*	angustiado
9263	**dormant**-*adj; ss*	latente; los inactivo
9267	**naught**-*ss; adj*	la nada| el nulo; inútil
9277	**uninvited**-*adj*	no invitado
9279	**indiscreet**-*adj*	indiscreto
9281	**godless**-*adj*	impío
9284	**monsoon**-*ss; adj*	el monzón; monzónico

9286	ceremonial-*adj; ss*	ceremonial; el ceremonial
9287	pinpoint-*vb; adj; ss*	determinar con precisión; de precisión; la punta de alfiler
9290	snotty-*adj*	mocoso
9291	Gothic-*adj; ss*	gótico| terrorífico; el gótico
9295	paved-*adj*	pavimentado
9299	mischievous-*adj*	dañoso
9301	unavoidable-*adj*	inevitable
9305	bijou-*ss; adj*	el bibelot; elegante
9312	unwise-*adj*	imprudente
9326	clement-*adj*	clemente
9329	atmospheric-*adj*	atmosférico
9339	blockhead-*adj; ss*	estúpido; el alcornoque
9343	feverish-*adj*	febril
9345	dopey-*adj*	atontado
9360	atrocious-*adj*	atroz
9363	indoor-*adj*	interior
9367	malignant-*adj*	maligno
9375	beige-*adj; ss*	beige; el beige
9377	technological-*adj*	tecnológico
9378	integrate-*vb; adj*	integrar; integral
9379	nutrient-*adj; ss*	nutritivo; los nutritivo
9382	microscopic-*adj*	microscópico
9383	unwilling-*adj*	reacio
9386	selfless-*adj*	desinteresado
9387	resourceful-*adj*	ingenioso
9390	abrupt-*adj*	abrupto| brusco
9394	sickly-*adj*	enfermizo
9403	weakly-*adj; adv*	enclenque; flacamente
9404	perceptive-*adj*	perceptivo
9406	devilish-*adj*	diabólico
9407	neighboring-*adj*	vecino| colindante
9408	twelfth-*adj; ss*	duodécimo; el duodécimo
9410	unfriendly-*adj*	antipático
9411	conclusive-*adj*	concluyente
9415	adrift-*adj; adv*	a la deriva; a la deriva
9419	Victorian-*adj; ss*	victoriano; el victoriano
9420	diverse-*adj*	diverso
9422	complimentary-*adj*	lisonjero
9425	literal-*adj; ss*	literal; la errata
9429	vibrant-*adj*	vibrante
9431	oily-*adj*	aceitoso
9434	decadent-*adj; ss*	decadente; decadente
9438	privy-*adj; ss*	privado; el retrete
9439	batty-*adj*	chalado
9445	ballistic-*adj*	balístico
9449	devout-*adj*	devoto
9453	secular-*adj; ss*	secular; el seglar
9457	unattended-*adj*	desesperado
9458	reactionary-*adj; ss*	reaccionario; el reaccionario
9459	corned-*adj*	acecinado
9461	saffron-*ss; adj*	el azafrán; azafranado
9472	petroleum-*ss; adj*	el petróleo; petrolero
9473	bossy-*adj*	mandón
9475	sexist-*adj; ss*	sexista; sexista
9476	melodramatic-*adj*	melodramático
9477	dodgy-*adj*	astuto
9482	unorthodox-*adj*	heterodoxo
9485	possessive-*adj; ss*	posesivo; el posesivo
9486	pseudo-*adj*	falso
9491	erratic-*ss; adj*	el errático; inconstante
9495	vigilant-*adj*	vigilante
9496	orchestral-*adj*	orquestal
9502	nationalist-*adj; ss*	nacionalista; nacionalista
9516	compulsory-*adj*	obligatorio
9522	outgoing-*adj*	saliente
9523	contented-*adj*	contento
9529	disagreeable-*adj*	desagradable
9537	baggy-*adj*	holgado
9546	insistent-*adj*	insistente
9553	populated-*adj*	poblado
9556	boundless-*adj*	sin límites
9557	dismal-*adj*	triste
9558	distressing-*adj*	angustioso| penoso
9560	bubbly-*adj; ss*	burbujeante; la champaña
9562	roundabout-*ss; adj*	la rotonda; indirecto
9564	chunky-*adj*	fornido
9568	indigenous-*adj*	indígena
9575	inbound-*adj; adv*	entrante; hacia el interior
9576	comprehensive-*adj*	exhaustivo
9579	silky-*adj*	sedoso
9582	fluent-*adj; ss*	fluido; el fluido
9583	downstream-*adv; adj*	río abajo; de río abajo

9595	**Bulgarian**-*adj; ss*	búlgaro; el búlgaro
9598	**unsafe**-*adj*	inseguro
9599	**unbeatable**-*adj*	imbatible
9600	**pornographic**-*adj*	pornográfico
9603	**borderline**-*ss; adj*	el límite; fronterizo
9608	**fictional**-*adj*	ficticio
9611	**tasteless**-*adj*	insípido
9612	**regrettable**-*adj*	lamentable
9613	**nocturnal**-*adj*	nocturno
9615	**limitless**-*adj*	sin límites
9620	**bottomless**-*adj*	sin fondo
9627	**crease**-*adj; ss; vb*	pliegue; el pliegue; arrugar
9632	**clandestine**-*adj*	clandestino
9644	**surreal**-*adj*	surrealista
9649	**brazen**-*adj*	descarado
9650	**cleric**-*ss; adj*	el clérigo; eclesiástico
9654	**cubic**-*adj*	cúbico
9657	**addictive**-*adj*	adictivo
9664	**lenient**-*adj*	indulgente
9665	**mushy**-*adj*	pulposo
9666	**observant**-*adj*	observante
9668	**aesthetic**-*adj*	estético
9677	**expendable**-*adj*	reemplazable
9678	**primal**-*adj*	primitivo| principal
9680	**immaculate**-*adj*	inmaculado
9681	**nylon**-*ss; adj*	el nylon; de nylon
9682	**unpopular**-*adj*	impopular
9689	**lofty**-*adj*	elevado| noble
9690	**downward**-*adj; adv*	hacia abajo; hacia abajo
9696	**tipsy**-*adj*	achispado
9697	**punishable**-*adj*	castigable
9699	**seasoned**-*adj*	sazonado
9700	**aloft**-*adv; adj*	en alto; arriba
9702	**tranquil**-*adj*	tranquilo
9704	**spacious**-*adj*	espacioso
9706	**interstellar**-*adj*	interestelar
9709	**midsummer**-*ss; adj*	los pleno verano; estival
9713	**skillful**-*adj*	hábil
9724	**monumental**-*adj*	monumental| enorme
9726	**measly**-*adj*	miserable
9732	**creamy**-*adj*	cremoso
9735	**unprepared**-*adj*	desprevenido
9743	**mythical**-*adj*	mítico
9746	**inexplicable**-*adj*	inexplicable
9749	**ardent**-*adj*	ardiente
9755	**unpaid**-*adj*	no pagado
9769	**topless**-*adj*	top-less
9770	**trendy**-*adj; ss*	de moda; el moderno
9777	**infidel**-*adj; ss*	infiel; el infiel
9781	**bitchy**-*adj*	malévolo| perra
9782	**unclean**-*adj*	inmundo
9784	**widowed**-*adj*	viudo
9789	**vegan**-*adj; ss*	vegetariano; el vegetariano
9794	**sickening**-*adj*	nauseabundo
9799	**cuddly**-*adj*	mimoso
9801	**inconceivable**-*adj*	inconcebible
9805	**plated**-*adj*	chapado
9808	**humorous**-*adj*	humorístico
9809	**gopher**-*ss; adj*	la ardilla de tierra; de ardilla de tierra
9822	**restrained**-*adj*	contenido
9823	**enraged**-*adj*	enfurecido
9826	**inquisitive**-*adj*	inquisitivo
9828	**mimic**-*vb; ss; adj*	imitar; el imitador; mímico
9837	**uncontrollable**-*adj*	incontrolable
9838	**volatile**-*adj*	volátil
9839	**conscientious**-*adj*	concienzudo
9845	**respiratory**-*adj*	respiratorio
9846	**hospitable**-*adj*	hospitalario
9849	**unsuccessful**-*adj*	fracasado
9854	**articulate**-*vb; adj*	articular; articulado
9855	**negotiable**-*adj*	negociable
9862	**bisexual**-*adj*	bisexual
9864	**unison**-*adj*	unísono
9873	**smarty**-*ss; adj*	los sabelotodo; enteradillo
9874	**comical**-*adj*	cómico
9890	**fateful**-*adj*	fatídico
9892	**cordial**-*adj; ss*	cordial; el cordial
9898	**Alpine**-*adj*	alpino
9901	**prolonged**-*adj*	prolongado
9905	**unattractive**-*adj*	no atractivo
9906	**suede**-*adj; ss*	de gamuza; ante
9907	**famed**-*adj*	famoso| conocido
9912	**unchanged**-*adj*	sin alterar
9913	**spineless**-*adj*	sin carácter
9915	**first-hand**-*adj*	de primera mano
9917	**itinerary**-*adj; ss*	itinerario; el itinerario
9920	**medicinal**-*adj*	medicinal

9921	**grievous-***adj*	grave| doloroso
9927	**destitute-***adj*	indigente
9929	**deceitful-***adj*	engañoso
9933	**diminished-***adj*	disminuido
9935	**viral-***adj*	viral
9936	**fruity-***adj*	sabroso
9940	**hellish-***adj*	infernal| diabólico
9941	**Algerian-***adj; ss*	argelino; el argelino
9944	**wanton-***adj; vb*	sin sentido; juguetear
9948	**clipping-***ss; adj*	el recorte; de recorte
9954	**matey-***adj; ss*	afable; el chico
9955	**forgetful-***adj*	olvidadizo
9957	**unlawful-***adj*	ilegal
9958	**aborted-***adj*	abortado
9961	**Satanic-***adj*	satánico
9962	**obituary-***adj; ss*	obituario; el obituario
9976	**timeless-***adj*	eterno
9985	**pessimistic-***adj*	pesimista
9986	**fiscal-***adj; ss*	fiscal; el fiscal
9992	**surrogate-***adj; ss*	sustituto; el sustituto
9998	**redundant-***adj; ss*	redundante; el excedente
9999	**Bosnian-***adj*	bosnio
10000	**nutritious-***adj*	nutritivo
10001	**meticulous-***adj*	meticuloso
10007	**dainty-***adj; ss*	delicado| elegante; la golosina
10014	**incognito-***adj; adv; ss*	incógnito; incógnito; el incógnito
10019	**lockup-***ss; adj*	la cárcel; con cerradura

Adverbios

7536	**blindfold**-ss; adj; adv; vb	la venda; con los ojos vendados; con los ojos vendados; vendar los ojos
7538	**comfortably**-adv	cómodamente
7577	**casually**-adv	por casualidad
7585	**primarily**-adv	ante todo
7602	**intentionally**-adv	intencionalmente
7628	**dangerously**-adv	peligrosamente
7743	**unusually**-adv	extraordinariamente
7757	**allegedly**-adv	pretendidamente
7782	**typically**-adv	típicamente
7788	**plainly**-adv	claramente
7791	**faithfully**-adv	fielmente
7831	**inevitably**-adv	inevitablemente
7849	**swiftly**-adv	rápidamente
7868	**partially**-adv	parcialmente
7881	**anew**-adv	de nuevo| nuevamente
7883	**patiently**-adv	pacientemente
7918	**midway**-adv; ss; adj	a mitad de camino; la avenida central; situado a medio camino
7921	**continually**-adv	continuamente
7939	**hither**-adv; adj	aquí; más cercano
7943	**plumb**-vb; ss; adj; adv	sondear; la plomada; vertical; verticalmente
7967	**considerably**-adv	importantemente
7988	**enormously**-adv	enormemente
7995	**dramatically**-adv	dramáticamente
8002	**upwards**-adv	hacia arriba
8112	**blindly**-adv	a ciegas
8149	**hopelessly**-adv	sin esperanza
8157	**overly**-adv	demasiado
8161	**passionately**-adv	apasionadamente
8188	**freshly**-adv	recién
8214	**exceptionally**-adv	excepcionalmente
8223	**plump**-adj; vb; ss; adv	rechoncho; engordar; el ruido sordo; pesadamente
8229	**straight away**-adv	inmediatamente
8260	**distinctly**-adv	distintivamente
8280	**scientifically**-adv	científicamente
8281	**mysteriously**-adv	misteriosamente
8301	**namely**-adv	a saber
8311	**neatly**-adv	pulcramente
8352	**promptly**-adv	inmediatamente
8367	**thereby**-adv	así
8453	**non-stop**-adj; adv	sin escalas; sin escalas
8465	**sufficiently**-adv	suficientemente
8476	**extraordinarily**-adv	extraordinariamente
8535	**wholesale**-adj; ss; adv; vb	al por mayor; la venta al por mayor; en masa; vender al por mayor
8627	**nigh**-adv; prp	cerca; cerca de
8675	**consequently**-adv	por consiguiente
8705	**profoundly**-adv	profundamente
8707	**nightly**-adj; adv	nocturno; todas las noches
8714	**sweetly**-adv	dulcemente
8716	**outright**-adj; adv	total| rotundo; abiertamente
8774	**steadily**-adv	continuamente
8796	**beastly**-adj; adv	bestial; terriblemente
8810	**rightfully**-adv	legítimamente
8829	**commonly**-adv	comúnmente
8834	**hereafter**-ss; adv	el lo sucesivo; en lo sucesivo
8867	**oft**-adv	a menudo
8873	**upward**-adv; adj	hacia arriba; ascendente
8942	**duly**-adv	debidamente
8949	**yon**-adj; adv	aquél; a lo lejos
8957	**nationwide**-adj; adv	a escala nacional; por toda la nación
8985	**thrice**-adv	tres veces
8989	**afloat**-adv; adj	a flote; flotante
8998	**painfully**-adv	penosamente
9003	**outward**-adj; adv	exterior| hacia el exterior; hacia fuera
9008	**individually**-adv	individualmente
9023	**momentarily**-adv	momentáneamente
9042	**ordinarily**-adv	ordinariamente
9064	**dreadfully**-adv	horrorosamente
9072	**brightly**-adv	brillantemente
9078	**onwards**-adv	adelante
9115	**accurately**-adv	exactamente
9204	**lovingly**-adv	cariñosamente
9209	**immensely**-adv	inmensamente
9227	**abruptly**-adv	abruptamente

9230	**prompt**-*adj; ss; vb; adv*	rápido| inmediato; el aviso; estimular; en punto
9242	**manually**-*adv*	a mano
9260	**miraculously**-*adv*	milagrosamente
9338	**thereafter**-*adv*	después de eso
9372	**boldly**-*adv*	valientemente
9384	**whence**-*adv*	por lo cual
9403	**weakly**-*adj; adv*	enclenque; flacamente
9415	**adrift**-*adj; adv*	a la deriva; a la deriva
9483	**harshly**-*adv*	duramente
9532	**frightfully**-*adv*	espantosamente
9575	**inbound**-*adj; adv*	entrante; hacia el interior
9583	**downstream**-*adv; adj*	río abajo; de río abajo
9617	**actively**-*adv*	activamente
9667	**gracefully**-*adv*	graciosamente
9669	**purposely**-*adv*	a propósito
9690	**downward**-*adj; adv*	hacia abajo; hacia abajo
9700	**aloft**-*adv; adj*	en alto; arriba
9705	**ironically**-*adv*	irónicamente
9725	**wherefore**-*adv; con*	por qué; por eso
9803	**readily**-*adv*	fácilmente| de buena gana
9804	**mildly**-*adv*	levemente
9831	**falsely**-*adv*	falsamente
9861	**magically**-*adv*	por arte de magia
9872	**heartily**-*adv*	sinceramente
9875	**independently**-*adv*	independientemente
9887	**spontaneously**-*adv*	espontáneamente
9909	**significantly**-*adv*	de modo significativo
9924	**sic**-*adv*	sic
9942	**wherein**-*adv*	donde
9947	**ditto**-*adv; ss*	ídem; el lo mismo
9963	**thankfully**-*adv*	agradecidamente
10004	**gravely**-*adv*	gravemente
10014	**incognito**-*adj; adv; ss*	incógnito; incógnito; el incógnito

Conjunciones

| 9725 | **wherefore**-*adv;* *con* | por qué; por eso |

Preposiciones

8353	**amidst**-*prp*	en medio de
8627	**nigh**-*adv; prp*	cerca; cerca de
9274	**amid**-*prp*	en medio de

Sustantivos

7500	**hypocrisy**-*ss*	la hipocresía
7501	**mango**-*ss*	el mango
7502	**pasture**-*vb; ss*	pastar| pacer; el pasto
7503	**slum**-*ss; vb*	el barrio bajo; visitar los barrios bajos
7504	**cowardice**-*ss*	la cobardía
7505	**satin**-*ss; adj; vb*	el satín; satinado; satinar
7506	**jackal**-*ss; adj*	el chacal; secuaz
7507	**dealing**-*ss*	la relación comercial
7508	**tortoise**-*ss*	la tortuga
7509	**masseur**-*ss*	masajista
7510	**icon**-*ss*	el icono
7511	**hedge**-*ss; vb*	la cobertura; cercar
7512	**hijack**-*vb; ss*	secuestrar; el secuestro
7513	**hoof**-*ss; vb*	el casco; ir a pie
7516	**partridge**-*ss*	la perdiz
7517	**springtime**-*ss*	la primavera
7518	**cylinder**-*ss*	el cilindro
7519	**spiral**-*ss; adj*	la espiral; en espiral
7520	**snowball**-*ss; vb*	la bola de nieve; aumentar progresivamente
7521	**clover**-*ss*	el trébol
7522	**separates**-*ss*	la coordinados
7526	**lug**-*vb; ss*	arrastrar; la oreja
7527	**graphic**-*adj; ss*	gráfico; el gráfico
7528	**frank**-*adj; vb; ss*	franco| puro; franquear; el limpio
7529	**tilt**-*ss; vb*	la inclinación; inclinar
7531	**rocker**-*ss*	el balancín
7533	**reduction**-*ss*	la reducción
7534	**closure**-*ss; vb*	el cierre; finalizar
7535	**workout**-*ss*	el entrenamiento
7536	**blindfold**-*ss; adj; adv; vb*	la venda; con los ojos vendados; con los ojos vendados; vendar los ojos
7539	**manufacturing**-*ss; adj*	la fabricación; fabril
7541	**pavilion**-*ss*	el pabellón
7542	**financing**-*ss*	la financiación
7543	**complexion**-*ss*	la tez
7544	**electrician**-*ss*	electricista
7545	**wonderland**-*ss*	los mundo maravilloso
7546	**boon**-*ss; adj*	la bendición; alegre
7547	**oasis**-*ss*	el oasis
7548	**iceberg**-*ss*	el iceberg
7549	**mentality**-*ss*	la mentalidad
7551	**nostalgia**-*ss*	la nostalgia
7555	**heart broken**-*ss*	el desolado
7556	**freeman**-*ss*	el hombre libre
7557	**concerto**-*ss*	el concierto
7558	**confederate**-*adj; ss; vb*	confederado; el confederado; confederar
7559	**teamwork**-*ss*	el trabajo en equipo| la colaboración
7560	**broth**-*ss*	el caldo
7562	**tiresome**-*adj; ss*	cansado; el fregado
7563	**jamming**-*ss*	la interferencia
7564	**intrigue**-*ss; vb*	la intriga; intrigar
7565	**controller**-*ss*	el controlador
7566	**ozone**-*ss*	el ozono
7567	**seaside**-*ss; adj*	la playa; costero
7569	**frown**-*vb; ss*	fruncir el ceño; el ceño
7570	**adjustment**-*ss*	el ajuste| la regulación
7572	**domination**-*ss*	la dominación
7573	**blackjack**-*ss; vb*	las veintiuna; aporrear
7574	**jack**-*ss; vb*	el gato| el enchufe; levantar
7575	**frantic**-*adj; ss*	frenético; el frenético
7576	**clockwork**-*ss; adj*	el aparato de relojería; del aparato de relojería
7578	**exhaustion**-*ss*	el agotamiento
7579	**meddling**-*ss; adj*	la intromisión; entrometido
7582	**afterlife**-*ss*	la vida futura
7583	**humanitarian**-*adj; ss*	humanitario; los humanitario
7586	**leech**-*ss*	la sanguijuela
7587	**mow**-*vb; ss*	cortar; la mueca
7589	**speck**-*ss*	la mota
7590	**array**-*ss; vb*	la formación| la colección; formar
7592	**farmhouse**-*ss*	el cortijo
7593	**Spaniard**-*ss*	el español
7594	**locket**-*ss*	el medallón
7596	**antibiotic**-*adj; ss*	antibiótico; el antibiótico

7598	**cider**-*ss*	la sidra	
7599	**triad**-*ss*	la tríada	
7600	**floss**-*ss*	la seda floja	
7604	**ending**-*ss; adj*	el final| la terminación; de fin	
7606	**frenzy**-*ss*	el frenesí	
7607	**grizzly**-*ss; adj*	el oso pardo; gris	
7608	**cluck**-*ss; vb*	el cloqueo; cloquear	
7609	**chandelier**-*ss*	la araña	
7610	**fanatic**-*adj; ss*	fanático; el fanático	
7611	**holdup**-*ss*	el atraco	
7612	**vocation**-*ss*	la vocación	
7614	**hinge**-*ss; vb*	la bisagra; girar	
7615	**recital**-*ss*	el recital	
7617	**ratio**-*ss*	la proporción	
7618	**tut**-*ss*	los gesto de desaprobación	
7619	**projector**-*ss*	el proyector	
7620	**solicitor**-*ss*	el abogado	
7626	**detachment**-*ss*	el desapego| el destacamento	
7630	**mandarin**-*ss*	la mandarina	
7632	**commando**-*ss*	el comando	
7633	**textbook**-*ss*	los libro de texto	
7635	**wad**-*ss; vb*	el taco| el fajo; rellenar	
7636	**reconnaissance**-*ss*	el reconocimiento| el sondeo	
7638	**cyanide**-*ss*	el cianuro	
7646	**hybrid**-*adj; ss*	híbrido; el híbrido	
7647	**fern**-*ss*	el helecho	
7648	**tumble**-*ss; vb*	la caída| la voltereta; caer	
7650	**invader**-*ss*	el invasor	
7652	**ante**-*ss*	la apuesta inicial	
7653	**merle**-*ss*	el mirlo	
7654	**tanker**-*ss*	el petrolero	
7655	**typhoon**-*ss*	el tifón	
7656	**dioxide**-*ss*	el dióxido	
7657	**commodity**-*ss*	la mercancía	
7659	**sesame**-*ss*	el sésamo	
7660	**mercenary**-*adj; ss*	mercenario; el mercenario	
7661	**corral**-*ss; vb*	el corral; acorralar	
7662	**chronicle**-*ss; vb*	la crónica; describir	
7664	**musketeer**-*ss*	el mosquetero	
7665	**outdoor**-*adj; ss*	al aire libre; la intemperie	
7666	**pouch**-*ss; vb*	la bolsa; embolsar	

7667	**serene**-*adj; ss*	sereno; la serenidad
7671	**gran-dad**-*ss*	el abuelito
7672	**redneck**-*ss*	el campesino blanco
7673	**containment**-*ss*	la contención
7675	**leverage**-*ss*	el apalancamiento
7676	**heathen**-*adj; ss*	pagano; el pagano
7677	**checkmate**-*ss; vb*	el mate; dar mate a
7680	**mockery**-*ss*	la mofa| las burlas
7681	**espionage**-*ss*	el espionaje
7682	**mackerel**-*ss*	la caballa
7683	**baloney**-*ss*	el camelo
7684	**nectar**-*ss*	el néctar
7686	**earnest**-*adj; ss*	serio| fervoroso; la prenda
7687	**interruption**-*ss*	la interrupción
7688	**boast**-*ss; vb*	el alarde; jactarse
7689	**catfish**-*ss*	el bagre
7690	**surfer**-*ss*	tablista
7691	**perjury**-*ss*	el perjurio
7692	**astronomer**-*ss*	el astrónomo
7693	**blueprint**-*ss*	el cianotipo
7695	**newscaster**-*ss*	el locutor de telediario
7696	**Dutchman**-*ss*	el holandés
7697	**outskirts**-*ss*	las afueras
7700	**patriotism**-*ss*	el patriotismo
7701	**malice**-*ss*	la malicia
7702	**yawn**-*ss; vb*	el bostezo; bostezar
7703	**latch**-*ss; vb*	el pestillo; asegurar
7704	**rotation**-*ss*	la rotación
7705	**jaguar**-*ss*	el jaguar
7706	**reservoir**-*ss*	el depósito
7708	**headphones**-*ss*	los auriculares
7710	**whiff**-*ss; vb*	el olorcillo; oler
7711	**spree**-*ss*	la juerga
7712	**receptionist**-*ss*	recepcionista
7713	**orientation**-*ss*	la orientación
7717	**medallion**-*ss*	el medallón
7718	**bedside**-*ss*	la cabecera
7719	**parson**-*ss*	el párroco| el cura
7720	**scalpel**-*ss*	el bisturí
7721	**crossword**-*ss*	el crucigrama
7723	**yogi**-*ss*	el yogui
7724	**nutcase**-*ss*	el loco
7725	**methane**-*ss*	el metano
7726	**spanking**-*ss; adj*	la azotaina| la tunda; rápido
7727	**yak**-*ss*	el yak

7730	goblin-*ss*	el duende
7731	aura-*ss*	las aura
7733	bog-*ss*	el pantano| el fangal
7734	watt-*ss*	el vatio
7736	artifact-*ss*	el artefacto
7737	spokesman-*ss*	el portavoz
7739	hearty-*adj; ss*	abundante| cordial; el tipo campechano
7741	rabies-*ss*	la rabia
7742	relic-*ss*	la reliquia
7744	fisher-*ss*	el pescador
7745	constitutional-*adj; ss*	constitucional; el paseo
7746	booster-*ss*	el aumentador de presión
7747	implant-*ss; vb*	el implante; implantar
7748	unicorn-*ss*	el unicornio
7749	advertisement-*ss*	el anuncio
7752	settler-*ss*	el colono
7754	gloom-*ss; vb*	la oscuridad| la tristeza; estar en penumbra
7755	devise-*vb; ss*	idear| planear; el legado
7756	alignment-*ss*	la alineación
7758	anarchist-*adj; ss*	anarquista; anarquista
7759	refusal-*ss*	la negativa
7763	persecution-*ss*	la persecución
7765	levy-*ss; vb*	la exacción; exigir
7768	reproach-*ss; vb*	el reproche| el oprobio; reprochar
7769	sputter-*ss*	el chisporroteo
7770	carcass-*ss*	el cuerpo
7772	uncertainty-*ss*	la incertidumbre
7774	indifference-*ss*	la indiferencia
7775	glide-*ss; vb*	el planeo; deslizarse
7776	gourmet-*ss*	el gastrónomo
7777	kiddy-*ss*	el chiquillo
7778	tic-*ss*	el tic
7779	florist-*ss*	florista
7781	oracle-*ss*	el oráculo
7783	headlight-*ss*	el faro
7784	bimbo-*ss*	la jai
7786	mailman-*ss*	el cartero
7789	gangway-*ss*	la pasarela| el pasillo
7792	urgency-*ss*	la urgencia
7794	calorie-*ss*	las caloría
7795	lavender-*ss*	la lavanda
7796	muff-*ss; vb*	el manguito; perder
7797	reptile-*adj; ss*	reptil; el reptil
7798	potty-*ss*	el orinal
7799	spec-*ss*	la especulación
7803	fertility-*ss*	la fertilidad
7804	nomination-*ss*	la nominación
7805	logo-*ss*	el logo
7806	whit-*ss*	la pizca
7807	yearbook-*ss*	el anuario
7808	ridicule-*adj; vb; ss*	ridículo; ridiculizar; las burlas
7811	bogey-*ss*	el espectro| el fantasma
7812	seaweed-*ss*	la alga
7813	sticker-*ss*	la etiqueta engomada
7814	cinematography-*ss*	la cinematografía
7815	healer-*ss*	el curador
7816	maternity-*ss*	la maternidad
7818	haze-*ss; vb*	la calina; hacer novatadas
7819	confinement-*ss*	el confinamiento
7821	mirage-*ss*	el espejismo
7822	refill-*vb; ss*	rellenar; el recambio
7823	creativity-*ss*	la creatividad
7826	wedge-*ss; vb*	la cuña| el calzo; acuñar
7828	covenant-*ss; vb*	el pacto| la llegada; escribir un convenio
7829	millimeter-*ss*	los milímetro
7830	odor-*ss*	el olor
7832	reconstruction-*ss*	la reconstrucción
7833	fidelity-*ss*	la fidelidad
7834	novelty-*ss*	la novedad
7836	mound-*ss*	el montículo| el túmulo
7837	glacier-*ss*	el glaciar
7838	mainstream-*ss*	la corriente principal
7839	warhead-*ss*	la cabeza armada
7841	purgatory-*ss*	el purgatorio
7843	gala-*ss; adj*	la gala| la fiesta; de gala
7845	twig-*ss; vb*	la ramita; comprender
7847	cliche-*ss*	el cliché| el tópico
7850	accuracy-*ss*	la precisión
7852	deposition-*ss*	la declaración
7853	hornet-*ss*	el avispón
7854	ethnic-*ss*	el étnico
7855	guerrilla-*ss; adj*	la guerrilla; guerrillero

7856	**plutonium**-*ss*	el plutonio
7857	**freelance**-*ss; adj; vb*	independiente; autónomo; trabajar por cuenta propia
7858	**patio**-*ss*	el patio
7860	**simulation**-*ss*	la simulación
7863	**ointment**-*ss*	el ungüento
7866	**exposing**-*ss*	la exposición
7869	**stout**-*ss; adj*	la cerveza negra; sólido
7870	**storeroom**-*ss*	la despensa
7871	**vibration**-*ss*	la vibración
7872	**friar**-*ss*	el fraile
7874	**anomaly**-*ss*	la anomalía
7875	**goner**-*ss*	el desahuciado
7876	**lovebird**-*ss*	el periquito
7879	**hamster**-*ss*	el hámster
7880	**prediction**-*ss*	la predicción
7882	**submission**-*ss*	la sumisión
7884	**baptism**-*ss*	el bautismo
7885	**bowel**-*ss*	el intestino
7886	**manufacturer**-*ss*	fabricante
7887	**czar**-*ss*	el zar
7890	**quadrant**-*ss*	el cuadrante
7891	**cartel**-*ss*	el cartel
7892	**conditioner**-*ss*	el acondicionador
7893	**legislation**-*ss*	la legislación
7895	**outpost**-*ss*	la avanzada
7898	**horseman**-*ss*	el jinete
7899	**wasp**-*ss*	la avispa
7900	**bracelets**-*ss*	las esposas
7902	**compact**-*adj; vb; ss*	compacto; comprimir; el pacto
7903	**rook**-*ss; vb*	la torre; estafar
7904	**pinkie**-*ss*	el dedo meñique
7905	**hubby**-*ss*	el marido
7906	**cheeseburger**-*ss*	la hamburguesa con queso
7908	**upbringing**-*ss*	la educación
7909	**judo**-*ss*	el judo
7910	**alms**-*ss*	la limosna
7914	**latitude**-*ss*	la latitud
7915	**barrow**-*ss*	la carretilla
7916	**fertilizer**-*ss*	el fertilizante
7917	**eyelid**-*ss*	el párpado
7918	**midway**-*adv; ss; adj*	a mitad de camino; la avenida central; situado a medio camino
7919	**moisture**-*ss*	la humedad
7920	**masturbation**-*ss*	la masturbación
7923	**pretext**-*ss; vb*	el pretexto; pretextar
7924	**upgrade**-*vb; ss*	mejorar| modernizar; la modernización
7925	**crock**-*ss; vb*	la vasija; usar un cacharro
7926	**benefactor**-*ss*	el benefactor
7928	**drape**-*vb; ss*	cubrir; la cubierta
7929	**observatory**-*ss*	el observatorio
7930	**newcomer**-*ss*	el recién llegado
7931	**elk**-*ss*	el alce
7932	**cuisine**-*ss*	la cocina
7934	**gobble**-*vb; ss*	engullir; el gluglú
7935	**mammoth**-*ss; adj*	el mamut; gigantesco
7936	**burrow**-*ss; vb*	la madriguera; excavar
7937	**omelette**-*ss*	la tortilla
7938	**preference**-*ss; adj*	la preferencia; preferente
7940	**smuggler**-*ss*	contrabandista
7941	**abundance**-*ss*	la abundancia
7943	**plumb**-*vb; ss; adj; adv*	sondear; la plomada; vertical; verticalmente
7944	**abduction**-*ss*	el secuestro
7945	**scorn**-*ss; vb*	el desdén; desdeñar
7946	**cholera**-*ss*	el cólera
7947	**mahjong**-*ss*	el dominó chino
7948	**dormitory**-*ss*	el dormitorio
7949	**memoir**-*ss*	la memoria
7951	**chink**-*ss; vb*	la grieta; sonar
7952	**temp**-*ss; vb*	el empleado eventual; trabajar temporalmente
7953	**commentator**-*ss*	comentarista
7954	**stealth**-*ss*	el sigilo
7955	**hitman**-*ss*	el sicario
7957	**monarchy**-*ss*	la monarquía
7958	**entity**-*ss*	la entidad
7959	**staging**-*ss*	la puesta en escena
7960	**turbulence**-*ss*	la turbulencia
7961	**festivity**-*ss*	la festividad
7962	**syringe**-*ss*	la jeringuilla
7965	**horoscope**-*ss*	el horóscopo
7966	**captivity**-*ss*	el cautiverio
7968	**blur**-*vb; ss*	difuminar; la mancha
7969	**sentry**-*ss*	centinela

7970	housekeeping-ss	la gestión interna
7971	delicacy-ss	la delicadeza
7973	flourish-vb; ss	florecer| blandir; la floritura
7974	momentum-ss	el impulso
7975	catering-ss	el abastecimiento
7977	stairway-ss	la escalera
7978	bargaining-ss	la negociación
7979	toil-ss; vb	el trabajo| el esfuerzo; afanarse
7980	aviation-ss	la aviación
7981	persuasion-ss	la persuasión
7982	homosexuality-ss	la homosexualidad
7983	slab-ss	la losa
7984	twitch-ss; vb	la contracción nerviosa; crisparse
7985	jester-ss	el bufón
7986	line-up-ss	la alineación
7987	anus-ss	el ano
7993	vendor-ss	el vendedor
7994	subversive-adj; ss	subversivo; los elemento subversivo
7997	marquise-ss	la marquesa
7999	tout-ss; vb	el revendedor; pregonar
8000	plaque-ss	la placa
8004	keg-ss	el barrilete
8005	marking-ss	la calificación
8006	courtesan-ss	la cortesana
8007	varsity-ss	la universidad
8008	kerosene-ss	el queroseno
8011	brochure-ss	el folleto
8012	flake-ss; vb	la escama; desconcharse
8013	renegade-adj; ss	renegado; el renegado
8014	seaman-ss	el marinero
8015	fungus-ss	el hongo
8016	schizophrenia-ss	la esquizofrenia
8017	bondage-ss	la esclavitud
8018	schooling-ss	la enseñanza| los estudios
8020	attachment-ss	la fijación
8021	sheik-ss	el jeque
8022	maggot-ss	el gusano
8023	bulldog-ss	el buldog
8025	yap-vb; ss	ladrar| parlotear; el ladrido
8027	thaw-ss; vb	el deshielo; deshelar
8028	arthritis-ss	la artritis
8029	pap-ss	la papilla
8030	ballistics-ss	la balística
8031	paralysis-ss	la parálisis
8032	gaming-ss	los juego de azar
8033	riverside-ss; adj	la orilla; ribereño
8035	labyrinth-ss	el laberinto
8036	recreation-ss	la recreación| el recreo
8037	oar-ss; vb	el remo; remar
8038	bleak-adj; ss	desolado; la breca
8039	publication-ss	la publicación
8041	heath-ss	el brezo
8042	hearse-ss	el coche fúnebre
8045	mayhem-ss	la violencia
8046	dazzle-vb; ss	deslumbrar; el deslumbro
8047	completion-ss	la terminación
8050	taboo-ss; adj; vb	el tabú| el prohibido; prohibido; prohibir
8051	battleship-ss	el acorazado
8052	muzzle-ss; vb	el bozal; amordazar
8054	slaughterhouse-ss	el matadero
8055	directory-ss	el directorio
8056	lorry-ss	el camión
8058	ballot-ss; vb	la votación; votar
8059	rink-ss; vb	la pista; patinar en ruedas
8060	nil-ss	el nulo| el cero
8061	allergy-ss	la alergia
8062	seminary-ss	el seminario
8064	faucet-ss	el grifo
8065	penetration-ss	la penetración
8066	highland-ss; adj	la tierras altas; de montaña
8068	stork-ss	la cigüeña
8070	washroom-ss	el baño
8071	picket-ss; vb	el piquete; vallar con estacas
8072	insolence-ss	la insolencia
8073	possum-ss	la zarigüeya
8075	paradox-ss	la paradoja
8077	binding-adj; ss	obligatorio; la encuadernación
8079	caddy-ss	el caddie
8080	dove-ss	la paloma| el chófer
8081	exploitation-ss	la explotación
8083	retainer-ss	el anticipo
8084	boulder-ss	la roca
8085	mutton-ss	la carne de cordero

8086	**bonfire**-*ss*	la hoguera	
8087	**hive**-*ss*	la colmena	
8089	**mortuary**-*adj; ss*	mortuorio; los morgue	
8090	**wreath**-*ss*	la guirnalda	
8092	**bazaar**-*ss*	el bazar	
8093	**psyche**-*ss*	la Psique	
8094	**awakening**-*ss*	el despertar	
8095	**sculptor**-*ss*	el escultor	
8096	**solace**-*ss; vb*	el consuelo; consolar	
8097	**hunchback**-*ss*	el jorobado	
8098	**duration**-*ss*	la duración	
8099	**flattery**-*ss*	la adulación| el halago	
8100	**hiccup**-*ss; vb*	el hipo; hipar	
8101	**conservatory**-*ss*	el conservatorio	
8102	**stamina**-*ss*	el aguante	
8104	**dwelling**-*ss*	la vivienda| la estancia	
8105	**malt**-*ss; vb*	la malta; hacer germinar	
8107	**cluster**-*ss; vb*	el racimo; agrupar	
8110	**copying**-*ss*	el proceso de copiar	
8111	**Mormon**-*ss; adj*	el mormón; mormónico	
8113	**cedar**-*ss*	el cedro	
8114	**clack**-*ss; vb; int*	la charla; charlar con; clac	
8116	**gent**-*ss*	el caballero	
8117	**ideology**-*ss*	la ideología	
8120	**adviser**-*ss*	el asesor	
8122	**crimson**-*adj; ss; vb*	carmesí; el carmesí; tener carmesí	
8124	**plight**-*ss; vb*	la situación; empeñar	
8125	**downfall**-*ss*	la caída| el hundimiento	
8128	**squaw**-*ss*	piel roja	
8129	**wreckage**-*ss*	la destrucción	
8130	**granite**-*ss*	el granito	
8132	**urn**-*ss*	la urna	
8133	**porky**-*adj; ss*	gordo; cerdito	
8134	**dispatcher**-*ss*	transportista	
8135	**discrimination**-*ss*	la discriminación	
8136	**endurance**-*ss*	la resistencia	
8137	**premium**-*ss*	la prima	
8139	**retail**-*ss; adj; vb*	la venta al por menor; al por menor; vender al por menor	
8140	**blindness**-*ss*	la ceguera	
8141	**ballerina**-*ss*	la bailarina	
8142	**saxophone**-*ss*	el saxófono	
8143	**spectrum**-*ss*	el espectro	
8145	**circular**-*adj; ss*	circular; la circular	
8146	**brunch**-*ss*	el desayuno tardío	
8147	**retribution**-*ss*	la venganza	
8148	**commentary**-*ss*	el comentario	
8151	**predicament**-*ss*	el predicamento	
8152	**thrash**-*ss; vb*	el movimiento de piernas; golpear	
8154	**excrement**-*ss*	el excremento	
8155	**African**-*adj; ss*	africano; el africano	
8156	**flair**-*ss*	el instinto	
8158	**subpoena**-*ss*	la citación| el apercibimiento	
8159	**threesome**-*ss*	el grupo de tres	
8160	**adversary**-*ss*	el adversario	
8164	**proverb**-*ss*	el proverbio	
8165	**clarinet**-*ss*	el clarinete	
8167	**grasshopper**-*ss*	los saltamontes	
8169	**icebox**-*ss*	la nevera	
8170	**jiffy**-*ss*	el instante	
8171	**machete**-*ss*	el machete	
8172	**repression**-*ss*	la represión	
8173	**output**-*ss; vb*	la salida; imprimir	
8175	**carp**-*ss; vb*	la carpa; criticar	
8176	**racism**-*ss*	el racismo	
8177	**windmill**-*ss*	el molino de viento	
8178	**folder**-*ss*	la carpeta	
8179	**infiltrate**-*ss; vb*	el infiltrado; infiltrarse	
8180	**helium**-*ss*	el helio	
8181	**habitat**-*ss*	el habitat	
8183	**duo**-*ss*	el dúo	
8184	**lash**-*ss; vb*	el latigazo| el látigo; azotar	
8185	**lollipop**-*ss*	el chupete	
8187	**fingertip**-*ss*	la punta del dedo	
8189	**voltage**-*ss*	el voltaje	
8190	**goggle**-*ss; adj; vb*	la mirada sorprendida; con ojos desorbitados; salirse los ojos	
8191	**croft**-*ss*	la granja pequeña	
8193	**brood**-*ss; vb*	la cría; empollar	
8194	**researcher**-*ss*	el investigador	
8195	**rebound**-*ss; vb*	el rebote; rebotar	
8196	**psychiatry**-*ss*	la psiquiatría	
8197	**pantry**-*ss*	la despensa	
8198	**sophomore**-*ss*	estudiante de segundo año	
8199	**measles**-*ss*	las sarampión	

8200	**historian**-*ss*	el historiador
8201	**writing**-*ss*	la escritura| la pluma
8202	**whirl**-*ss; vb*	el giro| el torbellino; dar vueltas
8203	**cannibal**-*adj; ss*	caníbal; caníbal
8204	**purge**-*ss; vb*	la purga| el purgante; purgar
8205	**franchise**-*ss*	la franquicia
8206	**whatnot**-*ss*	la cualquier cosa
8207	**bleach**-*vb; ss*	blanquear; la lejía
8208	**intestine**-*ss*	el intestino
8209	**implication**-*ss*	la implicación| la inferencia
8210	**brooch**-*ss*	el broche
8213	**accommodation**-*ss*	el alojamiento
8215	**mouthful**-*ss*	el bocado
8216	**indigestion**-*ss*	la indigestión
8217	**sightseeing**-*ss*	el turismo
8218	**quill**-*ss; vb*	la pluma; encanillar
8219	**racer**-*ss*	el corredor
8220	**biz**-*ss*	el negocio
8221	**dinar**-*ss*	el dinar
8222	**washer**-*ss*	la arandela
8223	**plump**-*adj; vb; ss; adv*	rechoncho; engordar; el ruido sordo; pesadamente
8224	**perpetrator**-*ss*	el autor
8225	**anesthetic**-*adj; ss*	anestésico; el anestésico
8228	**atrocity**-*ss*	la atrocidad
8230	**loudspeaker**-*ss*	el altoparlante
8231	**fluke**-*ss*	la platija
8232	**detonation**-*ss*	la detonación
8237	**Cyprus**-*ss*	los Chipre
8238	**payoff**-*ss*	la recompensa
8239	**forgery**-*ss*	la falsificación
8240	**eminent**-*adj; ss*	eminente; eminente
8241	**etiquette**-*ss*	la etiqueta
8244	**obstruction**-*ss*	la obstrucción
8245	**appendix**-*ss*	el apéndice
8246	**glitter**-*vb; ss*	resplandecer; el brillo
8248	**nighttime**-*ss*	la noche
8249	**summertime**-*ss*	el verano
8250	**overcoat**-*ss*	el sobretodo
8251	**teens**-*ss*	la edad de adolescencia
8252	**abomination**-*ss*	la abominación
8254	**nobleman**-*ss*	el noble
8258	**comma**-*ss*	la coma
8259	**novelist**-*adj; ss*	novelista; novelista
8261	**matador**-*ss*	el matador
8264	**nausea**-*ss*	la náusea
8265	**resentment**-*ss*	el resentimiento
8266	**venue**-*ss*	el lugar de encuentro
8267	**takeover**-*ss*	la toma de posesión
8268	**cholesterol**-*ss*	el colesterol
8270	**cartridge**-*ss*	el cartucho
8271	**sarcasm**-*ss*	el sarcasmo
8272	**marketplace**-*ss*	el mercado
8273	**aristocrat**-*ss*	aristócrata
8274	**wring**-*vb; ss*	exprimir; el escurrimiento
8276	**louvre**-*ss*	la lumbrera
8277	**decorator**-*ss*	el decorador
8278	**cartwright**-*ss*	los carretero
8279	**mutation**-*ss*	la mutación
8282	**caffeine**-*ss*	la cafeína
8283	**housework**-*ss*	las tareas de la casa
8288	**astronomy**-*ss*	la astronomía
8291	**reconciliation**-*ss*	la reconciliación
8292	**nationality**-*ss*	la nacionalidad
8294	**humidity**-*ss*	la humedad
8295	**mead**-*ss*	la aguamiel
8296	**supplier**-*ss*	el proveedor
8299	**auditorium**-*ss*	la sala
8300	**rein**-*ss; vb*	la rienda; refrenar
8302	**succession**-*ss*	la sucesión
8303	**lodging**-*ss*	el alojamiento
8304	**slayer**-*ss*	el asesino
8305	**crypt**-*ss*	la cripta
8306	**arithmetic**-*ss; adj*	la aritmética; aritmético
8307	**trough**-*ss*	el canal
8308	**dishwasher**-*ss*	el lavavajillas
8310	**oatmeal**-*ss*	la harina de avena
8312	**nirvana**-*ss*	la nirvana
8313	**vogue**-*ss*	la moda
8314	**occult**-*adj; ss; vb*	oculto| sobrenatural; el lo oculto; ocultar
8316	**blueberry**-*ss*	el arándano
8317	**brewing**-*ss*	la fabricación de cerveza
8318	**ventilation**-*ss*	la ventilación
8320	**belch**-*ss; vb*	el eructo; eructar
8321	**volt**-*ss*	el voltio

8323	**racetrack-**ss	la pista
8324	**spleen-**ss	el bazo
8326	**hoodlum-**ss	el matón
8327	**stutter-**vb; ss	tartamudear; el tartamudeo
8328	**calculus-**ss	el cálculo
8331	**unrest-**ss	los disturbios| el malestar
8332	**delinquent-**adj; ss	delincuente; delincuente
8333	**ravine-**ss	el barranco
8334	**heretic-**ss; adj	hereje; herético
8337	**highlight-**ss; vb	el realce; destacar
8338	**fellowship-**ss	la beca; el compañerismo
8339	**relish-**vb; ss	saborear| paladear; el condimento
8340	**arcade-**ss	la arcada
8341	**precedent-**adj; ss	precedente; el precedente
8342	**prune-**vb; ss	podar; la ciruela pasa
8344	**blockade-**ss; vb	el bloqueo; bloquear
8347	**trainee-**ss	el aprendiz
8348	**genre-**ss	el género
8349	**dishonor-**ss; vb	la deshonra; deshonrar
8350	**barbershop-**ss	la barbería
8351	**adolescent-**adj; ss	adolescente; adolescente
8355	**density-**ss	la densidad
8357	**pox-**ss	la viruela
8358	**algebra-**ss	las álgebra
8362	**adaptation-**ss	la adaptación
8364	**enjoyment-**ss	el disfrute| la diversidad
8365	**elimination-**ss	la eliminación
8368	**initiation-**ss	la iniciación
8369	**buttercup-**ss	el botón de oro
8370	**gill-**ss	la branquia| la enmalle
8371	**pottery-**ss	la cerámica| los cacharros
8372	**canton-**ss; vb	el cantón; realizar el cantón
8375	**wraith-**ss	el fantasma
8376	**felicity-**ss	la felicidad
8378	**digit-**ss	el dígito
8379	**rebirth-**ss	el renacimiento
8380	**wartime-**ss	los tiempo de guerra
8384	**betrothed-**adj; ss	prometido; el prometido
8386	**lard-**ss; vb	la manteca de cerdo; mechar
8388	**gymnastics-**ss	la gimnasia
8389	**halo-**ss; vb	el halo; tener halo
8390	**consort-**ss; vb	consorte; asociarse
8391	**lush-**adj; ss; vb	lozano| exuberante; el alcohólico; ser rico
8392	**usher-**ss; vb	el ujier| el acomodador; acompañar
8393	**coupon-**ss	el cupón
8394	**texture-**ss	la textura
8395	**surplus-**ss	el superávit| el excedente
8397	**skid-**vb; ss	patinar; el patín
8398	**wick-**ss	la mecha
8399	**dud-**adj; ss	falso; el falso
8400	**lupine-**adj; ss	lupino; el lupino
8401	**firepower-**ss	la potencia de fuego
8402	**beeper-**ss	el localizador
8404	**saber-**ss; vb	el sable; acuchillar
8405	**bayonet-**ss; vb	la bayoneta; pasar la bayoneta
8407	**prohibition-**ss	la prohibición
8409	**pansy-**ss	el pensamiento
8411	**brigadier-**ss	el brigadier
8414	**toothache-**ss	el dolor de muelas
8415	**walnut-**ss	la nuez
8416	**stature-**ss	la estatura| el carácter
8417	**geometry-**ss	la geometría
8418	**capability-**ss	la capacidad
8419	**mortality-**ss	la mortalidad
8420	**thriller-**ss	las novela de suspense
8421	**broccoli-**ss	el brócoli
8422	**casing-**ss	la caja| la camisa
8423	**nudity-**ss	la desnudez
8426	**unhappiness-**ss	la infelicidad
8427	**cretin-**ss	el cretino
8430	**caliph-**ss	el califa
8432	**envoy-**ss	el enviado
8433	**relaxation-**ss	la relajación
8434	**soprano-**ss	el soprano
8436	**gage-**vb; ss	calibrar; el calibre
8439	**nightcap-**ss	el gorro de dormir
8441	**gull-**ss; vb	la gaviota| el embaucado; embaucar
8442	**oats-**ss	la avena
8444	**garment-**ss	la prenda

8446	streetcar-*ss*	el tranvía
8447	swarm-*ss; vb*	el enjambre; pulular
8448	heartache-*ss*	la angustia
8449	cosmetic-*adj; ss*	cosmético; el cosmético
8451	conversion-*ss*	la conversión| la transformación
8452	pooch-*ss*	el perro
8454	porcelain-*ss; adj*	la porcelana; de porcelana
8455	diameter-*ss*	el diámetro
8456	goalie-*ss*	el portero| el guardameta
8458	coil-*ss; vb*	la bobina; enrollar
8459	Arabian-*adj; ss*	árabe; árabe
8461	doctrine-*ss*	la doctrina
8462	gulp-*ss; vb*	el trago; engullir
8463	provocation-*ss*	la provocación
8464	disability-*ss*	la discapacidad| la invalidez
8466	maturity-*ss*	la madurez
8468	jellyfish-*ss*	la medusa
8470	loch-*ss*	el lago
8471	perch-*ss; vb*	la perca; posarse
8472	bookie-*ss*	los corredor de apuestas
8473	outbreak-*ss; vb*	el brote| el estallido; estallar
8475	avatar-*ss*	el avatar
8477	felon-*ss*	el felón| criminal
8479	caramel-*ss*	el caramelo
8480	hangman-*ss*	el verdugo
8482	gigolo-*ss*	el gigoló
8485	thrashing-*ss*	la paliza
8486	uproar-*ss*	el escándalo
8487	peninsula-*ss*	la península
8488	ruckus-*ss*	el lío
8489	headmistress-*ss*	la directora
8490	bellow-*ss; vb*	el bramido| el grito; bramar
8491	armchair-*ss*	el sillón
8492	outlook-*ss*	la perspectiva
8493	provocative-*adj; ss*	provocativo; el estimulante
8494	reschedule-*ss*	los reprogramar
8495	Colombian-*adj; ss*	colombiano; el colombiano
8497	fairness-*ss*	la justicia
8498	extraction-*ss*	la extracción
8500	priestess-*ss*	la sacerdotisa
8501	summary-*ss; adj*	el resumen| el sumario; sumario
8504	argentine-*adj; ss*	argentino; el argentino
8505	strife-*ss*	la lucha
8506	aroma-*ss*	el aroma
8507	maverick-*adj; ss*	disidente; disidente
8508	grocer-*ss*	el tendero
8509	diplomacy-*ss*	la diplomacia
8511	ringer-*ss*	el campanero
8515	cougar-*ss*	el puma
8517	diabetic-*adj; ss*	diabético; el diabético
8518	inferno-*ss*	el infierno
8520	incentive-*adj; ss*	incentivo| estimulante; el incentivo
8521	quail-*ss; vb*	la codorniz; acobardarse
8522	citizenship-*ss*	la ciudadanía
8524	viking-*ss*	el vikingo
8526	opal-*ss*	el ópalo
8528	component-*adj; ss*	componente; el componente
8529	accomplishment-*ss*	el logro| la realización
8530	albatross-*ss*	los albatros
8533	sodium-*ss*	el sodio
8534	eruption-*ss*	la erupción
8535	wholesale-*adj; ss; adv; vb*	al por mayor; la venta al por mayor; en masa; vender al por mayor
8536	chestnut-*ss; adj*	la castaña; castaño
8537	jig-*ss; vb*	la plantilla; bailar
8538	showdown-*ss*	la confrontación
8540	restriction-*ss*	la restricción
8543	chit-*ss*	el vale
8544	meteorite-*ss*	el meteorito
8545	activist-*ss*	activista
8546	flutter-*ss; vb*	el aleteo| el movimiento; revolotear
8547	cleaver-*ss*	la cuchilla de carnicero
8548	suitor-*ss*	pretendiente
8549	ugliness-*ss*	la fealdad
8550	corpus-*ss*	el cuerpo
8553	milkman-*ss*	el lechero
8554	mastermind-*ss; vb*	el cerebro; planear
8556	mandate-*ss; vb*	el mandato; encargar

8557	**breakup**-*ss*	la ruptura	
8558	**propeller**-*ss*	la hélice	
8559	**restoration**-*ss*	la restauración| el restablecimiento	
8560	**genocide**-*ss*	el genocidio	
8561	**leper**-*ss*	el leproso	
8563	**boa**-*ss*	la boa	
8565	**schizophrenic**-*ss*	el esquizofrénico	
8566	**tuberculosis**-*ss*	la tuberculosis	
8567	**mesa**-*ss*	la colina baja	
8568	**deli**-*ss*	las delicatessen	
8569	**blackboard**-*ss*	la pizarra| el encerado	
8570	**transvestite**-*adj; ss*	travestido; el travestido	
8571	**kibbutz**-*ss*	el kibutz	
8573	**schoolgirl**-*ss*	la colegiala	
8576	**feud**-*ss; vb*	el feudo; reñirse	
8579	**beverage**-*ss*	la bebida	
8580	**colon**-*ss*	el colon	
8581	**deathbed**-*ss*	el lecho de muerte	
8582	**nix**-*ss*	la nada	
8583	**thinker**-*ss*	el pensador	
8585	**daydream**-*ss; vb*	el ensueño; soñar despierto	
8586	**seeker**-*ss*	el buscador	
8587	**weir**-*ss*	la presa	
8589	**manipulation**-*ss*	la manipulación	
8591	**fringe**-*ss; vb*	la franja| el margen; hacer margen	
8592	**refreshment**-*ss*	el refresco	
8594	**constellation**-*ss*	la constelación	
8595	**plunder**-*vb; ss*	saquear; el saqueo	
8596	**thermometer**-*ss*	el termómetro	
8597	**abdomen**-*ss*	el abdomen	
8599	**bidder**-*ss*	el licitador	
8601	**junk yard**-*ss*	la chatarrería	
8602	**chameleon**-*ss*	el camaleón	
8604	**installation**-*ss*	la instalación| el puesto	
8607	**concession**-*ss*	la concesión	
8608	**nappy**-*ss*	el pañal	
8609	**grumble**-*ss; vb*	la queja; quejarse	
8610	**talisman**-*ss*	el talismán	
8612	**hard work**-*ss*	el trabajo duro	
8613	**crucifix**-*ss*	el crucifijo	
8614	**tulip**-*ss*	el tulipán	
8615	**hyena**-*ss*	la hiena	
8617	**contraption**-*ss*	el artilugio	

8618	**centimeter**-*ss*	los centímetro	
8619	**negligence**-*ss*	la negligencia	
8620	**splinter**-*ss; vb; adj*	la astilla| la espina; astillarse; disidente	
8622	**fuzz**-*ss*	la pelusa	
8623	**parry**-*vb; ss*	parar| rechazar; la parada	
8625	**silverware**-*ss*	los cubiertos	
8628	**mite**-*ss*	el ácaro	
8630	**memento**-*ss*	el recuerdo| el presente	
8631	**defective**-*adj; ss*	defectuoso; el defectivo	
8632	**earl**-*ss*	el conde	
8633	**nugget**-*ss*	la pepita	
8634	**heroism**-*ss*	el heroísmo	
8636	**bison**-*ss*	el bisonte	
8637	**jerky**-*adj; ss*	espasmódico; el tipo espasmódico	
8638	**diva**-*ss*	la diva	
8639	**pollen**-*ss*	el polen	
8640	**nitrogen**-*ss*	el nitrógeno	
8641	**genetics**-*ss*	la genética	
8642	**overweight**-*ss; adj; vb*	el sobrepeso; demasiado pesado; sobrepesar	
8643	**migraine**-*ss*	la migraña	
8646	**hock**-*ss; vb*	el corvejón; empeñar	
8647	**residue**-*ss*	el residuo	
8649	**synagogue**-*ss*	la sinagoga	
8651	**glare**-*ss; vb*	el deslumbramiento; deslumbrar	
8652	**ado**-*ss*	la alharaca	
8653	**midwife**-*ss*	la partera	
8654	**tropic**-*ss; adj*	el trópico; tropical	
8655	**hooligan**-*adj; ss*	gamberro; el gamberro	
8656	**emir**-*ss*	el emir	
8657	**heresy**-*ss*	la herejía	
8658	**overrun**-*vb; ss*	invadir; el sobrecoste	
8660	**quince**-*ss*	el membrillo	
8662	**outlet**-*ss*	la salida	
8664	**sorority**-*ss*	la hermandad de mujeres	
8666	**horde**-*ss*	la horda| la multitud	
8669	**puncture**-*ss; vb*	la punción; perforar	
8670	**crescent**-*adj; ss*	creciente; la medialuna	
8671	**flier**-*ss*	el volante	

8672	**visibility**-*ss*	la visibilidad
8673	**rodent**-*adj; ss*	roedor; el roedor
8676	**stampede**-*ss; vb*	la estampida; huir en desorden
8677	**inning**-*ss*	el inning
8681	**enigma**-*ss*	el enigma
8682	**break-in**-*ss*	el allanamiento
8683	**wasteland**-*ss*	el yermo
8685	**swipe**-*ss; vb*	los golpe fuerte; apandar
8688	**affliction**-*ss*	la aflicción
8689	**registry**-*ss*	el registro
8690	**monarch**-*ss*	monarca
8691	**cannonball**-*ss*	la bala de cañón
8693	**jasmine**-*ss*	el jazmín
8694	**nostril**-*ss*	la nariz
8695	**predecessor**-*ss*	el predecesor
8696	**cobbler**-*ss*	el zapatero
8697	**fluff**-*ss; vb*	la pelusa; encrespar
8698	**sprout**-*vb; ss*	brotar; el brote
8701	**locomotive**-*ss; adj*	la locomotora; locomotor
8702	**magnitude**-*ss*	la magnitud
8704	**buzzard**-*ss*	el zopilote
8708	**schoolboy**-*ss*	el colegial| el alumno
8709	**statute**-*ss*	el estatuto| el establecimiento
8710	**placement**-*ss*	la colocación
8712	**flask**-*ss*	el matraz
8713	**hanky**-*ss*	el pañuelo
8717	**mane**-*ss*	la melena
8719	**militant**-*adj; ss*	militante; militante
8720	**hemisphere**-*ss*	el hemisferio
8722	**disadvantage**-*ss*	la desventaja
8723	**taxpayer**-*ss*	contribuyente
8724	**dune**-*ss*	la duna
8727	**reverence**-*ss; vb*	la reverencia; reverenciar
8729	**stockholder**-*ss*	accionista
8730	**bourgeoisie**-*ss*	la burguesía
8732	**slop**-*ss; vb*	la agua sucia; derramar
8733	**scab**-*ss; vb*	la costra; formar costra
8735	**tourism**-*ss*	el turismo
8736	**atlas**-*ss*	el atlas
8737	**cheesecake**-*ss*	la tarta de queso
8738	**commonwealth**-*ss*	la mancomunidad
8740	**buoy**-*ss; vb*	la boya; mantener a flote
8741	**pebble**-*ss*	el guijarro| el chino
8742	**starlight**-*ss*	la luz de las estrellas
8743	**silicon**-*ss*	el silicio
8744	**charisma**-*ss*	el carisma
8745	**narrative**-*ss; adj*	la narrativa; narrativo
8746	**manicure**-*ss; vb*	la manicura; hacer manicura a
8748	**caption**-*ss*	el subtítulo| el título
8749	**remembrance**-*ss*	el recuerdo
8750	**discomfort**-*ss; vb*	el malestar; sentir desazón
8753	**pun**-*ss; vb*	el retruécano; hacer retruécanos
8754	**outcast**-*ss; adj*	paria; marginado
8759	**mongrel**-*adj; ss*	mestizo; el mestizo
8761	**gallop**-*ss; vb*	el galope; galopar
8762	**canopy**-*ss*	el pabellón
8763	**orb**-*ss*	el orbe
8765	**remainder**-*ss; vb*	el resto; saldar
8766	**baa**-*ss; vbl; int*	el balido; balar; baa!
8767	**dildo**-*ss*	el consolador
8768	**gusto**-*ss*	el entusiasmo
8769	**rumba**-*ss*	la rumba
8770	**optimism**-*ss*	el optimismo
8771	**vector**-*ss*	el vector
8772	**door knob**-*ss*	el pomo
8776	**ware**-*ss*	la mercancía
8780	**pharmacist**-*ss*	el farmacéutico
8781	**strut**-*ss; vb*	el puntal; pavonearse
8782	**veterinarian**-*ss*	el veterinario
8783	**beating**-*ss*	la paliza| el latido
8784	**turnip**-*ss*	el nabo
8785	**swoop**-*ss; vb*	la redada; precipitarse
8786	**perk**-*ss*	el ventaje
8788	**audit**-*ss; vb*	la auditoría; ser oyente
8789	**exorcism**-*ss*	el exorcismo
8790	**chain saw**-*ss*	la sierra de cadena
8791	**setback**-*ss*	el revés
8793	**volleyball**-*ss*	el voleibol
8795	**raccoon**-*ss*	el mapache
8798	**dole**-*ss; vb*	la limosna; ayudar
8799	**burner**-*ss*	el quemador
8800	**shrapnel**-*ss*	la metralla
8801	**schnapps**-*ss*	el aguardiente
8802	**bribery**-*ss*	el soborno

8804	**sequel**-*ss*	la continuación
8805	**inquest**-*ss*	la encuesta
8807	**fallout**-*ss*	el polvillo radiactivo
8808	**uterus**-*ss*	el útero
8809	**feminist**-*adj; ss*	feminista; feminista
8811	**sulfur**-*ss; vb*	el azufre; sulfurar
8814	**masquerade**-*ss; vb*	la mascarada; hacerse pasar por
8816	**timetable**-*ss; vb*	el calendario; programar
8817	**walrus**-*ss*	la morsa
8820	**mixer**-*ss*	el mezclador
8824	**gel**-*ss*	el gel
8825	**dahlia**-*ss*	la dalia
8826	**sorceress**-*ss*	la hechicera
8827	**stake-out**-*ss*	la vigilancia
8830	**spawn**-*vb; ss*	desovar; la freza
8831	**gentry**-*ss*	la alta burguesía
8832	**foil**-*vb; ss*	frustrar; la hoja
8834	**hereafter**-*ss; adv*	el lo sucesivo; en lo sucesivo
8835	**caveman**-*ss*	cavernícola
8836	**clientele**-*ss*	la clientela
8838	**piazza**-*ss*	la plaza
8839	**incompetence**-*ss*	la incompetencia
8840	**lily**-*ss; adj*	el lirio; de lirio
8841	**ploy**-*ss*	la táctica
8842	**beagle**-*ss*	el beagle
8843	**borough**-*ss*	la ciudad| el barrio
8844	**scuba**-*ss*	la escafandra autónoma
8846	**tenor**-*ss; adj*	el tenor| el curso; de tenor
8847	**plateau**-*ss*	la meseta
8848	**gramophone**-*ss*	el gramófono
8849	**tingle**-*ss; vb*	el hormigueo| los comezón; zumbar
8850	**custard**-*ss*	las natillas| la crema
8851	**sac**-*ss*	el saco
8852	**cuss**-*ss; vb*	el tipo de; ser tío
8853	**looting**-*ss*	el saqueo
8854	**crowbar**-*ss*	la palanca
8855	**emphasis**-*ss*	el énfasis
8856	**liege**-*adj; ss*	feudal; el vasallo
8857	**insulin**-*ss*	la insulina
8858	**prostate**-*ss*	la próstata
8859	**scapegoat**-*ss*	el chivo expiatorio| el pagano
8860	**temperament**-*ss*	el temperamento
8861	**oaf**-*ss*	el zoquete| el bobalicón
8862	**grazing**-*ss*	el pasto
8863	**dominion**-*ss*	el dominio
8864	**scourge**-*vb; ss*	azotar| atormentar; el azote
8866	**discard**-*ss; vb*	el descarte| el desecho; descartar
8870	**rattlesnake**-*ss*	la serpiente de cascabel
8871	**liner**-*ss*	el transatlántico
8872	**penicillin**-*ss*	la penicilina
8876	**scruple**-*ss; vb*	el escrúpulo; tener escrúpulos
8879	**censorship**-*ss*	la censura
8883	**fitness**-*ss*	la aptitud
8885	**hurl**-*vb; ss*	lanzar| tirar algo; el lanzamiento
8886	**checkbook**-*ss*	el talonario de cheques
8887	**piccolo**-*ss*	el piccolo
8888	**shuck**-*ss; vb*	la vaina; pelar
8889	**back seat**-*ss*	el asiento trasero
8891	**billboard**-*ss*	la cartelera
8893	**berth**-*vb; ss*	atracar; el amarradero
8894	**birch**-*ss; vb*	el abedul; azotar
8895	**kebab**-*ss*	la brocheta
8896	**archaeologist**-*ss*	el arqueólogo
8897	**limbo**-*ss*	el limbo
8898	**skater**-*ss*	el patinador
8901	**rut**-*ss; vb*	la rodera; estar en celo
8902	**periscope**-*ss*	el periscopio
8904	**pendant**-*ss; adj*	el colgante; pendiente
8905	**yarn**-*ss; vb*	el hilo| el hilado; contar historias
8906	**vegetation**-*ss*	la vegetación
8907	**wharf**-*ss*	el muelle
8908	**affidavit**-*ss*	la declaración jurada
8909	**recession**-*ss*	la recesión| el retroceso
8910	**carousel**-*ss*	el carrusel
8911	**sumo**-*ss*	el sumo
8912	**hex**-*ss; vb*	el maleficio; embrujar
8914	**dosage**-*ss*	la dosificación
8916	**munitions**-*ss*	los pertrechos
8917	**stairwell**-*ss*	el hueco de escalera
8918	**extermination**-*ss*	el exterminio
8919	**livelihood**-*ss*	el sustento

8921	**fiddler**-*ss*	violinista
8925	**latrine**-*ss*	la letrina
8926	**bridesmaid**-*ss*	la dama de honor
8927	**breather**-*ss*	el descanso
8928	**forefather**-*ss*	el antepasado
8929	**recollection**-*ss*	el recuerdo
8930	**reproduction**-*ss*	la reproducción
8931	**bangle**-*ss*	el brazalete
8932	**hairdo**-*ss*	el peinado
8933	**pheasant**-*ss*	el faisán
8934	**underdog**-*ss*	el desvalido
8935	**blender**-*ss*	la licuadora
8936	**neutron**-*ss*	el neutrón
8937	**nucleus**-*ss*	el núcleo
8938	**eunuch**-*ss*	el eunuco
8939	**jihad**-*ss*	la yihad
8941	**divinity**-*ss*	la divinidad
8943	**splendor**-*ss*	el esplendor
8944	**entertainer**-*ss*	artista
8946	**birthmark**-*ss*	las mancha de nacimiento
8947	**snout**-*ss*	el hocico
8951	**nicotine**-*ss*	la nicotina
8952	**lag**-*ss; vb*	el retraso| el presidiario; retrasarse
8953	**hippo**-*ss*	el hipopótamo
8954	**suction**-*ss*	la succión
8955	**Armenian**-*adj; ss*	armenio; el armenio
8956	**bullock**-*ss*	el toro castrado
8958	**rowdy**-*adj; ss*	ruidoso; quimerista
8959	**burp**-*vb; ss*	eructar; el eructo
8961	**steamer**-*ss*	el buque de vapor
8962	**eviction**-*ss*	el desalojo
8963	**whirlwind**-*ss*	el torbellino
8964	**pusher**-*ss*	arribista
8966	**defiance**-*ss*	el desafío
8967	**imperfect**-*adj; ss*	imperfecto; el imperfecto
8969	**thunderbolt**-*ss*	el rayo
8971	**jigsaw**-*ss*	el rompecabezas
8972	**rosebud**-*ss*	el capullo de rosa
8974	**draper**-*ss*	el pañero
8977	**hobo**-*ss*	el obrero temporal
8978	**prudence**-*ss*	la prudencia
8979	**taffy**-*ss*	el caramelo
8980	**childbirth**-*ss*	el parto
8981	**raisin**-*ss*	la pasa
8982	**phonograph**-*ss*	el fonógrafo
8983	**arsenic**-*adj; ss*	arsénico; el arsénico
8984	**blower**-*ss*	el soplador
8986	**avail**-*vb; ss*	aprovechar| valer; el provecho
8988	**crutch**-*ss*	la muleta
8990	**trait**-*ss*	el rasgo
8991	**crybaby**-*ss*	el llorón
8993	**gob**-*ss; vb*	el trozo; escupir
8994	**crick**-*ss; vb*	la tortícolis; darse una tortícolis
8995	**alga**-*ss*	la alga
8996	**Spartan**-*ss*	el espartano
8999	**endeavor**-*ss; vb*	el esfuerzo; esforzarse
9000	**companionship**-*ss*	el compañerismo
9001	**archive**-*ss*	el archivo
9002	**utility**-*ss*	la utilidad
9007	**bayou**-*ss*	el brazo pantanoso
9009	**fetish**-*ss*	el fetiche
9010	**Jamaican**-*adj; ss*	jamaicano; el jamaicano
9011	**herpes**-*ss*	el herpes
9012	**similarity**-*ss*	la semejanza
9014	**willpower**-*ss*	la fuerza de voluntad
9015	**conqueror**-*ss*	el conquistador
9017	**smallpox**-*ss*	la viruela
9018	**seduction**-*ss*	la seducción
9019	**dismissal**-*ss*	el despido
9020	**Afghan**-*adj; ss*	afgano; el afgano
9021	**fainting**-*ss*	el desmayo
9022	**mileage**-*ss*	el kilometraje
9024	**lapse**-*ss; vb*	el lapso| el intervalo; caducar
9025	**default**-*ss; vb*	el defecto| la rebeldía; no pagar
9026	**planner**-*ss*	el planificador
9027	**hepatitis**-*ss*	la hepatitis
9028	**clergy**-*ss*	el clero| la clerecía
9029	**contraction**-*ss*	la contracción
9030	**understatement**-*ss*	la atenuación
9032	**intoxication**-*ss*	la intoxicación
9034	**minion**-*ss; adj*	el esbirro; favorito
9035	**mainframe**-*ss*	el ordenador central
9036	**brewery**-*ss*	la cervecería
9037	**attache**-*ss*	el agregado
9041	**tidings**-*ss*	las noticias
9043	**fiasco**-*ss*	el fiasco
9044	**amour**-*ss*	la aventura amorosa

9045	**deserving**-*adj; ss*	digno; el merecido	
9046	**oval**-*adj; ss*	oval; el óvalo	
9047	**nothingness**-*ss*	la nada	
9049	**detection**-*ss*	la detección	
9052	**heiress**-*ss*	la heredera	
9054	**calcium**-*ss*	el calcio	
9055	**seriousness**-*ss*	la gravedad	
9056	**brilliance**-*ss*	la brillantez| el brillo	
9058	**consultation**-*ss*	la consulta	
9059	**indulgence**-*ss*	la indulgencia	
9060	**candlelight**-*ss*	la luz de una vela	
9061	**holster**-*ss*	la funda	
9062	**termination**-*ss*	la terminación	
9063	**charger**-*ss*	el cargador	
9066	**twit**-*ss; vb*	el estafermo; embromar	
9068	**Doomsday**-*ss*	el Día del Juicio Final	
9071	**python**-*ss*	el pitón	
9073	**Antarctic**-*adj; ss*	antártico; el antártico	
9074	**larceny**-*ss*	el hurto| la ratería	
9075	**bouncer**-*ss*	el bravucón	
9076	**swindle**-*ss; vb*	la estafa| el timo; estafar	
9077	**snag**-*vb; ss*	engancharse; la pega	
9079	**quartet**-*ss*	el cuarteto	
9081	**trademark**-*ss*	la marca	
9082	**cavalier**-*ss; adj*	el caballero; arrogante	
9085	**turnout**-*ss*	la concurrencia| la participación	
9086	**mower**-*ss*	el cortacésped	
9087	**Bohemian**-*adj; ss*	bohemio; el bohemio	
9088	**railing**-*ss*	la barandilla| los pasamanos	
9091	**pang**-*ss*	la angustia| la pundaza	
9092	**fester**-*vb; ss*	enconarse| amargarse; el absceso	
9093	**ostrich**-*ss*	el avestruz	
9096	**iodine**-*ss*	el yodo	
9098	**hussy**-*ss; adj*	la desvergonzada; pícara	
9099	**superiority**-*ss*	la superioridad	
9100	**thong**-*ss*	la correa	
9101	**chevalier**-*ss*	el caballero	
9102	**hem**-*ss; vb*	el dobladillo; coser un dobladillo	
9103	**plait**-*ss; vb*	la trenza; trenzar	
9104	**haystack**-*ss*	el almiar	
9105	**chrome**-*ss*	el cromo	
9107	**grange**-*ss*	la granja	
9109	**sanitarium**-*ss*	el sanatorio	
9111	**duet**-*ss*	el dueto| la canción	
9112	**infidelity**-*ss*	la infidelidad	
9113	**chivalry**-*ss*	la caballería	
9114	**coachman**-*ss*	el cochero	
9116	**gland**-*ss*	la glándula	
9117	**astrology**-*ss*	la astrología	
9118	**podium**-*ss*	el podio	
9120	**trotter**-*ss*	el trotón	
9122	**elm**-*ss*	el olmo	
9124	**birthplace**-*ss*	el lugar de nacimiento	
9125	**painkiller**-*ss*	el analgésico	
9126	**cauldron**-*ss*	la caldera	
9127	**fetus**-*ss*	el feto	
9133	**gladiator**-*ss*	el gladiador	
9134	**violinist**-*ss*	violinista	
9135	**pimple**-*ss*	la espinilla	
9136	**ordinance**-*ss*	la ordenanza	
9137	**sanitation**-*ss*	el saneamiento	
9138	**striker**-*ss*	huelguista	
9139	**nick**-*ss; vb*	las mella; mellar	
9140	**tinkling**-*ss; adj*	el campanilleo; que hace tilín	
9143	**canine**-*adj; ss*	canino; el canino	
9144	**craziness**-*ss*	la locura	
9146	**diversity**-*ss*	la diversidad	
9147	**armada**-*ss*	la armada	
9148	**liter**-*ss*	el litro	
9150	**paparazzi**-*ss*	los paparazzi	
9151	**learner**-*ss*	el aprendiz	
9153	**documentation**-*ss*	la documentación	
9154	**grapefruit**-*ss*	el pomelo	
9155	**soundtrack**-*ss*	la banda sonora	
9157	**attacker**-*ss*	el agresor	
9158	**potassium**-*ss*	el potasio	
9160	**accelerator**-*ss*	el acelerador	
9163	**novice**-*ss*	principiante	
9164	**sewage**-*ss*	los aguas residuales	
9166	**tinkle**-*vb; ss*	tintinear; el retintín	
9167	**torso**-*ss*	el torso	
9169	**bowler**-*ss*	el jugador de bolos	
9170	**epilepsy**-*ss*	la epilepsia	
9171	**briar**-*ss*	el brezo	
9172	**play-off**-*ss*	el partido de desempate	
9173	**nemesis**-*ss*	la justicia	

9177	**sorcery**-*ss*	la brujería
9181	**clot**-*ss; vb*	el coágulo; coagular
9182	**hypnotic**-*adj; ss*	hipnótico; el hipnótico
9185	**directive**-*ss; adj*	la directiva; directivo
9186	**moat**-*ss; vb*	el foso; fosar
9187	**make over**-*vb; ss*	ceder; la transformación
9188	**yam**-*ss; vb*	el ñame; hablar como cotorra
9189	**checkup**-*ss*	el chequeo
9190	**wack**-*ss*	el estrafalario
9193	**tranquilizer**-*ss*	el tranquilizante
9194	**tablecloth**-*ss*	el mantel
9195	**singular**-*adj; ss*	singular| extraño; el singular
9196	**friction**-*ss*	la fricción
9198	**admiralty**-*ss*	el almirantazgo
9200	**annihilation**-*ss*	la aniquilación| el aniquilamiento
9201	**cabbie**-*ss*	taxista
9203	**rift**-*ss; vb*	la grieta; escindir
9206	**teddy**-*ss*	el osito de peluche
9207	**croak**-*vb; ss*	croar; el graznido
9208	**visionary**-*adj; ss*	visionario; el visionario
9210	**attire**-*ss; vb*	el atuendo| la indumentaria; vestir a
9211	**cleanup**-*ss*	la limpieza
9212	**deployment**-*ss*	el despliegue
9213	**spout**-*ss; vb*	el canalón| el pico; declamar
9215	**mantis**-*ss*	las mantis
9216	**apostle**-*ss*	el apóstol
9217	**skateboard**-*ss*	el monopatín
9218	**folding**-*adj; ss*	plegable; la plegadura
9221	**finder**-*ss*	descubridor
9222	**extinguisher**-*ss*	el extintor
9223	**selfishness**-*ss*	el egoísmo
9225	**proclamation**-*ss*	la proclamación
9228	**tangle**-*ss; vb*	el enredo| el lío; enredar
9229	**promoter**-*ss*	el promotor
9230	**prompt**-*adj; ss; vb; adv*	rápido| inmediato; el aviso; estimular; en punto
9232	**landslide**-*ss*	el corrimiento de tierras
9233	**funnel**-*ss; vb*	el embudo; canalizar
9237	**deficit**-*ss*	el déficit
9238	**cantor**-*ss*	el cantor
9239	**truffle**-*ss*	la trufa
9240	**handy-man**-*ss*	el factótum
9243	**mope**-*ss; vb*	el melancólico; estar deprimido
9244	**embryo**-*ss*	el embrión
9247	**ingenuity**-*ss*	el ingenio
9250	**propulsion**-*ss*	la propulsión
9251	**morn**-*ss*	la mañana
9253	**hooch**-*ss*	la bebida alcohólica
9254	**winch**-*ss*	el cabrestante
9256	**infrastructure**-*ss*	la infraestructura
9257	**poacher**-*ss*	los cazador furtivo
9258	**nutrition**-*ss*	la nutrición
9259	**softball**-*ss*	el sofbol
9261	**bazooka**-*ss*	la bazuca
9262	**preview**-*ss; vb*	el avance; preestrenar
9263	**dormant**-*adj; ss*	latente; los inactivo
9265	**marshmallow**-*ss*	el malvavisco
9266	**crucifixion**-*ss*	la crucifixión
9267	**naught**-*ss; adj*	la nada| el nulo; inútil
9268	**criterion**-*ss*	el criterio
9269	**sprain**-*ss; vb*	el esguince; torcerse
9271	**meltdown**-*ss*	la fusión de un reactor
9273	**swindler**-*ss*	el estafador| el trapacero
9275	**dossier**-*ss*	el dosier
9276	**incision**-*ss*	la incisión
9278	**ultimatum**-*ss*	el ultimátum
9280	**occurrence**-*ss*	la aparición
9282	**sphinx**-*ss*	la esfinge
9283	**fiver**-*ss*	el billete de cinco libras
9284	**monsoon**-*ss; adj*	el monzón; monzónico
9285	**willow**-*ss*	el sauce
9286	**ceremonial**-*adj; ss*	ceremonial; el ceremonial
9287	**pinpoint**-*vb; adj; ss*	determinar con precisión; de precisión; la punta de alfiler
9289	**audacity**-*ss*	la audacia| la osadía
9291	**Gothic**-*adj; ss*	gótico| terrorífico; el gótico
9292	**buddhism**-*ss*	el budismo
9293	**wildcat**-*ss*	el gato montés
9294	**graze**-*vb; ss*	pacer| apacentar; la abrasión

9297	**caper**-*ss; vb*	la alcaparra; brincar
9298	**stagecoach**-*ss*	la diligencia
9300	**exaggeration**-*ss*	la exageración
9302	**shroud**-*ss; vb*	el sudario; envolver
9303	**bran**-*ss*	el salvado
9304	**sovereignty**-*ss*	la soberanía
9305	**bijou**-*ss; adj*	el bibelot; elegante
9307	**ballpark**-*ss*	el estadio de béisbol
9308	**bore**-*ss; vb*	el taladro| el agujero; aburrir
9310	**freckle**-*ss; vb*	las peca; tener peca
9311	**melodrama**-*ss*	el melodrama
9313	**sanatorium**-*ss*	el sanatorio
9315	**wanderer**-*ss*	el vagabundo
9316	**rapture**-*ss; vb*	el rapto; extasiar
9317	**rheumatism**-*ss*	el reumatismo
9318	**advancement**-*ss*	el adelanto| la promoción
9319	**swimsuit**-*ss*	los traje de baño
9321	**encyclopedia**-*ss*	la enciclopedia
9322	**nourishment**-*ss*	el alimento| la alimentación
9323	**grinder**-*ss*	la amoladora
9325	**coordination**-*ss*	la coordinación
9327	**curator**-*ss*	el curador
9328	**cuckold**-*ss; vb*	el cornudo; hacer cornudo
9330	**Antichrist**-*ss*	el antecristo
9331	**mousse**-*ss*	la mousse
9332	**retaliation**-*ss*	las represalias
9333	**quint**-*ss*	la quinta
9334	**telepathy**-*ss*	la telepatía
9335	**valor**-*ss*	el valor
9336	**countenance**-*ss; vb*	el rostro| el semblante; tolerar
9337	**bloodbath**-*ss*	la matanza
9339	**blockhead**-*adj; ss*	estúpido; el alcornoque
9340	**carnage**-*ss*	la carnicería
9341	**rigging**-*ss*	el aparejo
9344	**switchboard**-*ss*	el tablero de conmutadores
9346	**ornament**-*ss; vb*	el ornamento| el ornato; adornar
9348	**seamstress**-*ss*	la costurera
9349	**consensus**-*ss*	el consenso
9350	**smelt**-*ss*	el eperlano
9351	**bluebird**-*ss*	el azulejo
9352	**damsel**-*ss*	la damisela
9353	**inability**-*ss*	la incapacidad
9354	**skinhead**-*ss*	la cabeza rapada
9355	**segment**-*ss; vb*	el segmento| el trozo; segmentar
9356	**blitz**-*ss; vb*	los bombardeo aéreo; bombardear
9357	**visitation**-*ss*	la visitación
9361	**grandeur**-*ss*	la grandeza| la magnificencia
9362	**Irishman**-*ss*	el irlandés
9364	**pail**-*ss*	el cubo
9365	**typhus**-*ss*	el tifus
9366	**beneficiary**-*ss*	el beneficiario
9368	**oversight**-*ss*	la vigilancia
9369	**miscarriage**-*ss*	los aborto espontáneo
9370	**turban**-*ss*	el turbante
9371	**implement**-*vb; ss*	implementar| ejecutar; el implemento
9373	**nibble**-*vb; ss*	picar| mordiscar; el mordisco
9374	**ballast**-*ss; vb*	el lastre; lastrar
9375	**beige**-*adj; ss*	beige; el beige
9376	**leukemia**-*ss*	la leucemia
9379	**nutrient**-*adj; ss*	nutritivo; los nutritivo
9380	**proximity**-*ss*	la proximidad
9381	**trapeze**-*ss*	el trapecio
9385	**mime**-*ss; vb*	la mímica; remedar
9388	**zeppelin**-*ss*	el zepelín
9389	**grit**-*ss; vb*	la arena; hacer rechinar
9391	**sheikh**-*ss*	el jeque
9392	**serenade**-*ss; vb*	la serenata; dar una serenata
9393	**asparagus**-*ss*	el espárrago
9395	**verb**-*ss*	el verbo
9399	**confessional**-*ss*	los confesional
9401	**stub**-*ss*	el talón
9402	**cipher**-*vb; ss*	cifrar| hacer cifra; la cifra
9405	**shoemaker**-*ss*	el zapatero
9408	**twelfth**-*adj; ss*	duodécimo; el duodécimo
9409	**quart**-*ss*	el cuarto de galón
9412	**umpire**-*ss*	el árbitro
9413	**lingo**-*ss*	la jerga| el idioma
9416	**shipwreck**-*ss; vb*	el naufragio; hacer naufragar
9417	**nitwit**-*ss*	el simplón
9418	**sadist**-*ss*	el sádico

9419	**Victorian**-*adj; ss*	victoriano; el victoriano	
9421	**quake**-*ss; vb*	el terremoto| el temblor; temblar	
9423	**entrepreneur**-*ss*	el empresario| el emprendedor	
9424	**caterer**-*ss*	el abastecedor	
9425	**literal**-*adj; ss*	literal; la errata	
9426	**equity**-*ss*	la equidad	
9427	**setting**-*ss*	el ajuste	
9428	**casserole**-*ss*	la cazuela	
9430	**proprietor**-*ss*	el propietario	
9432	**spectacles**-*ss*	las gafas	
9433	**deliverance**-*ss*	la liberación| el pago	
9434	**decadent**-*adj; ss*	decadente; decadente	
9435	**repentance**-*ss*	el arrepentimiento	
9437	**topside**-*ss*	el lado superior	
9438	**privy**-*adj; ss*	privado; el retrete	
9441	**coping**-*ss*	la albardilla	
9443	**roster**-*ss*	la lista	
9444	**mathematician**-*ss*	el matemático	
9446	**biologist**-*ss*	el biólogo	
9447	**demonstrator**-*ss*	el demostrador	
9450	**interface**-*ss*	la interfaz	
9451	**wickedness**-*ss*	la malicia	
9452	**sighting**-*ss*	la observación	
9453	**secular**-*adj; ss*	secular; el seglar	
9454	**overjoy**-*ss; vb*	la demasiada alegría; estar demasiado alegre	
9455	**realization**-*ss*	la realización	
9456	**innkeeper**-*ss*	el posadero	
9458	**reactionary**-*adj; ss*	reaccionario; el reaccionario	
9460	**coon**-*ss*	el mapache| el negro	
9461	**saffron**-*ss; adj*	el azafrán; azafranado	
9462	**braid**-*ss; vb*	la trenza; trenzar	
9463	**weakling**-*ss*	el alfeñique	
9464	**elastic**-*ss*	el elástico	
9465	**emissary**-*ss*	el emisario	
9466	**replay**-*ss; vb*	la repetición| el desempate; repetir	
9467	**wart**-*ss*	la verruga	
9468	**overload**-*ss; vb*	la sobrecarga; sobrecargar	
9469	**seat belt**-*ss*	el cinturón de seguridad	
9470	**termite**-*ss*	la termita	
9471	**dinner time**-*ss*	el tiempo de la comida	
9472	**petroleum**-*ss; adj*	el petróleo; petrolero	
9474	**peeling**-*ss*	la peladura	
9475	**sexist**-*adj; ss*	sexista; sexista	
9478	**tuba**-*ss*	la tuba	
9479	**disagreement**-*ss*	el desacuerdo| la discrepancia	
9480	**chisel**-*ss; vb*	el cincel| el escoplo; cincelar	
9481	**pigsty**-*ss*	la pocilga	
9484	**smudge**-*ss; vb*	la mancha; manchar	
9485	**possessive**-*adj; ss*	posesivo; el posesivo	
9487	**ferret**-*ss; vb*	el hurón; buscar	
9488	**nebula**-*ss; vb*	la nebulosa; sacar de quicio	
9489	**chemotherapy**-*ss*	la quimioterapia	
9490	**ultrasound**-*ss*	el ultrasonido	
9491	**erratic**-*ss; adj*	el errático; inconstante	
9492	**jolt**-*ss; vb*	la sacudida| el tumbo; sacudir	
9493	**stronghold**-*ss*	la fortaleza	
9494	**readiness**-*ss*	la preparación	
9497	**complexity**-*ss*	la complejidad	
9498	**landmark**-*ss*	la marca	
9499	**remnant**-*ss*	el residuo	
9500	**shareholder**-*ss*	accionista	
9501	**slang**-*ss*	el argot	
9502	**nationalist**-*adj; ss*	nacionalista; nacionalista	
9503	**diagram**-*ss; vb*	el diagrama; diagramar	
9505	**transfusion**-*ss*	la transfusión	
9506	**ion**-*ss*	el ion	
9507	**roadside**-*ss*	el borde del camino	
9508	**vial**-*ss*	el frasco	
9509	**quickie**-*ss*	la cosa hecha rápidamente	
9511	**renovation**-*ss*	la renovación	
9512	**sax**-*ss*	el saxófono	
9513	**alto**-*ss*	el alto	
9514	**continuity**-*ss*	la continuidad| el guión	
9515	**aspiration**-*ss*	la aspiración	
9517	**slammer**-*ss*	la trena	
9518	**proctor**-*ss*	el procurador	
9519	**lineage**-*ss*	el linaje| la alcurnia	
9520	**bagel**-*ss*	la rosquilla	
9521	**lotto**-*ss*	el loto	
9524	**premonition**-*ss*	la premonición	
9525	**reek**-*ss; vb*	el hedor| el mal olor; oler	

9526	desertion-*ss*	la deserción	
9527	tycoon-*ss*	el magnate	
9528	harlot-*ss*	la ramera	
9530	pepperoni-*ss*	el pepperoni	
9531	variation-*ss*	la variación	
9533	adversity-*ss*	la adversidad	
9534	riffraff-*ss*	la chusma	
9535	deduction-*ss*	la deducción	
9536	revoke-*vb; ss*	revocar| renunciar; los renuncio	
9538	tact-*ss*	el tacto	
9539	workplace-*ss*	el lugar de trabajo	
9540	vandalism-*ss*	el vandalismo	
9541	stinker-*ss*	el canalla	
9542	toxin-*ss*	la toxina	
9543	revival-*ss*	el renacimiento	
9544	kamikaze-*ss*	el kamikaze	
9545	tenure-*ss*	la tenencia	
9548	slant-*ss; vb*	la inclinación| el punto de vista; inclinar	
9549	smithy-*ss*	la herrería	
9550	ramble-*vb; ss*	divagar; la caminata	
9551	diaphragm-*ss*	el diafragma	
9552	fathom-*ss; vb*	la braza; sondear	
9554	psychoanalysis-*ss*	el psicoanálisis	
9559	rickshaw-*ss*	la jinrikisha	
9560	bubbly-*adj; ss*	burbujeante; la champaña	
9561	lifeboat-*ss*	el bote salvavidas	
9562	roundabout-*ss; adj*	la rotonda; indirecto	
9563	sprinkle-*vb; ss*	espolvorear| rociar; la pizca	
9565	piracy-*ss*	la piratería	
9566	bicker-*ss; vb*	la disputa; discutir con	
9567	bumblebee-*ss*	el abejorro	
9569	chimpanzee-*ss*	el chimpancé	
9570	celery-*ss*	el apio	
9571	assailant-*ss*	el agresor	
9572	cob-*ss; vb*	la mazorca; comer pan redondo	
9573	contamination-*ss*	la contaminación	
9574	claustrophobic-*ss*	el claustrófobo	
9577	blunder-*ss; vb*	la torpeza; meter la pata	
9578	participant-*ss*	partícipe	
9580	humankind-*ss*	la humanidad	
9581	mania-*ss*	la manía	
9582	fluent-*adj; ss*	fluido; el fluido	
9584	slew-*ss; vb*	el montón; girar	
9585	druid-*ss*	las druida	
9586	frisk-*ss; vb*	el cacheo; cachear	
9587	lobe-*ss*	el lóbulo	
9588	prefecture-*ss*	la prefectura	
9589	lifeline-*ss*	la línea de vida	
9590	strait-*ss*	el estrecho	
9592	loin-*ss*	el lomo	
9593	abstinence-*ss*	la abstinencia	
9594	shoelace-*ss*	el cordón	
9595	Bulgarian-*adj; ss*	búlgaro; el búlgaro	
9596	manhunt-*ss*	la caza	
9597	beret-*ss*	la boina	
9601	clitoris-*ss*	el clítoris	
9602	interval-*ss*	el intervalo| el descanso	
9603	borderline-*ss; adj*	el límite; fronterizo	
9604	blackmailer-*ss*	chantajista	
9606	pelican-*ss*	el pelícano	
9607	armory-*ss*	el arsenal| el blasón	
9610	acquisition-*ss*	la adquisición	
9614	overflow-*vb; ss*	rebosar; el exceso de líquido	
9616	matchmaker-*ss*	el casamentero	
9618	vaudeville-*ss*	el vodevil	
9619	vagabond-*ss*	el vagabundo	
9621	evasion-*ss*	la evasión| el efugio	
9622	barman-*ss*	el barman| el cantinero	
9623	lavatory-*ss*	el lavabo| el baño	
9624	otter-*ss*	la nutria	
9625	imagery-*ss*	las imágenes	
9627	crease-*adj; ss; vb*	pliegue; el pliegue; arrugar	
9628	relativity-*ss*	la relatividad	
9629	vendetta-*ss*	la vendetta	
9630	titanium-*ss*	el titanio	
9631	weaponry-*ss*	las armas	
9633	prodigy-*ss*	el prodigio	
9634	tripe-*ss*	el mondongo	
9635	sailboat-*ss*	el velero	
9636	negotiator-*ss*	el negociador	
9637	hammock-*ss*	la hamaca	
9638	barter-*ss; vb*	la permuta| el trueque; trocar	
9639	extradition-*ss*	la extradición	
9640	bronco-*ss*	el potro cerril	
9641	pestilence-*ss*	la pestilencia	

9642	**firecracker**-*ss*	el petardo
9643	**milligram**-*ss*	el miligramo
9645	**protester**-*ss*	el protestador
9647	**airspace**-*ss*	el espacio aéreo
9648	**pod**-*ss; vb*	la vaina; desvainar
9650	**cleric**-*ss; adj*	el clérigo; eclesiástico
9651	**campfire**-*ss*	la hoguera
9652	**electron**-*ss*	el electrón
9653	**gynecologist**-*ss*	el ginecólogo
9655	**cortex**-*ss*	la corteza
9656	**coordinator**-*ss*	el coordinador
9658	**fleece**-*ss; vb*	la lana; esquilar
9659	**cavern**-*ss*	la caverna
9660	**creditor**-*ss*	el acreedor
9661	**panty**-*ss*	las bragas
9662	**lout**-*ss*	el patán; el gamberro
9663	**workman**-*ss*	el obrero; el trabajador
9670	**bombardment**-*ss*	el bombardeo
9671	**soot**-*ss; vb*	el hollín; cubrir de hollín
9672	**shimmer**-*vb; ss*	brillar; el brillo
9673	**doctorate**-*ss*	el doctorado
9674	**eyelash**-*ss*	la pestaña
9675	**raffle**-*ss; vb*	la rifa; rifar
9679	**plankton**-*ss*	el plancton
9681	**nylon**-*ss; adj*	el nylon; de nylon
9685	**gymnasium**-*ss*	el gimnasio
9686	**sacrament**-*ss*	el sacramento
9688	**adventurer**-*ss*	el aventurero
9692	**sloth**-*ss*	la pereza
9693	**jeweler**-*ss*	el joyero
9695	**drifter**-*ss*	el vagabundo
9701	**excursion**-*ss*	la excursión| la jira
9703	**throb**-*vb; ss*	palpitar| latir; el latido
9707	**calypso**-*ss*	el calipso
9708	**rematch**-*ss*	la revancha
9709	**midsummer**-*ss; adj*	los pleno verano; estival
9710	**severance**-*ss*	la ruptura
9712	**groin**-*ss*	los ingle
9714	**footing**-*ss*	el pie| la posición
9715	**devastation**-*ss*	la devastación
9716	**foxtrot**-*ss*	el fox
9717	**linden**-*ss*	el tilo
9719	**dodo**-*ss*	el vejestorio
9720	**bale**-*ss; vb*	la bala; embalar
9722	**bookshop**-*ss*	la librería
9723	**trombone**-*ss*	el trombón
9727	**firefly**-*ss*	la luciérnaga
9728	**choreography**-*ss*	la coreografía
9729	**folklore**-*ss*	el folklore
9731	**Moroccan**-*ss*	marroquí
9733	**incest**-*ss*	el incesto
9734	**parameter**-*ss*	el parámetro
9738	**absolution**-*ss*	la absolución
9740	**bookkeeper**-*ss*	contable
9741	**pushover**-*ss*	la persona fácil de convencer
9742	**ledger**-*ss*	el libro mayor
9744	**insubordination**-*ss*	la insubordinación
9747	**promenade**-*ss; vb*	el paseo| el paseo marítimo; pasear
9748	**sanctity**-*ss*	la santidad
9750	**apparition**-*ss*	la aparición
9751	**quitter**-*ss*	cobarde
9752	**blister**-*ss; vb*	la ampolla; cubrirse de ampollas
9753	**Gemini**-*ss*	el Géminis
9754	**juror**-*ss*	el jurado
9756	**bruiser**-*ss*	el matón
9757	**fad**-*ss*	la moda
9758	**snip**-*ss; vb*	el recorte; tijeretear
9759	**replica**-*ss*	la réplica| la reproducción
9760	**distributor**-*ss*	el distribuidor| la distribuidora
9761	**persona**-*ss*	la persona
9762	**entourage**-*ss*	el séquito
9764	**hearsay**-*ss*	los rumores
9765	**hairstyle**-*ss*	el peinado
9766	**adolescence**-*ss*	la adolescencia
9767	**fund-raiser**-*ss*	el recogedor de fondos
9768	**aqua**-*ss*	las agua
9770	**trendy**-*adj; ss*	de moda; el moderno
9771	**optimist**-*ss*	optimista
9772	**prowl**-*vb; ss*	merodear| merodear por; la caza
9773	**genitals**-*ss*	los genitales
9774	**tangerine**-*ss*	la mandarina
9775	**psychosis**-*ss*	la psicosis
9776	**giver**-*ss*	dotante
9777	**infidel**-*adj; ss*	infiel; el infiel
9778	**pastime**-*ss*	el pasatiempo
9780	**sacrilege**-*ss*	el sacrilegio
9783	**mistletoe**-*ss*	el muérdago

9785	**graft**-*ss; vb*	el injerto; injertar
9786	**trustee**-*ss*	el fideicomisario
9788	**gimmick**-*ss*	el truco| el asunto
9789	**vegan**-*adj; ss*	vegetariano; el vegetariano
9790	**deodorant**-*ss*	el desodorante
9791	**mailing**-*ss*	el envío
9792	**sanction**-*ss; vb*	la sanción| la consagración; sancionar
9793	**sideline**-*ss*	la línea de banda
9795	**vitals**-*ss*	las partes vitales
9796	**endorsement**-*ss*	la aprobación| el endoso
9797	**sender**-*ss*	remitente
9798	**dementia**-*ss*	la demencia
9800	**bonehead**-*ss*	el estúpido
9802	**prof**-*ss*	el profe
9806	**kennel**-*ss*	la perrera
9807	**carburetor**-*ss*	el carburador
9809	**gopher**-*ss; adj*	la ardilla de tierra; de ardilla de tierra
9810	**calculator**-*ss*	la calculadora
9811	**metabolism**-*ss*	el metabolismo
9812	**shudder**-*ss; vb*	el estremecimiento| la vibración; estremecerse
9813	**guideline**-*ss*	la pauta
9814	**faction**-*ss*	la facción
9815	**relevance**-*ss*	la pertinencia
9817	**undertaking**-*ss*	la empresa
9818	**interaction**-*ss*	la interacción
9819	**scaffold**-*ss*	el andamio
9821	**elixir**-*ss*	el elixir
9824	**equator**-*ss*	el ecuador
9825	**finesse**-*ss*	la finura| la sutileza
9827	**rosemary**-*ss*	el romero
9828	**mimic**-*vb; ss; adj*	imitar; el imitador; mímico
9830	**distrust**-*ss; vb*	la desconfianza; desconfiar de
9832	**bagpipes**-*ss*	la gaita
9833	**warlord**-*ss*	el jefe militar
9835	**comprehension**-*ss*	la comprensión
9836	**tranquility**-*ss*	la tranquilidad
9840	**residency**-*ss*	la residencia| la estancia
9841	**phi**-*ss*	las fi
9842	**almond**-*ss*	la almendra
9843	**standpoint**-*ss*	el punto de vista
9844	**keel**-*ss; vb*	la quilla; dar la quilla
9848	**vacancy**-*ss*	el vacante| la vacuidad
9850	**pretense**-*ss*	la pretensión| la simulación
9851	**overwork**-*ss; vb*	el trabajo excesivo; trabajar demasiado
9853	**snare**-*ss; vb*	la trampa; coger con trampa
9856	**watchdog**-*ss*	el perro guardián
9857	**archduke**-*ss*	el archiduque
9858	**loon**-*ss*	el somorgujo
9859	**conserve**-*vb; ss*	conservar; la conserva
9863	**socket**-*ss*	el enchufe| el encaje
9865	**justification**-*ss*	la justificación
9866	**sonata**-*ss*	la sonata
9867	**teapot**-*ss*	la tetera
9868	**proletariat**-*ss*	el proletariado
9869	**doubling**-*ss*	la duplicación
9871	**pedigree**-*ss*	el árbol genealógico| la genealogía
9873	**smarty**-*ss; adj*	los sabelotodo; enteradillo
9876	**pinto**-*ss*	el caballo pinto
9877	**vixen**-*ss*	la zorra
9879	**seam**-*ss; vb*	la costura; coser
9880	**handler**-*ss*	el entrenador de animales| el controlador
9881	**irrigation**-*ss*	el riego
9882	**condor**-*ss*	el cóndor
9883	**vibes**-*ss*	las vibraciones
9884	**slingshot**-*ss*	la honda
9885	**buffoon**-*ss*	el bufón
9888	**dealership**-*ss*	la concesión
9892	**cordial**-*adj; ss*	cordial; el cordial
9893	**multitude**-*ss*	la multitud
9896	**corset**-*ss*	el corsé
9897	**sable**-*ss*	el sable
9900	**tonsil**-*ss*	la amígdala
9902	**satchel**-*ss*	la cartera
9903	**gazette**-*ss*	la gaceta
9904	**twister**-*ss*	el tornado
9906	**suede**-*adj; ss*	de gamuza; ante
9908	**Scorpio**-*ss*	el Escorpión
9910	**beryl**-*ss*	el berilo
9911	**minefield**-*ss*	los campo de minas
9914	**newspaperman**-*ss*	periodista

9917	**itinerary**-*adj; ss*	itinerario; el itinerario	
9918	**lament**-*ss; vb*	el lamento| la elegía; lamentar	
9919	**delirium**-*ss*	el delirio	
9922	**overturn**-*vb; ss*	anular; los volcar	
9923	**revise**-*vb; ss*	revisar| modificar; la revisión	
9925	**filly**-*ss*	la potra	
9926	**toddy**-*ss*	el ponche	
9930	**toothpick**-*ss*	el palillo	
9931	**phobia**-*ss*	la fobia	
9932	**anesthesia**-*ss*	la anestesia	
9934	**intake**-*ss*	el consumo	
9937	**theology**-*ss*	la teología	
9938	**flex**-*vb; ss*	flexionar| flexionarse; los flexible	
9939	**shackle**-*vb; ss*	encadenar; la argolla	
9941	**Algerian**-*adj; ss*	argelino; el argelino	
9945	**sentinel**-*ss*	centinela	
9947	**ditto**-*adv; ss*	ídem; el lo mismo	
9948	**clipping**-*ss; adj*	el recorte; de recorte	
9950	**hue**-*ss*	el matiz| el tinte extraído	
9951	**spender**-*ss*	el gastador	
9952	**hemorrhage**-*ss; vb*	la hemorragia; sangrar	
9954	**matey**-*adj; ss*	afable; el chico	
9959	**leprechaun**-*ss*	el duende	
9960	**maxi**-*ss*	las maxi	
9962	**obituary**-*adj; ss*	obituario; el obituario	
9964	**mover**-*ss*	agente de mudanzas	
9965	**bawl**-*vb; ss*	gritar| vociferar; el grito	
9966	**glee**-*ss*	el júbilo	
9967	**miser**-*ss*	el avaro	
9968	**installment**-*ss*	la entrega| el pago	
9969	**corona**-*ss*	la corona	
9972	**playwright**-*ss*	el dramaturgo	
9973	**horsepower**-*ss*	el caballo de fuerza	
9974	**locksmith**-*ss*	el cerrajero	
9975	**shipyard**-*ss*	el astillero	
9978	**repetition**-*ss*	la repetición	
9979	**blackbird**-*ss*	el mirlo	
9980	**potter**-*ss*	el alfarero	
9983	**dill**-*ss*	el eneldo	
9984	**bilge**-*ss; vb*	la sentina; desfondar	
9986	**fiscal**-*adj; ss*	fiscal; el fiscal	
9987	**aria**-*ss*	la aria	
9988	**contraband**-*ss; vb*	el contrabando; realizar contrabando
9989	**ruff**-*vb; ss*	fallar; la gorguera
9990	**zing**-*ss; vb*	el gusto; silbar
9991	**silencer**-*ss*	el silenciador
9992	**surrogate**-*adj; ss*	sustituto; el sustituto
9993	**handgun**-*ss*	la pistola
9995	**hanger**-*ss*	la percha
9997	**disobedience**-*ss*	la desobediencia
9998	**redundant**-*adj; ss*	redundante; el excedente
10002	**firefighter**-*ss*	el bombero
10003	**rouse**-*vb; ss*	despertar| levantar; el toque de diana
10005	**ruse**-*ss*	el ardid| la estratagema
10006	**cashmere**-*ss*	la cachemira
10007	**dainty**-*adj; ss*	delicado| elegante; la golosina
10008	**peddler**-*ss*	el vendedor ambulante
10009	**pretzel**-*ss*	la galleta salada
10010	**geology**-*ss*	la geología
10011	**rump**-*ss*	la grupa| la anca
10013	**safeguard**-*ss; vb*	la salvaguardia; salvaguardar
10014	**incognito**-*adj; adv; ss*	incógnito; incógnito; el incógnito
10016	**pointer**-*ss*	el puntero
10017	**snowflake**-*ss*	los copo de nieve
10018	**dab**-*ss; vb*	el lenguado; golpear ligeramente
10019	**lockup**-*ss; adj*	la cárcel; con cerradura
10020	**pedestal**-*ss*	el pedestal
10021	**meatloaf**-*ss*	la carne mechada
10022	**chalice**-*ss*	el cáliz
10023	**empathy**-*ss*	la empatía
10024	**appliance**-*ss*	el aparato| la aplicación
10025	**pus**-*ss*	el pus

Verbs

7502	**pasture**-*vb; ss*	pastar| pacer; el pasto
7503	**slum**-*ss; vb*	el barrio bajo; visitar los barrios bajos
7505	**satin**-*ss; adj; vb*	el satín; satinado; satinar
7511	**hedge**-*ss; vb*	la cobertura; cercar
7512	**hijack**-*vb; ss*	secuestrar; el secuestro
7513	**hoof**-*ss; vb*	el casco; ir a pie
7514	**attain**-*vb*	alcanzar| lograr
7520	**snowball**-*ss; vb*	la bola de nieve; aumentar progresivamente
7526	**lug**-*vb; ss*	arrastrar; la oreja
7528	**frank**-*adj; vb; ss*	franco| puro; franquear; el limpio
7529	**tilt**-*ss; vb*	la inclinación; inclinar
7534	**closure**-*ss; vb*	el cierre; finalizar
7536	**blindfold**-*ss; adj; adv; vb*	la venda; con los ojos vendados; con los ojos vendados; vendar los ojos
7554	**deprive**-*vb*	privar
7558	**confederate**-*adj; ss; vb*	confederado; el confederado; confederar
7564	**intrigue**-*ss; vb*	la intriga; intrigar
7568	**diagnose**-*vb*	diagnosticar
7569	**frown**-*vb; ss*	fruncir el ceño; el ceño
7573	**blackjack**-*ss; vb*	las veintiuna; aporrear
7574	**jack**-*ss; vb*	el gato| el enchufe; levantar
7580	**jell**-*vb*	cuajar
7584	**engrave**-*vb*	grabar
7587	**mow**-*vb; ss*	cortar; la mueca
7590	**array**-*ss; vb*	la formación| la colección; formar
7595	**inter**-*vb*	enterrar
7603	**divert**-*vb*	desviar
7605	**orient**-*vb; adj*	orientar; oriental
7608	**cluck**-*ss; vb*	el cloqueo; cloquear
7614	**hinge**-*ss; vb*	la bisagra; girar
7635	**wad**-*ss; vb*	el taco| el fajo; rellenar
7641	**astonish**-*vb*	asombrar| maravillar
7645	**shun**-*vb*	rehuir
7648	**tumble**-*ss; vb*	la caída| la voltereta; caer
7649	**unfold**-*vb*	desplegar| desplegarse
7651	**detonate**-*vb*	detonar
7661	**corral**-*ss; vb*	el corral; acorralar
7662	**chronicle**-*ss; vb*	la crónica; describir
7666	**pouch**-*ss; vb*	la bolsa; embolsar
7670	**linger**-*vb*	persistir| tardar
7674	**overrate**-*vb*	sobrevalorar
7677	**checkmate**-*ss; vb*	el mate; dar mate a
7685	**crumble**-*vb*	desmoronarse
7688	**boast**-*ss; vb*	el alarde; jactarse
7702	**yawn**-*ss; vb*	el bostezo; bostezar
7703	**latch**-*ss; vb*	el pestillo; asegurar
7710	**whiff**-*ss; vb*	el olorcillo; oler
7722	**rewind**-*vb*	rebobinar
7729	**nominate**-*vb*	nombrar
7732	**automate**-*vb*	automatizar
7738	**supervise**-*vb*	supervisar
7740	**enclose**-*vb*	encerrar| adjuntar
7747	**implant**-*ss; vb*	el implante; implantar
7753	**mingle**-*vb*	mezclarse
7754	**gloom**-*ss; vb*	la oscuridad| la tristeza; estar en penumbra
7755	**devise**-*vb; ss*	idear| planear; el legado
7761	**drool**-*vb*	babear
7764	**reproduce**-*vb*	reproducir
7765	**levy**-*ss; vb*	la exacción; exigir
7767	**advertise**-*vb*	anunciar
7768	**reproach**-*ss; vb*	el reproche| el oprobio; reprochar
7773	**jeopardize**-*vb*	poner en peligro| comprometer
7775	**glide**-*ss; vb*	el planeo; deslizarse
7785	**discourage**-*vb*	desalentar| desanimar
7787	**preoccupy**-*vb*	preocupar
7796	**muff**-*ss; vb*	el manguito; perder
7802	**cleanse**-*vb*	limpiar
7808	**ridicule**-*adj; vb; ss*	ridículo; ridiculizar; las burlas
7818	**haze**-*ss; vb*	la calina; hacer novatadas
7822	**refill**-*vb; ss*	rellenar; el recambio
7825	**babysit**-*vb*	cuidar a los niños
7826	**wedge**-*ss; vb*	la cuña| el calzo; acuñar
7827	**rotate**-*vb*	girar| rotar

7828	**covenant**-*ss; vb*	el pacto| la llegada; escribir un convenio
7845	**twig**-*ss; vb*	la ramita; comprender
7848	**persecute**-*vb*	perseguir| molestar
7851	**complicate**-*vb*	complicar
7857	**freelance**-*ss; adj; vb*	independiente; autónomo; trabajar por cuenta propia
7862	**desolate**-*adj; vb*	solitario; asolar
7864	**outrun**-*vb*	correr más que
7867	**detest**-*vb*	detestar| aborrecer
7877	**commend**-*vb*	elogiar| recomendar
7878	**navigate**-*vb*	navegar por| conducir
7888	**soothe**-*vb*	calmar| tranquilizar a
7894	**contradict**-*vb*	contradecir
7901	**enable**-*vb*	habilitar
7902	**compact**-*adj; vb; ss*	compacto; comprimir; el pacto
7903	**rook**-*ss; vb*	la torre; estafar
7912	**mutilate**-*vb*	mutilar
7922	**remarry**-*vb*	volver a casarse
7923	**pretext**-*ss; vb*	el pretexto; pretextar
7924	**upgrade**-*vb; ss*	mejorar| modernizar; la modernización
7925	**crock**-*ss; vb*	la vasija; usar un cacharro
7927	**soften**-*vb*	ablandar
7928	**drape**-*vb; ss*	cubrir; la cubierta
7934	**gobble**-*vb; ss*	engullir; el gluglú
7936	**burrow**-*ss; vb*	la madriguera; excavar
7943	**plumb**-*vb; ss; adj; adv*	sondear; la plomada; vertical; verticalmente
7945	**scorn**-*ss; vb*	el desdén; desdeñar
7951	**chink**-*ss; vb*	la grieta; sonar
7952	**temp**-*ss; vb*	el empleado eventual; trabajar temporalmente
7968	**blur**-*vb; ss*	difuminar; la mancha
7972	**merge**-*vb*	unir
7973	**flourish**-*vb; ss*	florecer| blandir; la floritura
7976	**zap**-*vb*	borrar| ir corriendo
7979	**toil**-*ss; vb*	el trabajo| el esfuerzo; afanarse
7984	**twitch**-*ss; vb*	la contracción nerviosa; crisparse
7999	**tout**-*ss; vb*	el revendedor; pregonar
8009	**weaken**-*vb*	debilitar| debilitarse
8012	**flake**-*ss; vb*	la escama; desconcharse
8025	**yap**-*vb; ss*	ladrar| parlotear; el ladrido
8027	**thaw**-*ss; vb*	el deshielo; deshelar
8037	**oar**-*ss; vb*	el remo; remar
8046	**dazzle**-*vb; ss*	deslumbrar; el deslumbro
8048	**exclaim**-*vb*	exclamar
8050	**taboo**-*ss; adj; vb*	el tabú| el prohibido; prohibido; prohibir
8052	**muzzle**-*ss; vb*	el bozal; amordazar
8057	**thrive**-*vb*	prosperar| medrar
8058	**ballot**-*ss; vb*	la votación; votar
8059	**rink**-*ss; vb*	la pista; patinar en ruedas
8071	**picket**-*ss; vb*	el piquete; vallar con estacas
8074	**petrify**-*vb*	petrificar
8078	**disclose**-*vb*	revelar
8096	**solace**-*ss; vb*	el consuelo; consolar
8100	**hiccup**-*ss; vb*	el hipo; hipar
8105	**malt**-*ss; vb*	la malta; hacer germinar
8106	**disarm**-*vb*	desarmar
8107	**cluster**-*ss; vb*	el racimo; agrupar
8114	**clack**-*ss; vb; int*	la charla; charlar con; clac
8121	**bestow**-*vb*	otorgar| dedicar
8122	**crimson**-*adj; ss; vb*	carmesí; el carmesí; tener carmesí
8124	**plight**-*ss; vb*	la situación; empeñar
8131	**deform**-*vb*	deformar
8139	**retail**-*ss; adj; vb*	la venta al por menor; al por menor; vender al por menor
8152	**thrash**-*ss; vb*	el movimiento de piernas; golpear
8162	**assess**-*vb*	evaluar| juzgar
8163	**reclaim**-*vb*	reclamar
8173	**output**-*ss; vb*	la salida; imprimir
8175	**carp**-*ss; vb*	la carpa; criticar
8179	**infiltrate**-*ss; vb*	el infiltrado; infiltrarse
8182	**infest**-*vb*	infestar
8184	**lash**-*ss; vb*	el latigazo| el látigo; azotar
8190	**goggle**-*ss; adj; vb*	la mirada sorprendida; con ojos desorbitados; salirse los ojos
8193	**brood**-*ss; vb*	la cría; empollar
8195	**rebound**-*ss; vb*	el rebote; rebotar

8202	**whirl**-*ss; vb*	el giro| el torbellino; dar vueltas
8204	**purge**-*ss; vb*	la purga| el purgante; purgar
8207	**bleach**-*vb; ss*	blanquear; la lejía
8211	**exclude**-*vb*	excluir| evitar
8218	**quill**-*ss; vb*	la pluma; encanillar
8223	**plump**-*adj; vb; ss; adv*	rechoncho; engordar; el ruido sordo; pesadamente
8226	**reopen**-*vb*	reabrir
8227	**moderate**-*vb; adj*	moderar| moderarse; moderado
8246	**glitter**-*vb; ss*	resplandecer; el brillo
8253	**intoxicate**-*vb*	intoxicar
8255	**unleash**-*vb*	desatraillar
8262	**unify**-*vb*	unificar
8263	**evaluate**-*vb*	evaluar
8274	**wring**-*vb; ss*	exprimir; el escurrimiento
8284	**dismount**-*vb*	desmontar| bajar
8293	**infect**-*vb*	infectar| inficionar
8298	**hallucinate**-*vb*	alucinar
8300	**rein**-*ss; vb*	la rienda; refrenar
8314	**occult**-*adj; ss; vb*	oculto| sobrenatural; el lo oculto; ocultar
8319	**undertake**-*vb*	emprender
8320	**belch**-*ss; vb*	el eructo; eructar
8325	**detach**-*vb*	despegar
8327	**stutter**-*vb; ss*	tartamudear; el tartamudeo
8329	**soar**-*vb*	remontarse
8335	**demolish**-*vb*	demoler| derribar
8337	**highlight**-*ss; vb*	el realce; destacar
8339	**relish**-*vb; ss*	saborear| paladear; el condimento
8342	**prune**-*vb; ss*	podar; la ciruela pasa
8343	**speculate**-*vb*	especular
8344	**blockade**-*ss; vb*	el bloqueo; bloquear
8345	**muster**-*vb*	reunir por
8349	**dishonor**-*ss; vb*	la deshonra; deshonrar
8366	**trample**-*vb*	pisotear| hollar
8372	**canton**-*ss; vb*	el cantón; realizar el cantón
8382	**horrify**-*vb*	horrorizar| espantar
8385	**behead**-*vb*	decapitar
8386	**lard**-*ss; vb*	la manteca de cerdo; mechar
8389	**halo**-*ss; vb*	el halo; tener halo
8390	**consort**-*ss; vb*	consorte; asociarse
8391	**lush**-*adj; ss; vb*	lozano| exuberante; el alcohólico; ser rico
8392	**usher**-*ss; vb*	el ujier| el acomodador; acompañar
8397	**skid**-*vb; ss*	patinar; el patín
8403	**indict**-*vb*	procesar
8404	**saber**-*ss; vb*	el sable; acuchillar
8405	**bayonet**-*ss; vb*	la bayoneta; pasar la bayoneta
8413	**obligate**-*vb*	obligar
8424	**hospitalize**-*vb*	hospitalizar
8428	**disqualify**-*vb*	descalificar
8431	**sympathize**-*vb*	compadecerse
8436	**gage**-*vb; ss*	calibrar; el calibre
8438	**stoke**-*vb*	cebar
8441	**gull**-*ss; vb*	la gaviota| el embaucado; embaucar
8447	**swarm**-*ss; vb*	el enjambre; pulular
8458	**coil**-*ss; vb*	la bobina; enrollar
8462	**gulp**-*ss; vb*	el trago; engullir
8471	**perch**-*ss; vb*	la perca; posarse
8473	**outbreak**-*ss; vb*	el brote| el estallido; estallar
8474	**dement**-*vb*	hacer loco
8483	**induce**-*vb*	inducir| provocar
8490	**bellow**-*ss; vb*	el bramido| el grito; bramar
8510	**undergo**-*vb*	someterse
8513	**apprehend**-*vb*	aprehender
8521	**quail**-*ss; vb*	la codorniz; acobardarse
8525	**contemplate**-*vb*	contemplar| pensar
8535	**wholesale**-*adj; ss; adv; vb*	al por mayor; la venta al por mayor; en masa; vender al por mayor
8537	**jig**-*ss; vb*	la plantilla; bailar
8541	**vibrate**-*vb*	vibrar
8546	**flutter**-*ss; vb*	el aleteo| el movimiento; revolotear
8554	**mastermind**-*ss; vb*	el cerebro; planear
8556	**mandate**-*ss; vb*	el mandato; encargar
8562	**exterminate**-*vb*	exterminar
8576	**feud**-*ss; vb*	el feudo; reñirse
8578	**sharpen**-*vb*	afilar| agudizar
8584	**elope**-*vb*	escaparse con un amante

8585	**daydream**-*ss; vb*	el ensueño; soñar despierto
8588	**nab**-*vb*	coger| echar el guante a
8590	**disrupt**-*vb*	interrumpir| quebrantar
8591	**fringe**-*ss; vb*	la franja| el margen; hacer margen
8595	**plunder**-*vb; ss*	saquear; el saqueo
8603	**brainwash**-*vb*	lavar el cerebro
8609	**grumble**-*ss; vb*	la queja; quejarse
8620	**splinter**-*ss; vb; adj*	la astilla| la espina; astillarse; disidente
8623	**parry**-*vb; ss*	parar| rechazar; la parada
8624	**atone**-*vb*	expiar
8642	**overweight**-*ss; adj; vb*	el sobrepeso; demasiado pesado; sobrepesar
8644	**persist**-*vb*	persistir| obstinarse
8645	**evict**-*vb*	desalojar
8646	**hock**-*ss; vb*	el corvejón; empeñar
8648	**reconcile**-*vb*	conciliar
8651	**glare**-*ss; vb*	el deslumbramiento; deslumbrar
8658	**overrun**-*vb; ss*	invadir; el sobrecoste
8659	**brighten**-*vb*	aclarar| avivar
8669	**puncture**-*ss; vb*	la punción; perforar
8674	**stow**-*vb*	estibar| colocar
8676	**stampede**-*ss; vb*	la estampida; huir en desorden
8678	**inhabit**-*vb*	habitar| vivir en
8680	**meditate**-*vb*	meditar| especular
8685	**swipe**-*ss; vb*	los golpe fuerte; apandar
8697	**fluff**-*ss; vb*	la pelusa; encrespar
8698	**sprout**-*vb; ss*	brotar; el brote
8700	**oversleep**-*vb*	dormir demasiado
8715	**concede**-*vb*	conceder| admitir
8718	**ruddy**-*adj; vb*	rubicundo| rojizo; sonrosar
8725	**hover**-*vb*	flotar
8727	**reverence**-*ss; vb*	la reverencia; reverenciar
8728	**wither**-*vb*	marchitar
8732	**slop**-*ss; vb*	la agua sucia; derramar
8733	**scab**-*ss; vb*	la costra; formar costra
8739	**intensify**-*vb*	intensificar| intensificarse
8740	**buoy**-*ss; vb*	la boya; mantener a flote
8746	**manicure**-*ss; vb*	la manicura; hacer manicura a
8747	**vacate**-*vb*	desocupar
8750	**discomfort**-*ss; vb*	el malestar; sentir desazón
8753	**pun**-*ss; vb*	el retruécano; hacer retruécanos
8756	**pester**-*vb*	molestar| importunar
8757	**electrocute**-*vb*	electrocutar
8760	**astound**-*vb*	asombrar| maravillar
8761	**gallop**-*ss; vb*	el galope; galopar
8765	**remainder**-*ss; vb*	el resto; saldar
8766	**baa**-*ss; vbl; int*	el balido; balar; baa!
8775	**administer**-*vb*	administrar| aplicar
8778	**afflict**-*vb*	afligir
8781	**strut**-*ss; vb*	el puntal; pavonearse
8785	**swoop**-*ss; vb*	la redada; precipitarse
8788	**audit**-*ss; vb*	la auditoría; ser oyente
8798	**dole**-*ss; vb*	la limosna; ayudar
8811	**sulfur**-*ss; vb*	el azufre; sulfurar
8813	**disapprove**-*vb*	desaprobar
8814	**masquerade**-*ss; vb*	la mascarada; hacerse pasar por
8815	**exceed**-*vb*	exceder| rebasar
8816	**timetable**-*ss; vb*	el calendario; programar
8818	**embed**-*vb*	empotrar
8821	**undermine**-*vb*	socavar
8823	**simmer**-*vb*	hervir a fuego lento
8830	**spawn**-*vb; ss*	desovar; la freza
8832	**foil**-*vb; ss*	frustrar; la hoja
8837	**hypnotize**-*vb*	hipnotizar
8845	**originate**-*vb*	originar| originarse
8849	**tingle**-*ss; vb*	el hormigueo| los comezón; zumbar
8852	**cuss**-*ss; vb*	el tipo de; ser tío
8864	**scourge**-*vb; ss*	azotar| atormentar; el azote
8865	**smite**-*vb*	herir| golpear
8866	**discard**-*ss; vb*	el descarte| el desecho; descartar
8874	**preside**-*vb*	presidir
8876	**scruple**-*ss; vb*	el escrúpulo; tener escrúpulos
8882	**cultivate**-*vb*	cultivar
8884	**accelerate**-*vb*	acelerar
8885	**hurl**-*vb; ss*	lanzar| tirar algo; el lanzamiento

8888	**shuck**-*ss; vb*	la vaina; pelar
8892	**collide**-*vb*	chocar
8893	**berth**-*vb; ss*	atracar; el amarradero
8894	**birch**-*ss; vb*	el abedul; azotar
8901	**rut**-*ss; vb*	la rodera; estar en celo
8905	**yarn**-*ss; vb*	el hilo| el hilado; contar historias
8912	**hex**-*ss; vb*	el maleficio; embrujar
8923	**foresee**-*vb*	prever
8948	**erect**-*adj; vb*	erguido; erigir
8952	**lag**-*ss; vb*	el retraso| el presidiario; retrasarse
8959	**burp**-*vb; ss*	eructar; el eructo
8965	**deem**-*vb*	considerar| creer
8968	**misjudge**-*vb*	juzgar mal
8976	**recycle**-*vb*	reciclar
8986	**avail**-*vb; ss*	aprovechar| valer; el provecho
8993	**gob**-*ss; vb*	el trozo; escupir
8994	**crick**-*ss; vb*	la tortícolis; darse una tortícolis
8999	**endeavor**-*ss; vb*	el esfuerzo; esforzarse
9016	**recount**-*vb*	contar
9024	**lapse**-*ss; vb*	el lapso| el intervalo; caducar
9025	**default**-*ss; vb*	el defecto| la rebeldía; no pagar
9031	**embark**-*vb*	embarcarse
9033	**famish**-*vb*	tener carestía
9066	**twit**-*ss; vb*	el estafermo; embromar
9069	**shorten**-*vb*	acortar| reducir
9070	**redo**-*vb*	rehacer
9076	**swindle**-*ss; vb*	la estafa| el timo; estafar
9077	**snag**-*vb; ss*	engancharse; la pega
9084	**recreate**-*vb*	recrear
9092	**fester**-*vb; ss*	enconarse| amargarse; el absceso
9094	**ordain**-*vb*	ordenar| decretar
9097	**reinforce**-*vb*	reforzarse
9102	**hem**-*ss; vb*	el dobladillo; coser un dobladillo
9103	**plait**-*ss; vb*	la trenza; trenzar
9110	**molest**-*vb*	molestar
9121	**resurrect**-*vb*	resucitar
9139	**nick**-*ss; vb*	las mella; mellar
9141	**scat**-*vb*	largarse
9145	**retch**-*vb*	vomitar fácilmente
9152	**cram**-*vb*	atestar
9156	**deduct**-*vb*	deducir| descontar
9166	**tinkle**-*vb; ss*	tintinear; el retintín
9178	**rejoin**-*vb*	reunirse con
9181	**clot**-*ss; vb*	el coágulo; coagular
9184	**launder**-*vb*	lavar
9186	**moat**-*ss; vb*	el foso; fosar
9187	**make over**-*vb; ss*	ceder; la transformación
9188	**yam**-*ss; vb*	el ñame; hablar como cotorra
9191	**regroup**-*vb*	reagruparse
9192	**slurp**-*vb*	sorber
9203	**rift**-*ss; vb*	la grieta; escindir
9207	**croak**-*vb; ss*	croar; el graznido
9210	**attire**-*ss; vb*	el atuendo| la indumentaria; vestir a
9213	**spout**-*ss; vb*	el canalón| el pico; declamar
9219	**throw in**-*vb*	lanzar| echar
9220	**endow**-*vb*	dotar
9224	**vary**-*vb*	variar| modificar
9228	**tangle**-*ss; vb*	el enredo| el lío; enredar
9230	**prompt**-*adj; ss; vb; adv*	rápido| inmediato; el aviso; estimular; en punto
9233	**funnel**-*ss; vb*	el embudo; canalizar
9241	**shoot out**-*vb*	salir| salir disparado
9243	**mope**-*ss; vb*	el melancólico; estar deprimido
9245	**reside**-*vb*	residir| residir en
9246	**fend**-*vb*	defenderse
9249	**invoke**-*vb*	invocar| recurrir a
9255	**enroll**-*vb*	inscribirse| inscribir
9262	**preview**-*ss; vb*	el avance; preestrenar
9264	**mislead**-*vb*	engañar
9269	**sprain**-*ss; vb*	el esguince; torcerse
9270	**enslave**-*vb*	esclavizar
9272	**flunk**-*vb*	suspender
9287	**pinpoint**-*vb; adj; ss*	determinar con precisión; de precisión; la punta de alfiler
9288	**decipher**-*vb*	descifrar
9294	**graze**-*vb; ss*	pacer| apacentar; la abrasión
9296	**relive**-*vb*	volver a vivir
9297	**caper**-*ss; vb*	la alcaparra; brincar

9302	**shroud**-*ss; vb*	el sudario; envolver	
9306	**rethink**-*vb*	repensar	
9308	**bore**-*ss; vb*	el taladro| el agujero; aburrir	
9309	**ascend**-*vb*	ascender| subir a	
9310	**freckle**-*ss; vb*	las peca; tener peca	
9314	**dispense**-*vb*	dispensar| repartir	
9316	**rapture**-*ss; vb*	el rapto; extasiar	
9320	**confound**-*vb*	confundir| aturdir	
9324	**aspire**-*vb*	aspirar	
9328	**cuckold**-*ss; vb*	el cornudo; hacer cornudo	
9336	**countenance**-*ss; vb*	el rostro| el semblante; tolerar	
9342	**submerge**-*vb*	sumergir| sumergirse	
9346	**ornament**-*ss; vb*	el ornamento| el ornato; adornar	
9347	**patronize**-*vb*	patrocinar| favorecer	
9355	**segment**-*ss; vb*	el segmento| el trozo; segmentar	
9356	**blitz**-*ss; vb*	los bombardeo aéreo; bombardear	
9358	**scrabble**-*vb*	escarbar| garrapatear	
9359	**extinguish**-*vb*	extinguir	
9371	**implement**-*vb; ss*	implementar| ejecutar; el implemento	
9373	**nibble**-*vb; ss*	picar| mordiscar; el mordisco	
9374	**ballast**-*ss; vb*	el lastre; lastrar	
9378	**integrate**-*vb; adj*	integrar; integral	
9385	**mime**-*ss; vb*	la mímica; remedar	
9389	**grit**-*ss; vb*	la arena; hacer rechinar	
9392	**serenade**-*ss; vb*	la serenata; dar una serenata	
9396	**revere**-*vb*	reverenciar| acatar	
9397	**circumcise**-*vb*	circuncidar	
9398	**purify**-*vb*	purificar	
9400	**situate**-*vb*	situar	
9402	**cipher**-*vb; ss*	cifrar| hacer cifra; la cifra	
9414	**pollute**-*vb*	contaminar| corromper	
9416	**shipwreck**-*ss; vb*	el naufragio; hacer naufragar	
9421	**quake**-*ss; vb*	el terremoto| el temblor; temblar	
9436	**collaborate**-*vb*	colaborar	
9440	**gape**-*vb*	mirar boquiabierto	
9442	**absolve**-*vb*	absolver| perdonar	
9448	**visualize**-*vb*	visualizar	
9454	**overjoy**-*ss; vb*	la demasiada alegría; estar demasiado alegre	
9462	**braid**-*ss; vb*	la trenza; trenzar	
9466	**replay**-*ss; vb*	la repetición| el desempate; repetir	
9468	**overload**-*ss; vb*	la sobrecarga; sobrecargar	
9480	**chisel**-*ss; vb*	el cincel| el escoplo; cincelar	
9484	**smudge**-*ss; vb*	la mancha; manchar	
9487	**ferret**-*ss; vb*	el hurón; buscar	
9488	**nebula**-*ss; vb*	la nebulosa; sacar de quicio	
9492	**jolt**-*ss; vb*	la sacudida| el tumbo; sacudir	
9503	**diagram**-*ss; vb*	el diagrama; diagramar	
9504	**conjure**-*vb*	conjurar| cambiar	
9510	**hasten**-*vb*	acelerar	
9525	**reek**-*ss; vb*	el hedor| el mal olor; oler	
9536	**revoke**-*vb; ss*	revocar| renunciar; los renuncio	
9547	**garble**-*vb*	mutilar	
9548	**slant**-*ss; vb*	la inclinación| el punto de vista; inclinar	
9550	**ramble**-*vb; ss*	divagar; la caminata	
9552	**fathom**-*ss; vb*	la braza; sondear	
9555	**evade**-*vb*	evadir| eludir	
9563	**sprinkle**-*vb; ss*	espolvorear| rociar; la pizca	
9566	**bicker**-*ss; vb*	la disputa; discutir con	
9572	**cob**-*ss; vb*	la mazorca; comer pan redondo	
9577	**blunder**-*ss; vb*	la torpeza; meter la pata	
9584	**slew**-*ss; vb*	el montón; girar	
9586	**frisk**-*ss; vb*	el cacheo; cachear	
9591	**specialize**-*vb*	especializarse	
9605	**ponder**-*vb*	reflexionar| considerar	
9609	**disable**-*vb*	inhabilitar| inutilizar	
9614	**overflow**-*vb; ss*	rebosar; el exceso de líquido	
9626	**aggravate**-*vb*	agravar| irritar a	
9627	**crease**-*adj; ss; vb*	pliegue; el pliegue; arrugar	
9638	**barter**-*ss; vb*	la permuta| el trueque; trocar	
9646	**vend**-*vb*	vender	
9648	**pod**-*ss; vb*	la vaina; desvainar	
9658	**fleece**-*ss; vb*	la lana; esquilar	

9671	**soot**-*ss; vb*	el hollín; cubrir de hollín	
9672	**shimmer**-*vb; ss*	brillar; el brillo	
9675	**raffle**-*ss; vb*	la rifa; rifar	
9676	**sleepwalk**-*vb*	ser sonámbulo	
9683	**tamper**-*vb*	manosear	
9684	**stabilize**-*vb*	estabilizar	
9687	**quench**-*vb*	aplacar	
9691	**foretell**-*vb*	predecir	
9694	**furnish**-*vb*	proporcionar| amueblar	
9698	**ignite**-*vb*	encender	
9703	**throb**-*vb; ss*	palpitar| latir; el latido	
9711	**conform**-*vb*	ajustarse	
9718	**prolong**-*vb*	prolongar	
9720	**bale**-*ss; vb*	la bala; embalar	
9721	**overtake**-*vb*	adelantar| sobrepasar	
9730	**flatten**-*vb*	aplanar	
9736	**smother**-*vb*	ahogar| contener	
9737	**neutralize**-*vb*	neutralizar	
9739	**juggle**-*vb*	hacer juegos malabares| falsear	
9745	**tweet**-*vb*	piar| tuitear	
9747	**promenade**-*ss; vb*	el paseo| el paseo marítimo; pasear	
9752	**blister**-*ss; vb*	la ampolla; cubrirse de ampollas	
9758	**snip**-*ss; vb*	el recorte; tijeretear	
9763	**eject**-*vb*	expulsar| eyectarse	
9772	**prowl**-*vb; ss*	merodear| merodear por; la caza	
9779	**flog**-*vb*	azotar	
9785	**graft**-*ss; vb*	el injerto; injertar	
9787	**accumulate**-*vb*	acumular	
9792	**sanction**-*ss; vb*	la sanción| la consagración; sancionar	
9812	**shudder**-*ss; vb*	el estremecimiento| la vibración; estremecerse	
9816	**urinate**-*vb*	orinar	
9820	**seclude**-*vb*	aislar	
9828	**mimic**-*vb; ss; adj*	imitar; el imitador; mímico	
9829	**immerse**-*vb*	sumergirse| sumergir	
9830	**distrust**-*ss; vb*	la desconfianza; desconfiar de	
9834	**circulate**-*vb*	circular	
9844	**keel**-*ss; vb*	la quilla; dar la quilla	
9847	**clothe**-*vb*	vestir	
9851	**overwork**-*ss; vb*	el trabajo excesivo; trabajar demasiado	
9852	**clog**-*vb*	obstruir| atascar	
9853	**snare**-*ss; vb*	la trampa; coger con trampa	
9854	**articulate**-*vb; adj*	articular; articulado	
9859	**conserve**-*vb; ss*	conservar; la conserva	
9860	**recur**-*vb*	repetirse	
9870	**annihilate**-*vb*	aniquilar	
9878	**enlarge**-*vb*	agrandar| ampliar	
9879	**seam**-*ss; vb*	la costura; coser	
9886	**implicate**-*vb*	implicar| involucrar	
9889	**indispose**-*vb*	indisponer	
9891	**outlive**-*vb*	sobrevivir a	
9894	**displease**-*vb*	desagradar| enojar	
9895	**bewilder**-*vb*	confundir| emburujar	
9899	**repel**-*vb*	repeler	
9916	**retract**-*vb*	retraer	
9918	**lament**-*ss; vb*	el lamento| la elegía; lamentar	
9922	**overturn**-*vb; ss*	anular; los volcar	
9923	**revise**-*vb; ss*	revisar| modificar; la revisión	
9928	**premeditate**-*vb*	premeditar	
9938	**flex**-*vb; ss*	flexionar| flexionarse; los flexible	
9939	**shackle**-*vb; ss*	encadenar; la argolla	
9943	**impair**-*vb*	perjudicar	
9944	**wanton**-*adj; vb*	sin sentido; juguetear	
9946	**derive**-*vb*	derivar| deducir	
9949	**sup**-*vb*	cenar	
9952	**hemorrhage**-*ss; vb*	la hemorragia; sangrar	
9953	**delude**-*vb*	engañar	
9956	**abolish**-*vb*	abolir	
9965	**bawl**-*vb; ss*	gritar| vociferar; el grito	
9970	**regulate**-*vb*	regular| reglamentar	
9971	**reconstruct**-*vb*	reconstruir	
9977	**hocus**-*vb*	emborrachar	
9981	**insinuate**-*vb*	insinuar	
9982	**constitute**-*vb*	constituir	
9984	**bilge**-*ss; vb*	la sentina; desfondar	
9988	**contraband**-*ss; vb*	el contrabando; realizar contrabando	
9989	**ruff**-*vb; ss*	fallar; la gorguera	
9990	**zing**-*ss; vb*	el gusto; silbar	
9994	**authorize**-*vb*	autorizar	
9996	**insure**-*vb*	asegurar	

10003	**rouse**-*vb; ss*	despertar	levantar; el toque de diana
10012	**wield**-*vb*	ejercer	esgrimir
10013	**safeguard**-*ss; vb*	la salvaguardia; salvaguardar
10015	**unravel**-*vb*	desenredar	descifrar
10018	**dab**-*ss; vb*	el lenguado; golpear ligeramente

Orden alfabetico

8597	**abdomen**-*ss*	el abdomen
7944	**abduction**-*ss*	el secuestro
9956	**abolish**-*vb*	abolir
8752	**abominable**-*adj*	abominable
8252	**abomination**-*ss*	la abominación
9958	**aborted**-*adj*	abortado
9390	**abrupt**-*adj*	abrupto| brusco
9227	**abruptly**-*adv*	abruptamente
9738	**absolution**-*ss*	la absolución
9442	**absolve**-*vb*	absolver| perdonar
9593	**abstinence**-*ss*	la abstinencia
7941	**abundance**-*ss*	la abundancia
8970	**abundant**-*adj*	abundante
8611	**abusive**-*adj*	abusivo
8884	**accelerate**-*vb*	acelerar
9160	**accelerator**-*ss*	el acelerador
8881	**accessible**-*adj*	accesible| asequible
8213	**accommodation**-*ss*	el alojamiento
8529	**accomplishment**-*ss*	el logro| la realización
8460	**accountable**-*adj*	explicable
9787	**accumulate**-*vb*	acumular
7850	**accuracy**-*ss*	la precisión
9115	**accurately**-*adv*	exactamente
8777	**accursed**-*adj*	maldito
9128	**acoustic**-*adj*	acústico
9610	**acquisition**-*ss*	la adquisición
9617	**actively**-*adv*	activamente
8545	**activist**-*ss*	activista
8362	**adaptation**-*ss*	la adaptación
9657	**addictive**-*adj*	adictivo
7570	**adjustment**-*ss*	el ajuste| la regulación
8775	**administer**-*vb*	administrar| aplicar
7601	**administrative**-*adj*	administrativo
9198	**admiralty**-*ss*	el almirantazgo
9766	**adolescence**-*ss*	la adolescencia
8351	**adolescent**-*adj; ss*	adolescente; adolescente
8652	**ado**-*ss*	la alharaca
9415	**adrift**-*adj; adv*	a la deriva; a la deriva
9318	**advancement**-*ss*	el adelanto| la promoción
9688	**adventurer**-*ss*	el aventurero
8235	**adventurous**-*adj*	aventurero
8160	**adversary**-*ss*	el adversario
9533	**adversity**-*ss*	la adversidad
7749	**advertisement**-*ss*	el anuncio
7767	**advertise**-*vb*	anunciar
8120	**adviser**-*ss*	el asesor
9668	**aesthetic**-*adj*	estético
8908	**affidavit**-*ss*	la declaración jurada
8688	**affliction**-*ss*	la aflicción
8778	**afflict**-*vb*	afligir
9020	**Afghan**-*adj; ss*	afgano; el afgano
8989	**afloat**-*adv; adj*	a flote; flotante
8155	**African**-*adj; ss*	africano; el africano
7582	**afterlife**-*ss*	la vida futura
9626	**aggravate**-*vb*	agravar| irritar a
7766	**agricultural**-*adj*	agrícola
9647	**airspace**-*ss*	el espacio aéreo
8363	**alarming**-*adj*	alarmante
8530	**albatross**-*ss*	los albatros
8995	**alga**-*ss*	la alga
8358	**algebra**-*ss*	las álgebra
9941	**Algerian**-*adj; ss*	argelino; el argelino
7756	**alignment**-*ss*	la alineación
7757	**allegedly**-*adv*	pretendidamente
8061	**allergy**-*ss*	la alergia
9842	**almond**-*ss*	la almendra
7910	**alms**-*ss*	la limosna
9700	**aloft**-*adv; adj*	en alto; arriba
9898	**Alpine**-*adj*	alpino
9513	**alto**-*ss*	el alto
9274	**amid**-*prp*	en medio de
8353	**amidst**-*prp*	en medio de
9044	**amour**-*ss*	la aventura amorosa
8429	**ample**-*adj*	amplio
7758	**anarchist**-*adj; ss*	anarquista; anarquista
8593	**ancestral**-*adj*	ancestral
9932	**anesthesia**-*ss*	la anestesia
8225	**anesthetic**-*adj; ss*	anestésico; el anestésico
7881	**anew**-*adv*	de nuevo| nuevamente
8336	**animated**-*adj*	animado| vigoroso
9870	**annihilate**-*vb*	aniquilar
9200	**annihilation**-*ss*	la aniquilación| el aniquilamiento
7874	**anomaly**-*ss*	la anomalía
9073	**Antarctic**-*adj; ss*	antártico; el antártico
7652	**ante**-*ss*	la apuesta inicial

7596	**antibiotic**-*adj; ss*	antibiótico; el antibiótico
9330	**Antichrist**-*ss*	el antecristo
7987	**anus**-*ss*	el ano
9216	**apostle**-*ss*	el apóstol
9750	**apparition**-*ss*	la aparición
8245	**appendix**-*ss*	el apéndice
10024	**appliance**-*ss*	el aparato| la aplicación
8513	**apprehend**-*vb*	aprehender
9768	**aqua**-*ss*	las agua
8459	**Arabian**-*adj; ss*	árabe; árabe
8340	**arcade**-*ss*	la arcada
8896	**archaeologist**-*ss*	el arqueólogo
9857	**archduke**-*ss*	el archiduque
9001	**archive**-*ss*	el archivo
9749	**ardent**-*adj*	ardiente
8504	**argentine**-*adj; ss*	argentino; el argentino
9987	**aria**-*ss*	la aria
8273	**aristocrat**-*ss*	aristócrata
8306	**arithmetic**-*ss; adj*	la aritmética; aritmético
9147	**armada**-*ss*	la armada
8491	**armchair**-*ss*	el sillón
8955	**Armenian**-*adj; ss*	armenio; el armenio
9607	**armory**-*ss*	el arsenal| el blasón
8506	**aroma**-*ss*	el aroma
7590	**array**-*ss; vb*	la formación| la colección; formar
8983	**arsenic**-*adj; ss*	arsénico; el arsénico
8028	**arthritis**-*ss*	la artritis
9854	**articulate**-*vb; adj*	articular; articulado
7736	**artifact**-*ss*	el artefacto
9309	**ascend**-*vb*	ascender| subir a
9393	**asparagus**-*ss*	el espárrago
9515	**aspiration**-*ss*	la aspiración
9324	**aspire**-*vb*	aspirar
9571	**assailant**-*ss*	el agresor
8162	**assess**-*vb*	evaluar| juzgar
7641	**astonish**-*vb*	asombrar| maravillar
8760	**astound**-*vb*	asombrar| maravillar
9117	**astrology**-*ss*	la astrología
7692	**astronomer**-*ss*	el astrónomo
9106	**astronomical**-*adj*	astronómico
8288	**astronomy**-*ss*	la astronomía
8736	**atlas**-*ss*	el atlas
9329	**atmospheric**-*adj*	atmosférico
8624	**atone**-*vb*	expiar
9360	**atrocious**-*adj*	atroz
8228	**atrocity**-*ss*	la atrocidad
9037	**attache**-*ss*	el agregado
8020	**attachment**-*ss*	la fijación
9157	**attacker**-*ss*	el agresor
7514	**attain**-*vb*	alcanzar| lograr
8503	**attentive**-*adj*	atento
9210	**attire**-*ss; vb*	el atuendo| la indumentaria; vestir a
9289	**audacity**-*ss*	la audacia| la osadía
8299	**auditorium**-*ss*	la sala
8788	**audit**-*ss; vb*	la auditoría; ser oyente
7731	**aura**-*ss*	las aura
7846	**auspicious**-*adj*	propicio
9994	**authorize**-*vb*	autorizar
7732	**automate**-*vb*	automatizar
8986	**avail**-*vb; ss*	aprovechar| valer; el provecho
8475	**avatar**-*ss*	el avatar
7980	**aviation**-*ss*	la aviación
8094	**awakening**-*ss*	el despertar

B

8766	**baa**-*ss; vbl; int*	el balido; balar; baa!
7825	**babysit**-*vb*	cuidar a los niños
8889	**back seat**-*ss*	el asiento trasero
9520	**bagel**-*ss*	la rosquilla
9537	**baggy**-*adj*	holgado
9832	**bagpipes**-*ss*	la gaita
9720	**bale**-*ss; vb*	la bala; embalar
9374	**ballast**-*ss; vb*	el lastre; lastrar
8141	**ballerina**-*ss*	la bailarina
9445	**ballistic**-*adj*	balístico
8030	**ballistics**-*ss*	la balística
8058	**ballot**-*ss; vb*	la votación; votar
9307	**ballpark**-*ss*	el estadio de béisbol
7683	**baloney**-*ss*	el camelo
8931	**bangle**-*ss*	el brazalete
7884	**baptism**-*ss*	el bautismo
7844	**barbaric**-*adj*	bárbaro
8350	**barbershop**-*ss*	la barbería
7978	**bargaining**-*ss*	la negociación
9622	**barman**-*ss*	el barman| el cantinero
7915	**barrow**-*ss*	la carretilla

9638	**barter**-*ss; vb*	la permuta| el trueque; trocar
8598	**bashful**-*adj*	tímido
8051	**battleship**-*ss*	el acorazado
9439	**batty**-*adj*	chalado
9965	**bawl**-*vb; ss*	gritar| vociferar; el grito
8405	**bayonet**-*ss; vb*	la bayoneta; pasar la bayoneta
9007	**bayou**-*ss*	el brazo pantanoso
8092	**bazaar**-*ss*	el bazar
9261	**bazooka**-*ss*	la bazuca
8842	**beagle**-*ss*	el beagle
8435	**bearded**-*adj*	barbado
8796	**beastly**-*adj; adv*	bestial; terriblemente
8783	**beating**-*ss*	la paliza| el latido
7718	**bedside**-*ss*	la cabecera
8402	**beeper**-*ss*	el localizador
8385	**behead**-*vb*	decapitar
9375	**beige**-*adj; ss*	beige; el beige
8320	**belch**-*ss; vb*	el eructo; eructar
7622	**believable**-*adj*	creíble
8490	**bellow**-*ss; vb*	el bramido| el grito; bramar
7926	**benefactor**-*ss*	el benefactor
8987	**beneficial**-*adj*	beneficioso
9366	**beneficiary**-*ss*	el beneficiario
8877	**benevolent**-*adj*	benévolo
9597	**beret**-*ss*	la boina
8076	**berserk**-*adj*	enloquecido
8893	**berth**-*vb; ss*	atracar; el amarradero
9910	**beryl**-*ss*	el berilo
8121	**bestow**-*vb*	otorgar| dedicar
8384	**betrothed**-*adj; ss*	prometido; el prometido
8579	**beverage**-*ss*	la bebida
9895	**bewilder**-*vb*	confundir| emburujar
9566	**bicker**-*ss; vb*	la disputa; discutir con
8599	**bidder**-*ss*	el licitador
9305	**bijou**-*ss; adj*	el bibelot; elegante
9984	**bilge**-*ss; vb*	la sentina; desfondar
8891	**billboard**-*ss*	la cartelera
7784	**bimbo**-*ss*	la jai
8077	**binding**-*adj; ss*	obligatorio; la encuadernación
9446	**biologist**-*ss*	el biólogo
8894	**birch**-*ss; vb*	el abedul; azotar
8946	**birthmark**-*ss*	las mancha de nacimiento
9124	**birthplace**-*ss*	el lugar de nacimiento
9862	**bisexual**-*adj*	bisexual
8636	**bison**-*ss*	el bisonte
9781	**bitchy**-*adj*	malévolo| perra
8220	**biz**-*ss*	el negocio
9979	**blackbird**-*ss*	el mirlo
8569	**blackboard**-*ss*	la pizarra| el encerado
7573	**blackjack**-*ss; vb*	las veintiuna; aporrear
9604	**blackmailer**-*ss*	chantajista
8207	**bleach**-*vb; ss*	blanquear; la lejía
8038	**bleak**-*adj; ss*	desolado; la breca
8935	**blender**-*ss*	la licuadora
7536	**blindfold**-*ss; adj; adv; vb*	la venda; con los ojos vendados; con los ojos vendados; vendar los ojos
8112	**blindly**-*adv*	a ciegas
8140	**blindness**-*ss*	la ceguera
9752	**blister**-*ss; vb*	la ampolla; cubrirse de ampollas
9356	**blitz**-*ss; vb*	los bombardeo aéreo; bombardear
8457	**bloated**-*adj*	hinchado
8344	**blockade**-*ss; vb*	el bloqueo; bloquear
9339	**blockhead**-*adj; ss*	estúpido; el alcornoque
9337	**bloodbath**-*ss*	la matanza
8605	**bloodthirsty**-*adj*	sanguinario
8984	**blower**-*ss*	el soplador
8316	**blueberry**-*ss*	el arándano
9351	**bluebird**-*ss*	el azulejo
7693	**blueprint**-*ss*	el cianotipo
9577	**blunder**-*ss; vb*	la torpeza; meter la pata
7968	**blur**-*vb; ss*	difuminar; la mancha
8563	**boa**-*ss*	la boa
7688	**boast**-*ss; vb*	el alarde; jactarse
7811	**bogey**-*ss*	el espectro| el fantasma
7733	**bog**-*ss*	el pantano| el fangal
9087	**Bohemian**-*adj; ss*	bohemio; el bohemio
9372	**boldly**-*adv*	valientemente
9670	**bombardment**-*ss*	el bombardeo
8017	**bondage**-*ss*	la esclavitud
9800	**bonehead**-*ss*	el estúpido
8086	**bonfire**-*ss*	la hoguera
8374	**bonny**-*adj*	hermoso| majo

9065	**bony**-*adj*	óseo
8472	**bookie**-*ss*	los corredor de apuestas
9740	**bookkeeper**-*ss*	contable
9722	**bookshop**-*ss*	la librería
8236	**booming**-*adj*	en auge
7546	**boon**-*ss; adj*	la bendición; alegre
7746	**booster**-*ss*	el aumentador de presión
9603	**borderline**-*ss; adj*	el límite; fronterizo
9308	**bore**-*ss; vb*	el taladro| el agujero; aburrir
8843	**borough**-*ss*	la ciudad| el barrio
9999	**Bosnian**-*adj*	bosnio
9473	**bossy**-*adj*	mandón
9620	**bottomless**-*adj*	sin fondo
8084	**boulder**-*ss*	la roca
9075	**bouncer**-*ss*	el bravucón
9556	**boundless**-*adj*	sin límites
8730	**bourgeoisie**-*ss*	la burguesía
7885	**bowel**-*ss*	el intestino
9169	**bowler**-*ss*	el jugador de bolos
7900	**bracelets**-*ss*	las esposas
9462	**braid**-*ss; vb*	la trenza; trenzar
8603	**brainwash**-*vb*	lavar el cerebro
9303	**bran**-*ss*	el salvado
9649	**brazen**-*adj*	descarado
8682	**break-in**-*ss*	el allanamiento
8557	**breakup**-*ss*	la ruptura
8927	**breather**-*ss*	el descanso
8502	**breathless**-*adj*	jadeante
8803	**breathtaking**-*adj*	asombroso
9036	**brewery**-*ss*	la cervecería
8317	**brewing**-*ss*	la fabricación de cerveza
9171	**briar**-*ss*	el brezo
8802	**bribery**-*ss*	el soborno
8926	**bridesmaid**-*ss*	la dama de honor
8411	**brigadier**-*ss*	el brigadier
8659	**brighten**-*vb*	aclarar| avivar
9072	**brightly**-*adv*	brillantemente
9056	**brilliance**-*ss*	la brillantez| el brillo
8421	**broccoli**-*ss*	el brócoli
8011	**brochure**-*ss*	el folleto
9640	**bronco**-*ss*	el potro cerril
8210	**brooch**-*ss*	el broche
8193	**brood**-*ss; vb*	la cría; empollar

7560	**broth**-*ss*	el caldo
9756	**bruiser**-*ss*	el matón
8146	**brunch**-*ss*	el desayuno tardío
9560	**bubbly**-*adj; ss*	burbujeante; la champaña
9292	**buddhism**-*ss*	el budismo
9885	**buffoon**-*ss*	el bufón
9595	**Bulgarian**-*adj; ss*	búlgaro; el búlgaro
8023	**bulldog**-*ss*	el buldog
8956	**bullock**-*ss*	el toro castrado
9567	**bumblebee**-*ss*	el abejorro
8740	**buoy**-*ss; vb*	la boya; mantener a flote
8799	**burner**-*ss*	el quemador
8959	**burp**-*vb; ss*	eructar; el eructo
7936	**burrow**-*ss; vb*	la madriguera; excavar
8369	**buttercup**-*ss*	el botón de oro
8704	**buzzard**-*ss*	el zopilote

C

9201	**cabbie**-*ss*	taxista
8079	**caddy**-*ss*	el caddie
8282	**caffeine**-*ss*	la cafeína
9054	**calcium**-*ss*	el calcio
9810	**calculator**-*ss*	la calculadora
8328	**calculus**-*ss*	el cálculo
8430	**caliph**-*ss*	el califa
7794	**calorie**-*ss*	las caloría
9707	**calypso**-*ss*	el calipso
9651	**campfire**-*ss*	la hoguera
8792	**candid**-*adj*	sincero| con alma abierta
9060	**candlelight**-*ss*	la luz de una vela
9143	**canine**-*adj; ss*	canino; el canino
8203	**cannibal**-*adj; ss*	caníbal; caníbal
8691	**cannonball**-*ss*	la bala de cañón
8762	**canopy**-*ss*	el pabellón
8372	**canton**-*ss; vb*	el cantón; realizar el cantón
9238	**cantor**-*ss*	el cantor
8418	**capability**-*ss*	la capacidad
9297	**caper**-*ss; vb*	la alcaparra; brincar
8748	**caption**-*ss*	el subtítulo| el título
7966	**captivity**-*ss*	el cautiverio
8479	**caramel**-*ss*	el caramelo
9807	**carburetor**-*ss*	el carburador

7770	carcass-*ss*	el cuerpo
9340	carnage-*ss*	la carnicería
7907	carnal-*adj*	carnal
8910	carousel-*ss*	el carrusel
8175	carp-*ss; vb*	la carpa; criticar
7891	cartel-*ss*	el cartel
8270	cartridge-*ss*	el cartucho
8278	cartwright-*ss*	los carretero
10006	cashmere-*ss*	la cachemira
8422	casing-*ss*	la caja| la camisa
9428	casserole-*ss*	la cazuela
7577	casually-*adv*	por casualidad
7728	catastrophic-*adj*	catastrófico
9123	catchy-*adj*	pegadizo
9424	caterer-*ss*	el abastecedor
7975	catering-*ss*	el abastecimiento
7689	catfish-*ss*	el bagre
7707	Caucasian-*adj*	caucásico
9126	cauldron-*ss*	la caldera
9082	cavalier-*ss; adj*	el caballero; arrogante
8835	caveman-*ss*	cavernícola
9659	cavern-*ss*	la caverna
8113	cedar-*ss*	el cedro
9570	celery-*ss*	el apio
8879	censorship-*ss*	la censura
8618	centimeter-*ss*	los centímetro
7571	cerebral-*adj*	cerebral
9286	ceremonial-*adj; ss*	ceremonial; el ceremonial
8790	chain saw-*ss*	la sierra de cadena
10022	chalice-*ss*	el cáliz
8602	chameleon-*ss*	el camaleón
7609	chandelier-*ss*	la araña
9063	charger-*ss*	el cargador
8744	charisma-*ss*	el carisma
9067	charmer-*adj*	hombre encantador
8913	chaste-*adj*	casto
8886	checkbook-*ss*	el talonario de cheques
7677	checkmate-*ss; vb*	el mate; dar mate a
9189	checkup-*ss*	el chequeo
7906	cheeseburger-*ss*	la hamburguesa con queso
8737	cheesecake-*ss*	la tarta de queso
7824	cheesy-*adj*	caseoso
9489	chemotherapy-*ss*	la quimioterapia
7964	cherished-*adj*	querido
8536	chestnut-*ss; adj*	la castaña; castaño
9101	chevalier-*ss*	el caballero
8980	childbirth-*ss*	el parto
9569	chimpanzee-*ss*	el chimpancé
7951	chink-*ss; vb*	la grieta; sonar
9480	chisel-*ss; vb*	el cincel| el escoplo; cincelar
8543	chit-*ss*	el vale
9113	chivalry-*ss*	la caballería
7946	cholera-*ss*	el cólera
8268	cholesterol-*ss*	el colesterol
9728	choreography-*ss*	la coreografía
9105	chrome-*ss*	el cromo
7662	chronicle-*ss; vb*	la crónica; describir
9564	chunky-*adj*	fornido
7598	cider-*ss*	la sidra
7814	cinematography-*ss*	la cinematografía
9402	cipher-*vb; ss*	cifrar| hacer cifra; la cifra
8145	circular-*adj; ss*	circular; la circular
9834	circulate-*vb*	circular
9397	circumcise-*vb*	circuncidar
8950	circumstantial-*adj*	circunstancial
8522	citizenship-*ss*	la ciudadanía
8114	clack-*ss; vb; int*	la charla; charlar con; clac
9632	clandestine-*adj*	clandestino
8165	clarinet-*ss*	el clarinete
9574	claustrophobic-*ss*	el claustrófobo
7802	cleanse-*vb*	limpiar
9211	cleanup-*ss*	la limpieza
8547	cleaver-*ss*	la cuchilla de carnicero
9326	clement-*adj*	clemente
9028	clergy-*ss*	el clero| la clerecía
9650	cleric-*ss; adj*	el clérigo; eclesiástico
7847	cliche-*ss*	el cliché| el tópico
8836	clientele-*ss*	la clientela
9948	clipping-*ss; adj*	el recorte; de recorte
9601	clitoris-*ss*	el clítoris
7576	clockwork-*ss; adj*	el aparato de relojería; del aparato de relojería
9852	clog-*vb*	obstruir| atascar
7534	closure-*ss; vb*	el cierre; finalizar
9847	clothe-*vb*	vestir
9181	clot-*ss; vb*	el coágulo; coagular
7521	clover-*ss*	el trébol

7608	**cluck**-*ss; vb*	el cloqueo; cloquear
8107	**cluster**-*ss; vb*	el racimo; agrupar
9114	**coachman**-*ss*	el cochero
8687	**coarse**-*adj*	grueso| basto
8437	**coastal**-*adj*	costero
8696	**cobbler**-*ss*	el zapatero
9572	**cob**-*ss; vb*	la mazorca; comer pan redondo
8458	**coil**-*ss; vb*	la bobina; enrollar
9436	**collaborate**-*vb*	colaborar
8892	**collide**-*vb*	chocar
8495	**Colombian**-*adj; ss*	colombiano; el colombiano
8580	**colon**-*ss*	el colon
7538	**comfortably**-*adv*	cómodamente
9874	**comical**-*adj*	cómico
7632	**commando**-*ss*	el comando
8258	**comma**-*ss*	la coma
7877	**commend**-*vb*	elogiar| recomendar
8148	**commentary**-*ss*	el comentario
7953	**commentator**-*ss*	comentarista
7657	**commodity**-*ss*	la mercancía
8829	**commonly**-*adv*	comúnmente
8738	**commonwealth**-*ss*	la mancomunidad
7902	**compact**-*adj; vb; ss*	compacto; comprimir; el pacto
9000	**companionship**-*ss*	el compañerismo
7552	**compassionate**-*adj*	compasivo
7588	**compatible**-*adj*	compatible
8067	**compelling**-*adj*	irresistible
8047	**completion**-*ss*	la terminación
7543	**complexion**-*ss*	la tez
9497	**complexity**-*ss*	la complejidad
7851	**complicate**-*vb*	complicar
9422	**complimentary**-*adj*	lisonjero
8528	**component**-*adj; ss*	componente; el componente
9835	**comprehension**-*ss*	la comprensión
9576	**comprehensive**-*adj*	exhaustivo
7942	**compulsive**-*adj*	compulsivo
9516	**compulsory**-*adj*	obligatorio
8715	**concede**-*vb*	conceder| admitir
7597	**conceited**-*adj*	presumido
7557	**concerto**-*ss*	el concierto
8607	**concession**-*ss*	la concesión
9411	**conclusive**-*adj*	concluyente
7892	**conditioner**-*ss*	el acondicionador
9882	**condor**-*ss*	el cóndor
7558	**confederate**-*adj; ss; vb*	confederado; el confederado; confederar
9399	**confessional**-*ss*	los confesional
7819	**confinement**-*ss*	el confinamiento
9711	**conform**-*vb*	ajustarse
9320	**confound**-*vb*	confundir| aturdir
7762	**congressional**-*adj*	del congreso
9504	**conjure**-*vb*	conjurar| cambiar
9015	**conqueror**-*ss*	el conquistador
9839	**conscientious**-*adj*	concienzudo
8514	**consecutive**-*adj*	consecutivo
9349	**consensus**-*ss*	el consenso
8675	**consequently**-*adv*	por consiguiente
8101	**conservatory**-*ss*	el conservatorio
9859	**conserve**-*vb; ss*	conservar; la conserva
7967	**considerably**-*adv*	importantemente
9183	**consolidated**-*adj*	consolidado
8390	**consort**-*ss; vb*	consorte; asociarse
8523	**conspicuous**-*adj*	conspicuo
8594	**constellation**-*ss*	la constelación
9982	**constitute**-*vb*	constituir
7745	**constitutional**-*adj; ss*	constitucional; el paseo
8425	**constructive**-*adj*	constructivo
9058	**consultation**-*ss*	la consulta
8153	**consuming**-*adj*	consumidor
7673	**containment**-*ss*	la contención
9573	**contamination**-*ss*	la contaminación
8525	**contemplate**-*vb*	contemplar| pensar
9523	**contented**-*adj*	contento
7921	**continually**-*adv*	continuamente
9514	**continuity**-*ss*	la continuidad| el guión
9988	**contraband**-*ss; vb*	el contrabando; realizar contrabando
9029	**contraction**-*ss*	la contracción
7894	**contradict**-*vb*	contradecir
8617	**contraption**-*ss*	el artilugio
7565	**controller**-*ss*	el controlador
8451	**conversion**-*ss*	la conversión| la transformación
9460	**coon**-*ss*	el mapache| el negro
9325	**coordination**-*ss*	la coordinación
9656	**coordinator**-*ss*	el coordinador
9441	**coping**-*ss*	la albardilla

8110	**copying**-*ss*	el proceso de copiar
9892	**cordial**-*adj; ss*	cordial; el cordial
9459	**corned**-*adj*	acecinado
9969	**corona**-*ss*	la corona
8550	**corpus**-*ss*	el cuerpo
7661	**corral**-*ss; vb*	el corral; acorralar
9896	**corset**-*ss*	el corsé
9655	**cortex**-*ss*	la corteza
8449	**cosmetic**-*adj; ss*	cosmético; el cosmético
7820	**costly**-*adj*	costoso| rico
8515	**cougar**-*ss*	el puma
9336	**countenance**-*ss; vb*	el rostro| el semblante; tolerar
8393	**coupon**-*ss*	el cupón
8626	**courteous**-*adj*	cortés| atento
8006	**courtesan**-*ss*	la cortesana
7828	**covenant**-*ss; vb*	el pacto| la llegada; escribir un convenio
7504	**cowardice**-*ss*	la cobardía
7694	**coy**-*adj*	tímido
8731	**crafty**-*adj*	astuto
9152	**cram**-*vb*	atestar
7613	**cranky**-*adj*	de maniático
9144	**craziness**-*ss*	la locura
9732	**creamy**-*adj*	cremoso
9627	**crease**-*adj; ss; vb*	pliegue; el pliegue; arrugar
7823	**creativity**-*ss*	la creatividad
7714	**credible**-*adj*	creíble
9660	**creditor**-*ss*	el acreedor
8670	**crescent**-*adj; ss*	creciente; la medialuna
8427	**cretin**-*ss*	el cretino
8994	**crick**-*ss; vb*	la tortícolis; darse una tortícolis
8122	**crimson**-*adj; ss; vb*	carmesí; el carmesí; tener carmesí
9268	**criterion**-*ss*	el criterio
9207	**croak**-*vb; ss*	croar; el graznido
7925	**crock**-*ss; vb*	la vasija; usar un cacharro
8191	**croft**-*ss*	la granja pequeña
7721	**crossword**-*ss*	el crucigrama
8854	**crowbar**-*ss*	la palanca
9266	**crucifixion**-*ss*	la crucifixión
8613	**crucifix**-*ss*	el crucifijo
7685	**crumble**-*vb*	desmoronarse
8988	**crutch**-*ss*	la muleta
8991	**crybaby**-*ss*	el llorón
8305	**crypt**-*ss*	la cripta
9654	**cubic**-*adj*	cúbico
9328	**cuckold**-*ss; vb*	el cornudo; hacer cornudo
9799	**cuddly**-*adj*	mimoso
7932	**cuisine**-*ss*	la cocina
8882	**cultivate**-*vb*	cultivar
9327	**curator**-*ss*	el curador
7835	**curt**-*adj*	brusco| corto
8852	**cuss**-*ss; vb*	el tipo de; ser tío
8850	**custard**-*ss*	las natillas| la crema
7638	**cyanide**-*ss*	el cianuro
7518	**cylinder**-*ss*	el cilindro
8237	**Cyprus**-*ss*	los Chipre
7887	**czar**-*ss*	el zar

D

10018	**dab**-*ss; vb*	el lenguado; golpear ligeramente
8825	**dahlia**-*ss*	la dalia
10007	**dainty**-*adj; ss*	delicado| elegante; la golosina
7716	**damaging**-*adj*	perjudicial
9352	**damsel**-*ss*	la damisela
7628	**dangerously**-*adv*	peligrosamente
8812	**dangling**-*adj*	colgado
8585	**daydream**-*ss; vb*	el ensueño; soñar despierto
8046	**dazzle**-*vb; ss*	deslumbrar; el deslumbro
9888	**dealership**-*ss*	la concesión
7507	**dealing**-*ss*	la relación comercial
8581	**deathbed**-*ss*	el lecho de muerte
9434	**decadent**-*adj; ss*	decadente; decadente
8667	**decaf**-*adj*	descafeinado
9929	**deceitful**-*adj*	engañoso
9288	**decipher**-*vb*	descifrar
8277	**decorator**-*ss*	el decorador
9535	**deduction**-*ss*	la deducción
9156	**deduct**-*vb*	deducir| descontar
8965	**deem**-*vb*	considerar| creer
9025	**default**-*ss; vb*	el defecto| la rebeldía; no pagar
8631	**defective**-*adj; ss*	defectuoso; el defectivo
8966	**defiance**-*ss*	el desafío

9176	**defiant**-*adj*	desafiante	9503	**diagram**-*ss; vb*	el diagrama; diagramar
9237	**deficit**-*ss*	el déficit	8455	**diameter**-*ss*	el diámetro
9108	**definitive**-*adj*	definitivo	9551	**diaphragm**-*ss*	el diafragma
8131	**deform**-*vb*	deformar	8378	**digit**-*ss*	el dígito
8668	**degrading**-*adj*	degradante	8767	**dildo**-*ss*	el consolador
7971	**delicacy**-*ss*	la delicadeza	9983	**dill**-*ss*	el eneldo
8332	**delinquent**-*adj; ss*	delincuente; delincuente	9933	**diminished**-*adj*	disminuido
9919	**delirium**-*ss*	el delirio	8221	**dinar**-*ss*	el dinar
8568	**deli**-*ss*	las delicatessen	9471	**dinner time**-*ss*	el tiempo de la comida
9433	**deliverance**-*ss*	la liberación| el pago	7656	**dioxide**-*ss*	el dióxido
9953	**delude**-*vb*	engañar	8509	**diplomacy**-*ss*	la diplomacia
8755	**deluxe**-*adj*	de lujo	9185	**directive**-*ss; adj*	la directiva; directivo
9798	**dementia**-*ss*	la demencia	8055	**directory**-*ss*	el directorio
8474	**dement**-*vb*	hacer loco	8464	**disability**-*ss*	la discapacidad| la invalidez
8335	**demolish**-*vb*	demoler| derribar			
8542	**demonic**-*adj*	demoníaco	9609	**disable**-*vb*	inhabilitar| inutilizar
9447	**demonstrator**-*ss*	el demostrador	8722	**disadvantage**-*ss*	la desventaja
8355	**density**-*ss*	la densidad	9529	**disagreeable**-*adj*	desagradable
9790	**deodorant**-*ss*	el desodorante	9479	**disagreement**-*ss*	el desacuerdo| la discrepancia
8564	**dependable**-*adj*	confiable| seguro			
9212	**deployment**-*ss*	el despliegue	8813	**disapprove**-*vb*	desaprobar
7852	**deposition**-*ss*	la declaración	8106	**disarm**-*vb*	desarmar
8519	**depraved**-*adj*	depravado	8866	**discard**-*ss; vb*	el descarte| el desecho; descartar
7554	**deprive**-*vb*	privar			
9946	**derive**-*vb*	derivar| deducir	7996	**disciplinary**-*adj*	disciplinario
9526	**desertion**-*ss*	la deserción	8078	**disclose**-*vb*	revelar
9045	**deserving**-*adj; ss*	digno; el merecido	8750	**discomfort**-*ss; vb*	el malestar; sentir desazón
7862	**desolate**-*adj; vb*	solitario; asolar			
9927	**destitute**-*adj*	indigente	7785	**discourage**-*vb*	desalentar| desanimar
7626	**detachment**-*ss*	el desapego| el destacamento	8135	**discrimination**-*ss*	la discriminación
			9131	**diseased**-*adj*	enfermo
8325	**detach**-*vb*	despegar	8349	**dishonor**-*ss; vb*	la deshonra; deshonrar
9049	**detection**-*ss*	la detección	8308	**dishwasher**-*ss*	el lavavajillas
7867	**detest**-*vb*	detestar| aborrecer	9557	**dismal**-*adj*	triste
7651	**detonate**-*vb*	detonar	9019	**dismissal**-*ss*	el despido
8232	**detonation**-*ss*	la detonación	8284	**dismount**-*vb*	desmontar| bajar
9715	**devastation**-*ss*	la devastación	9997	**disobedience**-*ss*	la desobediencia
9406	**devilish**-*adj*	diabólico	8134	**dispatcher**-*ss*	transportista
8635	**devious**-*adj*	tortuoso	9314	**dispense**-*vb*	dispensar| repartir
7755	**devise**-*vb; ss*	idear| planear; el legado	9894	**displease**-*vb*	desagradar| enojar
			9132	**disposable**-*adj*	desechable
9449	**devout**-*adj*	devoto	8428	**disqualify**-*vb*	descalificar
8517	**diabetic**-*adj; ss*	diabético; el diabético	8590	**disrupt**-*vb*	interrumpir| quebrantar
8822	**diabolical**-*adj*	diabólico	8322	**distinctive**-*adj*	distintivo
7568	**diagnose**-*vb*	diagnosticar	8260	**distinctly**-*adv*	distintivamente
			9252	**distraught**-*adj*	angustiado

9558	**distressing-**adj	angustioso| penoso
9760	**distributor-**ss	el distribuidor| la distribuidora
9830	**distrust-**ss; vb	la desconfianza; desconfiar de
9947	**ditto-**adv; ss	ídem; el lo mismo
8638	**diva-**ss	la diva
9420	**diverse-**adj	diverso
9146	**diversity-**ss	la diversidad
7603	**divert-**vb	desviar
8941	**divinity-**ss	la divinidad
9673	**doctorate-**ss	el doctorado
8461	**doctrine-**ss	la doctrina
9153	**documentation-**ss	la documentación
9477	**dodgy-**adj	astuto
9719	**dodo-**ss	el vejestorio
8798	**dole-**ss; vb	la limosna; ayudar
7572	**domination-**ss	la dominación
8863	**dominion-**ss	el dominio
9068	**Doomsday-**ss	el Día del Juicio Final
8772	**door knob-**ss	el pomo
9345	**dopey-**adj	atontado
9263	**dormant-**adj; ss	latente; los inactivo
7948	**dormitory-**ss	el dormitorio
8914	**dosage-**ss	la dosificación
9275	**dossier-**ss	el dosier
9869	**doubling-**ss	la duplicación
8361	**doubtful-**adj	dudoso| ambiguo
8080	**dove-**ss	la paloma| el chófer
8125	**downfall-**ss	la caída| el hundimiento
9583	**downstream-**adv; adj	río abajo; de río abajo
9690	**downward-**adj; adv	hacia abajo; hacia abajo
7995	**dramatically-**adv	dramáticamente
8974	**draper-**ss	el pañero
7928	**drape-**vb; ss	cubrir; la cubierta
9064	**dreadfully-**adv	horrorosamente
7913	**dreamy-**adj	soñador| maravilloso
7532	**dreary-**adj	triste
9695	**drifter-**ss	el vagabundo
7761	**drool-**vb	babear
9585	**druid-**ss	las druida
9180	**dual-**adj	dual
8552	**dubious-**adj	dudoso
8399	**dud-**adj; ss	falso; el falso

9111	**duet-**ss	el dueto| la canción
8942	**duly-**adv	debidamente
8724	**dune-**ss	la duna
8183	**duo-**ss	el dúo
8098	**duration-**ss	la duración
7696	**Dutchman-**ss	el holandés
8104	**dwelling-**ss	la vivienda| la estancia

E

8632	**earl-**ss	el conde
7686	**earnest-**adj; ss	serio| fervoroso; la prenda
8115	**earning-**adj	ganador
8166	**ecstatic-**adj	extático
7989	**edgy-**adj	nervioso
8575	**edible-**adj	comestible
9763	**eject-**vb	expulsar| eyectarse
9464	**elastic-**ss	el elástico
7544	**electrician-**ss	electricista
8757	**electrocute-**vb	electrocutar
9652	**electron-**ss	el electrón
8108	**elevated-**adj	elevado
8365	**elimination-**ss	la eliminación
9821	**elixir-**ss	el elixir
7931	**elk-**ss	el alce
9122	**elm-**ss	el olmo
8584	**elope-**vb	escaparse con un amante
8088	**elusive-**adj	elusivo
9031	**embark-**vb	embarcarse
8818	**embed-**vb	empotrar
9244	**embryo-**ss	el embrión
8240	**eminent-**adj; ss	eminente; eminente
8656	**emir-**ss	el emir
9465	**emissary-**ss	el emisario
10023	**empathy-**ss	la empatía
8855	**emphasis-**ss	el énfasis
7901	**enable-**vb	habilitar
7740	**enclose-**vb	encerrar| adjuntar
9321	**encyclopedia-**ss	la enciclopedia
8999	**endeavor-**ss; vb	el esfuerzo; esforzarse
7604	**ending-**ss; adj	el final| la terminación; de fin
9796	**endorsement-**ss	la aprobación| el endoso
9220	**endow-**vb	dotar

8136	**endurance**-*ss*	la resistencia	
8126	**energetic**-*adj*	energético	
8512	**engaging**-*adj*	atractivo	
7584	**engrave**-*vb*	grabar	
9149	**enhanced**-*adj*	mejorado	
8681	**enigma**-*ss*	el enigma	
8315	**enjoyable**-*adj*	agradable	
8364	**enjoyment**-*ss*	el disfrute| la diversidad	
9878	**enlarge**-*vb*	agrandar| ampliar	
7988	**enormously**-*adv*	enormemente	
9823	**enraged**-*adj*	enfurecido	
9255	**enroll**-*vb*	inscribirse| inscribir	
9270	**enslave**-*vb*	esclavizar	
8944	**entertainer**-*ss*	artista	
7958	**entity**-*ss*	la entidad	
9762	**entourage**-*ss*	el séquito	
9423	**entrepreneur**-*ss*	el empresario| el emprendedor	
8432	**envoy**-*ss*	el enviado	
9170	**epilepsy**-*ss*	la epilepsia	
9824	**equator**-*ss*	el ecuador	
9426	**equity**-*ss*	la equidad	
8948	**erect**-*adj; vb*	erguido; erigir	
9491	**erratic**-*ss; adj*	el errático; inconstante	
8534	**eruption**-*ss*	la erupción	
7681	**espionage**-*ss*	el espionaje	
7854	**ethnic**-*ss*	el étnico	
8241	**etiquette**-*ss*	la etiqueta	
8938	**eunuch**-*ss*	el eunuco	
9555	**evade**-*vb*	evadir| eludir	
8263	**evaluate**-*vb*	evaluar	
9621	**evasion**-*ss*	la evasión| el efugio	
8484	**evasive**-*adj*	evasivo	
8962	**eviction**-*ss*	el desalojo	
8645	**evict**-*vb*	desalojar	
8377	**evolutionary**-*adj*	evolutivo	
9300	**exaggeration**-*ss*	la exageración	
8815	**exceed**-*vb*	exceder| rebasar	
8214	**exceptionally**-*adv*	excepcionalmente	
8048	**exclaim**-*vb*	exclamar	
8211	**exclude**-*vb*	excluir| evitar	
8154	**excrement**-*ss*	el excremento	
9701	**excursion**-*ss*	la excursión| la jira	
8960	**exemplary**-*adj*	ejemplar	
7578	**exhaustion**-*ss*	el agotamiento	
8789	**exorcism**-*ss*	el exorcismo	

9677	**expendable**-*adj*	reemplazable	
9168	**explicit**-*adj*	explícito	
8081	**exploitation**-*ss*	la explotación	
7866	**exposing**-*ss*	la exposición	
8562	**exterminate**-*vb*	exterminar	
8918	**extermination**-*ss*	el exterminio	
9222	**extinguisher**-*ss*	el extintor	
9359	**extinguish**-*vb*	extinguir	
8498	**extraction**-*ss*	la extracción	
9639	**extradition**-*ss*	la extradición	
8476	**extraordinarily**-*adv*	extraordinariamente	
7801	**extraterrestrial**-*adj*	extraterrestre	
7637	**extravagant**-*adj*	extravagante| derrochador	
9674	**eyelash**-*ss*	la pestaña	
7917	**eyelid**-*ss*	el párpado	

F

9814	**faction**-*ss*	la facción	
9757	**fad**-*ss*	la moda	
9021	**fainting**-*ss*	el desmayo	
8497	**fairness**-*ss*	la justicia	
7791	**faithfully**-*adv*	fielmente	
8807	**fallout**-*ss*	el polvillo radiactivo	
9831	**falsely**-*adv*	falsamente	
9907	**famed**-*adj*	famoso| conocido	
9033	**famish**-*vb*	tener carestía	
7610	**fanatic**-*adj; ss*	fanático; el fanático	
8010	**fancied**-*adj*	imaginado	
7592	**farmhouse**-*ss*	el cortijo	
9890	**fateful**-*adj*	fatídico	
9552	**fathom**-*ss; vb*	la braza; sondear	
8064	**faucet**-*ss*	el grifo	
8734	**faulty**-*adj*	defectuoso| manco	
8410	**favorable**-*adj*	favorable	
9205	**fearsome**-*adj*	temible	
8376	**felicity**-*ss*	la felicidad	
8338	**fellowship**-*ss*	la beca; el compañerismo	
8477	**felon**-*ss*	el felón| criminal	
8809	**feminist**-*adj; ss*	feminista; feminista	
9246	**fend**-*vb*	defenderse	
7647	**fern**-*ss*	el helecho	
9487	**ferret**-*ss; vb*	el hurón; buscar	
7803	**fertility**-*ss*	la fertilidad	

7916	**fertilizer**-*ss*	el fertilizante	
9092	**fester**-*vb; ss*	enconarse| amargarse; el absceso	
8019	**festive**-*adj*	festivo	
7961	**festivity**-*ss*	la festividad	
9009	**fetish**-*ss*	el fetiche	
9127	**fetus**-*ss*	el feto	
8576	**feud**-*ss; vb*	el feudo; reñirse	
9343	**feverish**-*adj*	febril	
9043	**fiasco**-*ss*	el fiasco	
9057	**fickle**-*adj*	voluble	
9608	**fictional**-*adj*	ficticio	
8921	**fiddler**-*ss*	violinista	
7833	**fidelity**-*ss*	la fidelidad	
9925	**filly**-*ss*	la potra	
7542	**financing**-*ss*	la financiación	
9221	**finder**-*ss*	descubridor	
9825	**finesse**-*ss*	la finura| la sutileza	
8187	**fingertip**-*ss*	la punta del dedo	
9642	**firecracker**-*ss*	el petardo	
10002	**firefighter**-*ss*	el bombero	
9727	**firefly**-*ss*	la luciérnaga	
8401	**firepower**-*ss*	la potencia de fuego	
9915	**first-hand**-*adj*	de primera mano	
9986	**fiscal**-*adj; ss*	fiscal; el fiscal	
7744	**fisher**-*ss*	el pescador	
8883	**fitness**-*ss*	la aptitud	
9283	**fiver**-*ss*	el billete de cinco libras	
8156	**flair**-*ss*	el instinto	
8012	**flake**-*ss; vb*	la escama; desconcharse	
8621	**flashy**-*adj*	ostentoso	
8712	**flask**-*ss*	el matraz	
9730	**flatten**-*vb*	aplanar	
8099	**flattery**-*ss*	la adulación| el halago	
7780	**flawless**-*adj*	perfecto	
9658	**fleece**-*ss; vb*	la lana; esquilar	
7793	**fleeting**-*adj*	fugaz	
9938	**flex**-*vb; ss*	flexionar| flexionarse; los flexible	
8671	**flier**-*ss*	el volante	
9779	**flog**-*vb*	azotar	
7779	**florist**-*ss*	florista	
7600	**floss**-*ss*	la seda floja	
7973	**flourish**-*vb; ss*	florecer| blandir; la floritura	
9582	**fluent**-*adj; ss*	fluido; el fluido	

8697	**fluff**-*ss; vb*	la pelusa; encrespar	
8231	**fluke**-*ss*	la platija	
9272	**flunk**-*vb*	suspender	
8546	**flutter**-*ss; vb*	el aleteo| el movimiento; revolotear	
8577	**foggy**-*adj*	brumoso	
8832	**foil**-*vb; ss*	frustrar; la hoja	
8178	**folder**-*ss*	la carpeta	
9218	**folding**-*adj; ss*	plegable; la plegadura	
9729	**folklore**-*ss*	el folklore	
8973	**foolproof**-*adj*	infalible	
9714	**footing**-*ss*	el pie| la posición	
8928	**forefather**-*ss*	el antepasado	
8923	**foresee**-*vb*	prever	
9691	**foretell**-*vb*	predecir	
8239	**forgery**-*ss*	la falsificación	
9955	**forgetful**-*adj*	olvidadizo	
9716	**foxtrot**-*ss*	el fox	
7591	**foxy**-*adj*	astuto	
8686	**fragrant**-*adj*	fragante	
7679	**frail**-*adj*	frágil| quebradizo	
8205	**franchise**-*ss*	la franquicia	
7528	**frank**-*adj; vb; ss*	franco| puro; franquear; el limpio	
7575	**frantic**-*adj; ss*	frenético; el frenético	
9310	**freckle**-*ss; vb*	las peca; tener peca	
7857	**freelance**-*ss; adj; vb*	independiente; autónomo; trabajar por cuenta propia	
7556	**freeman**-*ss*	el hombre libre	
7606	**frenzy**-*ss*	el frenesí	
8188	**freshly**-*adv*	recién	
7872	**friar**-*ss*	el fraile	
9196	**friction**-*ss*	la fricción	
7663	**frightful**-*adj*	espantoso| horrendo	
9532	**frightfully**-*adv*	espantosamente	
8516	**frigid**-*adj*	frígido	
8591	**fringe**-*ss; vb*	la franja| el margen; hacer margen	
9586	**frisk**-*ss; vb*	el cacheo; cachear	
8555	**frivolous**-*adj*	frívolo	
8127	**frontal**-*adj*	frontal	
8174	**frosty**-*adj*	escarchado| helado	
7569	**frown**-*vb; ss*	fruncir el ceño; el ceño	
9936	**fruity**-*adj*	sabroso	
8764	**ft.**-*abr*	pie	

7810	**functional**-*adj*	funcional
9767	**fund-raiser**-*ss*	el recogedor de fondos
8015	**fungus**-*ss*	el hongo
9233	**funnel**-*ss; vb*	el embudo; canalizar
8243	**furnished**-*adj*	amueblado
9694	**furnish**-*vb*	proporcionar| amueblar
7861	**fussy**-*adj*	exigente
8622	**fuzz**-*ss*	la pelusa

G

8436	**gage**-*vb; ss*	calibrar; el calibre
7735	**galactic**-*adj*	galáctico
7843	**gala**-*ss; adj*	la gala| la fiesta; de gala
8761	**gallop**-*ss; vb*	el galope; galopar
8032	**gaming**-*ss*	los juego de azar
7789	**gangway**-*ss*	la pasarela| el pasillo
9440	**gape**-*vb*	mirar boquiabierto
9547	**garble**-*vb*	mutilar
8444	**garment**-*ss*	la prenda
9903	**gazette**-*ss*	la gaceta
8824	**gel**-*ss*	el gel
9753	**Gemini**-*ss*	el Géminis
8641	**genetics**-*ss*	la genética
9773	**genitals**-*ss*	los genitales
8560	**genocide**-*ss*	el genocidio
8348	**genre**-*ss*	el género
8831	**gentry**-*ss*	la alta burguesía
8116	**gent**-*ss*	el caballero
9165	**geological**-*adj*	geológico
10010	**geology**-*ss*	la geología
8417	**geometry**-*ss*	la geometría
8443	**ghostly**-*adj*	fantasmal
8482	**gigolo**-*ss*	el gigoló
8370	**gill**-*ss*	la branquia| la enmalle
9788	**gimmick**-*ss*	el truco| el asunto
9776	**giver**-*ss*	dotante
7837	**glacier**-*ss*	el glaciar
9133	**gladiator**-*ss*	el gladiador
9116	**gland**-*ss*	la glándula
8651	**glare**-*ss; vb*	el deslumbramiento; deslumbrar
9966	**glee**-*ss*	el júbilo
7775	**glide**-*ss; vb*	el planeo; deslizarse
8246	**glitter**-*vb; ss*	resplandecer; el brillo

7754	**gloom**-*ss; vb*	la oscuridad| la tristeza; estar en penumbra
8794	**glum**-*adj*	sombrío| triste
8456	**goalie**-*ss*	el portero| el guardameta
7934	**gobble**-*vb; ss*	engullir; el gluglú
7730	**goblin**-*ss*	el duende
8993	**gob**-*ss; vb*	el trozo; escupir
8289	**godforsaken**-*adj*	dejado de la mano de dios| desolado
9281	**godless**-*adj*	impío
8190	**goggle**-*ss; adj; vb*	la mirada sorprendida; con ojos desorbitados; salirse los ojos
7875	**goner**-*ss*	el desahuciado
9809	**gopher**-*ss; adj*	la ardilla de tierra; de ardilla de tierra
9291	**Gothic**-*adj; ss*	gótico| terrorífico; el gótico
7776	**gourmet**-*ss*	el gastrónomo
9667	**gracefully**-*adv*	graciosamente
9785	**graft**-*ss; vb*	el injerto; injertar
8848	**gramophone**-*ss*	el gramófono
7671	**gran-dad**-*ss*	el abuelito
9361	**grandeur**-*ss*	la grandeza| la magnificencia
9107	**grange**-*ss*	la granja
8130	**granite**-*ss*	el granito
9154	**grapefruit**-*ss*	el pomelo
7527	**graphic**-*adj; ss*	gráfico; el gráfico
8167	**grasshopper**-*ss*	los saltamontes
10004	**gravely**-*adv*	gravemente
7800	**gravitational**-*adj*	gravitacional
9294	**graze**-*vb; ss*	pacer| apacentar; la abrasión
8862	**grazing**-*ss*	el pasto
9921	**grievous**-*adj*	grave| doloroso
9323	**grinder**-*ss*	la amoladora
9389	**grit**-*ss; vb*	la arena; hacer rechinar
7607	**grizzly**-*ss; adj*	el oso pardo; gris
8508	**grocer**-*ss*	el tendero
9712	**groin**-*ss*	los ingle
8616	**grown-up**-*adj*	adulto
8609	**grumble**-*ss; vb*	la queja; quejarse
7855	**guerrilla**-*ss; adj*	la guerrilla; guerrillero
9813	**guideline**-*ss*	la pauta
9048	**gullible**-*adj*	crédulo

8441	**gull**-*ss; vb*	la gaviota| el embaucado; embaucar
8462	**gulp**-*ss; vb*	el trago; engullir
8768	**gusto**-*ss*	el entusiasmo
9685	**gymnasium**-*ss*	el gimnasio
8388	**gymnastics**-*ss*	la gimnasia
9653	**gynecologist**-*ss*	el ginecólogo

H

8181	**habitat**-*ss*	el habitat
8932	**hairdo**-*ss*	el peinado
9765	**hairstyle**-*ss*	el peinado
8298	**hallucinate**-*vb*	alucinar
8389	**halo**-*ss; vb*	el halo; tener halo
9637	**hammock**-*ss*	la hamaca
7879	**hamster**-*ss*	el hámster
9993	**handgun**-*ss*	la pistola
9880	**handler**-*ss*	el entrenador de animales| el controlador
9240	**handy-man**-*ss*	el factótum
9995	**hanger**-*ss*	la percha
8480	**hangman**-*ss*	el verdugo
8713	**hanky**-*ss*	el pañuelo
8612	**hard work**-*ss*	el trabajo duro
7873	**hardcore**-*adj*	duro
8233	**hardened**-*adj*	curtido
9528	**harlot**-*ss*	la ramera
7751	**harmful**-*adj*	perjudicial
9483	**harshly**-*adv*	duramente
9510	**hasten**-*vb*	acelerar
7627	**hateful**-*adj*	odioso
9104	**haystack**-*ss*	el almiar
8574	**hazardous**-*adj*	peligroso
7818	**haze**-*ss; vb*	la calina; hacer novatadas
8899	**headless**-*adj*	sin cabeza
7783	**headlight**-*ss*	el faro
8489	**headmistress**-*ss*	la directora
7708	**headphones**-*ss*	los auriculares
7815	**healer**-*ss*	el curador
9764	**hearsay**-*ss*	los rumores
8042	**hearse**-*ss*	el coche fúnebre
7555	**heart broken**-*ss*	el desolado
8448	**heartache**-*ss*	la angustia
9039	**heartfelt**-*adj*	sentido

9872	**heartily**-*adv*	sinceramente
7739	**hearty**-*adj; ss*	abundante| cordial; el tipo campechano
7676	**heathen**-*adj; ss*	pagano; el pagano
8041	**heath**-*ss*	el brezo
8684	**hectic**-*adj*	frenético
7511	**hedge**-*ss; vb*	la cobertura; cercar
8875	**heinous**-*adj*	atroz
9052	**heiress**-*ss*	la heredera
8180	**helium**-*ss*	el helio
9940	**hellish**-*adj*	infernal| diabólico
8720	**hemisphere**-*ss*	el hemisferio
9952	**hemorrhage**-*ss; vb*	la hemorragia; sangrar
9102	**hem**-*ss; vb*	el dobladillo; coser un dobladillo
9027	**hepatitis**-*ss*	la hepatitis
8834	**hereafter**-*ss; adv*	el lo sucesivo; en lo sucesivo
8346	**hereditary**-*adj*	hereditario
8657	**heresy**-*ss*	la herejía
8334	**heretic**-*ss; adj*	hereje; herético
8634	**heroism**-*ss*	el heroísmo
9011	**herpes**-*ss*	el herpes
9095	**heterosexual**-*adj*	heterosexual
8912	**hex**-*ss; vb*	el maleficio; embrujar
8100	**hiccup**-*ss; vb*	el hipo; hipar
8066	**highland**-*ss; adj*	la tierras altas; de montaña
8337	**highlight**-*ss; vb*	el realce; destacar
7512	**hijack**-*vb; ss*	secuestrar; el secuestro
7614	**hinge**-*ss; vb*	la bisagra; girar
8953	**hippo**-*ss*	el hipopótamo
8200	**historian**-*ss*	el historiador
7939	**hither**-*adv; adj*	aquí; más cercano
7955	**hitman**-*ss*	el sicario
8087	**hive**-*ss*	la colmena
8977	**hobo**-*ss*	el obrero temporal
8646	**hock**-*ss; vb*	el corvejón; empeñar
9977	**hocus**-*vb*	emborrachar
7611	**holdup**-*ss*	el atraco
9061	**holster**-*ss*	la funda
8450	**homicidal**-*adj*	homicida
7982	**homosexuality**-*ss*	la homosexualidad
8806	**honorary**-*adj*	honorario
9253	**hooch**-*ss*	la bebida alcohólica
8326	**hoodlum**-*ss*	el matón
7513	**hoof**-*ss; vb*	el casco; ir a pie

8655	**hooligan**-*adj; ss*	gamberro; el gamberro
8149	**hopelessly**-*adv*	sin esperanza
8666	**horde**-*ss*	la horda| la multitud
8797	**horizontal**-*adj*	horizontal
7853	**hornet**-*ss*	el avispón
7965	**horoscope**-*ss*	el horóscopo
8138	**horrific**-*adj*	horrendo
8382	**horrify**-*vb*	horrorizar| espantar
7898	**horseman**-*ss*	el jinete
9973	**horsepower**-*ss*	el caballo de fuerza
9846	**hospitable**-*adj*	hospitalario
8424	**hospitalize**-*vb*	hospitalizar
7970	**housekeeping**-*ss*	la gestión interna
8283	**housework**-*ss*	las tareas de la casa
8725	**hover**-*vb*	flotar
7905	**hubby**-*ss*	el marido
9950	**hue**-*ss*	el matiz| el tinte extraído
7583	**humanitarian**-*adj; ss*	humanitario; los humanitario
9580	**humankind**-*ss*	la humanidad
8294	**humidity**-*ss*	la humedad
9808	**humorous**-*adj*	humorístico
8097	**hunchback**-*ss*	el jorobado
8885	**hurl**-*vb; ss*	lanzar| tirar algo; el lanzamiento
8001	**hurried**-*adj*	apresurado
9098	**hussy**-*ss; adj*	la desvergonzada; pícara
7646	**hybrid**-*adj; ss*	híbrido; el híbrido
8615	**hyena**-*ss*	la hiena
8629	**hyper**-*adj*	histérico
9182	**hypnotic**-*adj; ss*	hipnótico; el hipnótico
8837	**hypnotize**-*vb*	hipnotizar
7500	**hypocrisy**-*ss*	la hipocresía
9083	**hypocritical**-*adj*	hipócrita
8940	**hypothetical**-*adj*	hipotético

I

7548	**iceberg**-*ss*	el iceberg
8169	**icebox**-*ss*	la nevera
7510	**icon**-*ss*	el icono
8117	**ideology**-*ss*	la ideología
9698	**ignite**-*vb*	encender
8445	**illegitimate**-*adj*	ilegítimo

7540	**illustrious**-*adj*	ilustre
9625	**imagery**-*ss*	las imágenes
9142	**imaginative**-*adj*	imaginativo
9680	**immaculate**-*adj*	inmaculado
9209	**immensely**-*adv*	inmensamente
9829	**immerse**-*vb*	sumergirse| sumergir
9943	**impair**-*vb*	perjudicar
8040	**impeccable**-*adj*	impecable
8967	**imperfect**-*adj; ss*	imperfecto; el imperfecto
7896	**impertinent**-*adj*	impertinente
7747	**implant**-*ss; vb*	el implante; implantar
9371	**implement**-*vb; ss*	implementar| ejecutar; el implemento
9886	**implicate**-*vb*	implicar| involucrar
8209	**implication**-*ss*	la implicación| la inferencia
8920	**impolite**-*adj*	descortés
8467	**improper**-*adj*	incorrecto
8922	**impudent**-*adj*	impudente
8880	**impure**-*adj*	impuro
9353	**inability**-*ss*	la incapacidad
8285	**inadequate**-*adj*	inadecuado
8026	**inaudible**-*adj*	inaudible
9575	**inbound**-*adj; adv*	entrante; hacia el interior
8520	**incentive**-*adj; ss*	incentivo| estimulante; el incentivo
9733	**incest**-*ss*	el incesto
9276	**incision**-*ss*	la incisión
10014	**incognito**-*adj; adv; ss*	incógnito; incógnito; el incógnito
8839	**incompetence**-*ss*	la incompetencia
8650	**incomprehensible**-*adj*	incomprensible
9801	**inconceivable**-*adj*	inconcebible
8354	**incorporated**-*adj*	incorporado
7644	**incorrect**-*adj*	incorrecto
8572	**incurable**-*adj*	incurable
7616	**indebted**-*adj*	endeudado
9875	**independently**-*adv*	independientemente
8878	**indestructible**-*adj*	indestructible
8403	**indict**-*vb*	procesar
7774	**indifference**-*ss*	la indiferencia
9568	**indigenous**-*adj*	indígena
8216	**indigestion**-*ss*	la indigestión
9279	**indiscreet**-*adj*	indiscreto
8257	**indispensable**-*adj*	indispensable

9889	**indispose**-*vb*	indisponer
9008	**individually**-*adv*	individualmente
9363	**indoor**-*adj*	interior
8483	**induce**-*vb*	inducir| provocar
9059	**indulgence**-*ss*	la indulgencia
7831	**inevitably**-*adv*	inevitablemente
8082	**inexperienced**-*adj*	inexperto
9746	**inexplicable**-*adj*	inexplicable
9214	**infectious**-*adj*	infeccioso
8293	**infect**-*vb*	infectar| inficionar
8275	**infernal**-*adj*	infernal
8518	**inferno**-*ss*	el infierno
8182	**infest**-*vb*	infestar
9777	**infidel**-*adj; ss*	infiel; el infiel
9112	**infidelity**-*ss*	la infidelidad
8179	**infiltrate**-*ss; vb*	el infiltrado; infiltrarse
8144	**informal**-*adj*	informal| oficioso
9256	**infrastructure**-*ss*	la infraestructura
9247	**ingenuity**-*ss*	el ingenio
8678	**inhabit**-*vb*	habitar| vivir en
8368	**initiation**-*ss*	la iniciación
8677	**inning**-*ss*	el inning
9456	**innkeeper**-*ss*	el posadero
8805	**inquest**-*ss*	la encuesta
9826	**inquisitive**-*adj*	inquisitivo
8412	**inseparable**-*adj*	inseparable
9981	**insinuate**-*vb*	insinuar
9546	**insistent**-*adj*	insistente
8072	**insolence**-*ss*	la insolencia
8604	**installation**-*ss*	la instalación| el puesto
9968	**installment**-*ss*	la entrega| el pago
9744	**insubordination**-*ss*	la insubordinación
8924	**insufficient**-*adj*	insuficiente
8857	**insulin**-*ss*	la insulina
9996	**insure**-*vb*	asegurar
9934	**intake**-*ss*	el consumo
9378	**integrate**-*vb; adj*	integrar; integral
8739	**intensify**-*vb*	intensificar| intensificarse
7602	**intentionally**-*adv*	intencionalmente
9818	**interaction**-*ss*	la interacción
9450	**interface**-*ss*	la interfaz
7687	**interruption**-*ss*	la interrupción
7639	**interstate**-*adj*	interestatal
9706	**interstellar**-*adj*	interestelar

9602	**interval**-*ss*	el intervalo| el descanso
7595	**inter**-*vb*	enterrar
8208	**intestine**-*ss*	el intestino
8253	**intoxicate**-*vb*	intoxicar
9032	**intoxication**-*ss*	la intoxicación
7564	**intrigue**-*ss; vb*	la intriga; intrigar
7650	**invader**-*ss*	el invasor
8330	**invaluable**-*adj*	inestimable
8726	**investigative**-*adj*	investigador
9249	**invoke**-*vb*	invocar| recurrir a
9096	**iodine**-*ss*	el yodo
9506	**ion**-*ss*	el ion
9362	**Irishman**-*ss*	el irlandés
9705	**ironically**-*adv*	irónicamente
9881	**irrigation**-*ss*	el riego
8044	**irritated**-*adj*	irritado
9917	**itinerary**-*adj; ss*	itinerario; el itinerario

J

7506	**jackal**-*ss; adj*	el chacal; secuaz
7574	**jack**-*ss; vb*	el gato| el enchufe; levantar
7705	**jaguar**-*ss*	el jaguar
9010	**Jamaican**-*adj; ss*	jamaicano; el jamaicano
7563	**jamming**-*ss*	la interferencia
8693	**jasmine**-*ss*	el jazmín
7580	**jell**-*vb*	cuajar
8468	**jellyfish**-*ss*	la medusa
7773	**jeopardize**-*vb*	poner en peligro| comprometer
8637	**jerky**-*adj; ss*	espasmódico; el tipo espasmódico
7985	**jester**-*ss*	el bufón
9693	**jeweler**-*ss*	el joyero
8170	**jiffy**-*ss*	el instante
8971	**jigsaw**-*ss*	el rompecabezas
8537	**jig**-*ss; vb*	la plantilla; bailar
8939	**jihad**-*ss*	la yihad
9492	**jolt**-*ss; vb*	la sacudida| el tumbo; sacudir
8496	**judicial**-*adj*	judicial
7909	**judo**-*ss*	el judo
9739	**juggle**-*vb*	hacer juegos malabares| falsear
8601	**junk yard**-*ss*	la chatarrería

9754	**juror**-*ss*	el jurado
9865	**justification**-*ss*	la justificación

K

9544	**kamikaze**-*ss*	el kamikaze
8895	**kebab**-*ss*	la brocheta
9844	**keel**-*ss; vb*	la quilla; dar la quilla
8004	**keg**-*ss*	el barrilete
9806	**kennel**-*ss*	la perrera
8008	**kerosene**-*ss*	el queroseno
8571	**kibbutz**-*ss*	el kibutz
7777	**kiddy**-*ss*	el chiquillo

L

8035	**labyrinth**-*ss*	el laberinto
8952	**lag**-*ss; vb*	el retraso| el presidiario; retrasarse
9918	**lament**-*ss; vb*	el lamento| la elegía; lamentar
9498	**landmark**-*ss*	la marca
9232	**landslide**-*ss*	el corrimiento de tierras
9024	**lapse**-*ss; vb*	el lapso| el intervalo; caducar
9074	**larceny**-*ss*	el hurto| la ratería
8386	**lard**-*ss; vb*	la manteca de cerdo; mechar
8184	**lash**-*ss; vb*	el latigazo| el látigo; azotar
7703	**latch**-*ss; vb*	el pestillo; asegurar
7914	**latitude**-*ss*	la latitud
8925	**latrine**-*ss*	la letrina
7624	**latter**-*adj*	último
9184	**launder**-*vb*	lavar
9623	**lavatory**-*ss*	el lavabo| el baño
7795	**lavender**-*ss*	la lavanda
8383	**lax**-*adj*	flojo
9151	**learner**-*ss*	el aprendiz
9742	**ledger**-*ss*	el libro mayor
7586	**leech**-*ss*	la sanguijuela
7893	**legislation**-*ss*	la legislación
9664	**lenient**-*adj*	indulgente
8561	**leper**-*ss*	el leproso
9959	**leprechaun**-*ss*	el duende
9376	**leukemia**-*ss*	la leucemia
7675	**leverage**-*ss*	el apalancamiento

7765	**levy**-*ss; vb*	la exacción; exigir
8856	**liege**-*adj; ss*	feudal; el vasallo
9561	**lifeboat**-*ss*	el bote salvavidas
8287	**lifeless**-*adj*	sin vida
9589	**lifeline**-*ss*	la líbnea de vida
8123	**lifelong**-*adj*	para toda la vida
8840	**lily**-*ss; adj*	el lirio; de lirio
8897	**limbo**-*ss*	el limbo
9615	**limitless**-*adj*	sin límites
9717	**linden**-*ss*	el tilo
9519	**lineage**-*ss*	el linaje| la alcurnia
8871	**liner**-*ss*	el transatlántico
7986	**line-up**-*ss*	la alineación
7670	**linger**-*vb*	persistir| tardar
9413	**lingo**-*ss*	la jerga| el idioma
9425	**literal**-*adj; ss*	literal; la errata
9148	**liter**-*ss*	el litro
8919	**livelihood**-*ss*	el sustento
9587	**lobe**-*ss*	el lóbulo
8470	**loch**-*ss*	el lago
7594	**locket**-*ss*	el medallón
9974	**locksmith**-*ss*	el cerrajero
10019	**lockup**-*ss; adj*	la cárcel; con cerradura
8701	**locomotive**-*ss; adj*	la locomotora; locomotor
8303	**lodging**-*ss*	el alojamiento
9689	**lofty**-*adj*	elevado| noble
7805	**logo**-*ss*	el logo
9592	**loin**-*ss*	el lomo
8185	**lollipop**-*ss*	el chupete
9858	**loon**-*ss*	el somorgujo
8853	**looting**-*ss*	el saqueo
8056	**lorry**-*ss*	el camión
9521	**lotto**-*ss*	el loto
8230	**loudspeaker**-*ss*	el altoparlante
9662	**lout**-*ss*	el patán; el gamberro
8276	**louvre**-*ss*	la lumbrera
8600	**lovable**-*adj*	amable
7876	**lovebird**-*ss*	el periquito
9204	**lovingly**-*adv*	cariñosamente
9129	**lucid**-*adj*	lúcido
8532	**lucrative**-*adj*	lucrativo
8779	**ludicrous**-*adj*	ridículo
7526	**lug**-*vb; ss*	arrastrar; la oreja
8665	**lumpy**-*adj*	aterronado
8400	**lupine**-*adj; ss*	lupino; el lupino

8391	**lush**-*adj; ss; vb*	lozano| exuberante; el alcohólico; ser rico
8118	**luxurious**-*adj*	lujoso

M

8171	**machete**-*ss*	el machete
7682	**mackerel**-*ss*	la caballa
8022	**maggot**-*ss*	el gusano
9861	**magically**-*adv*	por arte de magia
8702	**magnitude**-*ss*	la magnitud
7947	**mahjong**-*ss*	el dominó chino
9791	**mailing**-*ss*	el envío
7786	**mailman**-*ss*	el cartero
9035	**mainframe**-*ss*	el ordenador central
7838	**mainstream**-*ss*	la corriente principal
9187	**make over**-*vb; ss*	ceder; la transformación
7701	**malice**-*ss*	la malicia
7709	**malicious**-*adj*	malicioso
9367	**malignant**-*adj*	maligno
8105	**malt**-*ss; vb*	la malta; hacer germinar
7935	**mammoth**-*ss; adj*	el mamut; gigantesco
7630	**mandarin**-*ss*	la mandarina
8556	**mandate**-*ss; vb*	el mandato; encargar
7623	**mandatory**-*adj*	obligatorio
8717	**mane**-*ss*	la melena
7501	**mango**-*ss*	el mango
8833	**mangy**-*adj*	sarnoso
9596	**manhunt**-*ss*	la caza
9581	**mania**-*ss*	la manía
8746	**manicure**-*ss; vb*	la manicura; hacer manicura a
8589	**manipulation**-*ss*	la manipulación
9162	**manned**-*adj*	tripulado
8212	**mannered**-*adj*	amanerado
9215	**mantis**-*ss*	las mantis
9242	**manually**-*adv*	a mano
7886	**manufacturer**-*ss*	fabricante
7539	**manufacturing**-*ss; adj*	la fabricación; fabril
8272	**marketplace**-*ss*	el mercado
8005	**marking**-*ss*	la calificación
7997	**marquise**-*ss*	la marquesa
9265	**marshmallow**-*ss*	el malvavisco
8814	**masquerade**-*ss; vb*	la mascarada; hacerse pasar por

7509	**masseur**-*ss*	masajista
8554	**mastermind**-*ss; vb*	el cerebro; planear
7920	**masturbation**-*ss*	la masturbación
8261	**matador**-*ss*	el matador
9616	**matchmaker**-*ss*	el casamentero
9202	**maternal**-*adj*	materno
7816	**maternity**-*ss*	la maternidad
9954	**matey**-*adj; ss*	afable; el chico
9444	**mathematician**-*ss*	el matemático
8466	**maturity**-*ss*	la madurez
8507	**maverick**-*adj; ss*	disidente; disidente
9960	**maxi**-*ss*	las maxi
8045	**mayhem**-*ss*	la violencia
8295	**mead**-*ss*	la aguamiel
8199	**measles**-*ss*	las sarampión
9726	**measly**-*adj*	miserable
10021	**meatloaf**-*ss*	la carne mechada
7717	**medallion**-*ss*	el medallón
7579	**meddling**-*ss; adj*	la intromisión; entrometido
9920	**medicinal**-*adj*	medicinal
8680	**meditate**-*vb*	meditar| especular
8109	**meek**-*adj*	manso
9311	**melodrama**-*ss*	el melodrama
9476	**melodramatic**-*adj*	melodramático
9271	**meltdown**-*ss*	la fusión de un reactor
8630	**memento**-*ss*	el recuerdo| el presente
7949	**memoir**-*ss*	la memoria
7549	**mentality**-*ss*	la mentalidad
7660	**mercenary**-*adj; ss*	mercenario; el mercenario
7750	**merciless**-*adj*	despiadado
7972	**merge**-*vb*	unir
7653	**merle**-*ss*	el mirlo
8567	**mesa**-*ss*	la colina baja
9811	**metabolism**-*ss*	el metabolismo
8544	**meteorite**-*ss*	el meteorito
7725	**methane**-*ss*	el metano
10001	**meticulous**-*adj*	meticuloso
9382	**microscopic**-*adj*	microscópico
9709	**midsummer**-*ss; adj*	los pleno verano; estival
7918	**midway**-*adv; ss; adj*	a mitad de camino; la avenida central; situado a medio camino
8653	**midwife**-*ss*	la partera

8643	**migraine**-*ss*	la migraña
9804	**mildly**-*adv*	levemente
9022	**mileage**-*ss*	el kilometraje
8719	**militant**-*adj; ss*	militante; militante
8553	**milkman**-*ss*	el lechero
9643	**milligram**-*ss*	el miligramo
7829	**millimeter**-*ss*	los milímetro
9385	**mime**-*ss; vb*	la mímica; remedar
9828	**mimic**-*vb; ss; adj*	imitar; el imitador; mímico
8539	**mindless**-*adj*	imbécil
9911	**minefield**-*ss*	los campo de minas
7753	**mingle**-*vb*	mezclarse
8247	**minimal**-*adj*	mínimo
9034	**minion**-*ss; adj*	el esbirro; favorito
9260	**miraculously**-*adv*	milagrosamente
7821	**mirage**-*ss*	el espejismo
9369	**miscarriage**-*ss*	los aborto espontáneo
9299	**mischievous**-*adj*	dañoso
9967	**miser**-*ss*	el avaro
9053	**misguided**-*adj*	equivocado
8968	**misjudge**-*vb*	juzgar mal
9264	**mislead**-*vb*	engañar
9783	**mistletoe**-*ss*	el muérdago
7524	**misty**-*adj*	brumoso
8628	**mite**-*ss*	el ácaro
8820	**mixer**-*ss*	el mezclador
9186	**moat**-*ss; vb*	el foso; fosar
7680	**mockery**-*ss*	la mofa| las burlas
8227	**moderate**-*vb; adj*	moderar| moderarse; moderado
7919	**moisture**-*ss*	la humedad
9110	**molest**-*vb*	molestar
8234	**molten**-*adj*	fundido| derretido
9023	**momentarily**-*adv*	momentáneamente
7974	**momentum**-*ss*	el impulso
8690	**monarch**-*ss*	monarca
7957	**monarchy**-*ss*	la monarquía
8531	**monetary**-*adj*	monetario
8759	**mongrel**-*adj; ss*	mestizo; el mestizo
9284	**monsoon**-*ss; adj*	el monzón; monzónico
9724	**monumental**-*adj*	monumental| enorme
9243	**mope**-*ss; vb*	el melancólico; estar deprimido
8111	**Mormon**-*ss; adj*	el mormón; mormónico
9251	**morn**-*ss*	la mañana

9731	**Moroccan**-*ss*	marroquí
8419	**mortality**-*ss*	la mortalidad
8089	**mortuary**-*adj; ss*	mortuorio; los morgue
7836	**mound**-*ss*	el montículo| el túmulo
9331	**mousse**-*ss*	la mousse
8215	**mouthful**-*ss*	el bocado
9964	**mover**-*ss*	agente de mudanzas
9086	**mower**-*ss*	el cortacésped
7587	**mow**-*vb; ss*	cortar; la mueca
7796	**muff**-*ss; vb*	el manguito; perder
9893	**multitude**-*ss*	la multitud
8916	**munitions**-*ss*	los pertrechos
7525	**murderous**-*adj*	asesino
7933	**muscular**-*adj*	muscular
9665	**mushy**-*adj*	pulposo
7664	**musketeer**-*ss*	el mosquetero
8345	**muster**-*vb*	reunir por
8279	**mutation**-*ss*	la mutación
7912	**mutilate**-*vb*	mutilar
8085	**mutton**-*ss*	la carne de cordero
8052	**muzzle**-*ss; vb*	el bozal; amordazar
8281	**mysteriously**-*adv*	misteriosamente
9743	**mythical**-*adj*	mítico

N

8588	**nab**-*vb*	coger| echar el guante a
8469	**nameless**-*adj*	sin nombre
8301	**namely**-*adv*	a saber
8608	**nappy**-*ss*	el pañal
8745	**narrative**-*ss; adj*	la narrativa; narrativo
9502	**nationalist**-*adj; ss*	nacionalista; nacionalista
8292	**nationality**-*ss*	la nacionalidad
8957	**nationwide**-*adj; adv*	a escala nacional; por toda la nación
9267	**naught**-*ss; adj*	la nada| el nulo; inútil
8264	**nausea**-*ss*	la náusea
7878	**navigate**-*vb*	navegar por| conducir
8311	**neatly**-*adv*	pulcramente
9488	**nebula**-*ss; vb*	la nebulosa; sacar de quicio
7684	**nectar**-*ss*	el néctar
7629	**needless**-*adj*	innecesario
8619	**negligence**-*ss*	la negligencia

9855	**negotiable**-adj	negociable
9636	**negotiator**-ss	el negociador
9407	**neighboring**-adj	vecino| colindante
9173	**nemesis**-ss	la justicia
8703	**neural**-adj	neural
9737	**neutralize**-vb	neutralizar
8936	**neutron**-ss	el neutrón
7930	**newcomer**-ss	el recién llegado
7963	**newlywed**-adj	recién casado
7695	**newscaster**-ss	el locutor de telediario
9914	**newspaperman**-ss	periodista
9373	**nibble**-vb; ss	picar| mordiscar; el mordisco
9139	**nick**-ss; vb	las mella; mellar
8951	**nicotine**-ss	la nicotina
8627	**nigh**-adv; prp	cerca; cerca de
8439	**nightcap**-ss	el gorro de dormir
8707	**nightly**-adj; adv	nocturno; todas las noches
8248	**nighttime**-ss	la noche
8060	**nil**-ss	el nulo| el cero
8312	**nirvana**-ss	la nirvana
8640	**nitrogen**-ss	el nitrógeno
9417	**nitwit**-ss	el simplón
8582	**nix**-ss	la nada
8254	**nobleman**-ss	el noble
9613	**nocturnal**-adj	nocturno
7729	**nominate**-vb	nombrar
7804	**nomination**-ss	la nominación
8453	**non-stop**-adj; adv	sin escalas; sin escalas
7551	**nostalgia**-ss	la nostalgia
9159	**nostalgic**-adj	nostálgico
8694	**nostril**-ss	la nariz
9047	**nothingness**-ss	la nada
9322	**nourishment**-ss	el alimento| la alimentación
8259	**novelist**-adj; ss	novelista; novelista
7834	**novelty**-ss	la novedad
9163	**novice**-ss	principiante
8937	**nucleus**-ss	el núcleo
8423	**nudity**-ss	la desnudez
8633	**nugget**-ss	la pepita
7724	**nutcase**-ss	el loco
9379	**nutrient**-adj; ss	nutritivo; los nutritivo
9258	**nutrition**-ss	la nutrición
10000	**nutritious**-adj	nutritivo
9681	**nylon**-ss; adj	el nylon; de nylon

O

8861	**oaf**-ss	el zoquete| el bobalicón
8037	**oar**-ss; vb	el remo; remar
7547	**oasis**-ss	el oasis
8310	**oatmeal**-ss	la harina de avena
8442	**oats**-ss	la avena
9962	**obituary**-adj; ss	obituario; el obituario
8413	**obligate**-vb	obligar
9666	**observant**-adj	observante
7929	**observatory**-ss	el observatorio
7715	**obsessive**-adj	obsesionante
7631	**obsolete**-adj	obsoleto
8903	**obstinate**-adj	obstinado
8244	**obstruction**-ss	la obstrucción
8314	**occult**-adj; ss; vb	oculto| sobrenatural; el lo oculto; ocultar
9280	**occurrence**-ss	la aparición
7830	**odor**-ss	el olor
8867	**oft**-adv	a menudo
9431	**oily**-adj	aceitoso
7863	**ointment**-ss	el ungüento
7937	**omelette**-ss	la tortilla
9078	**onwards**-adv	adelante
8526	**opal**-ss	el ópalo
9199	**optical**-adj	óptico
8770	**optimism**-ss	el optimismo
9771	**optimist**-ss	optimista
7781	**oracle**-ss	el oráculo
8763	**orb**-ss	el orbe
9496	**orchestral**-adj	orquestal
9094	**ordain**-vb	ordenar| decretar
9136	**ordinance**-ss	la ordenanza
9042	**ordinarily**-adv	ordinariamente
7713	**orientation**-ss	la orientación
7605	**orient**-vb; adj	orientar; oriental
8845	**originate**-vb	originar| originarse
9346	**ornament**-ss; vb	el ornamento| el ornato; adornar
8192	**orthodox**-adj	ortodoxo
9093	**ostrich**-ss	el avestruz
9624	**otter**-ss	la nutria
8473	**outbreak**-ss; vb	el brote| el estallido; estallar
8754	**outcast**-ss; adj	paria; marginado

9090	**outdated**-*adj*	anticuado
7665	**outdoor**-*adj; ss*	al aire libre; la intemperie
9522	**outgoing**-*adj*	saliente
8662	**outlet**-*ss*	la salida
9891	**outlive**-*vb*	sobrevivir a
8492	**outlook**-*ss*	la perspectiva
7895	**outpost**-*ss*	la avanzada
8173	**output**-*ss; vb*	la salida; imprimir
8716	**outright**-*adj; adv*	total| rotundo; abiertamente
7864	**outrun**-*vb*	correr más que
7697	**outskirts**-*ss*	las afueras
9003	**outward**-*adj; adv*	exterior| hacia el exterior; hacia fuera
9046	**oval**-*adj; ss*	oval; el óvalo
8250	**overcoat**-*ss*	el sobretodo
9614	**overflow**-*vb; ss*	rebosar; el exceso de líquido
9454	**overjoy**-*ss; vb*	la demasiada alegría; estar demasiado alegre
9468	**overload**-*ss; vb*	la sobrecarga; sobrecargar
8157	**overly**-*adv*	demasiado
7674	**overrate**-*vb*	sobrevalorar
8658	**overrun**-*vb; ss*	invadir; el sobrecoste
9368	**oversight**-*ss*	la vigilancia
8700	**oversleep**-*vb*	dormir demasiado
9721	**overtake**-*vb*	adelantar| sobrepasar
9922	**overturn**-*vb; ss*	anular; los volcar
8642	**overweight**-*ss; adj; vb*	el sobrepeso; demasiado pesado; sobrepesar
9851	**overwork**-*ss; vb*	el trabajo excesivo; trabajar demasiado
8499	**owing**-*adj*	debido
7566	**ozone**-*ss*	el ozono

P

9364	**pail**-*ss*	el cubo
8998	**painfully**-*adv*	penosamente
9125	**painkiller**-*ss*	el analgésico
9091	**pang**-*ss*	la angustia| la pundaza
8409	**pansy**-*ss*	el pensamiento
8197	**pantry**-*ss*	la despensa
9661	**panty**-*ss*	las bragas
9150	**paparazzi**-*ss*	los paparazzi
8029	**pap**-*ss*	la papilla

8075	**paradox**-*ss*	la paradoja
8031	**paralysis**-*ss*	la parálisis
7678	**paramedic**-*adj*	paramédico
9734	**parameter**-*ss*	el parámetro
7809	**paramount**-*adj*	supremo
9013	**paranormal**-*adj*	paranormal
9235	**parched**-*adj*	tostado
9197	**parental**-*adj*	parental
8623	**parry**-*vb; ss*	parar| rechazar; la parada
7719	**parson**-*ss*	el párroco| el cura
7868	**partially**-*adv*	parcialmente
9578	**participant**-*ss*	partícipe
7516	**partridge**-*ss*	la perdiz
8161	**passionately**-*adv*	apasionadamente
9778	**pastime**-*ss*	el pasatiempo
7502	**pasture**-*vb; ss*	pastar| pacer; el pasto
9161	**pathological**-*adj*	patológico
7883	**patiently**-*adv*	pacientemente
7858	**patio**-*ss*	el patio
7700	**patriotism**-*ss*	el patriotismo
9347	**patronize**-*vb*	patrocinar| favorecer
9295	**paved**-*adj*	pavimentado
7541	**pavilion**-*ss*	el pabellón
8238	**payoff**-*ss*	la recompensa
8890	**peachy**-*adj*	color de rosa| de perlas
8741	**pebble**-*ss*	el guijarro| el chino
10008	**peddler**-*ss*	el vendedor ambulante
10020	**pedestal**-*ss*	el pedestal
9871	**pedigree**-*ss*	el árbol genealógico| la genealogía
9474	**peeling**-*ss*	la peladura
9606	**pelican**-*ss*	el pelícano
7581	**penal**-*adj*	penal
8904	**pendant**-*ss; adj*	el colgante; pendiente
8065	**penetration**-*ss*	la penetración
8872	**penicillin**-*ss*	la penicilina
8487	**peninsula**-*ss*	la península
9530	**pepperoni**-*ss*	el pepperoni
9404	**perceptive**-*adj*	perceptivo
8471	**perch**-*ss; vb*	la perca; posarse
8902	**periscope**-*ss*	el periscopio
7691	**perjury**-*ss*	el perjurio
8786	**perk**-*ss*	el ventaje
8224	**perpetrator**-*ss*	el autor
7553	**perpetual**-*adj*	perpetuo| continuo

7848	**persecute**-*vb*	perseguir| molestar	
7763	**persecution**-*ss*	la persecución	
8644	**persist**-*vb*	persistir| obstinarse	
9761	**persona**-*ss*	la persona	
7981	**persuasion**-*ss*	la persuasión	
8053	**persuasive**-*adj*	persuasivo	
9985	**pessimistic**-*adj*	pesimista	
8756	**pester**-*vb*	molestar| importunar	
9641	**pestilence**-*ss*	la pestilencia	
8074	**petrify**-*vb*	petrificar	
9472	**petroleum**-*ss; adj*	el petróleo; petrolero	
8780	**pharmacist**-*ss*	el farmacéutico	
8933	**pheasant**-*ss*	el faisán	
7634	**philosophical**-*adj*	filosófico	
9841	**phi**-*ss*	las fi	
9931	**phobia**-*ss*	la fobia	
8982	**phonograph**-*ss*	el fonógrafo	
8396	**photographic**-*adj*	fotográfico	
8838	**piazza**-*ss*	la plaza	
8887	**piccolo**-*ss*	el piccolo	
8071	**picket**-*ss; vb*	el piquete; vallar con estacas	
7699	**pickled**-*adj*	en vinagre	
9481	**pigsty**-*ss*	la pocilga	
9135	**pimple**-*ss*	la espinilla	
7904	**pinkie**-*ss*	el dedo meñique	
9287	**pinpoint**-*vb; adj; ss*	determinar con precisión; de precisión; la punta de alfiler	
9876	**pinto**-*ss*	el caballo pinto	
7840	**pious**-*adj*	piadoso	
9565	**piracy**-*ss*	la piratería	
8710	**placement**-*ss*	la colocación	
7788	**plainly**-*adv*	claramente	
9103	**plait**-*ss; vb*	la trenza; trenzar	
7771	**planetary**-*adj*	planetario	
9679	**plankton**-*ss*	el plancton	
9026	**planner**-*ss*	el planificador	
8000	**plaque**-*ss*	la placa	
8847	**plateau**-*ss*	la meseta	
9805	**plated**-*adj*	chapado	
9005	**plausible**-*adj*	plausible| convincente pero poco de fiar	
8242	**playful**-*adj*	juguetón	
9172	**play-off**-*ss*	el partido de desempate	
9972	**playwright**-*ss*	el dramaturgo	

8124	**plight**-*ss; vb*	la situación; empeñar
8841	**ploy**-*ss*	la táctica
7943	**plumb**-*vb; ss; adj; adv*	sondear; la plomada; vertical; verticalmente
8223	**plump**-*adj; vb; ss; adv*	rechoncho; engordar; el ruido sordo; pesadamente
8595	**plunder**-*vb; ss*	saquear; el saqueo
7856	**plutonium**-*ss*	el plutonio
9257	**poacher**-*ss*	los cazador furtivo
9118	**podium**-*ss*	el podio
9648	**pod**-*ss; vb*	la vaina; desvainar
10016	**pointer**-*ss*	el puntero
8639	**pollen**-*ss*	el polen
9414	**pollute**-*vb*	contaminar| corromper
9605	**ponder**-*vb*	reflexionar| considerar
8452	**pooch**-*ss*	el perro
9553	**populated**-*adj*	poblado
8454	**porcelain**-*ss; adj*	la porcelana; de porcelana
8133	**porky**-*adj; ss*	gordo; cerdito
9600	**pornographic**-*adj*	pornográfico
9485	**possessive**-*adj; ss*	posesivo; el posesivo
8073	**possum**-*ss*	la zarigüeya
9158	**potassium**-*ss*	el potasio
8034	**potent**-*adj*	potente| fuerte
9980	**potter**-*ss*	el alfarero
8371	**pottery**-*ss*	la cerámica| los cacharros
7798	**potty**-*ss*	el orinal
7666	**pouch**-*ss; vb*	la bolsa; embolsar
8551	**powdered**-*adj*	en polvo
8357	**pox**-*ss*	la viruela
8341	**precedent**-*adj; ss*	precedente; el precedente
8695	**predecessor**-*ss*	el predecesor
8151	**predicament**-*ss*	el predicamento
7880	**prediction**-*ss*	la predicción
9588	**prefecture**-*ss*	la prefectura
7938	**preference**-*ss; adj*	la preferencia; preferente
8359	**prejudiced**-*adj*	parcial
9928	**premeditate**-*vb*	premeditar
8137	**premium**-*ss*	la prima
9524	**premonition**-*ss*	la premonición
7787	**preoccupy**-*vb*	preocupar
8874	**preside**-*vb*	presidir
8945	**prestigious**-*adj*	prestigioso

8997	**presumptuous**-*adj*	presuntuoso
9850	**pretense**-*ss*	la pretensión| la simulación
7923	**pretext**-*ss; vb*	el pretexto; pretextar
10009	**pretzel**-*ss*	la galleta salada
9262	**preview**-*ss; vb*	el avance; preestrenar
8500	**priestess**-*ss*	la sacerdotisa
9678	**primal**-*adj*	primitivo| principal
7585	**primarily**-*adv*	ante todo
9438	**privy**-*adj; ss*	privado; el retrete
9225	**proclamation**-*ss*	la proclamación
9518	**proctor**-*ss*	el procurador
9006	**prodigal**-*adj*	pródigo
9633	**prodigy**-*ss*	el prodigio
8705	**profoundly**-*adv*	profundamente
9802	**prof**-*ss*	el profe
8407	**prohibition**-*ss*	la prohibición
7619	**projector**-*ss*	el proyector
9868	**proletariat**-*ss*	el proletariado
9901	**prolonged**-*adj*	prolongado
9718	**prolong**-*vb*	prolongar
9747	**promenade**-*ss; vb*	el paseo| el paseo marítimo; pasear
9229	**promoter**-*ss*	el promotor
9230	**prompt**-*adj; ss; vb; adv*	rápido| inmediato; el aviso; estimular; en punto
8352	**promptly**-*adv*	inmediatamente
8381	**prone**-*adj*	propenso
8558	**propeller**-*ss*	la hélice
9430	**proprietor**-*ss*	el propietario
9250	**propulsion**-*ss*	la propulsión
8858	**prostate**-*ss*	la próstata
9645	**protester**-*ss*	el protestador
8164	**proverb**-*ss*	el proverbio
8463	**provocation**-*ss*	la provocación
8493	**provocative**-*adj; ss*	provocativo; el estimulante
9772	**prowl**-*vb; ss*	merodear| merodear por; la caza
9380	**proximity**-*ss*	la proximidad
8978	**prudence**-*ss*	la prudencia
7992	**prudent**-*adj*	prudente
8342	**prune**-*vb; ss*	podar; la ciruela pasa
9486	**pseudo**-*adj*	falso
8093	**psyche**-*ss*	la Psique
8196	**psychiatry**-*ss*	la psiquiatría
9554	**psychoanalysis**-*ss*	el psicoanálisis

9775	**psychosis**-*ss*	la psicosis
8915	**pubic**-*adj*	púbico
8039	**publication**-*ss*	la publicación
8721	**puffy**-*adj*	hinchado
8150	**punctual**-*adj*	puntual
8669	**puncture**-*ss; vb*	la punción; perforar
9697	**punishable**-*adj*	castigable
8753	**pun**-*ss; vb*	el retruécano; hacer retruécanos
8758	**puny**-*adj*	escuchimizado
7841	**purgatory**-*ss*	el purgatorio
8204	**purge**-*ss; vb*	la purga| el purgante; purgar
9398	**purify**-*vb*	purificar
9669	**purposely**-*adv*	a propósito
8964	**pusher**-*ss*	arribista
9741	**pushover**-*ss*	la persona fácil de convencer
7669	**pushy**-*adj*	molesto
10025	**pus**-*ss*	el pus
9071	**python**-*ss*	el pitón

Q

7890	**quadrant**-*ss*	el cuadrante
8521	**quail**-*ss; vb*	la codorniz; acobardarse
7817	**quaint**-*adj*	pintoresco| extraño
9421	**quake**-*ss; vb*	el terremoto| el temblor; temblar
9079	**quartet**-*ss*	el cuarteto
9409	**quart**-*ss*	el cuarto de galón
9687	**quench**-*vb*	aplacar
8373	**questionable**-*adj*	cuestionable| discutible
9509	**quickie**-*ss*	la cosa hecha rápidamente
8218	**quill**-*ss; vb*	la pluma; encanillar
8660	**quince**-*ss*	el membrillo
9333	**quint**-*ss*	la quinta
9751	**quitter**-*ss*	cobarde

R

8787	**rabid**-*adj*	rabioso
7741	**rabies**-*ss*	la rabia
8795	**raccoon**-*ss*	el mapache
8219	**racer**-*ss*	el corredor

8323	**racetrack**-*ss*	la pista
8176	**racism**-*ss*	el racismo
9675	**raffle**-*ss; vb*	la rifa; rifar
8186	**ragged**-*adj*	harapiento
9088	**railing**-*ss*	la barandilla| los pasamanos
8981	**raisin**-*ss*	la pasa
9550	**ramble**-*vb; ss*	divagar; la caminata
9316	**rapture**-*ss; vb*	el rapto; extasiar
7617	**ratio**-*ss*	la proporción
8870	**rattlesnake**-*ss*	la serpiente de cascabel
8333	**ravine**-*ss*	el barranco
8387	**ravishing**-*adj*	encantador
9458	**reactionary**-*adj; ss*	reaccionario; el reaccionario
9803	**readily**-*adv*	fácilmente| de buena gana
9494	**readiness**-*ss*	la preparación
9455	**realization**-*ss*	la realización
8606	**rebellious**-*adj*	rebelde
8379	**rebirth**-*ss*	el renacimiento
8195	**rebound**-*ss; vb*	el rebote; rebotar
7712	**receptionist**-*ss*	recepcionista
8909	**recession**-*ss*	la recesión| el retroceso
7615	**recital**-*ss*	el recital
8163	**reclaim**-*vb*	reclamar
8929	**recollection**-*ss*	el recuerdo
8648	**reconcile**-*vb*	conciliar
8291	**reconciliation**-*ss*	la reconciliación
7636	**reconnaissance**-*ss*	el reconocimiento| el sondeo
7832	**reconstruction**-*ss*	la reconstrucción
9971	**reconstruct**-*vb*	reconstruir
9016	**recount**-*vb*	contar
9084	**recreate**-*vb*	recrear
8036	**recreation**-*ss*	la recreación| el recreo
9860	**recur**-*vb*	repetirse
8976	**recycle**-*vb*	reciclar
7672	**redneck**-*ss*	el campesino blanco
9070	**redo**-*vb*	rehacer
7533	**reduction**-*ss*	la reducción
9998	**redundant**-*adj; ss*	redundante; el excedente
9525	**reek**-*ss; vb*	el hedor| el mal olor; oler
7822	**refill**-*vb; ss*	rellenar; el recambio
8592	**refreshment**-*ss*	el refresco

7759	**refusal**-*ss*	la negativa
8689	**registry**-*ss*	el registro
9612	**regrettable**-*adj*	lamentable
9191	**regroup**-*vb*	reagruparse
9970	**regulate**-*vb*	regular| reglamentar
9097	**reinforce**-*vb*	reforzarse
8300	**rein**-*ss; vb*	la rienda; refrenar
9178	**rejoin**-*vb*	reunirse con
9628	**relativity**-*ss*	la relatividad
8433	**relaxation**-*ss*	la relajación
7698	**relentless**-*adj*	implacable
9815	**relevance**-*ss*	la pertinencia
7742	**relic**-*ss*	la reliquia
8339	**relish**-*vb; ss*	saborear| paladear; el condimento
9296	**relive**-*vb*	volver a vivir
8765	**remainder**-*ss; vb*	el resto; saldar
7922	**remarry**-*vb*	volver a casarse
9708	**rematch**-*ss*	la revancha
8749	**remembrance**-*ss*	el recuerdo
9499	**remnant**-*ss*	el residuo
8013	**renegade**-*adj; ss*	renegado; el renegado
7991	**renewed**-*adj*	renovado
9511	**renovation**-*ss*	la renovación
8226	**reopen**-*vb*	reabrir
9899	**repel**-*vb*	repeler
9435	**repentance**-*ss*	el arrepentimiento
9978	**repetition**-*ss*	la repetición
9466	**replay**-*ss; vb*	la repetición| el desempate; repetir
9759	**replica**-*ss*	la réplica| la reproducción
8711	**repressed**-*adj*	reprimido
8172	**repression**-*ss*	la represión
7768	**reproach**-*ss; vb*	el reproche| el oprobio; reprochar
7764	**reproduce**-*vb*	reproducir
8930	**reproduction**-*ss*	la reproducción
7797	**reptile**-*adj; ss*	reptil; el reptil
8494	**reschedule**-*ss*	los reprogramar
8194	**researcher**-*ss*	el investigador
8265	**resentment**-*ss*	el resentimiento
7706	**reservoir**-*ss*	el depósito
9840	**residency**-*ss*	la residencia| la estancia
9004	**residential**-*adj*	residencial
9245	**reside**-*vb*	residir| residir en
8647	**residue**-*ss*	el residuo

8286	**resistant**-*adj*	resistente	
9387	**resourceful**-*adj*	ingenioso	
9845	**respiratory**-*adj*	respiratorio	
8559	**restoration**-*ss*	la restauración| el restablecimiento	
9822	**restrained**-*adj*	contenido	
8540	**restriction**-*ss*	la restricción	
8269	**resulting**-*adj*	resultante	
9121	**resurrect**-*vb*	resucitar	
8139	**retail**-*ss; adj; vb*	la venta al por menor; al por menor; vender al por menor	
8083	**retainer**-*ss*	el anticipo	
9332	**retaliation**-*ss*	las represalias	
9145	**retch**-*vb*	vomitar fácilmente	
9306	**rethink**-*vb*	repensar	
9916	**retract**-*vb*	retraer	
8147	**retribution**-*ss*	la venganza	
8727	**reverence**-*ss; vb*	la reverencia; reverenciar	
9396	**revere**-*vb*	reverenciar| acatar	
9923	**revise**-*vb; ss*	revisar| modificar; la revisión	
9543	**revival**-*ss*	el renacimiento	
9536	**revoke**-*vb; ss*	revocar| renunciar; los renuncio	
7722	**rewind**-*vb*	rebobinar	
9317	**rheumatism**-*ss*	el reumatismo	
7625	**rhythmic**-*adj*	rítmico	
9559	**rickshaw**-*ss*	la jinrikisha	
7808	**ridicule**-*adj; vb; ss*	ridículo; ridiculizar; las burlas	
9534	**riffraff**-*ss*	la chusma	
9203	**rift**-*ss; vb*	la grieta; escindir	
9341	**rigging**-*ss*	el aparejo	
8810	**rightfully**-*adv*	legítimamente	
7537	**rigid**-*adj*	rígido	
8511	**ringer**-*ss*	el campanero	
8059	**rink**-*ss; vb*	la pista; patinar en ruedas	
8033	**riverside**-*ss; adj*	la orilla; ribereño	
9507	**roadside**-*ss*	el borde del camino	
7531	**rocker**-*ss*	el balancín	
8673	**rodent**-*adj; ss*	roedor; el roedor	
7903	**rook**-*ss; vb*	la torre; estafar	
8972	**rosebud**-*ss*	el capullo de rosa	
9827	**rosemary**-*ss*	el romero	
9443	**roster**-*ss*	la lista	

7827	**rotate**-*vb*	girar| rotar	
7704	**rotation**-*ss*	la rotación	
9562	**roundabout**-*ss; adj*	la rotonda; indirecto	
10003	**rouse**-*vb; ss*	despertar| levantar; el toque de diana	
8958	**rowdy**-*adj; ss*	ruidoso; quimerista	
8488	**ruckus**-*ss*	el lío	
8718	**ruddy**-*adj; vb*	rubicundo| rojizo; sonrosar	
9989	**ruff**-*vb; ss*	fallar; la gorguera	
8769	**rumba**-*ss*	la rumba	
10011	**rump**-*ss*	la grupa| la anca	
8003	**rural**-*adj*	rural	
10005	**ruse**-*ss*	el ardid| la estratagema	
8901	**rut**-*ss; vb*	la rodera; estar en celo	

S

8404	**saber**-*ss; vb*	el sable; acuchillar	
9897	**sable**-*ss*	el sable	
9686	**sacrament**-*ss*	el sacramento	
9780	**sacrilege**-*ss*	el sacrilegio	
8851	**sac**-*ss*	el saco	
8360	**sadistic**-*adj*	sádico	
9418	**sadist**-*ss*	el sádico	
10013	**safeguard**-*ss; vb*	la salvaguardia; salvaguardar	
9461	**saffron**-*ss; adj*	el azafrán; azafranado	
9635	**sailboat**-*ss*	el velero	
9313	**sanatorium**-*ss*	el sanatorio	
9792	**sanction**-*ss; vb*	la sanción| la consagración; sancionar	
9748	**sanctity**-*ss*	la santidad	
9109	**sanitarium**-*ss*	el sanatorio	
9137	**sanitation**-*ss*	el saneamiento	
8271	**sarcasm**-*ss*	el sarcasmo	
7760	**sassy**-*adj*	descarado	
9961	**Satanic**-*adj*	satánico	
9902	**satchel**-*ss*	la cartera	
7505	**satin**-*ss; adj; vb*	el satín; satinado; satinar	
8142	**saxophone**-*ss*	el saxófono	
9512	**sax**-*ss*	el saxófono	
8733	**scab**-*ss; vb*	la costra; formar costra	
9819	**scaffold**-*ss*	el andamio	

7720	**scalpel**-*ss*	el bisturí	
7956	**scandalous**-*adj*	escandaloso	
8859	**scapegoat**-*ss*	el chivo expiatorio| el pagano	
9141	**scat**-*vb*	largarse	
8016	**schizophrenia**-*ss*	la esquizofrenia	
8565	**schizophrenic**-*ss*	el esquizofrénico	
8801	**schnapps**-*ss*	el aguardiente	
8708	**schoolboy**-*ss*	el colegial| el alumno	
8573	**schoolgirl**-*ss*	la colegiala	
8018	**schooling**-*ss*	la enseñanza| los estudios	
8280	**scientifically**-*adv*	científicamente	
7945	**scorn**-*ss; vb*	el desdén; desdeñar	
9908	**Scorpio**-*ss*	el Escorpión	
8864	**scourge**-*vb; ss*	azotar| atormentar; el azote	
9358	**scrabble**-*vb*	escarbar| garrapatear	
9051	**scrawny**-*adj*	flaco	
9248	**screwy**-*adj*	absurdo	
8876	**scruple**-*ss; vb*	el escrúpulo; tener escrúpulos	
8844	**scuba**-*ss*	la escafandra autónoma	
8095	**sculptor**-*ss*	el escultor	
8014	**seaman**-*ss*	el marinero	
9879	**seam**-*ss; vb*	la costura; coser	
9348	**seamstress**-*ss*	la costurera	
8168	**seasick**-*adj*	mareado	
7567	**seaside**-*ss; adj*	la playa; costero	
9699	**seasoned**-*adj*	sazonado	
9469	**seat belt**-*ss*	el cinturón de seguridad	
7812	**seaweed**-*ss*	la alga	
9820	**seclude**-*vb*	aislar	
7621	**secretive**-*adj*	reservado	
9453	**secular**-*adj; ss*	secular; el seglar	
8773	**sedate**-*adj*	sosegado	
9018	**seduction**-*ss*	la seducción	
8679	**seductive**-*adj*	seductor	
8586	**seeker**-*ss*	el buscador	
9355	**segment**-*ss; vb*	el segmento| el trozo; segmentar	
9223	**selfishness**-*ss*	el egoísmo	
9386	**selfless**-*adj*	desinteresado	
8062	**seminary**-*ss*	el seminario	
9797	**sender**-*ss*	remitente	
9945	**sentinel**-*ss*	centinela	

7969	**sentry**-*ss*	centinela	
7522	**separates**-*ss*	la coordinados	
8804	**sequel**-*ss*	la continuación	
9392	**serenade**-*ss; vb*	la serenata; dar una serenata	
7667	**serene**-*adj; ss*	sereno; la serenidad	
9055	**seriousness**-*ss*	la gravedad	
7659	**sesame**-*ss*	el sésamo	
8791	**setback**-*ss*	el revés	
9427	**setting**-*ss*	el ajuste	
7752	**settler**-*ss*	el colono	
9710	**severance**-*ss*	la ruptura	
9164	**sewage**-*ss*	los aguas residuales	
9475	**sexist**-*adj; ss*	sexista; sexista	
7515	**shabby**-*adj*	lamentable	
9939	**shackle**-*vb; ss*	encadenar; la argolla	
9500	**shareholder**-*ss*	accionista	
8578	**sharpen**-*vb*	afilar| agudizar	
9391	**sheikh**-*ss*	el jeque	
8021	**sheik**-*ss*	el jeque	
9672	**shimmer**-*vb; ss*	brillar; el brillo	
9416	**shipwreck**-*ss; vb*	el naufragio; hacer naufragar	
9975	**shipyard**-*ss*	el astillero	
9594	**shoelace**-*ss*	el cordón	
9405	**shoemaker**-*ss*	el zapatero	
9241	**shoot out**-*vb*	salir| salir disparado	
9069	**shorten**-*vb*	acortar| reducir	
8538	**showdown**-*ss*	la confrontación	
8800	**shrapnel**-*ss*	la metralla	
8309	**shrewd**-*adj*	perspicaz| hábil	
9302	**shroud**-*ss; vb*	el sudario; envolver	
8888	**shuck**-*ss; vb*	la vaina; pelar	
9812	**shudder**-*ss; vb*	el estremecimiento| la vibración; estremecerse	
7645	**shun**-*vb*	rehuir	
9924	**sic**-*adv*	sic	
9794	**sickening**-*adj*	nauseabundo	
9394	**sickly**-*adj*	enfermizo	
9793	**sideline**-*ss*	la línea de banda	
9452	**sighting**-*ss*	la observación	
8217	**sightseeing**-*ss*	el turismo	
9909	**significantly**-*adv*	de modo significativo	
9991	**silencer**-*ss*	el silenciador	
8743	**silicon**-*ss*	el silicio	
9579	**silky**-*adj*	sedoso	

8625	**silverware**-*ss*	los cubiertos
9012	**similarity**-*ss*	la semejanza
8823	**simmer**-*vb*	hervir a fuego lento
7860	**simulation**-*ss*	la simulación
9195	**singular**-*adj; ss*	singular| extraño; el singular
9400	**situate**-*vb*	situar
9217	**skateboard**-*ss*	el monopatín
8898	**skater**-*ss*	el patinador
8900	**skeptical**-*adj*	escéptico
8397	**skid**-*vb; ss*	patinar; el patín
9713	**skillful**-*adj*	hábil
9354	**skinhead**-*ss*	la cabeza rapada
7983	**slab**-*ss*	la losa
9517	**slammer**-*ss*	la trena
9501	**slang**-*ss*	el argot
9548	**slant**-*ss; vb*	la inclinación| el punto de vista; inclinar
8054	**slaughterhouse**-*ss*	el matadero
8304	**slayer**-*ss*	el asesino
8063	**sleazy**-*adj*	sórdido
9676	**sleepwalk**-*vb*	ser sonámbulo
8692	**slender**-*adj*	esbelto| escaso
9584	**slew**-*ss; vb*	el montón; girar
9884	**slingshot**-*ss*	la honda
8732	**slop**-*ss; vb*	la agua sucia; derramar
9692	**sloth**-*ss*	la pereza
7503	**slum**-*ss; vb*	el barrio bajo; visitar los barrios bajos
9192	**slurp**-*vb*	sorber
9017	**smallpox**-*ss*	la viruela
9873	**smarty**-*ss; adj*	los sabelotodo; enteradillo
9350	**smelt**-*ss*	el eperlano
8865	**smite**-*vb*	herir| golpear
9549	**smithy**-*ss*	la herrería
9736	**smother**-*vb*	ahogar| contener
9484	**smudge**-*ss; vb*	la mancha; manchar
7940	**smuggler**-*ss*	contrabandista
9077	**snag**-*vb; ss*	engancharse; la pega
9853	**snare**-*ss; vb*	la trampa; coger con trampa
9758	**snip**-*ss; vb*	el recorte; tijeretear
9290	**snotty**-*adj*	mocoso
8947	**snout**-*ss*	el hocico
7520	**snowball**-*ss; vb*	la bola de nieve; aumentar progresivamente
10017	**snowflake**-*ss*	los copo de nieve
9179	**snug**-*adj*	ajustado
8329	**soar**-*vb*	remontarse
8868	**sociable**-*adj*	sociable
9863	**socket**-*ss*	el enchufe| el encaje
8533	**sodium**-*ss*	el sodio
9259	**softball**-*ss*	el sofbol
7927	**soften**-*vb*	ablandar
8096	**solace**-*ss; vb*	el consuelo; consolar
7620	**solicitor**-*ss*	el abogado
9866	**sonata**-*ss*	la sonata
7888	**soothe**-*vb*	calmar| tranquilizar a
9671	**soot**-*ss; vb*	el hollín; cubrir de hollín
8198	**sophomore**-*ss*	estudiante de segundo año
8434	**soprano**-*ss*	el soprano
8826	**sorceress**-*ss*	la hechicera
9177	**sorcery**-*ss*	la brujería
8664	**sorority**-*ss*	la hermandad de mujeres
9155	**soundtrack**-*ss*	la banda sonora
9304	**sovereignty**-*ss*	la soberanía
9704	**spacious**-*adj*	espacioso
7593	**Spaniard**-*ss*	el español
7726	**spanking**-*ss; adj*	la azotaina| la tunda; rápido
8996	**Spartan**-*ss*	el espartano
8830	**spawn**-*vb; ss*	desovar; la freza
8481	**specialized**-*adj*	especializado
9591	**specialize**-*vb*	especializarse
7589	**speck**-*ss*	la mota
7799	**spec**-*ss*	la especulación
9432	**spectacles**-*ss*	las gafas
8143	**spectrum**-*ss*	el espectro
8343	**speculate**-*vb*	especular
7550	**speechless**-*adj*	mudo
9951	**spender**-*ss*	el gastador
9282	**sphinx**-*ss*	la esfinge
9913	**spineless**-*adj*	sin carácter
7519	**spiral**-*ss; adj*	la espiral; en espiral
8324	**spleen**-*ss*	el bazo
8943	**splendor**-*ss*	el esplendor
8620	**splinter**-*ss; vb; adj*	la astilla| la espina; astillarse; disidente

7737	**spokesman**-*ss*	el portavoz		9138	**striker**-*ss*	huelguista
9887	**spontaneously**-*adv*	espontáneamente		9493	**stronghold**-*ss*	la fortaleza
9226	**spotless**-*adj*	inmaculado		9130	**structural**-*adj*	estructural
9213	**spout**-*ss; vb*	el canalón| el pico; declamar		8781	**strut**-*ss; vb*	el puntal; pavonearse
9269	**sprain**-*ss; vb*	el esguince; torcerse		9401	**stub**-*ss*	el talón
7711	**spree**-*ss*	la juerga		8327	**stutter**-*vb; ss*	tartamudear; el tartamudeo
7517	**springtime**-*ss*	la primavera		9342	**submerge**-*vb*	sumergir| sumergirse
9563	**sprinkle**-*vb; ss*	espolvorear| rociar; la pizca		7882	**submission**-*ss*	la sumisión
8698	**sprout**-*vb; ss*	brotar; el brote		8158	**subpoena**-*ss*	la citación| el apercibimiento
7769	**sputter**-*ss*	el chisporroteo		7994	**subversive**-*adj; ss*	subversivo; los elemento subversivo
8128	**squaw**-*ss*	piel roja				
8869	**squeaky**-*adj*	chirriador		8302	**succession**-*ss*	la sucesión
9684	**stabilize**-*vb*	estabilizar		8954	**suction**-*ss*	la succión
9298	**stagecoach**-*ss*	la diligencia		9906	**suede**-*adj; ss*	de gamuza; ante
8297	**staggering**-*adj*	asombroso		8465	**sufficiently**-*adv*	suficientemente
7959	**staging**-*ss*	la puesta en escena		8548	**suitor**-*ss*	pretendiente
7977	**stairway**-*ss*	la escalera		8811	**sulfur**-*ss; vb*	el azufre; sulfurar
8917	**stairwell**-*ss*	el hueco de escalera		8501	**summary**-*ss; adj*	el resumen| el sumario; sumario
8827	**stake-out**-*ss*	la vigilancia				
8102	**stamina**-*ss*	el aguante		8249	**summertime**-*ss*	el verano
8676	**stampede**-*ss; vb*	la estampida; huir en desorden		8911	**sumo**-*ss*	el sumo
9843	**standpoint**-*ss*	el punto de vista		9099	**superiority**-*ss*	la superioridad
8742	**starlight**-*ss*	la luz de las estrellas		7738	**supervise**-*vb*	supervisar
8069	**starry**-*adj*	estrellado		8296	**supplier**-*ss*	el proveedor
8527	**startling**-*adj*	alarmante		9949	**sup**-*vb*	cenar
8416	**stature**-*ss*	la estatura| el carácter		7690	**surfer**-*ss*	tablista
8709	**statute**-*ss*	el estatuto| el establecimiento		8395	**surplus**-*ss*	el superávit| el excedente
8774	**steadily**-*adv*	continuamente		9644	**surreal**-*adj*	surrealista
7954	**stealth**-*ss*	el sigilo		9992	**surrogate**-*adj; ss*	sustituto; el sustituto
8961	**steamer**-*ss*	el buque de vapor		8447	**swarm**-*ss; vb*	el enjambre; pulular
7813	**sticker**-*ss*	la etiqueta engomada		8714	**sweetly**-*adv*	dulcemente
9541	**stinker**-*ss*	el canalla		7849	**swiftly**-*adv*	rápidamente
8729	**stockholder**-*ss*	accionista		9319	**swimsuit**-*ss*	los traje de baño
8438	**stoke**-*vb*	cebar		9273	**swindler**-*ss*	el estafador| el trapacero
7870	**storeroom**-*ss*	la despensa		9076	**swindle**-*ss; vb*	la estafa| el timo; estafar
8068	**stork**-*ss*	la cigüeña				
7869	**stout**-*ss; adj*	la cerveza negra; sólido		8685	**swipe**-*ss; vb*	los golpe fuerte; apandar
8674	**stow**-*vb*	estibar| colocar		9344	**switchboard**-*ss*	el tablero de conmutadores
8229	**straight away**-*adv*	inmediatamente		8785	**swoop**-*ss; vb*	la redada; precipitarse
9590	**strait**-*ss*	el estrecho		8431	**sympathize**-*vb*	compadecerse
8446	**streetcar**-*ss*	el tranvía		8649	**synagogue**-*ss*	la sinagoga
7842	**stressful**-*adj*	lleno de tensión		7962	**syringe**-*ss*	la jeringuilla
8505	**strife**-*ss*	la lucha				

T

9194	**tablecloth**-*ss*	el mantel
8050	**taboo**-*ss; adj; vb*	el tabú| el prohibido; prohibido; prohibir pegajoso| vulgar
7658	**tacky**-*adj*	
9538	**tact**-*ss*	el tacto
8979	**taffy**-*ss*	el caramelo
8290	**tainted**-*adj*	contaminado
8267	**takeover**-*ss*	la toma de posesión
8610	**talisman**-*ss*	el talismán
8478	**talkative**-*adj*	hablador
9683	**tamper**-*vb*	manosear
9774	**tangerine**-*ss*	la mandarina
9089	**tangible**-*adj*	tangible
9228	**tangle**-*ss; vb*	el enredo| el lío; enredar
7654	**tanker**-*ss*	el petrolero
9611	**tasteless**-*adj*	insípido
8723	**taxpayer**-*ss*	contribuyente
7559	**teamwork**-*ss*	el trabajo en equipo| la colaboración
9867	**teapot**-*ss*	la tetera
9377	**technological**-*adj*	tecnológico
9206	**teddy**-*ss*	el osito de peluche
8251	**teens**-*ss*	la edad de adolescencia
9334	**telepathy**-*ss*	la telepatía
8860	**temperament**-*ss*	el temperamento
8975	**temporal**-*adj*	temporal
7952	**temp**-*ss; vb*	el empleado eventual; trabajar temporalmente
8846	**tenor**-*ss; adj*	el tenor| el curso; de tenor
9545	**tenure**-*ss*	la tenencia
9062	**termination**-*ss*	la terminación
9470	**termite**-*ss*	la termita
8828	**territorial**-*adj*	territorial
7633	**textbook**-*ss*	los libro de texto
8394	**texture**-*ss*	la textura
9963	**thankfully**-*adv*	agradecidamente
8027	**thaw**-*ss; vb*	el deshielo; deshelar
9937	**theology**-*ss*	la teología
7889	**theoretical**-*adj*	teorético
9338	**thereafter**-*adv*	después de eso
8367	**thereby**-*adv*	así
8596	**thermometer**-*ss*	el termómetro

8583	**thinker**-*ss*	el pensador
9100	**thong**-*ss*	la correa
9038	**thoughtless**-*adj*	irreflexivo
8485	**thrashing**-*ss*	la paliza
8152	**thrash**-*ss; vb*	el movimiento de piernas; golpear
8159	**threesome**-*ss*	el grupo de tres
8985	**thrice**-*adv*	tres veces
8420	**thriller**-*ss*	las novela de suspense
8057	**thrive**-*vb*	prosperar| medrar
9703	**throb**-*vb; ss*	palpitar| latir; el latido
9219	**throw in**-*vb*	lanzar| echar
8969	**thunderbolt**-*ss*	el rayo
8992	**thundering**-*adj*	tremendo| imponente
9119	**ticklish**-*adj*	cosquilloso
7778	**tic**-*ss*	el tic
8356	**tidal**-*adj*	de marea
9041	**tidings**-*ss*	las noticias
7529	**tilt**-*ss; vb*	la inclinación; inclinar
9976	**timeless**-*adj*	eterno
8816	**timetable**-*ss; vb*	el calendario; programar
7643	**timid**-*adj*	tímido
8849	**tingle**-*ss; vb*	el hormigueo| los comezón; zumbar
9166	**tinkle**-*vb; ss*	tintinear; el retintín
9140	**tinkling**-*ss; adj*	el campanilleo; que hace tilín
9696	**tipsy**-*adj*	achispado
7562	**tiresome**-*adj; ss*	cansado; el fregado
9630	**titanium**-*ss*	el titanio
9926	**toddy**-*ss*	el ponche
7979	**toil**-*ss; vb*	el trabajo| el esfuerzo; afanarse
8661	**tolerant**-*adj*	tolerante
9900	**tonsil**-*ss*	la amígdala
8414	**toothache**-*ss*	el dolor de muelas
9930	**toothpick**-*ss*	el palillo
9769	**topless**-*adj*	top-less
9437	**topside**-*ss*	el lado superior
9167	**torso**-*ss*	el torso
7508	**tortoise**-*ss*	la tortuga
8735	**tourism**-*ss*	el turismo
7999	**tout**-*ss; vb*	el revendedor; pregonar
9542	**toxin**-*ss*	la toxina
9081	**trademark**-*ss*	la marca
8347	**trainee**-*ss*	el aprendiz

8990	**trait**-*ss*	el rasgo
8366	**trample**-*vb*	pisotear| hollar
9702	**tranquil**-*adj*	tranquilo
9836	**tranquility**-*ss*	la tranquilidad
9193	**tranquilizer**-*ss*	el tranquilizante
9505	**transfusion**-*ss*	la transfusión
8570	**transvestite**-*adj; ss*	travestido; el travestido
9381	**trapeze**-*ss*	el trapecio
9770	**trendy**-*adj; ss*	de moda; el moderno
7599	**triad**-*ss*	la tríada
9634	**tripe**-*ss*	el mondongo
9723	**trombone**-*ss*	el trombón
8654	**tropic**-*ss; adj*	el trópico; tropical
9120	**trotter**-*ss*	el trotón
8307	**trough**-*ss*	el canal
9239	**truffle**-*ss*	la trufa
9786	**trustee**-*ss*	el fideicomisario
9040	**trusty**-*adj*	fiel
9478	**tuba**-*ss*	la tuba
9236	**tubby**-*adj*	gordito
8566	**tuberculosis**-*ss*	la tuberculosis
8614	**tulip**-*ss*	el tulipán
7648	**tumble**-*ss; vb*	la caída| la voltereta; caer
9370	**turban**-*ss*	el turbante
7960	**turbulence**-*ss*	la turbulencia
8784	**turnip**-*ss*	el nabo
9085	**turnout**-*ss*	la concurrencia| la participación
7618	**tut**-*ss*	los gesto de desaprobación
9745	**tweet**-*vb*	piar| tuitear
9408	**twelfth**-*adj; ss*	duodécimo; el duodécimo
7845	**twig**-*ss; vb*	la ramita; comprender
9904	**twister**-*ss*	el tornado
7984	**twitch**-*ss; vb*	la contracción nerviosa; crisparse
9066	**twit**-*ss; vb*	el estafermo; embromar
9527	**tycoon**-*ss*	el magnate
7655	**typhoon**-*ss*	el tifón
9365	**typhus**-*ss*	el tifus
7782	**typically**-*adv*	típicamente

U

8549	**ugliness**-*ss*	la fealdad
9278	**ultimatum**-*ss*	el ultimátum
9490	**ultrasound**-*ss*	el ultrasonido
9412	**umpire**-*ss*	el árbitro
7561	**unanimous**-*adj*	unánime
9457	**unattended**-*adj*	desesperado
9905	**unattractive**-*adj*	no atractivo
7897	**unauthorized**-*adj*	no autorizado
8049	**unavailable**-*adj*	indisponible
9301	**unavoidable**-*adj*	inevitable
9599	**unbeatable**-*adj*	imbatible
8119	**unborn**-*adj*	no nacido
8751	**uncanny**-*adj*	misterioso
7772	**uncertainty**-*ss*	la incertidumbre
9912	**unchanged**-*adj*	sin alterar
9782	**unclean**-*adj*	inmundo
7998	**uncommon**-*adj*	poco común| extraño
9174	**unconditional**-*adj*	incondicional
9837	**uncontrollable**-*adj*	incontrolable
7859	**under-age**-*adj*	menor de edad
8934	**underdog**-*ss*	el desvalido
8510	**undergo**-*vb*	someterse
8821	**undermine**-*vb*	socavar
9030	**understatement**-*ss*	la atenuación
8319	**undertake**-*vb*	emprender
9817	**undertaking**-*ss*	la empresa
8819	**unfamiliar**-*adj*	desconocido
7649	**unfold**-*vb*	desplegar| desplegarse
9410	**unfriendly**-*adj*	antipático
8426	**unhappiness**-*ss*	la infelicidad
7990	**unharmed**-*adj*	no dañoso
7790	**unhealthy**-*adj*	malsano| enfermizo
7911	**unheard**-*adj*	inaudito
9080	**unholy**-*adj*	impío
7748	**unicorn**-*ss*	el unicornio
8262	**unify**-*vb*	unificar
8699	**unimaginable**-*adj*	no imaginable
9277	**uninvited**-*adj*	no invitado
9864	**unison**-*adj*	unísono
7530	**unkind**-*adj*	cruel| poco amable
9957	**unlawful**-*adj*	ilegal
8255	**unleash**-*vb*	desatraillar
8706	**unnoticed**-*adj*	inadvertido
9482	**unorthodox**-*adj*	heterodoxo
9755	**unpaid**-*adj*	no pagado
9682	**unpopular**-*adj*	impopular

9735	**unprepared**-*adj*	desprevenido
9234	**unprofessional**-*adj*	no profesional
10015	**unravel**-*vb*	desenredar| descifrar
8024	**unreliable**-*adj*	no fidedigno
8331	**unrest**-*ss*	los disturbios| el malestar
9598	**unsafe**-*adj*	inseguro
7950	**unsolved**-*adj*	no resuelto
8408	**unspeakable**-*adj*	indecible
9849	**unsuccessful**-*adj*	fracasado
9050	**unsure**-*adj*	inseguro
7642	**unthinkable**-*adj*	inconcebible
9175	**untouchable**-*adj*	intocable
7668	**untrue**-*adj*	falso
7743	**unusually**-*adv*	extraordinariamente
8256	**unwanted**-*adj*	no deseado
7640	**unwell**-*adj*	indispuesto
9383	**unwilling**-*adj*	reacio
9312	**unwise**-*adj*	imprudente
7908	**upbringing**-*ss*	la educación
7924	**upgrade**-*vb; ss*	mejorar| modernizar; la modernización
8486	**uproar**-*ss*	el escándalo
8091	**upstate**-*adj*	septentrional
8873	**upward**-*adv; adj*	hacia arriba; ascendente
8002	**upwards**-*adv*	hacia arriba
7792	**urgency**-*ss*	la urgencia
9816	**urinate**-*vb*	orinar
8132	**urn**-*ss*	la urna
8392	**usher**-*ss; vb*	el ujier| el acomodador; acompañar
8808	**uterus**-*ss*	el útero
9002	**utility**-*ss*	la utilidad

V

9848	**vacancy**-*ss*	el vacante| la vacuidad
8747	**vacate**-*vb*	desocupar
9619	**vagabond**-*ss*	el vagabundo
9335	**valor**-*ss*	el valor
9540	**vandalism**-*ss*	el vandalismo
9531	**variation**-*ss*	la variación
8007	**varsity**-*ss*	la universidad
9224	**vary**-*vb*	variar| modificar
9618	**vaudeville**-*ss*	el vodevil

8771	**vector**-*ss*	el vector
9789	**vegan**-*adj; ss*	vegetariano; el vegetariano
8906	**vegetation**-*ss*	la vegetación
9629	**vendetta**-*ss*	la vendetta
7993	**vendor**-*ss*	el vendedor
9646	**vend**-*vb*	vender
8318	**ventilation**-*ss*	la ventilación
8266	**venue**-*ss*	el lugar de encuentro
9395	**verb**-*ss*	el verbo
8103	**vested**-*adj*	establecido
8782	**veterinarian**-*ss*	el veterinario
8440	**viable**-*adj*	viable
9508	**vial**-*ss*	el frasco
9883	**vibes**-*ss*	las vibraciones
9429	**vibrant**-*adj*	vibrante
8541	**vibrate**-*vb*	vibrar
7871	**vibration**-*ss*	la vibración
9419	**Victorian**-*adj; ss*	victoriano; el victoriano
9495	**vigilant**-*adj*	vigilante
8524	**viking**-*ss*	el vikingo
9134	**violinist**-*ss*	violinista
9935	**viral**-*adj*	viral
8672	**visibility**-*ss*	la visibilidad
9208	**visionary**-*adj; ss*	visionario; el visionario
9357	**visitation**-*ss*	la visitación
9448	**visualize**-*vb*	visualizar
9795	**vitals**-*ss*	las partes vitales
9877	**vixen**-*ss*	la zorra
7612	**vocation**-*ss*	la vocación
8313	**vogue**-*ss*	la moda
9838	**volatile**-*adj*	volátil
8793	**volleyball**-*ss*	el voleibol
8189	**voltage**-*ss*	el voltaje
8321	**volt**-*ss*	el voltio

W

9190	**wack**-*ss*	el estrafalario
7523	**wacky**-*adj*	chiflado
7635	**wad**-*ss; vb*	el taco| el fajo; rellenar
8415	**walnut**-*ss*	la nuez
8817	**walrus**-*ss*	la morsa
9315	**wanderer**-*ss*	el vagabundo

9944	**wanton**-*adj; vb*	sin sentido; juguetear
8776	**ware**-*ss*	la mercancía
7839	**warhead**-*ss*	la cabeza armada
9833	**warlord**-*ss*	el jefe militar
8380	**wartime**-*ss*	los tiempo de guerra
9467	**wart**-*ss*	la verruga
7865	**wary**-*adj*	cauteloso
8222	**washer**-*ss*	la arandela
8070	**washroom**-*ss*	el baño
7899	**wasp**-*ss*	la avispa
8683	**wasteland**-*ss*	el yermo
9856	**watchdog**-*ss*	el perro guardián
7734	**watt**-*ss*	el vatio
8009	**weaken**-*vb*	debilitar| debilitarse
9463	**weakling**-*ss*	el alfeñique
9403	**weakly**-*adj; adv*	enclenque; flacamente
9631	**weaponry**-*ss*	las armas
7826	**wedge**-*ss; vb*	la cuña| el calzo; acuñar
8587	**weir**-*ss*	la presa
8907	**wharf**-*ss*	el muelle
8206	**whatnot**-*ss*	la cualquier cosa
9384	**whence**-*adv*	por lo cual
9725	**wherefore**-*adv; con*	por qué; por eso
9942	**wherein**-*adv*	donde
7710	**whiff**-*ss; vb*	el olorcillo; oler
8202	**whirl**-*ss; vb*	el giro| el torbellino; dar vueltas
8963	**whirlwind**-*ss*	el torbellino
7806	**whit**-*ss*	la pizca
8535	**wholesale**-*adj; ss; adv; vb*	al por mayor; la venta al por mayor; en masa; vender al por mayor
8663	**wholesome**-*adj*	saludable
9451	**wickedness**-*ss*	la malicia
8398	**wick**-*ss*	la mecha
9231	**widespread**-*adj*	extendido| extenso
9784	**widowed**-*adj*	viudo
10012	**wield**-*vb*	ejercer| esgrimir
9293	**wildcat**-*ss*	el gato montés
9285	**willow**-*ss*	el sauce
9014	**willpower**-*ss*	la fuerza de voluntad
9254	**winch**-*ss*	el cabrestante
8177	**windmill**-*ss*	el molino de viento
8406	**winning**-*adj*	victorioso
8728	**wither**-*vb*	marchitar
7545	**wonderland**-*ss*	los mundo maravilloso
9663	**workman**-*ss*	el obrero; el trabajador
7535	**workout**-*ss*	el entrenamiento
9539	**workplace**-*ss*	el lugar de trabajo
8375	**wraith**-*ss*	el fantasma
8090	**wreath**-*ss*	la guirnalda
8129	**wreckage**-*ss*	la destrucción
8274	**wring**-*vb; ss*	exprimir; el escurrimiento
8201	**writing**-*ss*	la escritura| la pluma

Y

7727	**yak**-*ss*	el yak
9188	**yam**-*ss; vb*	el ñame; hablar como cotorra
8025	**yap**-*vb; ss*	ladrar| parlotear; el ladrido
8905	**yarn**-*ss; vb*	el hilo| el hilado; contar historias
7702	**yawn**-*ss; vb*	el bostezo; bostezar
7807	**yearbook**-*ss*	el anuario
7723	**yogi**-*ss*	el yogui
8949	**yon**-*adj; adv*	aquél; a lo lejos
8043	**youthful**-*adj*	juvenil

Z

7976	**zap**-*vb*	borrar| ir corriendo
9388	**zeppelin**-*ss*	el zepelín
9990	**zing**-*ss; vb*	el gusto; silbar

Contacto, lecturas adicionales y recursos

Para más herramientas, consejos y trucos, visita nuestra web www.mostusedwords.com. Publicamos varios recursos para el aprendizaje de los idiomas.

Si te gusta este diccionario, por favor comunícaselo a las demás personas, para que también puedan disfrutarlo. O deja una reseña o comentario en línea, p.e. en las redes sociales, blogs o foros.

Diccionarios de frecuencia

Diccionarios de frecuencia en esta serie:

Diccionario de Frecuencia - Inglés 1 – Vocabulario esencial – 2.500 palabras más communes
Diccionario de Frecuencia - Inglés 2 – Vocabulario intermedio – 2.501-5.000 palabras más communes
Diccionario de Frecuencia - Inglés 3 – Vocabulario avanzado – 5.001-7.500 palabras más communes
Diccionario de Frecuencia - Inglés 4 – Vocabulario experto – 7.501-10.000 palabras más comunes

Por favor visita nuestra página web en www.mostusedwords.com/es/diccionario-frecuencia/ingles-espagnol para más información.

Nuestra meta es facilitar el aprendizaje de idiomas a través de los diccionarios de frecuencias para los idiomas más y menos hablados en este planeta. Puedes revisar nuestra selección en www.mostusedwords.com/es/diccionario-frecuencia

Libros bilingües

Estamos creando una selección de textos paralelos, y la misma está en constante crecimiento.

Para ayudarte en tu proceso de aprendizaje, todos nuestros libros bilingües tienen un diccionario incluido, creado específicamente para cada libro.

Contamos actualmente con libros bilingües disponibles en inglés, español, portugués, italiano, francés y alemán.

Para más información, revisa www.mostusedwords.com/es/texto-paralelo. Vuelve con regularidad para ver nuevos libros e idiomas.

Métodos para aprender otros lenguajes

Encontrarás reseñas sobre productos de aprendizaje de terceras partes, tales como aplicaciones, Software y cursos de audio. Hay muchísimos disponibles y algunos son mejores que otros.

Revisa nuestras reseñas en www.mostusedwords.com/es/revisiones.

Contacto

Si tienes alguna pregunta, puedes contactarnos vía correo electrónico a info@mostusedwords.com.